日本の
外国語教育政策史

江利川春雄

ひつじ書房

はしがき

　本書は、日本列島の古代における中国語教育から、中世、近世、近代を経て、21世紀の英語が使える「グローバル人材」の育成に至る、約1600年に及ぶ外国語教育政策の歴史を通史的に描いたものである。その目的は、歴史的な経験から謙虚に学び、今後の外国語教育政策に与える示唆を得るためである。

　外国語教育政策とは、中央ないし地方の政府・行政組織が、その政府を支える社会勢力の利害を反映する形で、外国語教育の目的、内容、程度、方法、教材および教員の養成・採用・研修などを方向付けようとする一定の拘束力を伴った行為である。

　序章で述べるように、日本の教育政策は戦前には天皇による勅令である学校令をはじめ、学校令施行規則、教授要目などの文部省令や各種通達、都道府県令などに基づき、学校単位では教授細目などによって具体化された。

　戦後においては、文部省（2001年より文部科学省）による学習指導要領が、初等・中等の学校で教育課程を作成するための手引き書である「試案」として出されたが、1950年代後半には法的拘束力を持つ教育課程の国家基準とされ、国家による教育政策を学校現場で遂行させるための手段となっていった。

　しかし、政府の政策が必ずしも学校現場ないし個人に貫徹したわけではない。学校や教師には程度の差はあれ自治権や裁量権があり、選択的な受容や、ときには国家の方針に異議申立ないし抵抗する主体的な教育実践を行う場合も少なくなかった。本書では中央ないし地方政府の政策に比重を置きつ

つも、教員側の自主的・対抗的な取り組みも可能な限り紹介した。そうした双方向的なダイナミズムを描きながら、いかなる政策が浸透し、また浸透しなかったのかを考察したい。

　外国との交流・交易が行われる限り、何らかの外国語教育が行われ、それを管理統括する外国語教育政策も実施された。とりわけ、19世紀中期の「開国」によって西洋列強との貿易や外交の必要性が高まると、本格的な外国語教育政策が実施されるようになった。明治初期には教育政策を所管する文部省が設置され、一連の教育政策を実行する近代的な学校制度が整備されていった。しかし、戦前期に外国語を学ぶことのできた人々の割合は数パーセントから2割程度だったため、外国語教育政策の対象も限られていた。

　戦後は新制中学校の発足によって、ほぼすべての国民が外国語を学ぶ機会を得るようになったため、外国語教育政策は国民全体を対象とするようになっていった。

　1990年代以降になると、グローバル化の進展のもとで国際的な経済活動の必要性が著しく高まり、英語教育の強化を国家戦略として実施するようになった。1993（平成5）年度から中学校で実施された学習指導要領からは、実用的な会話力に比重を置く「コミュニケーション重視」へと転換した。2003（平成15）年には文部科学省が「『英語が使える日本人』の育成のための戦略構想」を発表するなど、21世紀に入った頃から英語教育改革に関する政策が矢継ぎ早に打ち出されるようになった。

　こうして策定された外国語教育政策は、どのような社会背景の下で、何を目的として策定され、結果はどうだったのだろうか。策定の過程で、理論や実践による検証は十分に行われたのだろうか。

　特に問いたいのは、過去に実施された類似の政策に関する総括が正しく行われたのか否かである。例えば、公立小学校における外国語教育は、1884（明治17）年に改正された小学校教則綱領に方針が明記され、2年後の高等小学校制度の発足によって本格化し、幾多の政策的な変遷を経て、戦後の新制移行まで約60年の歴史を刻んだ。その間に教員養成、教材、教授法、開始学年、時間数などに関する試行錯誤を重ねてきた。それにもかかわらず、

近年の小学校外国語教育政策の立案にあたって、それらの歴史が検討・吟味された形跡はない。日本の外国語教育政策史に関する本格的な著作が一冊もなかったことが、そのことを示している。

こうした問題点については、一部の英語教育関係者が指摘していた。早稲田大学教授だった五十嵐新次郎（1915〜1975）は、1960（昭和35）年に次のように述べていた。[1]

いまだにしっかりした外国語教育史がないため、これまでの外国語教育を批判検討する手がかりがないのです。例えば、英語教育研究が年々才々同じことを繰り返して来たのも一つには、しっかりした英語教育史がないからです。

東京外国語大学教授などを歴任した若林俊輔（1931〜2002）も、次のように述べている。[2]

英語教育に関する議論は、常に「不毛」なのである。理由は明白である。われわれの先達の提言・提案・忠告についてまったく無関心だったからである（中略）。「古い」ものを完全に捨て去って「新しい」ものに飛びつく、という英語教育界の〔異常な〕体質が、現在の英語教育の混乱状態を招来した（〔　〕は若林）

若林が指摘するように、「不毛」な政策を打開し、より的確かつ効果的な政策を立案するためには、過去の外国語教育政策史を振り返り、今日的な示唆を謙虚に学び取る必要がある。

そうした問題意識から、本書では日本における外国語教育政策を通史的に論じることにした。その際に、今日的な問題に関するヒントを得るために、特に現在に近い外国語教育政策に関する記述に比重を置いた。興味のある部分からお読みいただければ幸いである。

まず序章で、外国語教育政策を策定する組織や学習指導要領の変遷につい

て歴史的に概説した。それ以降は基本的に時代の流れに沿って記述した。

　第1章では、前史として、古代から江戸時代までの外国語政策を概観した。

　第2章は、明治前期が対象で、特に文明開化期と英学本位制の確立期に重点を置いた。

　第3章は、1886（明治19）年の学校令発布による近代学校制度の整備期を対象とし、特に学校種による外国語教育政策の相違と発展過程を明らかにした。

　第4章は、大正期の学校制度の拡充期に焦点を当て、特に外国語教育の普及策を考察した。

　第5章は、1930年代から敗戦までのアジア・太平洋戦争期における特異な外国語教育政策を検討した。

　第6章は、敗戦占領下における民主主義的な外国語教育政策の確立過程を考察した。

　第7章は、東西冷戦下での日本の独立（1952）から1960年代の動向を、特にアメリカの対日文化戦略としての英語教育振興策、学習指導要領の法的拘束力の問題、教職員側の対抗を中心に論じた。

　第8章は、1970〜80年代の国際化時代における政策を、学習指導要領と臨時教育審議会答申を中心に考察した。

　第9章は、1990年代以降のグローバル化時代における実用主義的な外国語教育政策を、経済界の政策提言や政策決定過程の変化などとともに考察した。

　終章は、以上の史的検討から引き出される教訓を明らかにし、今後に向けた課題を提言した。

　巻末には、附録として、外国語教育政策史年表と重要な政策関連文書を収録した。事実に即して冷静に政策評価をするために、ぜひ文書資料をもお読みいただきたい。

2018年4月

江利川　春雄

注

1　五十嵐新次郎 (1960)「外国語」日本教職員組合編『国民のための教育課程』66 頁

2　若林俊輔 (2002)「『わが国の英語教育について語ること』のむずかしさについて」『21 世紀の英語教育への提言と指針』66 頁

目　次

はしがき	iii

序章　外国語教育政策の主体と過程 | 1

1.　教育政策の主体と教育法令	1
戦前の教育法令	1
戦後の教育法令と学習指導要領	2
2.　戦後における教育政策の策定主体	6
審議会	6
私的諮問機関	8
官邸主導と政策会議	10
パブリック・コメント	12
財界団体からの教育要求	15
3.　学習指導要領の変遷	17
学習指導要領と教材の変遷の概要	18
高校外国語の科目名と単位数の変遷	22
学習指導要領外国語（英語）科における目標の変遷	23
語彙・文法・文型の変遷	27

第1章　古代から近世まで | 31

1.　古代の漢学政策	31
漢字の伝来	31
古代の漢学教育機関	33
通訳	34
2.　キリスト教と西洋語の伝来	35
西洋文化との接触	35

		キリシタン語学	36
	3.	江戸時代の外国語政策	38
		「鎖国」体制と対外交易	38
		蘭学政策	40
		中国語	43
		朝鮮語	43
		ロシア語	44
		フランス語など	46
		英学の始まり	48
		開国と外国語教育機関	49
		英学勃興の社会経済的背景	53

第2章　文明開化と英学本位制の確立期（1868〜1885）　57

	1.	明治初期の高等教育機関	57
		西洋式教育への転換	57
		開成学校	58
		大学南校	59
		大学東校	60
	2.	学制による近代教育制度の発足	61
		「学制」公布（1872）	61
		小学校	62
		中学	63
		女子教育	66
		師範学校	67
	3.	英学本位制の確立	67
		英学本位制	67
		官立外国語学校から英語学校へ	69
		東京大学予備門	71
	4.	教育令と教則大綱	73

教育令 (1879)	73
教則大綱 (1881)	73
高等教育の日本語化とドイツ学奨励	78
中等教員免許制度	81
欧化政策と小学校英語教育	82
実業学校の外国語教育政策	83

第3章　近代学校制度の整備期（1886〜1916）　　87

1.　学校令の公布	87
学校令 (1886) の歴史的意義	87
帝国大学	87
師範学校	88
高等小学校と英語教育の本格化	92
小学校外国語 (英語) 加設率の推移	98
尋常中学校	99
尋常中学校の第二外国語の廃止と実科規程 (1894)	102
改正中学校令 (1899)	103
高等女学校	104
高等中学校	104
高等学校令 (1894)	105
実業学校令 (1899)	108
2.　英語教授法研究と教授要目制定	110
中学校英語教育の内容的統一と教授法研究	110
中学校教授要目 (1902)	114
中等学校に於ける英語教授法調査委員報告 (1908)	116
東京高等師範学校附属中学校教授細目 (1910)	117
師範学校教授要目 (1910)	119
中学校令施行規則の改正 (1911)	120
英語各分科の変遷	121

第4章　学校制度の拡充期（1917〜1930）　　125

1. 教育界からの英語教育改革提案　　125
　英語教員大会　　125
　高等女学校の英語教育改善　　127
　エスペラント語教授に関する建議　　128
2. 学校令改正と学校制度の拡充　　128
　高等小学校での外国語復活　　128
　中学校での英語時数の削減　　129
　実業学校の整備　　130
　師範学校の充実　　133
　第二次高等学校令と高等教育機関の拡充　　134
　パーマーの招聘と英語教授研究所の設立　　137

第5章　アジア・太平洋戦争期（1931〜1945）　　141

1. 軍国主義と教育統制の強化　　141
　戦時体制への移行と学校教育の再編　　141
　外国語時間数の削減（1931）　　144
　支那語教育の振興　　145
　師範学校での英語必修化（1931）　　147
　高等学校にも教授要目（1931）　　148
　教育と教科書への統制強化　　149
　英語教授研究所から語学教育研究所へ（1941）　　151
　国民学校への移行と外国語教育　　152
　『文部省小学新英語読本』　　153
2. 太平洋戦争期の外国語教育政策　　154
　女子の外国語縮廃　　154
　中等学校令（1943）　　156
　中学校教科教授及修練指導要目（1943）　　158

実業学校教科教授及修練指導要目（案）（1943）	161
師範学校の高等教育機関化（1943）	162
高等学校の教授要綱	164
太平洋戦争期の英語教科書	166
帝国議会での英語教科書追及（1944）	169
太平洋戦争期の英語廃止論	170

第6章　戦後民主主義期（1945〜1951）　　175

1.　軍国主義の払拭と民主主義教育　　175

墨ぬり教科書と暫定教科書	175
敗戦直後の米会話ブーム	177
軍国主義の払拭から民主主義教育へ	179
教育刷新委員会の外国語教育政策論議（1948〜1949）	180
小学校の外国語をめぐって	180
中学校の外国語をめぐって	182
外国語教育の振興について	183

2.　新制発足と学習指導要領試案の誕生　　187

最初の学習指導要領試案（1947）	187
新制中学・高校用の国定教科書	188
英語教員の自主研修と文部省講習会	189
1951 年版学習指導要領試案	190
米軍統治下の沖縄における英語教育政策	194

第7章　冷戦下の英語教育振興期（1952〜1960 年代）　　199

1.　アメリカの文化戦略としての英語教育振興策　　199

ソフト・パワー戦略としての英語教育振興策	199
国際文化会館の創設	202
アメリカ研究の奨励	202
日本英語教育研究委員会（ELEC）創設（1956）	203

2.	文部行政の転換と学習指導要領の国家基準化	205
	日本の独立と文部行政の変化	205
	英語教育に対する産業界の希望 (1955)	207
	「試案」が消えた高校学習指導要領 (1955)	209
	法的拘束力を持つ学習指導要領 (1958)	210
	外国語を必修化した高校学習指導要領 (1960)	215
	検定教科書の「国定化」	217
	英語教育改善協議会の活動 (1960)	218
3.	教員による教育課程の自主編成と目的論の発展	219
	第 1 次「外国語教育の四目的」(1962)	219
	第 2 次「外国語教育の四目的」(1970)	222
	第 3 次「外国語教育の四目的」(2001)	224

第8章 国際化時代 (1970～1980 年代)　　231

1.	言語活動重視の学習指導要領	231
	国際化時代の到来	231
	教育課程の検討過程	232
	言語活動を強調した中学校学習指導要領 (1969)	234
	高校学習指導要領 (1970)	237
2.	使える英語への模索	238
	使える英語を求めた中教審「四六答申」(1971)	238
	「新しい産業社会における人間形成」(1972)	239
	日本英語教育改善懇談会 (1972)	241
	1970 年代の小学校英語教育提言	242
	平泉プラン (1974) と英語教育大論争	243
3.	国際化と「ゆとり」を目指した学習指導要領	245
	国際交流についての中教審答申 (1974)	245
	「ゆとり教育」を目指した教育課程審議会答申 (1976)	247
	英語を週 3 にした中学校学習指導要領 (1977)	249

「英語週3」反対運動		251
多様化・弾力化を打ち出した高校学習指導要領(1978)		253
英文法教科書の検定廃止		256

4. 臨教審とコミュニケーション重視策　258

臨時教育審議会の英語教育政策(1986〜1987)		258
官邸主導でコミュニケーション重視に転換		264
コミュニケーション重視の学習指導要領(1989)		267
外国青年招致事業(JETプログラム)		269
JET以前の外国人指導助手制度		271
JETプログラムの問題点		271
コミュニカティブな授業の模索		273

第9章　グローバル化時代(1990年代以降)　277

1. 国際化からグローバル化へ　277

ソビエト崩壊と経済グローバル化		277
国際化とグローバル化の概念		279
新自由主義とコミュニケーション重視		282

2. 財界の教育要求　283

1990年代以降の教育要求		283
政治献金による政策買収		286
外国資本比率が高まる日本の大企業		287

3. 実践的コミュニケーション能力の育成　288

1990年代の小学校英語教育政策		288
ゆとり教育を求めた中教審答申(1996)		290
教育課程審答申(1998)		292
中学校学習指導要領の告示(1998)		296
高校学習指導要領の告示(1999)		297
大学英語教育の改善策(1997)		298
教員免許法の改正(1998)		299

生徒指導要録の改訂（2001） 300

小学校「外国語会話等」の実施へ 300

「英語が使える日本人」の育成のための戦略構想（2002） 303

教科書の内容削減と学力低下 306

4. グローバル人材の育成策 308

グローバル化と新自由主義 308

教育再生会議の英語教育改革案（2006） 309

学習指導要領と教育再生懇談会報告（2008） 310

小学校外国語活動の推進策 313

英語教育改革総合プラン（2009） 315

「5つの提言と具体的施策」（2011） 316

グローバル人材育成推進会議（2011） 319

5. 安倍政権の英語教育政策 322

教育再生実行本部の提言（2013） 322

教育再生実行会議の提言（2013） 325

第2期教育振興基本計画（2013） 327

グローバル化に対応した英語教育改革実施計画（2013） 329

スーパーグローバル大学と大学間格差 333

英検・TOEFLなど外部検定試験による到達目標設定 334

小学校外国語活動の早期化・教科化問題 337

英語教育の在り方に関する有識者会議の提言（2014） 338

生徒の英語力向上推進プラン（2015） 339

東京オリンピックに合わせた学習指導要領改訂
（2017〜2018） 340

終章　歴史の教訓と今後への提言 349

歴史の教訓 349

今後への提言 351

附録 1　日本外国語教育政策史年表	361
附録 2　日本外国語教育政策史資料	383
あとがき	449
参考文献	451
索引	467

凡　例

一、引用文の旧漢字は、人名を除き、原則として新字体に改め、一部の漢字
　　はかな表記に改めた。

一、引用の原文がカタカナ表記の場合は原則としてひらがな表記に改め、適
　　宜、句読点・濁点を補った。

一、日付に関しては、明治 5 年 12 月 2 日（西暦 1872 年 12 月 31 日）までの
　　出来事は太陰暦（旧暦）の元号で表記し、西暦年を補った。明治 5 年 12
　　月 3 日をもって新暦明治 6 年（1873 年）1 月 1 日と改められて以降は西
　　暦で表記し、元号表記を補った。

一、注での文献表記は、副題や発行者を省略するなど簡略化した。

一、引用文の一部には今日の観点からすると差別的な表現も含まれるが、史
　　料的な価値からそのまま引用した。

一、人名の敬称は原則として省略した。また、肩書きはすべて当時のもので
　　ある。

一、本文中の〔　〕は、江利川による補足・註釈である。

序章　外国語教育政策の主体と過程

　外国語教育政策を歴史的に考察する前に、政策の実施根拠となる教育法令およびその策定主体について概観する。また、戦後における教育政策の大まかな流れを把握するために、文部省（2001 年より文部科学省）が教育課程の基準と定める学習指導要領の変遷を概観しておきたい。

1.　教育政策の主体と教育法令

戦前の教育法令

　明治政府による近代的な学校制度は、明治 5 年 8 月（1872 年）制定の「学制」に始まった。それに代わって 1879（明治 12）年には「教育令」が交付された。いずれも、単一の法令で諸種の学校制度を包括的に規定するものだった。

　しかし、学校制度が発展するにつれて政府は学校種ごとの法令を整備し、国家の教育目標を末端にまで貫徹させる方針をとった。こうして、森有礼文部大臣の下で、1886（明治 19）年 3 月から 4 月にかけて、帝国大学令、師範学校令、小学校令、中学校令、諸学校通則の 5 つの学校令が勅令として公布された。

　勅令とは、議会の審議を経ずに、内閣総理大臣が閣議決定をもって天皇に上奏し、天皇が直接裁可することで法的な効力を発する命令のことである。そのため、文部省は単独では教育政策を決定することができなかった。この勅令主義によって、戦前における教育政策の立案と決定は、議会や国民の意

思に拘束されることなく、天皇および少数の政治家と高級官僚による上からの教育支配が容易になった。ただし、外国語教育政策などの細部については専門委員などの意見も取り入れた。

　各学校令は何度か改定・追補され、1947（昭和22）年3月に学校教育法が制定されるまで続いた。また、1890（明治23）年10月には「教育ニ関スル勅語」（教育勅語）が発布され、1948（昭和23）年6月に国会で廃止決議がなされるまで、大日本帝国における学校教育の根本規範とされた。

　各学校令の実施に必要な細則については、文部省の省令である「学科及其程度」や各学校令の「施行規則」が定められた。また、各教科の教授項目の学年別配当や教授上の注意などについては文部省が「教授要目」を定めた。中学校用の最初の教授要目は1902（明治35）年2月に制定され、幾度か改訂を重ねた。この教授要目に準拠して、さらに細部にまで至る実施方針を定めた「教授細目」を作成する学校もあった。

　なお、戦前の地方行政は内務省の所管だったため、文部省は地方の学校の運営に関して内務省に頼らざるをえなかった。明治末期以降になると、文部省の次官、局長、課長などの幹部は内務省出身者で占められるようになった。[1]

戦後の教育法令と学習指導要領

　戦前の勅令主義に対して、戦後の教育行政は法律主義を特徴とする。1947（昭和22）年3月31日には戦後の教育全般に関する根本的な法律である教育基本法が制定され、同時に学校教育法も成立した。これに伴い、同年5月に学校教育法施行規則（文部省令）が制定され、教育課程（当初は「教科課程」）の基本的な事項を定めた。

　学校教育法施行規則は第25条で「小学校〔中学校も〕の教科課程、教科内容及びその取扱いについては、学習指導要領の基準による」、第57条で「高等学校の教科に関する事項は、学習指導要領の基準による」と述べていた。同施行規則は1950（昭和25）年に改正され、第25条は「小学校〔中学校・高等学校も〕の教育課程については、学習指導要領の基準による」と改

められ、以後は「教育課程」(英語では curriculum) という用語が定着した。

　この施行規則によって、学習指導要領 (Course of Study) は小学校・中学校・高等学校 (のちに義務教育学校、中等教育学校、特別支援学校を含む) の各校が教育課程を作成する際の基準として位置づけられた。学習指導要領は文部省 (文部科学省) が検定する教科書の内容を大きく左右するため、学校教育現場に絶大な影響を与える。

　ただし、文部省によって 1947 (昭和 22) 年 3 月 20 日に発表された最初の学習指導要領は「試案」と明示され、法的強制力を持たず、教師のための手引き書にすぎなかった。「学習指導要領　一般編 (試案)」は以下のように述べていた (2 頁)。

> 　この書は、学習の指導について述べるのが目的であるが、これまでの教師用書のように、一つの動かすことのできない道をきめて、それを示そうとするような目的でつくられたものではない。新しく児童の要求と社会の要求とに応じて生まれた教科課程をどんなふうにして生かして行くかを教師自身が自分で研究して行く手びきとして書かれたものである。(中略) この書を読まれる人々は、これが全くの試みとして作られたことを念頭におかれ、今後完全なものをつくるために、続々と意見を寄せられて、その完成に協力されることを切に望むものである。

　学習指導要領の作成主体は文部省に限定されるものではなく、地方自治体の教育委員会 (当初は公選制) にも作成権限があった。1949 (昭和 24) 年 5 月の文部省設置法附則第 6 項は「初等中等教育局においては、当分の間、学習指導要領を作成するものとする。但し、教育委員会において、学習指導要領を作成することを妨げるものではない」と明記していた。ところが、1950 (昭和 25) 年 7 月の同法改正で但し書きの部分が削除され、「初等中等教育局においては、当分の間、学習指導要領を作成するものとする」とされた。

　それでも、翌 1951 (昭和 26) 年 7 月 1 日改訂の学習指導要領試案では、学校における教育課程の作成主体が「教師と児童・生徒」であることを次のように明言していた。

> 　教育課程の構成は、本来、教師と児童・生徒によって作られるといえる。教師は、校長の指導のもとに、教育長、指導主事、種々な教科の専門家、児童心理や青年心理の専門家、評価の専門家、さらに両親や地域社会の人々に直接間接に援助されて、児童・生徒とともに学校における実際的な教育課程をつくらなければならないのである。

　ところが、1955（昭和30）年12月5日改訂の高等学校学習指導要領では「試案」の文字が消された。続く1958（昭和33）年8月の学校教育法施行規則改定によって、決定的な転換が引き起こされた。その第25条では、「教育課程については、この節〔教科〕に定めるものの外、教育課程の基準として文部大臣が別に公示する、小学校〔中学校・高等学校も〕学習指導要領によるものとする」とされた。このときから、学習指導要領は単なる「試案」ではなく、『官報』に告示されて法定拘束力を持つとされたのである。

　これと同時に、文部省は第81条(2)の「この省令は別に学校の教育課程、設備及び編制の基準に関して規定する法律が定められるまで、暫定的に効力を有するものとする」を削除した。この削除は、「法律によらないで、法律に代る効力を有する規定を定める方針の恒久化の意志を表明したもの」[2]と解釈できる。これ以降、文部省令にすぎない学校教育法施行規則と、文部大臣の『官報』への告示を根拠に、学習指導要領の法的拘束力が主張され続けることになる。

　直後の1958（昭和33）年10月1日に告示された小・中学校の学習指導要領では、学校における教育課程の作成主体を「教師と児童・生徒」としていた規定を削除し、次のような官僚的な文章になった。

> 　各学校においては、教育基本法、学校教育法および同法施行規則、小学校〔中学校〕学習指導要領、教育委員会規則等に示すところに従い、地域や学校の実態を考慮し、児童〔生徒〕の発達段階や経験に即応して、適切な教育課程を編成するものとする。

　では、学習指導要領の「告示」とは法体系的にはどの程度の効力を持つものなのだろうか。法体系は効力の強い順に以下の序列になる。

①法律：国会での議決によって制定される成文法。

②政令：内閣が制定する命令。

③省令：各省の大臣が制定する命令（学校教育法施行規則など）。

④告示：国や地方公共団体などの公的機関が必要事項を公示する行為で、国の場合は『官報』に掲載される。

⑤通達：行政機関が所掌事務について下級機関に通知・指示するもの。

　このように、「告示」の法体系的な位置はきわめて低い。市役所が「ゴミの収集は火曜と金曜です」と住民に知らせるのも告示である。

　ところが、「法的拘束力」を「法律」と誤解する外国語教育関係者も少なくない。例えば、文部省の「外国語教育の改善に関する調査研究協力者会議」(1993) の座長や大学英語教育学会会長を務めた小池生夫は「我が国の英語教育政策の基準は学習指導要領という法律である。その内容は、小学校、中学校、高等学校の学校教育における外国語科目を規定している」[3] と述べている。しかし、上述のように、学習指導要領は国会での議決を経た「法律」ではなく、政令、省令のさらに下の「告示」にすぎない。

　2017（平成 29）年の時点で、幼稚園、小学校、中学校、高等学校、中等教育学校、特別支援学校の教育課程については、学校教育法施行規則に定める基本的な事項の他に、教育課程の基準として文部科学大臣が別に公示する学習指導要領（幼稚園は教育要領）によるとされている。学習指導要領は、各科目について、基本的に①目標、②内容、③内容の取扱いの 3 項目から構成されている。

　学習指導要領の改訂作業は、時期によって異なるが、一般的には以下の手続きを経て行われる。

①文部（科学）大臣が、公的な諮問機関である教育課程審議会（1950 年発足）に改訂を「諮問」する。ただし、教育課程審議会は省庁再編によって 2001（平成 13）年 1 月 6 日に中央教育審議会（中教審）に再編統合され、初等中等教育分科会の教育課程部会が学習指導要領の内容を審議す

ることになった。

②教育課程審議会（2001 年以降は中教審）が、諮問から約 1 年後に「中間まとめ」（これまでの審議のまとめ）を発表し、さらに約 1 年後に最終的な「答申」を文部（科学）大臣に提出する。答申をテーマごとに数次に分ける場合もある。

③答申を受け、文部（科学）省初等中等教育局の中学校課や高等学校課（後に教育課程課。外国語の場合は国際教育課に移管）において、視学官や教科調査官および専門職員が中心となって、学習指導要領作成協力者会議の協力を得ながら、改訂案の草案を作成する。協力者会議は、外国語の専門研究者、教員、指導主事、学識経験者など 20 名前後からなる。

④文部（科学）省は省令で学校教育法施行規則を改正し、同じ日に学習指導要領を『官報』に告示する。

⑤ほぼ 3～4 年後の 4 月から、小・中学校では全学年が同時に、高校では第 1 学年から学年進行で施行される。移行期間に前倒しで実施されることもある。

2. 戦後における教育政策の策定主体

審議会

　審議会等とは、国家行政組織法（1948）が定めた「重要事項に関する調査審議、不服審査その他学識経験を有する者等の合議により処理することが適当な事務をつかさどらせるための合議制の機関」である。審議会等には、①基本的な政策を審議する「基本的政策型審議会」と、②法令によって審議会等が決定・同意機関とされている場合等の「法施行型審議会」とがある。

　中央教育審議会（中教審）は、文部（科学）大臣の諮問に応じて教育に関する基本的な制度その他教育、学術、文化に関する基本的な重要施策について調査審議し、これらの事項に関して大臣に建議する。中教審の委員は、文部（科学）大臣が内閣の承認を経て任命する 20 人以内の委員で組織し、必要に応じて臨時委員や専門委員を置くことができる。

中教審は国家行政組織法に基づく公的な審議機関であり、私的な参考意見を聞くにとどめる「懇談会」や「有識者会議」などの「私的諮問機関」よりも法令上の位置づけは上位で、政策決定への影響力が大きいはずである。しかし、特に 2000 年代からは、首相などが設置する「私的諮問機関」が基本政策を策定し、公的な中央教育審議会が事実上追認するといった主客転倒した政策決定プロセスが拡大していった（後述）。

　その一因は、恣意的な人事等に基づく審議会の権威の低下である。審議会委員の人選等は官庁の裁量で決めることができるため、官僚が委員の選任、議題の設定、議事録の作成、答申原案の執筆といった主要な事務機能を掌握し、政策内容を実質的に決定づけてきたのである。そのため、審議会の実態に関しては、「文部省が自分たちの考えを正当化するためのたんなる口実」であるとの下記のような厳しい批判もある。[4]

> 　文部省所管の審議会は、あらかじめ方向づけられた方針を正当化する機関としてより重要な存在となっている。審議会の「専門家委員」は、往々にして文部省の考えに近いという理由で選任される。審議会には、文部省が期待する方針に沿うような「諮問」が行われる。文部省は、自分たちがどのような政策を望んでいるのかを審議会に情報を提供したり、事務局から援助や示唆を行って審議の方向をしばしば操作する。

　恣意的な委員人事と官僚による方向付けの結果、緊張感を欠いた審議会も少なくない。例えば、「教育基本法改正」答申というきわめて重要な審議を行ったはずの 2001～2003 年の中教審の審議実態について、日本教育政策学会会長を務めた浪本勝年は次のような問題点を指摘している。[5]

　①小渕恵三内閣の私的諮問機関に過ぎない教育改革国民会議の報告を基に、中教審に教育基本法「改正」について諮問し答申させた。

　②中教審委員（30 人）の総会等への出席率が悪く、3 割近くが 50％以下。山下泰裕（東海大学教授・柔道金メダリスト）の総会（5 回）への出席率は 0％である。答申の原案となる「中間報告」の教育基本法の部分を審議した第 15 回と 16 回の基本問題部会は、出席者が過半数に達せず、部会として不成立だったにもかかわらず、教育基本法改正について総会に報告した。

③各委員が思いつき的な発言を脈絡もないまま行っており、本来まとめようのないものを「中間報告」「答申」として官僚が無理やりまとめている。

　④中間報告で「根本法である教育基本法の在り方については、国民的議論が不可欠である」と述べながら、「答申」までわずか4カ月しかなく、国民の意見を聴く姿勢がない。

　教育基本法の改正に関する審議会ですら、このような状況だった。外国語教育政策の議論については推して知るべしであろう（後述）。戦前の勅令主義の反省の上に出発したはずの民主的な教育政策の立案過程が、形骸化していったのである。

　これを打破するには、委員の公選制や学会推薦等の導入など、学理と民意を反映した組織改革が必要であろう。この点に関して、当時の最大野党だった日本社会党は、1984（昭和59）年3月に、総理大臣直属の臨時教育審議会や文部省の中央教育審議会のあり方を以下のように批判した。[6]

> 　教育の中立性を侵す総理直属の審議会ではなく、文部省設置法に基づく文部省の機関としての審議会とすべきである。この場合、従来の中央教育審議会を廃止し、それにかわる「教育審議会」を設置することとする。中教審が不適格なのは、これまで委員の選出等がまったく恣意的で片寄ったものであり、その結果、文部省の"かくれみの"的役割をはたし、国民的合意に反する機関となっているからである。

　その上で、「国民的合意形成のための条件」として、「審議会の委員は、各党の推せんを含め広く教育に関わる各界、各層の代表で構成することとし、国会の承認を得ることとする」と提言した。しかし、この提言はその後も実現されることなく、審議会人事の恣意性と私的諮問機関による政策関与が強まる流れとなった。

私的諮問機関

　私的諮問機関とは、中央省庁等に設けられる行政運営上の会合で、「懇談会」、「専門家会議」、「有識者会議」、「協力者会議」、「検討委員会」、「研究会」といった名称が用いられる。「私的」とあるように、委員個人の私的な

意見を聴いて行政運営上の参考にすることを目的としている。その点で、「審議会等」のような公的な性格はなく、中教審答申のような政策決定に向けた審議会としての結論（答申）を出すことはできない。ところが、懇談会の意見を参考に政策等を決定した事例もあり、国家行政組織法第8条に抵触する恐れがあるとの指摘が国会等でもなされている。

1999（平成11）年4月27日の「中央省庁等改革の推進に関する方針」によれば、懇談会は「行政運営上の参考に資するため、大臣等の決裁を経て、大臣等が行政機関職員以外の有識者等の参集を求める会合」と定義され、以下の各点が定められている。①省令、訓令等を根拠としては開催しない。②「設置する」等の恒常的な組織であるとの誤解を招く表現を用いない。③審議会、協議会、審査会、調査会または委員会の名称を用いない。④懇談会等の定員及び議決方法に関する議事手続を定めない。⑤聴取した意見については、答申、意見書など合議体としての結論と受け取られるような呼称を付さない。

私的諮問機関は、首相や大臣などの考えに近いメンバーを恣意的に選ぶことが容易であるため、内閣総理大臣（官邸）などからのトップダウンによる政策決定の隠れ蓑として機能しやすい。

表　序–1　内閣総理大臣の教育に関する私的諮問機関

総理大臣	名　称	期　間	特　徴
小渕恵三	「21世紀日本の構想」懇談会	1999.3～2000.1	英語公用語化論を提起
小渕恵三	教育改革国民会議	2000.3～2001.4	教育基本法改変を提案
安倍晋三	教育再生会議	2006.10.10～2008.1.31	教育関係者はほとんどいない。
福田康夫	教育再生懇談会	2008.2.26～2009.11.17	教育研究者は1人もいない。
安倍晋三	教育再生実行会議	2013.1.15～	右派色が濃厚

10

表 序-2 文部省・文部科学省の外国語教育に関する私的諮問機関

設置期間	名称	座長	報告・提言等
1991 年 4 月 ～1993 年 7 月 30 日	外国語教育の改善に関する調査研究協力者会議	小池生夫	「中学校・高等学校における外国語教育改善の在り方について（報告）」
2000 年 1 月 21 日 ～2001 年 1 月 17 日	英語指導方法等改善の推進に関する懇談会	中島嶺雄	「英語指導方法等改善の推進に関する懇談会報告」
2002 年 1 月～5 月	英語教育改革に関する懇談会	なし	「『英語が使える日本人』の育成のための戦略構想」
2010 年 11 月 5 日 ～2012 年 3 月 31 日	外国語能力の向上に関する検討会	吉田研作	「国際共通語としての英語力向上のための 5 つの提言と具体的施策」
2014 年 2 月 4 日 ～2014 年 9 月 26 日	英語教育の在り方に関する有識者会議	吉田研作	「グローバル化に対応した英語教育改革の五つの提言」

官邸主導と政策会議

　教育政策の策定は、長らく政権与党の文教族議員と文部官僚による審議会方式で形成されてきた。しかし、政策決定を内閣総理大臣＝官邸主導によるトップダウン方式へと切り替えるために、内閣法改正(1999)と内閣府の設置(2001)による内閣機能の強化、中央省庁再編(2001)による官僚機構のスリム化、内閣人事局の発足(2014)をテコにした内閣による幹部官僚人事の一元的管理などの政治行政改革が進められた。

　官邸主導体制を支えるのが「政策会議」である。政策会議とは、「政府の内部、主として首相や官房長官などが会議設置・運営のイニシアティヴをとり、大臣や副大臣などの政治的なアクターが政策の調整と決定において重要な役割を果たす形のツール、いわばトップダウン型の政治主導を動かすための仕組み」[7]である。小泉内閣(2001～2006)のもとで威力を発揮した経済財政諮問会議などは、政策会議の典型である。

　橋本首相が推進した行政改革(橋本行革)によって、2001(平成 13)年 1 月には中央省庁が 1 府 22 省庁から 1 府 12 省庁に再編統合され、文部省も科学技術庁と統合されて文部科学省になった。同時に、「内閣総理大臣が政府

全体の見地から管理することがふさわしい行政事務の円滑な遂行を図る」ために内閣府が新設され、総理大臣が内閣府に特命大臣を置くことや、閣議に対する全般的な議題請求権を持つことができるようにするなど、首相官邸の役割が格段に強化される体制になった。

　内閣官房に配置された人員は、1980（昭和55）年2月時点では兼任を含めて77名にすぎなかったが、2017（平成29）年2月時点では併任（以前の兼任）を含めて1,196人と、実に16倍に達している。しかも幹部職員である審議官の定数は66名で、うち47名（71%）は首相が特に必要と認める場合に置くことができるため、首相の政策方向によって恣意的に人事を支配できる制度になった。

　さらに、2014（平成26）年5月には「内閣人事局」が設置され、幹部官僚の人事を内閣が一元管理できる体制が整った。これによって、各省庁の幹部職員に対する適格性審査にもとづいて内閣官房長官が幹部候補者名簿を作成し、各大臣は首相・官房長官と協議しながら名簿から幹部を人選する。この仕組みによって、首相官邸が各省の幹部人事に対して巨大な影響力を行使できるようになり、官僚機構を手足のように使う官邸主導体制が構築されたのである。

　こうして、1980年代の臨時教育審議会時代には文部官僚が抵抗力を行使できたが、2000年代以降になると文部科学省の権限が大きく後退し、首相官邸の下請け機関というべき状況になっていった。例えば、外国語教育改革のスローガンとなっている「グローバル人材」育成に関しては、内閣官房長官を議長とし、関係閣僚から構成される「グローバル人材育成推進会議」（2011〜2012）が設置され、2012（平成24）年6月4日に審議のまとめ「グローバル人材育成戦略」を発表した。これを受けて、文部科学省は同年度より日本人の海外留学の拡大などを盛り込んだ「グローバル人材育成推進事業」を開始した。

　2013（平成25）年1月15日の閣議決定によって設置された安倍晋三首相の私的諮問機関である教育再生実行会議は、文部科学省の所轄ではなく、内閣官房に置かれた教育再生実行会議担当室が運営を担っている。例えば、小

学校外国語活動の早期化・教科化や中学校での英語による英語授業などの方針は、教育再生実行会議が同年5月に唐突に打ち出したものだった。にもかかわらず、翌6月に閣議決定された「第2期教育振興基本計画」にそのまま盛り込まれた（第9章参照）。このように、内閣府に置かれた私的諮問機関が、政権の教育政策の根幹を決定づける体制ができあがったのである。

それによって意思決定は速まったものの、政策内容に関する専門的見地からの検討が弱まり、理論と実践に基づく十分なエビデンス（根拠）を伴わない「思い込み」や「思いつき」のような方針が提示されることが少なくない。

パブリック・コメント

財界は政治献金や人員派遣で政策への影響力を行使する。その反面で、学校現場の教師たちや一般国民は教育政策への参画の機会をほとんど閉ざされている。2006（平成18）年10月に施行された行政手続法第6章によれば、政府機関が政令や省令などを定める際には、案の段階で国民に公表し、パブリック・コメント（意見公募）制度によって広く意見を募り、寄せられた意見は「十分に考慮しなければならない」と定められている。

しかし、実際には国民からの声は無視される場合がほとんどである。例えば、2013年秋に特定秘密保護法案が国会に提出される前に実施されたパブリック・コメントでは約9万件の意見が寄せられ、反対が77%、賛成はわずか13%だったにもかかわらず、ほとんど無視された。エネルギー基本計画の原案に対しては約1万9,000件が寄せられたが、政府は賛否の内訳を公表しないまま、原子力発電を「重要なベースロード電源」と位置づけて2014（平成26）年4月11日に閣議決定してしまった。その後、朝日新聞が情報公開請求によって賛否を集計した結果、脱原発を求める意見が9割を超えていた可能性があることがわかっている[8]。寄せられた意見を「十分に考慮しなければならない」とする法律に反した行為を、政府は重ねているのである。

例外もある。民主党政権は「2030年代に原発稼働ゼロ」の方針を2012（平

成 24）年に決める際に、パブリック・コメントを実施し、意見のうち約7,000 件を集計した結果、「即時の原発ゼロ」を求める意見が全体の 81％に上った。さらに、無作為抽出に基づく討論型世論調査を実施した結果、討論を通じて原発稼働ゼロを支持する参加者が 33％から 47％に増えた[9]。党執行部の意図を超えた世論の意見表明によって、「2030 年代に原発稼働ゼロ」を決めざるを得なくなったのである。

　教育政策においても、こうした民主主義的な政策決定プロセスを取るべきであろう。だが、2017（平成 29）年 3 月 31 日に告示された小中学校等の学習指導要領の策定過程を見ると、学校関係者や国民の声が反映されているとは言いがたい。文科省は同年 2 月 14 日に学習指導要領の改訂案を公表し、それに対するパブリック・コメントは総計 1 万 1,210 件に達した。うち、文科省が公表した限りでも、外国語教育に関するパブリック・コメントでは以下のような疑問が寄せられた。

①小学校「英語」や「外国語活動」の前倒しにより、小学校 4 年生以上で「週 29 時間相当」になったが、現場や子供たちへの負担が大きいのではないか。
②外国語活動及び外国語科については、総合的な学習の時間をもって行い、総合的な学習の時間の探究的な活動や長期休業等を活用して行うようにしてはどうか。
③小学校では英語教育よりも、国語教育に力を入れるべき。
④小学校での英語の教科化について、評価をすることで英語嫌いを増やすだけではないか。
⑤言葉はその国の文化に通じているため、国際化に対応するなら英語以外の多くの言語があることをまず教えることが必要と考える。
⑥英語科の免許を持たない教員や、教員の質が十分に確保されていない教員に英語科の授業を持たせることはできないのではないか。
⑦中学校外国語科において、「英語の授業は、英語で行うこと」を基本とすることは、教員や子供の実態に合わないのではないか。

しかし、これらの疑問・意見はまったく反映されることなく、外国語に関しては、ごく軽微な字句修正のみで告示された。[10]

なお、2008（平成20）年3月告示の学習指導要領の内容を策定した中央教育審議会教育課程部会外国語専門部会の委員名簿（2005年6月）を見ると、全体的には小学校英語教育の推進論者が多い。そうした傾向は2017（平成29）年3月告示の学習指導要領に関わった外国語ワーキンググループ（2015〜2016）[11] においても同様である。

教育課程部会　外国語ワーキンググループ　委員名簿（2015年10月）

石鍋　浩　　　東京都港区立御成門中学校校長

江原　美明　　神奈川県立国際言語文化アカデミア教授

酒井　英樹　　信州大学学術研究院教育学系教授

佐々木　正文　東京都立武蔵野北高等学校校長

高木　展郎　　横浜国立大学教育人間科学部教授

種村　明頼　　東京都西東京市立けやき小学校校長

投野　由紀夫　東京外国語大学総合国際学研究院（言語文化部門・言語研究系）教授

長谷川　知子　一般社団法人日本経済団体連合会　教育・スポーツ推進本部副本部長

平岡　昌子　　広島県神石高原町立油木小学校教頭

藤村　徹　　　京都市立大宅小学校校長

本多　敏幸　　東京都千代田区立九段中等教育学校教諭

松川　禮子　　岐阜県教育委員会教育長

松本　茂　　　立教大学グローバル教育センター長

吉田　研作　　上智大学言語教育研究センター教授

渡部　正嗣　　島根県教育センター指導主事

人選にあたって、学会からの推薦や選挙などの民主的な手続きはなく、誰が、どのような経緯で人選したのかについては明らかにされていない。

財界団体からの教育要求

戦後日本の教育政策に対して大きな影響力を与えてきたのは、経済団体連合会（経団連）、日本経営者団体連盟（日経連）、経済同友会、日本商工会議所などの財界からの教育要求である。各団体とも敗戦直後の 1946〜1948 年の間に組織されたが、それぞれの性格・役割分担は異なる。経団連は「財界の総本山」とも呼ばれる最大組織で、現在では一部上場の大企業から構成され、経済団体相互間の連絡・調整に基づいて財界の要望をまとめ、政治献金などを武器に政府や国会に建議する活動を行ってきた。経済同友会は経営者・経済人が個人の立場で加入する団体で、主に経済問題の理論研究や教育問題を含む政策提言を行っている。2017 年 3 月現在の会員数は 1,458 人。

広瀬隆雄の研究によれば、日経連が 1948（昭和 23）年から 1978（昭和 53）年までに発表した意見・要望・声明の総件数は約 310 件であり、うち教育に関しては 29 件（9.4％）だった [12]。また、経済同友会の場合は 1946（昭和 21）年から 1976（昭和 51）年までに 182 件で、うち教育に関しては 8 件（4.4％）だった。財界の中でも労働問題や人材確保を主な守備範囲とした日経連が、教育に関して積極的に要望を提出していたことがわかる。その日経連の会長である根本二郎（日本郵船会長）は、1998（平成 10）年 6 月に中央教育審議会の会長に就任した。財界人が中教審会長に就いたのは史上初で、教育政策に対する財界の影響力の高まりを象徴した人事となった。

日経連は 2002（平成 14）年に経団連と合体して日本経済団体連合会（新経団連）に組み込まれ、以後は経団連という一段と強力な圧力団体として教育政策への要求を積極的に提出するようになる。

財界・産業界からの教育政策要求に関する時代別の特徴について、前述の広瀬隆雄は敗戦直後から 1980 年代までを対象に、以下のように分析している。

① 1950 年代：前半までは経済復興のための実業教育の充実を強調し、後半では高度経済成長へ向けての科学技術教育の振興を主張している。

② 1960 年代：前半では、人材開発と能力主義の徹底を目指した高校・大

学の多様化・種別化を目指している。後半では、高度経済成長に対する一定の反省がみられ、それに伴って人間主義を提唱している。

③ 1970 年代：前半までは産業構造の急激な変化にもとづき、情報化社会、脱工業化社会の実現を目指した人材育成を求めている。後半では戦後教育総体に対する批判・見直しの傾向が強まり、画一的な教育制度への批判と多様化への要求を強化している。

④ 1980 年代：「教育の荒廃」状況への提言、民族・ナショナリズムの強調、21 世紀に向けての教育改革の提唱、創造性の重視の主張などが顕著となる。

次に、飯吉弘子は、大学生への能力要求に限定したものではあるが、敗戦直後から 2005（平成 17）年 6 月時点までの財界の教育要求に関して、以下の 4 期に区分している。[13]

第 1 期　1950 年代～1960 年代後半：量的要求中心・専門教育重視

第 2 期　1960 年代末～1970 年代後半：質的要求への変化・一元的多様化要求中心

第 3 期　1980 年前後～1990 年代前半：創造性の出現と多元的多様化要求への変化

第 4 期　1990 年代後半～2005 年 6 月現在：提言の頻繁化、多様化、詳細化、具体化、積極化と変質

いずれの研究とも、教育全般に対する財界の教育要求を概観する上で参考になるが、外国語教育政策に関する踏み込んだ考察はない。

資本主義体制と社会主義体制とが対峙する戦後の東西冷戦構造の下で、経団連は資本主義体制を擁護する政党を支えるために、傘下の企業から政治献金を取りまとめる役割を担った。経団連が総額を決め、会員企業に負担能力に応じた献金額を割り振る「経団連方式」によって集金し、保守与党の自民党本部に毎年 100 億円以上、穏健野党の民社党に 10 億円程度寄付していた

といわれる。

　企業による政党・政治団体への資金提供である政治献金については、根強い批判がある。憲法上、参政権と政治活動の自由が保障されているのは個人に対してだけだから、それらを法人（企業）に認めることは、1人1票の民主主義の原則に反する。株主は様々な政治的信条を持っているから、特定の政党への企業献金を株主の総意とみなすことはできない。そもそも企業の献金は、会社にとっての利益をもたらさないのであれば事業目的に反した「背任」であり、利益の見返りを求める資金提供であれば「収賄」であるという本質的な矛盾を抱えている。

　教育政策は国民全員に直接関係する分野であるから、特定の集団の利益のための政治献金で左右されてはなるまい。

3.　学習指導要領の変遷

　戦後の外国語教育政策の基本方針を定めた学習指導要領については第6章以降で論じるが、変遷の全体的な流れを把握するために、①学習指導要領と教材の変遷の概要、②高校外国語の科目名と単位数の変遷、③学習指導要領外国語（英語）科における目標の変遷、④語彙・文法・文型の変遷について、あらかじめ通時的に略記しておきたい。

学習指導要領と教材の変遷の概要

学習指導要領	教材の変遷
1947（昭和22）年　中学校・高等学校学習指導要領　英語編（試案） ＊1947年度実施 ・試案で教師の手引き。英語は選択科目。 ・英語で考える習慣を付ける。英語を話す国民の風俗習慣および日常生活を知る。 ・平和と民主主義の教育。 ・教材は社会の要求と生徒の興味に基づいたもの。 ・一学級30名以上は望ましくない。 ・週6時間が理想。4時間以下は効果が減る（中学は各学年週1〜4時間、普通高校は週5時間を配当）。	・1947（昭和22）年3月　文部省著作中学校用 *Let's Learn English* 発行。題材内容は保護者からの要望と学習指導要領の題材規定に対応（1巻：家庭・学校・地域の生活、2巻：寓話・物語・伝記、3巻：アメリカの年中行事） ・高校用 *The World through English* に "Democracy" の教材。 ・1949年度中学校用 *Jack and Betty* はアメリカ中産階級の生活・文化に徹した教材で、採択率過半数を獲得。
1951（昭和26）年　中学校・高等学校学習指導要領外国語科英語編（試案） ＊1952年度実施 ・「教科書の内容は、平和国家の市民にふさわしい真理と正義との尊重・責任感および勤労に対する関心を発達させるような、教育基本法の目的に一致」「教材は時代に即応し進歩的であり、民主主義の発達と国際理解の増進に役だつもの」。 ・週4〜6時間　新語数1,200〜2,300語。	・1952年度より、中学で「読本」と運用力重視の「実際使用」の教科書の二本立てが可能に（実際は1冊の総合教科書が主流）。 ・1952年度版 *New Jack and Betty* は初版の2倍以上の厚さに。分詞構文、関係副詞、仮定法、話法まで含む。3巻の "Sportsmanship and Democracy" でフェアプレーと少数意見の尊重を教材化。 ・Arbor Day など、次世代のためにより良い社会を作り上げる意義を教える教材も人気。
1955（昭和30）年　高等学校学習指導要領外国語科編　＊1956年度実施 ・「試案」の文字が消える。	

1958（昭和 33）年　中学校学習指導要領（以後は『官報』に告示） ＊1962 年度実施 ・言語材料と学習活動の学年配当始まる。 ・1・2 年は週最低 3 時間に削減、3 年は 5 時間。 ・新語数 1,100〜1,300 語、必修 520 語を指定。 ・「特定の指導法に片寄ることなく」の規定がオーラル・アプローチ熱に冷水。 ・1963 年度から教科書広域採択制導入。	・1962 年度用 *New Prince Readers* 登場。アメリカ人中学生の生活が中心ながら日本ものの Mujina を掲載、1986 年まで続く人気教材に。 ・*Junior Crown*（1962 年度版）が Have you...? を Do you have...? に転換。巻末に文型練習用折り込みチャート添付、各社が倣う。 ・ELEC の *New Approach to English* が検定で大幅書換、Oral Approach 色薄まり採択不振。
1960（昭和 35）年　高等学校学習指導要領　＊1963 年度実施 ・外国語が必修教科に（1972 年度まで）。 ・英語 A、英語 B の設定によりコース分け。 ・新語数 1,500 語（就職組）、3,600 語（進学組）。	・英語 A →産業に関する教材を入れ、高度成長を担う人材育成を狙う。 ・英語 B →英語国民の思想感情や制度に関する教材（伝記・小説・劇・詩・随筆・論文）も含め、教養的要素を残す。
1969（昭和 44）年　中学校学習指導要領＊1972 年度実施 ・題材を「広く世界の人々」へ拡大。 ・学習活動から言語活動の重視へ（高校も）。 ・標準週 3 時間に（4 時間まで履修可）。 ・文型 5 種 37、文法事項 21。 ・新語 950〜1,100 語。	・1972 年度から中学教科書が 1 社 1 種に限られ、5 種だけに（最低は 1975〜77 年度の 4 種）。 ・2 年前半まで言語活動を行える対話文が増加。 ・1972 年度版 *New Prince* 3 がアフリカの言語文化を紹介。 ・1 年用教科書から発音記号が消える。
1970（昭和 45）年　高等学校学習指導要領　＊1973 年度実施 ・選択教科に戻す。 ・「英語会話」と「初級英語」の新設。 ・新語 1,200〜1,500（就職組）、2,400〜3,600 語（進学組）。	・1973 年度の「初級英語」の教科書は 1 種類、「英語会話」は 4 種類と不振。会話教科書ではリズム、イントネーション指導などに新機軸。 ・英文法の検定教科書が出る。

1977（昭和 52）年　中学校学習指導要領 ＊1981 年度実施 ・週 3 時間を強制（週 3 問題）、反対運動起こる。 ・言語材料をやや弾力化。 ・文型 5 種 22、文法事項 13 項目に激減。 ・新語数 900〜1,050 語。	・1981 年度版全体の課別の登場人物（実質）は、米国人 63％、日本人 62％。少数民族も登場。 ・人権、平和、地球環境を扱う教材が増加。 ・1984 年、*New Crown* にウェールズの方言札が登場、英語強制問題を教材化。 ・1987 年度版から各課の目標文をページの下に。
1978（昭和 53）年　高等学校学習指導要領　＊1982 年度実施 ・英語 I・II・II A・II B・II C に再編。 ・新語数 1,400〜1,900 語。	・英文法の検定教科書が消える。 ・1988 年、中村敬ほか著 *First II* の教材 "War" が検定合格後に "My Fair Lady" に差し替えられる。
1989（平成元）年　中学校・高等学校学習指導要領　＊1993 年度実施（中学） ・積極的にコミュニケーションを図ろうとする態度の育成を明記。 ・題材は世界の人々および日本人の日常生活等 ・言語材料の学年配当枠がなくなる。 ・ネイティブ・スピーカーの活用。 ・週 4 時間まで履修可能に。 ・新語数 1,000 語。 ＊1994 年度実施（高校） ・新語数 1,900 語。	・教科書が週刊誌大の大判になり、カラフル化。 ・1993 年度版全体の課別の登場人物（実質）は、米国人 53％、日本人 74％に。アジア・アフリカ等も 32％に急増し多国籍化。 ・日本人が「国際貢献」をする題材や俳句、将棋、落語等の伝統文化の題材が増加。 ・「聞く・話す」や、ティーム・ティーチング対応教材が増える。 ・policeman → police officer などジェンダーフリーの表記が増える。
1998（平成 10）年　小校学・中学校学習指導要領　＊2002 年度実施 ＊指導要領は「最低基準」に。 小学校：総合的な学習の時間での外国語会話等が可能に。 中学校：外国語が必修に（原則として英語）。 ・実践的コミュニケーション能力の育成。 ・週 3 時間に削減。 ・新語数 900 語。	・本文の総量を約 3 割削減。 ・電話、道案内、病院などの英会話場面が増加。 ・文章がほとんどないリスニング教材の増加。 ・コミュニケーション場面を収録したビデオ、DVD を教師用に供給。

1999（平成 11）年　高等学校学習指導要領　＊2003 年度実施 ・必修は「オーラル・コミュニケーション I」・「英語 I」の 1 つ以上に。 ・新語数 1,800 語。	・言語の働き（説明・依頼など）や使用場面（旅行・討論など）に対応した教材の増加。 ・2003 年度から「発展的な内容」を盛り込むことが可能に。
2008（平成 20）年 **小学校学習指導要領**　＊2011 年度実施 ・5・6 学年の外国語活動を必修化。	・文科省版『英語ノート』、のちに *Hi, friends!* を供給。
中学校学習指導要領　＊2012 年度実施 ・週 4 時間に増。 ・新語数 1,200 語	・時間増、語彙増による発展的な教材が増加。
2009（平成 21）年　高等学校学習指導要領 ＊2013 年度実施 「コミュニケーション英語基礎」「コミュニケーション英語 I・II・III」「英語表現 I・II」「英語会話」に改変。 ・「授業は英語で行うことを基本とする」を明記。 ・新語数 1,800 語。中高で 3,000 語（初の増加）。	・文法事項の体系的指導を特徴とする「英語表現」の某教科書が全体の 6 割のシェア。
2017（平成 29）年 **小学校学習指導要領**　＊2020 年度実施 ・外国語活動を 3・4 学年、教科としての外国語を 5・6 学年で実施。	・到達目標を具体的に記述。
中学校学習指導要領　＊2021 年度実施 ・「授業は英語で行うことを基本とする」。 ・小学校での 600〜700 語に加えて新語数 1,600〜1,800 語程度（実質 2 倍増）。	・現在完了進行形、仮定法も追加。
高等学校学習指導要領　＊2022 年度実施 ・科目名を「英語コミュニケーション I・II・III」「論理・表現 I・II・III」に全面改変。 ・新語数 1,800〜2,500 語で、小学校からの総計 4,000〜5,000 語（旧課程の 33％〜67％増）。	

高校外国語の科目名と単位数の変遷

1948：昭和 23 実施	外国語（5～15）
1951：昭和 26 実施	外国語（5～15）
1955：昭和 30 1956：昭和 31 実施	第一外国語（3～15） 第二外国語（2～4）
1960：昭和 35 告示 1963：昭和 38 実施	英語 A（9）　英語 B（15）　ドイツ語（15）　フランス語（15） 外国語に関するその他の科目 ＊どれか 1 科目必修
1970：昭和 45 告示 1973：昭和 48 実施	初級英語（6）　英語 A（9）　英語 B（15）　英語会話（3） ドイツ語（15）　フランス語（15） 外国語に関するその他の科目
1978：昭和 53 告示 1982：昭和 57 実施	英語 I（4）　英語 II（5）　英語 II A（3）　英語 II B（3） 英語 II C（3）　ドイツ語（15）　フランス語（15） 外国語に関するその他の科目
1989：平成元告示 1994：平成 6 実施	英語 I（4）　英語 II（4） オーラル・コミュニケーション A（2） オーラル・コミュニケーション B（2） オーラル・コミュニケーション C（2） リーディング（4）　ライティング（4）　ドイツ語　フランス語
1999：平成 11 告示 2003：平成 15 実施	オーラル・コミュニケーション I（2） オーラル・コミュニケーション II（4） 英語 I（3）　英語 II（4）　リーディング（4）　ライティング（4） ＊オーラル・コミュニケーション I か英語 I の 1 科目必修
2009：平成 21 告示 2013：平成 25 実施	コミュニケーション英語基礎（3） コミュニケーション英語 I（3） コミュニケーション英語 II（4） コミュニケーション英語 III（4） 英語表現 I（2）　英語表現 II（4）　英語会話（2） ＊コミュニケーション英語 I 必修
2018：平成 30 告示 2022 実施	英語コミュニケーション I（3） 英語コミュニケーション II（4） 英語コミュニケーション III（4） 論理・表現 I（2）　論理・表現 II（2）　論理・表現 III（2） ＊英語コミュニケーション I 必修

序章　外国語教育政策の主体と過程　23

学習指導要領外国語（英語）科における目標の変遷

(1) 1947 年　中学校・高校学習指導要領（試案）

一．英語で考える習慣を作ること。

英語を学ぶということは、できるだけ多くの英語の単語を暗記することではなくて、われわれの心を、生まれてこのかた英語を話す人々の心と同じように働かせることである。この習慣（habit）を作ることが英語を学ぶ上の最初にして最後の段階である。

英語で考えることと翻訳することとを比較してみよう。前者は英語をいかに用いるかということを目的としているが、後者は古語を学ぶときのように、言語材料を覚えることに重点をおいている。前者は聴き方にも、話し方にも、読み方にも、書き方にも注意しながら英語を生きたことばとして学ぶのに反して、後者は書かれた英語の意味をとることにのみとらわれている。ここにおいて、英語で考えることが、英語を学ぶ最も自然な最も効果的な方法であることは明らかである。

二．英語の聴き方と話し方とを学ぶこと。

英語で考える習慣を作るためには、だれでも、まず他人の話すことの聴き方と、自分の言おうをすることの話し方とを学ばなければならない。聴き方と話し方とは英語の第一次の技能（primary skill）である。

三．英語の読み方と書き方とを学ぶこと。

われわれは、聴いたり話したりすることを、読んだり書いたりすることができるようにならなければならない。読み方と書き方とは英語の第二次の技能（secondary skill）である。そして、この技能の上に作文と解釈との技能が築かれるのである。

四．英語を話す国民について知ること、特に、その風俗習慣および日常生活について知ること。

聴いたり話したり読んだり書いたりする英語を通じて、われわれは英語を話す国民のことを自然に知ること（information）になるとともに、国際親善を増すことにもなる。

(2) 1951 年　中学校・高校学習指導要領（試案）　＊目標（Aims）を「一般目標（The Over-all Aims）」、「機能上の目標（The Major Functional Aims）」、終極目標である「教養上の目標（The Major Cultural Aims）」に 3 区分。

中学校の一般目標　聴覚と口頭との技能および構造型式の学習を最も重視し、聞き方・話し方・読み方および書き方に熟達するのに役だついろいろな学習経験を通じて、「ことば」としての英語について、実際的な基礎的な知識を発達させるとともに、その課程の中核として、英語を常用語としている人々、特にその生活様式・風俗および習慣について、理解・鑑賞および好ましい態度を発達させること。

「このような鑑賞と態度との発達が、習得した言語技能とともに、平和への教育の重要な一部として役立つものとなる」（以上抜粋）

(3) 1955 年　高校学習指導要領

外国語科は、外国語の聞き方、話し方、読み方および書き方の知識および技能を伸ばし、それをとおして、その外国語を常用語としている人々の生活や文化について、理解を深め、望ましい態度を養うことを目標とする。

(4) 1958 年　中学校学習指導要領
1　外国語の音声に慣れさせ、聞く能力および話す能力の基礎を養う。
2　外国語の基本的な語法に慣れさせ、読む能力および書く能力の基礎を養う。
3　外国語を通して、その外国語を日常使用している国民の日常生活、風俗習慣、ものの見方などについて基礎的な理解を得させる。

1960 年　高校学習指導要領
1　外国語の音声に習熟させ、聞く能力および話す能力を養う。
2　外国語の基本的な語法に習熟させ、読む能力および書く能力を養う。
3　外国語を通して、その外国語を日常使用している国民について理解を得させる。

(5) 1969 年　中学校学習指導要領
　外国語を理解し表現する能力の基礎を養い、言語に対する意識を深めるとともに、国際理解の基礎をつちかう。
このため、
　1　外国語の音声および基本的な語法に慣れさせ、聞く能力および話す能力の基礎を養う。
　2　外国語の文字および基本的な語法に慣れさせ、読む能力および書く能力の基礎を養う。
　3　外国語を通して、外国の人々の生活やものの見方について基礎的な理解を得させる。

1970 年　高校学習指導要領
　外国語を理解し表現する能力を養い、言語に対する意識を深めるとともに、国際理解の基礎をつちかう。このため、
　1　外国語の音声、文字および基本的な語法に慣れさせ、聞き、話し、読み、書く能力を養う。
　2　外国語を通して、外国の人々の生活やものの見方について理解を得させる。

(6) 1977 年　中学校学習指導要領
　外国語を理解し、外国語で表現する基礎的な能力を養うとともに、言語に対する関心を深め、外国の人々の生活やものの見方などについて基礎的な理解を得させる。
＊ 1978 年の高校用は「基礎的な」がないだけ。

(7) 1989 年　中学校学習指導要領
　外国語を理解し、外国語で表現する基礎的な能力を養い、外国語で積極的にコミュニケーションを図ろうとする態度を育てるとともに、言語や文化に対する関心を深め、国際理解の基礎を培う。
＊高校用は「基礎的な」を削除し、最後が「関心を高め、国際理解を深める。」

(8) 1998 年　中学校学習指導要領
　外国語を通じて、言語や文化に対する理解を深め、積極的にコミュニケーションを図ろうとする態度の育成を図り、聞くことや話すことなどの実践的コミュニケーション能力の基礎を養う。

1999 年　高校学習指導要領
　外国語を通じて、言語や文化に対する理解を深め、積極的にコミュニケーションを図ろうとする態度の育成を図り、情報や相手の意向などを理解したり自分の考えなどを表現したりする実践的コミュニケーション能力を養う。

【参考】1998 年　小学校学習指導要領（総合的な学習の時間の取扱い）
　国際理解に関する学習の一環としての外国語会話等を行うときは、学校の実態等に応じ、児童が外国語に触れたり、外国の生活や文化などに慣れ親しんだりするなど小学校段階にふさわしい体験的な学習が行われるようにすること。

(9) 2008 年　学習指導要領
小学校外国語活動（5・6 学年）
　外国語を通じて、言語や文化について体験的に理解を深め、積極的にコミュニケーションを図ろうとする態度の育成を図り、外国語の音声や基本的な表現に慣れ親しませながら、コミュニケーション能力の素地を養う。

中学校外国語
　外国語を通じて、言語や文化に対する理解を深め、積極的にコミュニケーションを図ろうとする態度の育成を図り、聞くこと、話すこと、読むこと、書くことなどのコミュニケーション能力の基礎を養う。

2009 年　高校外国語
　外国語を通じて、言語や文化に対する理解を深め、積極的にコミュニケーションを図ろうとする態度の育成を図り、情報や考えなどを的確に理解したり適切に伝えたりするコミュニケーション能力を養う。

(10) 2017 年　学習指導要領
小学校外国語活動（3・4 学年）
　外国語によるコミュニケーションにおける見方・考え方を働かせ、外国語による聞くこと、話すことの言語活動を通して、コミュニケーションを図る素地となる資質・能力を次のとおり育成することを目指す。
　(1) 外国語を通して、言語や文化について体験的に理解を深め、日本語と外国語との音声の違い等に気付くとともに、外国語の音声や基本的な表現に慣れ親しむようにする。
　(2) 身近で簡単な事柄について、外国語で聞いたり話したりして自分の考えや気持ちなどを伝え合う力の素地を養う。
　(3) 外国語を通して、言語やその背景にある文化に対する理解を深め、相手に配慮しながら、主体的に外国語を用いてコミュニケーションを図ろうとする態度を養う。

小学校外国語（5・6 学年）
　外国語によるコミュニケーションにおける見方・考え方を働かせ、外国語による聞くこと、読むこと、話すこと、書くことの言語活動を通して、コミュニケーションを図る基礎となる資質・能力を次のとおり育成することを目指す。

(1)外国語の音声や文字、語彙、表現、文構造、言語の働きなどについて、日本語と外国語との違いに気付き、これらの知識を理解するとともに、読むこと、書くことに慣れ親しみ、聞くこと、読むこと、話すこと、書くことによる実際のコミュニケーションにおいて活用できる基礎的な技能を身に付けるようにする。

(2)コミュニケーションを行う目的や場面、状況などに応じて、身近で簡単な事柄について、聞いたり話したりするとともに、音声で十分に慣れ親しんだ外国語の語彙や基本的な表現を推測しながら読んだり、語順を意識しながら書いたりして、自分の考えや気持ちなどを伝え合うことができる基礎的な力を養う。

(3)外国語の背景にある文化に対する理解を深め、他者に配慮しながら、主体的に外国語を用いてコミュニケーションを図ろうとする態度を養う。

中学校外国語

外国語によるコミュニケーションにおける見方・考え方を働かせ、外国語による聞くこと、読むこと、話すこと、書くことの言語活動を通して、簡単な情報や考えなどを理解したり表現したり伝え合ったりするコミュニケーションを図る資質・能力を次のとおり育成することを目指す。

(1)外国語の音声や語彙、表現、文法、言語の働きなどを理解するとともに、これらの知識を、聞くこと、読むこと、話すこと、書くことによる実際のコミュニケーションにおいて活用できる技能を身に付けるようにする。

(2)コミュニケーションを行う目的や場面、状況などに応じて、日常的な話題や社会的な話題について、外国語で簡単な情報や考えなどを理解したり、これらを活用して表現したり伝え合ったりすることができる力を養う。

(3)外国語の背景にある文化に対する理解を深め、聞き手、読み手、話し手、書き手に配慮しながら、主体的に外国語を用いてコミュニケーションを図ろうとする態度を養う。

2018 年　高校外国語

外国語によるコミュニケーションにおける見方・考え方を働かせ、外国語による聞くこと、読むこと、話すこと、書くことの言語活動及びこれらを結び付けた統合的な言語活動を通して、情報や考えなどを的確に理解したり適切に表現したり伝え合ったりするコミュニケーションを図る資質・能力を次のとおり育成することを目指す。

(1)外国語の音声や語彙、表現、文法、言語の働きなどの理解を深めるとともに、これらの知識を、聞くこと、読むこと、話すこと、書くことによる実際のコミュニケーションにおいて、目的や場面、状況などに応じて適切に活用できる技能を身に付けるようにする。

(2)コミュニケーションを行う目的や場面、状況などに応じて、日常的な話題や社会的な話題について、外国語で情報や考えなどの概要や要点、詳細、話し手や書き手の意図などを的確に理解したり、これらを活用して適切に表現したり伝え合ったりすることができる力を養う。

(3)外国語の背景にある文化に対する理解を深め、聞き手、読み手、話し手、書き手に配慮しながら、主体的、自律的に外国語を用いてコミュニケーションを図ろうとする態度を養う。

語彙・文法・文型の変遷

　1950 年代初頭には中高の 6 年間で上限 6,100〜6,800 語程度だった語彙（新語数）は、1998/99 年学習指導要領の 2,200 語までは削減され続けたが、「ゆとり教育」批判のもとで 2008/09 年学習指導要領から増加に転じた（表序-3）。2017/18 年告示の学習指導要領では、小学校の外国語（5・6 学年）で「外国語活動を履修する際に取り扱った語を含む 600〜700 語程度の語」と定めた。これを前提に、中学校では「小学校で学習した語に 1,600〜1,800 語程度の新語を加えた語」としたために、実質は 2,200〜2,500 語となり、旧課程の 1,200 語程度と比べると、中学生が接する語彙は一気に 2 倍となった。これに高校の 1,800〜2,500 語を加えれば、小学校から高校までの総計は 4,000〜5,000 語に達する（旧課程より 33%〜67%増）。これは国立大学上位校の入試問題レベルの語彙である。

　1958（昭和 33）年に告示された中学校学習指導要領では、文法・文型の学

表　序-3　学習指導要領で定められた語彙

指導要領の年次	中学校	高等学校	合計
1951〔日本語版〕	1,200〜2,300	2,100〜4500	3,300〜6,800
1951〔英語版〕	1,200〜2,100	2,100〜4000	3,300〜6,100
1958/60	1,100〜1,300	1,500/3,600	2,600〜4,900
1969/70	950〜1,100	1,200〜1,500/2,400〜3,600	2,150〜4,700
1977/78	900〜1,050	1,400〜1,900	2,300〜2,950
1989/89	1,000	1,900	2,900
1998/99	900	1,300	2,200
2008/09	1,200	1,800	3,000
2017/18	1,600〜1,800（小学校 600〜700 に加え）	1,800〜2,500	3,400〜4,300（小学校の語彙を加え 4,000〜5,000）

（注）年次の斜線は左が中学、右が高校。高校の斜線は左が就職、右が進学コース。1999 年の高校指導要領の語彙は最大 1,800 語と数えることも可能だが、文科省の見解に従った。各指導要領から作成。

年指定が行われ、1989（平成元）年に解除されるまで続いた。それを見ると、1958 年版指導要領では過去形の導入は 2 年生とされ、1 年生の教科書に入れることは許されなかった。過去完了形、分詞構文（基本的なもの）、仮定法は 1958 年版のみに入っていた。関係副詞、現在完了進行形は 1958 年版と 1969 年版に入っていたが、その後は高校に先送りされた。[14]

注

1　辻田真佐憲（2017）『文部省の研究』文藝春秋、59–60 頁

2　日本教職員組合教育文化部編（1959）『日本の教育課程：学習指導要領はどう変ったか』国土社、12 頁

3　小池生夫（2012）「英語教育政策における CEFR-J の先見性の意義」（「新しい英語能力到達度指標 CEFR-J 公開シンポジウム」基調講演）
　　http://cefr-j.org/CEFR-JSymposiumProceedings.pdf（2014 年 9 月 2 日検索）

4　ショッパ・L. J. 著・小川正人監訳（2005）『日本の教育政策過程：1970〜80 年代教育改革の政治システム』三省堂、93 頁

5　浪本勝年（2004）「中央教育審議会の歴史と問題点」『立正大学心理学研究所紀要』第 2 号

6　ぎょうせい編（1985）『臨教審と教育改革　第 1 集　自由化から個性主義へ』ぎょうせい、316 頁

7　野中尚人・青木遥（2016）『政策会議と討論なき国会：官邸主導体制の成立と後退する熟議』朝日新聞出版、10 頁

8　「パブコメ制度『面倒』を引き受ける」『朝日新聞』2014 年 8 月 28 日付社説

9　「原発ゼロ支持、参加後 47％に増加　討論型世論調査」『日本経済新聞』2012 年 8 月 22 日付

10　文部科学省（2017）「学校教育法施行規則の一部を改正する省令案並びに幼稚園教育要領案、小学校学習指導要領案及び中学校学習指導要領案に対する意見公募手続（パブリック・コメント）の結果について」http://www.mext.go.jp/a_menu/shotou/new-cs/_icsFiles/afieldfile/2017/04/05/1383995.pdf（2017 年 4 月 20 日検索）

11　http://www.mext.go.jp/b_menu/shingi/chukyo/chukyo3/058/index.htm#pagelink4（2015 年 11 月 3 日検索）

12　広瀬隆雄（1986）「財界の教育要求に関する一考察：教育の多様化要求を中心として」『東京大学教育学部紀要』第 25 号、263–272 頁

13　飯吉弘子（2008）『戦後日本産業界の大学教育要求：経済団体の教育言説と現代の

教養論』東信堂、303頁。ただし、江利川が編集して引用。
14　若林俊輔(1999)『「指定語」の変遷をたどる』私家版

第1章　古代から近世まで

1.　古代の漢学政策

漢字の伝来

　日本列島には、いつごろ「外国語」(異言語)が入ってきたのだろうか。この問題は、日本列島にいつ「国家」が誕生したのかという問題と同じくらい難問である。国家や国境という概念があいまいな時代には、「外国」や「外国語」の概念もあいまいだからである。さらには、国家の成立があいまいでは、政府(地方政府を含む)による一定の拘束力を伴った方針である「政策」が成立しているかの見極めも困難である。

　そうした前提の上で古代史をながめると、日本列島には中国語、朝鮮語、渤海語、梵語(サンスクリット語)、アイヌ語などの様々な言語と、それによる多様な文化が流入していた。これらのうち、絶大な影響を与えたのが東アジアの共通語だった中国語である。中国語の文字である漢字の移入によって、日本列島の人々は初めて文字を持ち、文化を飛躍させることができたのである。

　日本列島の人々が最初に漢字に接したのは、紀元1世紀ごろだと推定される。中国・後漢の光武帝(西暦25〜57年在位)が与えたとされる「漢委奴国王」と刻印された金印が、現在の福岡県で出土しているからである。

　しかし、意味と音とを結合した漢字の知識・理解が日本列島に広がったのは、4世紀以降である。[1]『古事記』(712)や『日本書紀』(720)によれば、朝

鮮半島の百済から博士の和邇吉師（または王仁）が来日し、中国語（漢字）で書かれた『論語』と『千字文』を朝廷に献上したとされる。これらの典籍を、応神天皇の王子である菟道稚郎子が和邇吉師らから学んだという。これらの記述には矛盾も見られるが、5世紀ごろには日本列島で上流階級を中心に外国語としての漢字学習が始まっていたといえよう。

513年には百済の五経博士が渡来し、『易経』『詩経』『書経』『春秋』『礼記』の五経を伝え、それらを皇族相手に教えたとされる。538年（552年説もある）には、百済から仏教の経典と仏像が公式に伝わった。

このように、5世紀から6世紀には中国語（漢字）で書かれた漢籍や仏典類が本格的に日本列島に流入した。ただし、漢字を使いこなすことができたのは、当初は朝鮮半島の百済などからの渡来系の人たちだった。彼らは史（史部）などと呼ばれ、外交文書や各種記録の作成などに従事した。

漢字文献が持ち込まれた当初は中国語のまま読まれ、外国語として理解された。やがて漢字の音を借用して日本語を表記する「万葉仮名」が誕生する。その最も古い資料は埼玉県行田市の稲荷山古墳から出土した鉄剣で、辛亥年（471年）の製作とされる。これには、雄略天皇と推定される「獲加多支鹵大王」などの銘文が金で象嵌されている。

6世紀初頭までには、漢字が持つ中国語の意味を理解し、該当する日本語に読み替える画期的な「訓読み」が誕生する。これによって、外国語を伝える文字だった漢字は、日本語を書き表す文字に変容するのである。

さらに7世紀末ごろには、日本語の文法（統語法）で漢文を読む「訓読法」も行われ始めた。文法はその言語を使う民族の思考法を反映しているから、日本列島に住む人々は、借用した漢字を自分たちの思考法に当てはめていったのである。

漢字は徐々に国字化していったが、発音の面では中国大陸での発音を踏襲する「音読」と、国音化した「訓読」に別れた。漢字の発音としては、中国南方の呉地方の音である「呉音」が5～6世紀に定着した。奈良時代の8世紀から平安初期の9世紀初めごろには、遣唐使や渡来中国人などを通じて北方の首都長安の中国音である「漢音」が入ってきた。さらに平安中期から

江戸時代以前（中国では宋から清の時代）に渡来してきたのが「唐音」である。

　例えば、「行」を例にとると、呉音では「ギョウ」と発音され、行事や行政などとして定着している。漢音では「コウ」となり、行為、行進など馴染み深い。これが唐音では「アン」となり、行火、行脚など、その例は多くない。

古代の漢学教育機関

　乙巳の変（645）を契機とする「大化の改新」によって天皇中心の国家体制が確立されると、それを支える官僚を養成するために、天智天皇（在位668〜672）のもとで大津京に「大学寮」が設置された。『日本書紀』には、671年に「学識頭」という役職が見られる。701年の「大宝律令」では教育制度が明記され、首都に大学寮が、九州の太宰府に府学が、地方の諸国に国学が置かれ、それぞれで漢学教育が行われた。漢学とは、漢字（中国語）を媒介にして中国の文物を学ぶ学問のことである。

　大学寮の学科は経（儒教）・算（算術）および付属教科の書（書道）・音（中国語の発音）の四教科だったが、のちに紀伝（中国史）・文章（文学）・明経（儒教）・明法（法律）・算道の学科構成となり、のちに紀伝と文章が統合された。大学寮の本科である経学とは、儒教の聖典である経書に記載された聖王や聖人の発言内容を解読する学問である。教官は博士（明経）1人、助教2人、音博士2人、算博士2人だったが、後に教官の種類、定員ともに改められた。学生（明経生）の定員は400名、算生30名、その他が若干名だった。

　入学資格は原則として13歳以上16歳以下の貴族の子弟で、テキストは『蒙求』や『千字文』などから始まり、儒教書などの中国古典が中心だった。入学後は、中国出身者を中心とする音博士から最初に中国音による音読（素読）の仕方を徹底的に学んだ。当時の学習法は、まず儒教書を中心とした中国古典を中国音でひたすら音読し、諳誦することだった。当初の朝廷や儒学界は中国音を重視していたのである。学生は10日に1度の厳しい暗唱試験（帖試）を課せられ、その上でテキスト内容の理解度と漢文での文章作

成能力を問われた。

音博士が伝えた中国音は中国本土の「正音」（のちの漢音）で、798年には「儒書の読（中国音による諷誦）を修めただけで任官する学生たちには、しっかりと漢音を習わせよ、呉音は用いらせるな」という太政官のお触れが出ている。[2]

大学寮の教官は当初は唐や百済などからの渡来系人の比率が高かったが、徐々に日本人が増えていった。このほか、地方官僚を養成する府学と国学でも、中国語を教育言語として、儒学などの中国古典を教えていた。

奈良時代の聖武天皇（724〜749年在位）の時代には国家機関として「写経所」が設置され、仏教経典の筆写が大規模に行われた。これによって、中国語文献の摂取と拡散が大規模に進んだ。

平安初期の821年には、藤原氏一門の子弟のための学校である勧学院が設立された。こうした有力貴族の学校は、やがて国家の最高学府である大学寮に組み込まれ、附属の予備教育機関である大学別曹となった。

通訳

諸外国との交流には、通訳が不可欠だった。彼らは古代の官職名で「訳語」（をさ／おさ）と呼ばれ、「通事」とも書いた。そうした通訳が登場する最古の記録は『日本書紀』（720）で、推古15年（607年）に小野妹子を随に派遣したときに鞍作福利を通事としたと記されている。

ある国との交易を政権が認めたならば、それに不可欠の外国語技能者の養成を行ったはずである。そのための通達や記録が残っている場合には、積極的な外国語教育政策と呼べる。残っていない場合でも、交易を容認した限りにおいて消極的な外国語教育政策が存在したといえよう。

『日本書紀』や『続日本紀』（797）には、朝廷（聖武天皇）が天平2年（730年）に通訳養成の詔を発したと記してある。「諸蕃異域、風俗同じからず。若し訳語無くんば、以ちて事を通じ難し」との認識のもとに、5人の教師に各2人ずつ弟子を取らせて漢語を習わせ、中国語通訳を育成させたのである。

また、朝鮮半島の新羅の人々が日本語学習のために来日したと記録されている。その呼称は様々で、680 年には「習言者」、739 年には「新羅学語」、760 年には「学語」の来日を伝えている。しかし新羅との関係が悪化した 761 年には、天皇制国家は新羅攻略のために、朝鮮半島系渡来人の多かった美濃と武蔵の 20 人ずつの少年に新羅語を習わせている（『続日本紀』）。[3]

　このほか、延長 5 年（927 年）に選定された『延喜式』には、遣唐使のための中国語、百済語、渤海語などの通訳に加え、「新羅奄美等訳語」がいたことが記録されている。

2.　キリスト教と西洋語の伝来

西洋文化との接触

　15 世紀から 17 世紀まで続く「大航海時代」は、世界の様相を一変させた。ポルトガルとスペインが主導した海外進出は広大な領土と莫大な富をもたらした。一方、ヨーロッパは 16 世紀初頭からプロテスタントによる宗教改革の渦中にあり、カトリック教会は海外信者を獲得するために交易船に宣教師を乗せ、新領土への布教活動を強化した。

　影響は日本にも及んだ。天文 12 年 8 月 25 日（1543 年）にポルトガル人が種子島に漂着し、日本人は初めて西洋語であるポルトガル語に接した。ポルトガル語はその後の 1 世紀にわたり、交易やキリスト教布教のための言語となった。その影響がいかに大きかったかは、今日の日本語の中にパン、天ぷら、ボタン、コップ、タバコ、合羽、かるた、トタンなどのポルトガル語起源の言葉が数多く含まれていることからも明らかである。

　天文 18 年 7 月（1549 年）にはスペイン生まれのイエズス会宣教師フランシスコ・ザビエルが鹿児島に来着し、翌月には薩摩の守護大名・島津貴久より宣教の許可を得た。こうして、キリスト教の布教が公式に許され、永禄 12 年 4 月（1569 年）には織田信長がルイス・フロイスに布教を許可するまでになった。

　16 世紀には、織田信長や豊臣秀吉および諸国の領主らがポルトガル人ら

の来航とキリスト教の布教を容認する政策をとったために、ポルトガル語、スペイン語、ラテン語の伝習も容認された。いわば消極的な外国語教育政策である。

　信長、秀吉、家康はいずれも南蛮貿易がもたらす莫大な富を歓迎していた。しかし、やがてキリスト教勢力の拡大による宗教的・軍事的な脅威に対して警戒心を強めるようになった。こうして、秀吉は天正 15 年 6 月 19 日（1587 年 7 月 24 日）に伴天連追放令を発令し、キリスト教の宣教を原則として禁じた。バテレンとは神父を意味するポルトガル語の padre に由来する。徳川幕府も寛永 15 年 8 月（1638 年）にポルトガル人に通商禁止を通告し、翌年には国外退去を命じた。

キリシタン語学

　弘治 2 年 5 月（1556 年）にはイエズス会東インド管区長ヌーネス神父らの伝道団が豊後の府内（現在の大分市）に到着し、聖書、典礼書、グレゴリオ聖歌などの宗教書、プラトンやアリストテレスの哲学書など約 100 冊もの洋書を持ち込んだ。こうして、日本における西洋語学が開始された。

　キリスト教徒の子弟のための初等学校（教理学校）が最初に豊後の府内に設けられたのは永禄 4 年（1561 年）で、翌年以降も横瀬浦や島原に同様の学校が開校した。そこではポルトガル語やラテン語も教えられた。[4]

　イエズス会巡察使ヴァリニャーノは日本におけるキリスト教教育機関の整備を図り、天正 8 年（1580 年）前後には有馬・安土にセミナリオ（司祭・修道士育成のための初等教育機関）、豊後の府内にコレジオ（高等教育機関）、臼杵にノビシアード（神学校）を相次いで開設した。このころ、初等教育を施す教会学校は西日本だけで約 200 校に達したという。

　セミナリオは 3 年制で、最初の 2 年はラテン語、3 年目には日本語の諸学科を学んだ。カトリックの公用語はラテン語であるから、宣教師の養成機関もラテン語学習が基本だった。天正 11 年（1583 年）には日本で初めて西洋哲学が開講され、天正 13 年（1585 年）からは神学の講義も始まった。[5]

　日本語通訳（通事；Tçuzu）として豊臣秀吉らと謁見したポルトガル人のジ

ョアン・ツズ・ロドリゲス（João"Tçuzu"Rodrigues, 1561?〜1633）は、府内の
コレジオでラテン語と人文学を修め、有馬のセミナリオでラテン語の教師を
務めたのち、1596 年には布教を組織するパードレ（伴天連＝司祭）に昇進し
た。彼は日本語や日本文化に精通し、『日本語文典』（大文典）を 1604〜1608
年に長崎で出版し、それを簡略化した『日本語小文典』も 1620 年にマカオ
で出版した。[6]

　キリスト教とともに、天文・地理・医学・航海術などの実用科学も伝えら
れた。いわゆる「南蛮学」である。ただし、当時のカトリックの布教活動
は、ポルトガルの国益のための交易および征服事業の一環であり、布教活動
の主導権はあくまでヨーロッパの聖職者が担うべきであるとの基本方針だっ
た。イエズス会宣教師たちは日本にキリスト教を布教するという使命感に燃
え、日本語学習熱は高かった。そうした成果としては、先のロドリゲスの著
作に加え、ルイス・フロイスの長大な『日本史』（1597 年ごろまで執筆）、ラ
テン語―ポルトガル語―日本語を対訳した『羅葡日対訳辞書』（1595、天草
刊）、3 万 2,000 語を収録した『日葡辞書』（1603〜1604、長崎刊）などがあ
る。

　他方で、イエズス会は当初、日本人の信者にポルトガル語やラテン語を教
育することに対しては一般に消極的だった。[7] しかし、やがて日本人のキリ
スト教信徒もセミナリオなどの学校でポルトガル語やラテン語を学ぶように
なった。その教科書として、ポルトガル人アルヴァレスの『ラテン文典』
が、日本語とポルトガル語の説明を添えて 1594 年に天草のコレジオで刊行
された。ルイス・フロイスの報告（1585 年）によれば、有馬セミナリオでは
ラテン語を日本語で講義したために、日本人生徒 33 人がラテン語学習に著
しい進歩を示したという。[8]

　天正 10 年（1582 年）には、巡察使ヴァリニャーノの斡旋によって、大友・
有馬・大村のキリシタン大名が伊東満所ら 4 人の使節をローマ法王庁に派
遣した。その中にはラテン語に堪能な原マルティノのような若者もいた。彼
らは苦難の末に法王への謁見を果たし、往復 8 年を費やして天正 18 年（1590
年）に長崎に帰還した。[9]

3. 江戸時代の外国語政策

「鎖国」体制と対外交易

　江戸時代に入ると、徳川幕府は外交権と外国貿易を独占し、キリスト教の流入を阻止するために、いわゆる「鎖国」（海禁）政策をとるようになる。幕府は寛永 7 年（1630 年）、主にキリスト教の教義書（漢籍）の流入を阻止するために「禁書令」を公布した。寛永 10 年（1633 年）には、老中の奉書を所持した奉書船以外の渡航を禁じ、海外に 5 年以上居留する日本人の帰国も禁じた（第 1 次鎖国令）。その後も取り締まりを強化し、寛永 16 年（1639 年）にはポルトガル船の入港を禁止した（第 5 次鎖国令）。寛永 18 年（1641 年）にはオランダ商館を長崎の平戸から出島に移した。

　カトリックのポルトガルに代わって幕府が西洋諸国で唯一交易を許したのが、キリスト教の布教をしない誓約をしたプロテスタントの国オランダである。新興の海洋国家オランダは、東南アジアにおいてスペインやポルトガルの勢力圏を奪いつつあり、日本に貿易拠点を確保しようとしていた。

　幕藩体制下では、日本が海外と交易する場所は 4 つの土地（四口）で厳重に管理された。①長崎ではオランダと中国（唐船）、②対馬では李氏朝鮮、③薩摩では琉球王国、④蝦夷地の松前ではアイヌとの北方貿易である。

　「鎖国」体制に移行するまでの江戸時代初期には、ポルトガル、スペイン、イギリス、オランダ、中国などの船舶が日本に来港し、それぞれの言語と文物を伝えた。こうした諸国との交易には各国語の使用が不可欠であったが、当初は西洋人との貿易ではポルトガル語が公用語だったようである。元和 2 年（1616 年）には、長崎で南蛮通事（通詞）と呼ばれるポルトガル通訳が任命されている。それはキリスト教禁教政策とも関係していたようである。「絶対に南蛮人の宗教を排斥し、南蛮貿易のみを持続する国策を厳重に実行するために、南蛮人との交渉に関する限り、事実の真相を確実に知悉する必要を感悟して、特に南蛮通事を任命するに至った」[10] と考えられる。

　それぞれの外国語の必要性を知るための目安として、交易の頻度と期間を見る必要がある。16 世紀から 19 世紀の幕末までに日本に来港した主な外国

表 1–1　16〜19 世紀の国別来航船数

国　籍	来　船　時　期	船舶数と構成比
ポルトガル	1544（天文 13）〜1647（正保 4）の 104 年間	172（2.4%）
スペイン	1587（天正 15）〜1615（元和元）の 28 年間	6（0.1%）
オランダ	1600（慶長 5）〜1859（安政 6）の 260 年間	928（12.9%）
イギリス	1613（慶長 18）〜1859（安政 6）の 247 年間	59（0.8%）
中国（明・清）	1635（寛永 12）〜1852（嘉永 5）の 218 年間	6,006（83.8%）
合計	1544（天文 13）〜1859（安政 6）の 316 年間	7,171（100%）

（出典）日蘭学会編『洋学史事典』の附録「来航船数一覧」より作成。ただし、数は安政 6 年（1859 年）までの概数で、朝鮮などは含まれていない。

船の数（公式記録）は表 1–1 の通りである。

　外国船でもっとも多く来航したのは、中国（明・清）の唐船だった。その数は貿易が長崎に限定されてからに限っても、寛永 12 年（1635 年）から幕末までに少なくとも 6,006 隻（全体の 83.8%）に達している。こうした背景からも、古代に始まった中国語学（漢学）は、蘭学の勃興によっても衰退することなく、江戸時代を通じて継続されたのである。

　ただし、中国船（唐船）に区分されてはいても、実際には今日のベトナム、カンボジア、タイ、インドネシアなど東南アジアの商人や船員を乗せて同地を出帆した船も少なくなかった。1687（貞享 4）年から 1728（享保 13）年までに入港した唐船総数は、貿易不許可の「積戻」船を含めて 1,759 隻だったが、東南アジア出帆船は 236 隻（13%）を占めていた。[11] そのため、長崎にはこれらの多様な言語に対応する通事が存在した。[12]

　オランダ船は 1600（慶長 5）年のリーフデ号以来、1859（安政 6 年）までの 260 年間に 928 隻（全体の 12.9%）も来航した。こうして長崎を拠点に蘭学が花開いた。

　交易で使用された外国語は多様だった。長崎には以下の外国語を使う通詞たちが活躍していたという。①中国語、②オランダ語、③ポルトガル語、④シャム語〔タイ語〕、⑤東京語〔ベトナム語〕、⑥モウル語〔ペルシャ語〕[13]、

40

表 1–2　江戸時代における外国語通詞の配置

藩	対象言語	役割
松前藩	アイヌ語	アイヌ交易
江戸	オランダ語	長崎屋でのオランダ交易・文化交流
岡山藩	朝鮮語	朝鮮通信使の応対
広島藩	朝鮮語	朝鮮通信使の応対
山口萩藩	朝鮮語	朝鮮通信使・漂流民の応対
対馬藩	朝鮮語	朝鮮交易と通信使の応対
長崎藩	オランダ語、中国語	オランダ・中国との交易・外交
鹿児島藩	朝鮮語・中国語	貿易・漂流民の応対
琉球王国	朝鮮語・中国語	貿易・朝貢・漂流民の応対

(出典) 松原孝俊 (1997)「江戸時代の外国語教授法：朝鮮語通詞を例として」(レジュメ)
　　　を一部改変。

⑦我流陀語〔ジャワ語か〕、⑧アイヌ語、⑨英語、⑩ロシア語、⑪朝鮮語。[14]
さらにフィリピン・ルソン島の呂宋語[15]も加えられよう。江戸時代におけ
る外国語通詞の主な配置先は表 1–2 の通りである。

蘭学政策

　オランダが 1602 年に設立した東インド会社は、南アフリカの喜望峰から
南米のマゼラン海峡に至る広大な地域で独占的に貿易を行うなど、海上帝国
と呼ばれた通商国家オランダの繁栄を支えた。慶長 14 年 (1609 年) には日
蘭貿易を開始した。

　一方、イギリスも江戸時代初期には長崎平戸に商館を設置して日英貿易を
行っていたが、オランダとの競争に敗れて経営不振に陥り、元和 9 年 (1623
年) に商館を閉館した。

　長崎奉行とオランダ商館との外交・貿易交渉の実務にあたっていたのが
阿蘭陀通詞 (蘭通詞) たちだった。蘭通詞が本格的に活動を開始したのは、
鎖国体制が完成してオランダが西洋諸国で唯一の対日貿易相手国となった寛

永16年（1639年）、ないしオランダ商館が平戸から長崎に移転した寛永18年（1641年）のころからである。その職階の基本構成は、通詞目附、大通詞、小通詞、稽古通詞で、その下に内通詞の一団がいた。

蘭通詞の主な職務は、①語学修業、②入港蘭船の臨検、③阿蘭陀風説書の和解（翻訳）、④人別改・乗船人名簿の和解、⑤積荷目録の和解、⑥貿易事務、⑦蘭人諸雑務、⑧出島勤務、⑨諸加役など、多様なものだった。[16]

幕府の長崎奉行は、延宝元年1月9日（1673年）に少年数名を出島のオランダ商館に送り、オランダ語の稽古を開始させた。これが確認しうる最初のオランダ語教育政策である。さらに、正徳5年6月（1715年）の「阿蘭陀方通事法度書」において、「大小通詞は申すに及ばず、口稽古の者に至るまで、すべて通詞は要用〔大切〕な役儀に候、なかんずく大小通詞は通弁能く致し、あるいは阿蘭陀文字読書し候等の儀共専用のことに候」と、通詞たちのオランダ語能力の向上を奨励していた。長崎奉行はまた、オランダ商館長に対して通詞のオランダ語能力の向上に助力するよう依頼した。こうして、通詞たちは出島に出向いてオランダ人からオランダ語の直接指導を受け、ときには奉行所の役人の前で試験を課せられていたようである。[17] こうした蘭通詞たちのオランダ語学習の様子を、蘭学者の大槻玄沢は『蘭学階梯』（後述）で次のように活写している（「修学」の項）。

> 長崎の訳家、業を授くるの初め、皆先ず此の文字の読法・書法並に綴りよう・読みようを合点の後は「サーメンスプラーカ」とて平常の談話を集たる書ありてこれを云い習はすなり、是其通弁を習ふ始めにして訳家の先務とする所なり、是を理会して後は「ヲップステルレン」とて其文章を書き習ひ先輩に問ひ朋友に索め、或は和蘭陀人にも正し、其功を積て合点するときは自在に通弁もなるなり。

享保5年1月（1720年）には、8代将軍の徳川吉宗が禁書令を緩和して長崎舶載のキリスト教関係を除く西洋漢訳書の禁書を一部解禁し（特に天文・暦学）、さらに元文5年（1740年）には青木昆陽や野呂元丈にオランダ語学習を命じた。ときの最高権力者が蘭学の振興政策に舵を切ったことは、その後の蘭学の活性化に道を開いた。

杉田玄白・前野良沢らがオランダ語原典から訳述し、安永3年（1774年）に刊行した『解体新書』を契機に、長崎の蘭通詞のみならず江戸の医師たちの手によって医学・自然科学を中心とする蘭学が本格的に興隆し始める。

　杉田・前野の弟子である大槻玄沢は蘭学を大成した。天明6年（1786年）には江戸に蘭学の私塾「芝蘭堂」を開き、後進の指導に当たるとともに、オランダ語学習の入門書である『蘭学階梯』（全2巻）を天明8年（1788年）に刊行している。上巻は日蘭通商と蘭学勃興の歴史を述べ、下巻にオランダ文法の初歩を説いている。また、玄沢の門人である稲村三伯（1759〜1811）らは、フランス人フランソワ・ハルマ（François Halma）の『蘭仏辞典』をもとに、寛政8年（1796年）に『ハルマ和解（波留麻和解）』（全13巻）を完成させ、寛政10年（1798年）から翌年にかけて刊行した。これは、収録語数6万4,035語の日本最初の蘭和辞典である。

　蘭学は当初は医学を中心とした民生の学だったが、中国が西洋の軍事力に敗北したアヘン戦争（1840）の衝撃から、国防（海防）に不可欠な軍事科学を摂取するための技術の学という性格を強めた。水野忠邦による天保の改革（1841〜1843）では、西洋砲術による軍備の近代化が図られた。水野はまた、それまでの外国船打払令（無二念打払令；1825）を改めて「薪水給与令」を発令し、外国船に対する燃料や食料の支援を行う柔軟な外交路線に転換した。

　江戸に置かれた幕府の天文方では、蘭学者を集めて翻訳の事業を行った。そのために、文化8年3月（1811年）には浅草暦局内に蛮書和解御用（または蛮（蕃）書和解御用掛、阿蘭陀書籍和解御用）を設けた。こうして、蘭学は民間学から幕府公認の学問になっていった。大槻玄幹が言うように、「五十年来蘭学の公学となしり始」となったのである。

　こうして、文化8年から、フランス人ショメール（Noël Chomel, 1632〜1712）のオランダ語訳版『家庭百科辞書』の翻訳が、馬場貞由、大槻玄沢、宇田川玄真、大槻玄幹、宇田川榕庵、小関三英、湊長安といった一流の蘭学者たちによって行われた。約30年を費やし、訳稿は全70巻の『厚生新編』として幕府に献上されたが、出版されたのは1937（昭和12）年である。

中国語

　元禄元年（1688 年）に長崎に来航した中国船は 194 隻のピークを数え、長崎に在住した中国人は 1 万人に達したと言われる。こうした活発な商取引は、必然的に中国語通訳（唐通事）を必要とし、その養成は長崎で行われていた。幕府が長崎奉行所に最初の唐通事を置いたのは慶長 9 年 12 月（1604年）である。

　元禄期の唐通事は首席、大通事、小通事などの各位の者がそれぞれ数名から十数名、稽古通事が 30 名、その下の内通事が 134 名おり、合計 200 名程度の唐通事が長崎にいた。いずれも日本に帰化した中国人を祖とする家柄で、世襲された。

　中国語会話に関する公刊教材は長らく存在しなかったが、享保年間（1716～1735）の初頭には、長崎出身の岡島冠山が中国語会話教本を出版した。

朝鮮語

　徳川幕府は朝鮮との友好親善を図るために、1607 年より 1811 年まで 12回におよぶ朝鮮通信使（当初は回答兼刷還使）を招き入れた。それに伴って朝鮮語の研究と教育も進められ、幕府の最高政治顧問だった新井白石（1657～1725）も朝鮮語を学んでいる。[18]

　朝鮮との外交実務は対馬藩が担当していたため、日本における朝鮮語教育は主に対馬で行われていた。ただし、豊臣秀吉の朝鮮侵略（1592～1598）の際に薩摩の島津軍によって連行された朝鮮人陶工たちの集落である薩摩の苗代川では、朝鮮語と朝鮮の風俗が保たれた。

　雨森芳洲（1668～1755）は中国語と朝鮮語に通じた儒学者で、対馬藩に仕えて 40 年にわたり李氏朝鮮との外交に携わった。元禄 11 年（1698 年）に朝鮮方佐役（朝鮮担当部補佐役）を命じられ、元禄 15 年（1702 年）に朝鮮の釜山へ渡った。その地で、両国の相互理解のために語学修得と文化風俗理解の必要性を痛感し、釜山に置かれていた日本唯一の常設在外公館である倭館に滞在して朝鮮の言語と風俗習慣を学んだ。

　この間、朝鮮側による日本語辞典『倭語類解』の編集に協力し、自らも日

本初の朝鮮語教科書である『交隣須知』(1705)を執筆した。内容は、天文、時節などの70項目別に、関係する「日」「月」「春」「夏」などの語を漢字で掲げ、それを含む短文を日本語・朝鮮語の対訳で示したものである。同書は何度も改訂され、明治期に至るまで教科書として使用された。

　雨森芳洲の建議により、対馬藩は享保12年9月1日(1727年)に対馬府中(現在の厳原)に朝鮮通詞養成所である「韓語司」を開設した。これは「日本最初の外国語学校」[19]と言われ、明治維新まで約140年継続した。その韓語司でも『交隣須知』が中心的教材のひとつとして使用された。1期生は9歳から17歳までの39名で、3年間の修業を終えた者は最終的に20人だった。対馬での所定の学習を終えると、倭館への語学留学も可能で、成績優秀者には公費が支給された。

　雨森芳洲の朝鮮語教授法は、およそ1カ月間は表現文型・構造文型を反復練習する方法(ドリル)で、一種のオーディオ・リンガル・メソッドを主とした練習方法だったようである。学習内容の一端は、対馬藩の制度をそのまま踏襲して明治維新直後に釜山に開設された「草梁語学所」の規定から窺い知ることができる。それによれば、1日の課業は以下の通りだった。[20]

　　復読(前日の復習・会話)　9～10時
　　編文(講読・作文の時間)　10～11時
　　会館(会話の時間)　11時～12時
　　新習(新しい単元の学習内容)　12時30分～15時

　なお、雨森芳洲は朝鮮語ネイティブスピーカーの導入時期には慎重さを要すると考えていた。入門期においてはネイティブの導入が早いほど「話す技能と聞く技能」の養成には役立つものの、残りの「読む技能と書く技能」には不適切であるという信念があったようである。[21]

ロシア語

　ロシアは18世紀末から蝦夷地(北海道)や千島(クリール列島)南部に来航するようになった。漂流民から日本語を習ったロシア人アンティピンは通

訳として 1778 年 6 月（ロシア暦）に根室に至り、松前藩士に交易交渉を試み
た。ロシア側の対日接触はその後も続き、対露外交問題は寛政の改革を主導
した松平定信らを悩ませることになる。

　北方におけるロシアへの対抗には、必然的にロシアに関する知識とロシア
語の専門家を必要とした。そうした緊迫した情勢下の寛政 4 年（1792 年）
に、伊勢の漂流民である大黒屋光太夫がロシア使節ラクスマンらに伴われて
帰国した。ロシアに 10 年近くも滞在し、女帝エカテリーナ 2 世にまで謁見
した光太夫の帰国こそが、日本におけるロシア語学習・教育の端緒となっ
た。光太夫はロシアから書籍や地図を含む様々な物品を持ち込んだ。光太夫
への聴き取りなどをもとに、桂川甫周は『魯西亜志』（1793）や『北槎聞略』
（1794）を著している。

　文化元年 9 月（1804 年）にはロシア使節レザノフが長崎に来航し、通商を
求めたが幕府から拒否された。腹いせに、レザノフの部下のフヴォストフは
文化 3 年 9 月（1806 年）に樺太にあった松前藩の番所を襲撃し、翌年には
択捉港ほか各所を襲った（フヴォストフ事件、文化露寇）。[22]

　こうした北方での動きに対応するために、文化 3 年（1806 年）に幕府はロ
シア語をオランダ語やドイツ語で註釈した書物をオランダ商館長に発注し
た。

　文化 5 年 8 月（1808 年）に長崎でフェートン号事件（後述）が起こると、幕
府は国防と外交の必要性から、数名の蘭通詞たちに英語、ロシア語、満州語
（清朝を建てた満州族の言語）の学習を命じた。馬場佐十郎（貞由；1787〜
1822）は文化 5 年（1808 年）3 月から 2 年以上にわたって、江戸の大黒屋光
太夫のもとでロシア語を伝授された。なお、馬場はオランダ語文法を大成し
た志筑忠雄（中野柳圃）に師事して蘭通詞への道を歩み、オランダ商館長ド
ゥーフからオランダ語とフランス語を、後任のブロムホフからは英語を、ゴ
ロヴニンからはロシア語を学んだ。文化 8 年 5 月（1811 年）に江戸の天文方
に蛮書和解御用が設置されると、馬場は大槻玄沢とともに出仕して西洋百科
事典（『厚生新編』）翻訳にあたるとともに、外国人の来航への応対や外交文
書の翻訳に従事した。

文化8年6月（1811年）にはロシア船ディアナ号艦長のゴロヴニンらが
国後島で日本側に捕まり、松前に投獄された。松前奉行所は蝦夷地における
幕府の出先機関としてロシア側の書類を正確に翻訳する必要性を痛感し、ク
リール語通詞だった上原熊次と村上貞助を露語通詞に育成しようと考えてい
た。[23] そのため彼らはゴロヴニンや士官ムールから直接ロシア語を学ぶこと
になった。

　文化10年1月（1813年）には馬場佐十郎らも松前でのロシア語学習に加
わり、ゴロヴニンが所持していたタチーシチェフの『仏露辞典（第2版）』
全2巻を借用するなどしてロシア語力を飛躍的に向上させた。ゴロヴニン
はロシア語文法を書き与え、馬場は村上らと翻訳して、同年のうちに日本最
初のロシア語研究書である『魯語文法規範』（全6巻）を著した。

　嘉永6年7月（1853年）にはプチャーチンが長崎に来航し、開国交渉が始
まった。安政元年12月（1855年）には日露和親条約が締結された。文久2
年（1862年）には通詞の志賀浦太郎が函館奉行所でロシア語教授を開始した。

　慶応元年7月（1865）には、幕府が6人の幕臣子弟を遣露伝習生としてロ
シアの首都ペテルブルグに派遣した。うち市川文吉（1847～1927）だけが明
治政府の給費生として留学を続け、1873（明治6）年に岩倉使節団とともに
帰国し、東京外国語学校でロシア語を教えた。

　明治政府が誕生すると、明治元年（1868年）に長崎の広運館洋学局でロシ
ア語の教授が開始された。

フランス語など

　前述のフヴォストフ事件でロシア人が蝦夷地に残していった文書は、ヨー
ロッパの外交公用語であるフランス語だった。また、ナポレオンによるフラ
ンスの覇権が拡大している事情も幕府の知るところだった。こうして幕府は
文化5年2月（1808年）、長崎の蘭通詞たちに対してオランダ商館長ドゥー
フの指導の下にフランス語を学ぶよう命じた。同年8月のフェートン号事
件以降は、来航船への検問の書類にオランダ語とフランス語とを併用する定
めとなった。

その後、松代藩の医師だった村上英俊(1811〜1890)は独学でフランス語を学び、仏・英・蘭(仏・英・独の版もある)の『三語便覧』(1854 か)、ラテン語と漢語の引用文を加えた『五方通語』(1856)、『英語箋』(1857〜1863)、『仏語明要』(1864)などを編纂・刊行し、さらにテルナイ著の兵学書『仏蘭西答屈智機』(1867)などを翻訳した。また、慶應 4 年(1868 年)にフランス語塾の達理堂を創設するなど、フランス語の研究と教育に尽力した。[24]

　文化元年から 8 年(1804〜1811 年)の間にロシア使節が持参した公文書はロシア語と満州語だった。そのため、幕府の命を受けた天文方兼書物奉行の高橋作左衛門景保は満州語の研究を開始し、文化 7 年(1810 年)に『満文強解』として訳出した。

　幕府は軍事力の近代化のために、貪欲なまでに西洋列強から学ぼうとした。ヨーロッパにおけるオランダの凋落と、ナポレオン率いるフランス軍の隆盛に伴い、軍制をしだいにオランダ式からフランス式に移行させていった。幕府の外国奉行だった柴田剛中は慶応元年 5 月(1865 年)にフランスとイギリスへ派遣され、フランスから軍事顧問団を招く合意を取り付けた。フランスが幕府に接近を図った背景には、薩英戦争によって薩摩藩を支援するようになったイギリスに対抗する思惑があった。幕府側としても、フランス式の近代軍制への脱皮は、対外的な国防(海防)目的のみならず、反幕勢力である薩摩・長州の軍事力を押さえる意図があった。

　フランス軍から学ぶためには、フランス語を理解できる士官候補生を養成しなければならない。そのため幕府は、元治 2 年 3 月(1865 年)に横浜仏語伝習所(横浜仏語学所)を設立した。授業内容はフランス語、英語、地理学、歴史学、数学、幾何学、馬術で、生徒は 1 年ほどでフランス語会話もこなせるようになり、幕末の歩兵・騎兵・砲兵の伝習に貢献したという。こうして慶応 2 年 1 月(1866 年)、フランス海軍の軍事顧問団による幕府軍兵士に対する伝習が、米国から購入した富士山の艦上で行われた。

　なお、ドイツ語に関しては、安政 4 年(1857 年)に蕃書調所の市河斎宮(兼恭)や加藤弘蔵(弘之)がこれを修めた。文久 2 年(1862 年)には洋書調所に初めてドイツ語の教員が配置された。[25]

英学の始まり

　日本人と英語とのかかわりは、イギリス人ウィリアム・アダムス（William Adams，三浦按針：1564～1620）が、慶長5年3月16日（1600年）に豊後（現在の大分県）の臼杵に、オランダ船リーフデ号で漂着したことに始まる。徳川家康はアダムスを外交顧問とし、外国使節との謁見や外交交渉で通訳をさせたり、助言を求めたりした。アダムスは数学、幾何学、航海術などを家康や幕閣に教えたとも言われているが、外国語教育に関する記録は残っていない。[26]

　寛政3年4月4日（1791年）には、アメリカのジョン・ケンドリックらが2隻の船で紀伊半島の先端にある大島に到着し、通商を求めたが、成立せず数日で退散した。[27] 日本を訪れた最初のアメリカ人の記録で、これを記念して和歌山県の大島には日米修好記念館が置かれている。

　18世紀末以降のヨーロッパは、戦争と革命の社会変動期を迎える。1789年のフランス革命は、内戦からヨーロッパ戦争の様相を呈していった。1793年に革命フランスはオランダ総督とイギリスに宣戦布告し、1795年にはオランダ総督ウィレム5世がイギリスに亡命した。こうしてオランダ内の革命派であるパトリオット派が権力を掌握し、フランスと組んでイギリスと交戦状態に入った。この戦争がアジアにまで飛び火し、オランダ東インド会社は1798年に解散、各地の貿易拠点がイギリスの支配下に入った。

　こうして、幕府の長崎貿易はフランス革命戦争という世界史的な大変動に巻き込まれていった。イギリスがアジアの制海権を握ることになった一方で、オランダはイギリスとの戦闘によって多くの船舶を失い、日本との貿易継続が困難になっていった。

　そこに大事件が起こった。文化5年8月15日（1808年）、イギリス海軍の軍艦フェートン号がオランダ船の拿捕を目的に、オランダ国旗を掲げて長崎港に侵入したのである。これをオランダ船と誤認したオランダ商館員と蘭通詞たちが船に接近したところ、商館員の2名が拉致され、交換条件として水や食料などの補給物資を要求された。警備担当の鍋島藩は兵力を規定の1割ほどに削減しており、反撃ができないままフェートン号は2日後に出港

した。国権を蹂躙された責任を取って長崎奉行の松平康英は自刃し、鍋島藩の家老ら数人も切腹した。

　フェートン号事件によって、危機管理体制の甘さと、海外認識および外国語対応能力の貧弱さが露呈した。そこで幕府は長崎港周辺のお台場（大砲）を倍増させ、江戸湾の防備も強化し、長崎奉行に海外事情の再調査を命じた。

　フェートン号事件直後の11月には、幕府より唐通事に満州語の学習、蘭通詞にロシア語と英語の修業が命じられた。国防を目的に外国語学習が開始されたのである。英語の指導は、イギリス陸軍に4年間の勤務経験があるオランダ商館長のブロムホフ（Jan Cock Blomhoff, 1779～1853）が担当した。文化7年春（1810年）には、16名の通詞が英語を学習していた。

　通詞たちの英学研究の最初の成果は、文化8年春（1811年）に長崎奉行所に提出された稿本『諳厄利亜興学 小筌』（『諳厄利亜国語和解』）である。これは本木庄左衛門正栄らが蘭英対訳会話読本を底本に全10巻3冊にまとめたもので、アルファベットの発音を説いた「文字呼吸法」、英和語彙集の「類語大凡」、英和慣用句集の「平用成語」、英和対話句文集の「学語集成」から成る。さらに、文化11年6月（1814年）には、約6,000語を収録した日本初の英和辞典『諳厄利亜語林大成』を稿本として幕府に献上した。ただし、いずれも刊行されることなく、秘蔵されたままであった（両書の影印本は、1982年に大修館書店から出版された）。

開国と外国語教育機関
　嘉永6年6月3日（1853年）、アメリカ東インド艦隊の司令長官ペリー（Matthew Perry, 1794～1858）は、4隻の軍艦（黒船艦隊）を率いて浦賀に現れ、大統領の国書を提出して開国を要求した。ペリー艦隊は翌年1月に再び来航し、3月に「日米和親条約」（神奈川条約）を締結した。その後、同年中にはイギリスとロシアが、翌年にはオランダが同様の条約を結んだ。

　一連の外交折衝ではオランダ語や中国語が役立った。ところが、安政5年6月（1858年）にアメリカと「日米修好通商条約」を結ぶと、その第21条に

「公事の書通は向後英語にて書すべし」と明記され、締結5年後からは外交用語として英語を用いることが必須となった。これによって、日本側は1863年夏までに英語の外交文書が扱える力量を身につけることが不可避となり、蘭学から英学への流れが加速された。

その後、オランダ、ロシア、イギリス、フランスと同様の条約（安政の五カ国条約）を結び、さらにはポルトガル、スイス、ベルギー、デンマーク、スウェーデン、プロイセン（ドイツ）、イタリア、スペインとも条約を結んだが、それぞれに外交用語の条文が加えられた。こうして、幕末の日本は西洋との本格的な外交と貿易を開始するとともに、様々な西洋語を習得する必要に迫られるようになった。

安政2年3月（1855年）の函館開港に備えて、前年7月に幕府は函館においても英語等の通訳育成を命じた。幕末の函館来航船の3分の2は米英の艦船で、英語が不可欠だったのである。函館には長崎の蘭通詞が2名ずつ3年交替で勤務していたが、函館奉行は通詞の名村五八郎に命じて、文久元年末（1861年）に英語通詞の養成のために英語稽古所を函館運上所内に開設し、翌年から通詞教育を開始した。[28]

西洋列強に対応するために、幕府は安政2年1月（1855年）に蛮書和解御用を洋学所に改編し、オランダ書の翻訳および蘭学の講習を本格化した。日本初の官立外国語学校といえよう。洋学所は安政3年2月13日（1856年）に蕃書調所に改組され、「西洋学を専修し翻訳書の誤謬を正す所」とされた。その頭取（校長）には、昌平坂学問所教官で洋学に明るい儒学者の古賀謹一郎を据え、箕作阮甫・杉田成卿らを教授として、翌安政4年1月からオランダ語の教授を開始した。当初は蘭学研究機関で、初期の生徒は幕臣のみの190名ほどだったが、やがて諸藩士にも門戸を広げた。授業は朝5時から午後7時までで、オランダ語の素読、輪読、会読だった。素読とは、意味の解釈を加えずに本の文字を朗読することである。輪読とは、ひとつの文献を読んで数人が順番に解釈し、互いに意見を交換し合う方式である。会読とは「生徒が主役を勤めて（中略）互に問題を持ち出したり、意見を闘わせたりして、集団研究をする協同学習の方式」[29]である。

幕府は外交上の必要から英語の重要性を認めるようになった。嘉永7年7月（1854年）には長崎にイギリス東インド艦隊が来航し、安政3年8月と9月（1856年）にもイギリス軍艦が来航するなど、英語通訳の必要性はますます高まっていった。

　こうして、長崎奉行は安政3年2月（1856年）に洋学所の設立を幕府に上申し、幕府は翌年8月に、洋学所の設立は見合わせるものの、海軍伝習とともに英語・フランス語・ロシア語の教授を許諾した。これを改組し、安政5年7月（1858年）には長崎に英語伝習所が開設された。生徒は蘭通詞・唐通事はもとより、広く一般人にも対象を広げ、外交交渉・応接にあたる英語通詞の養成に取りかかった。教師にはオランダ人の他、イギリス人フレッチェル（Lachlan Fletcher, 後の横浜領事）も加わった。[30] 英語伝習所はその後、洋学所→語学所→済美館→広運館へと改編を重ねた。

　安政4年（1857年）には加賀大野藩から『英吉利文典』が翻刻された。原本はオランダ人ファン・デル・パイル（R. van der Pijl）の1842年刊の英文法書である。日本各地で英語学習熱が高まっていたことをうかがわせる。

　長崎奉行はまた、学習意欲の高い通詞らに対して、英語母語話者から直接英語を習うことを認めた。その最初はアメリカ人ラナルド・マクドナルドによる蘭通詞への英語教授（1849年）で、その後も安政5年7月（1858年）に来航した米艦ポーハタン号の牧師ウッドが奉行の依頼を受けて英語教授を行った例などがある。ウッドは発音指導に関しては連日何時間も練習を重ねさせ、肺を消耗させるほどの重労働だったようであるが、それでも日本人生徒は「1をrと同じように発音する」癖が直らなかったと回想している[31]。マクドナルドも同じ回想をしており、当時の日本人も英語の発音には苦労していた様子がうかがえる。

　江戸幕府の蕃書調所は万延元年（1860年）に蘭学一辺倒を脱して英語とフランス語を教え、後にはドイツ語とロシア語、および化学を加えた。正科となった英学の教授者として、同年8月23日には竹原勇四郎と千村五郎が英学句読教授出役となり、同12月3日には堀達之助が教授手伝となった。堀を蕃書調所の翻訳方として登用したのは初代頭取の古賀謹一郎だった。堀は

期待に応えて、同年には文法入門書であるファン・デル・パイル著『ファミ
リアル・メソッド (*Familiar Method, For Those Who Begin to Learn the English
Language*)』の翻刻に尽力している。

　蕃書調所は同年 12 月 27 日には筆記方を置いて、海外の諸新聞を教授な
どが口頭で翻訳したものを筆記させ、これを活字にして配布した。文久 2 年
(1862 年) には昌平黌と同格の幕府官立学校となり、5 月 18 日には洋書調所
と改称された。この年の 12 月には、堀達之助が中心となって本格的な英和
辞典である『英和対訳袖珍辞書』を日本で初めて印刷・刊行するまでにな
った。さらに翌文久 3 年 8 月 (1863 年) には開成所と改められ、生徒だった
箕作奎吾と菊池大麓を初めてイギリスに留学させた。慶応元年 (1865 年) に
はオランダ人のガラタマ (K. W. Gratama) を招聘して理化学の教師とし、翌
年には星学と兵学を加えた。開成所は慶應 2 年 (1866 年) に英語教材である
『英吉利単語篇』(単語集)、『英語階梯』(スペリングブック)、『英吉利文典』
(文法書) も刊行するなど、英語教育を強化した。

　洋書調所の生徒数は、文久 2 年 (1862 年) の末には 100 名程度だったが、
慶応元年 (1865 年) に陸海軍の関係者が大量に開成所 (洋書調所から改称) で
学ぶようになったことなどから急増し、慶応 2 年 (1866 年) の末には英学が
約 300 名、仏学が約 100 名にまで増加した。他方、このころになると蘭学
を学ぶ者はほとんどいなくなった。

　江戸以外では、開国に伴う英語通訳の必要性を主張するアメリカ初代駐日
公使ハリスの申し出を契機に、幕府は神奈川奉行を通じて文久元年 10 月ご
ろ (1861 年) に横浜英学所を開設した。そこでは、ヘボンなどのアメリカ人
宣教師や日本人通訳官らによって英語通訳の養成が図られたが、慶応 2 年
10 月 (1866 年) の横浜大火によって廃止された。[32]

　幕府はまた、海軍力の創設のために、まず積年の友好国オランダに、次い
で軍事大国フランスに、さらには海軍大国のイギリスに指導を求めた。幕府
の要請を受け、慶応 3 年 9 月 (1867 年) にイギリス軍事顧問団 17 名が横浜
に到着した。こうして、同年 11 月から築地の海軍伝習所でイギリス海軍に
よる伝習が始まり、英語の必要性はますます高まっていった。

英学勃興の社会経済的背景

　幕末における英語学習熱の高まりの背景には、政治的・軍事的な要請に加えて、英語圏との貿易が一気に高まったことがあった。万延元年（1860年）の横浜港における輸出入額（ポンド）をみると、輸入高ではイギリスからが67.4%、アメリカからが26.3%で、この2つの英語国が全体の93.7%を占めていた。3位のオランダは4.9%、4位のフランスは1.4%にすぎなかった。輸出高でも、イギリス52.4%、アメリカ33.0%（合計85.4%）で、オランダ13.9%、フランス0.7%をはるかに凌駕していた。アメリカは南北戦争（1861〜1865）の影響によって対日貿易の比率を一時的に下げた。慶応元年（1865年）の横浜港における輸出入国をみると、イギリスが総輸入額（ドル）の82.8%、輸出額の88.3%を占めるなど、圧倒的な優位に立っていた。[33]

　このように、幕末の開港直後から貿易におけるオランダの地位は著しく後退し、英語圏であるイギリスとアメリカが飛躍的に比重を増したのである。万延元年（1860年）に横浜に行った福沢諭吉は、商店の看板が英語ばかりでオランダ語が通用せず、そのショックゆえに蘭学から英学へ転進したと『福翁自伝』で述べている。

　幕府側が軍の近代化を進めるもとで、倒幕の機会をうかがう雄藩らもまた、列強の力を借りて軍制の近代化を急いだ。薩摩藩は薩英戦争（1863）によってイギリス海軍の威力を目の当たりにすると、軍制整備をイギリス式で行った。長州藩は軍事訓練をフランス式に切り替えた。

　人々が西洋の科学技術の高さと軍事力の強大さを知れば知るほど、それまで絶対的だと思われていた徳川幕府の権威は崩れていった。こうして、ともに近代化を進めた幕府軍と倒幕軍が、その実力を試すときがきた。慶応4年（1868年）の鳥羽・伏見の戦いと戊辰戦争である。勝利したのは薩長らの倒幕・新政府側（官軍）だった。

　こうして江戸幕府は崩壊し、時代は明治の近代社会へと移行する。

注

1 大島正二 (2006)『漢字伝来』9 頁

2 湯沢質幸 (2010)『増補改訂 古代日本人と外国語』38 頁 ＊なお、本稿脱稿後に塩田勉 (2017)『〈語学教師〉の物語：日本言語教育小史 第 1 巻』が刊行された。古代・中世における日本人と外国語との関わりを知る上で貴重な研究である。

3 保坂秀子 (2000)「古代日本における言語接触」44 頁

4 宮永孝 (2004)『日本洋学史』22–23 頁

5 土井忠生 (1971)『吉利支丹語学の研究 新版』183 頁

6 邦訳は土井忠生訳 (1955)『日本大文典』三省堂、池上岑夫訳 (1993)『ロドリゲス日本語小文典 (上下)』岩波文庫

7 加藤榮一 (1990)「阿蘭陀通詞以前：異文化の接触と言語」16–17 頁

8 土井忠生 (1982)『吉利支丹論攷』96 頁

9 若桑みどり (2003)『クアトロ・ラガッツィ：天正少年使節と世界帝国』参照

10 古賀十二郎 (1966)『長崎洋学史・上巻』43 頁

11 岩生成一 (1953)「近世日支貿易に関する数量的考察」

12 長崎におけるアジア諸言語の「異国通事」に関しては、中村質 (1994)「近世における日本・中国・東南アジア間の三角貿易とムスリム」(『展望日本歴史 14 海禁と鎖国』所収) 参照

13 長島弘 (1986)「『訳詞長短話』のモウル語について」によれば、モウル語とは今日のペルシャ語に相当し、東南アジアに進出していたイスラム商人が使用した。

14 松原孝俊・趙眞璟 (1997)「厳原語学所と釜山草梁語学所の沿革をめぐって」11 頁

15 ルソン島はフィリピン最大の島で、近世初期にはマニラに日本人町が形成された。

16 片桐一男 (1985)『阿蘭陀通詞の研究』50–51 頁 (一部改変)

17 *Ibid.* 52 頁

18 柳尚熙 (1980)『江戸時代と明治時代の日本における朝鮮語の研究』4 頁

19 松原孝俊 (1997)「江戸時代の外国語教授法：朝鮮語通詞を例として」(レジュメ) 17 頁

20 松原孝俊・趙眞璟 (1997)「雨森芳州と対馬藩「韓語司」における学校運営をめぐって」154 頁

21 *Ibid.* 155 頁

22 横山伊徳 (2013)『開国前後の世界』32 頁

23 ロシア文学会編 (2000)『日本人とロシア語：ロシア語教育の歴史』22 頁

24 高橋邦太郎ほか編 (1975)『ふらんす語事始：仏学始祖村上英俊の人と思想』

25 教育史編纂会編 (1938)『明治以降教育制度発達史 第 1 巻』64 頁

26 皆川三郎 (1977)『ウィリアム アダムス研究』参照

27 佐山和夫 (1991)『わが名はケンドリック』

28 長谷川誠一 (1986)『函館英学史研究』61 頁

29 石川謙 (1951)『学校の発達』173 頁

30 古賀十二郎（1947）『徳川時代に於ける長崎の英語研究』66 頁

31 茂住實男（1989）『洋語教授法史研究』296 頁

32 茂住實男（1991・1992）「横浜英学所（上）（中）（下）」『大倉山論集』第 29・30・32 輯

33 山口和雄（1947）『幕末貿易史』25–28 頁

第2章　文明開化と英学本位制の確立期
（1868～1885）

1.　明治初期の高等教育機関

西洋式教育への転換

　日本は、欧米列強が帝国主義化する19世紀後半に資本主義世界市場に組み込まれ、文明開化、富国強兵、殖産興業をスローガンとする近代資本主義国家への道を進んだ。

　帝国大学を頂点とする高等教育機関では、西洋の先進的な学術を日本に移植できる「国家の須要」に応ずる人材を育成する必要に迫られた。そこでは、外国人教師の講義を理解し、欧米の文献（原書）を読みこなせるだけの外国語力が必須の条件だった。そのため、大学への準備教育機関である大学予備門（のちの第一高等中学校、第一高等学校）では、外国語教育に著しい比重が置かれ、入学試験でも外国語を重視した。入学者には中学校で高度な外国語の能力を身につけさせる必要があった。

　こうした歴史的な特殊性から、日本の中等外国語教育は、欧州の中等学校のような西洋古典語（ギリシャ語・ラテン語）を課すことなく、近代外国語（ほとんどが英語）に特化した実学志向[1]であり、人文主義や教養主義の要素はその出発点から脆弱だった。

　欧米の学術を迅速に移植するために、明治政府は各分野の外国人専門家（お雇い外国人）を招聘した。『文部省第四年報』によれば、1876（明治9）年に文部省および官立学校が雇用していた外国人は78人で、内訳はドイツ24人（31%）、アメリカ23人（29%）、イギリス21人（27%）、フランス8人（10

％）、スイスと清国が各 1 人（3％）である。なお、ドイツ人のうち過半数の
13 人は東京医学校の教官であり、一般の学校では英米人が多数を占めた。

　こうしたお雇い外国人の給与総額は、明治初期には文部省予算の 3 分の 1
にも達したという。明治元年から明治 22 年（1868〜1889 年）に日本に招か
れたお雇い外国人は、登録されているだけでも 2,299 人に及ぶ。その内訳
は、イギリス人 928 人（40.4％）、アメリカ人 374 人（16.3％）で、英語を母
語とする英米人の割合は全体の 56.7％を占めた。これに対してオランダ人
は 87 人（3.8％）で、蘭学の時代から英学の時代への移行は、人的にも歴然
としている。

　イギリス人優位の社会的背景としては、産業革命を経て「世界の工場」と
呼ばれた 19 世紀ビクトリア朝時代のイギリスの国力と、それを支えた科学
技術力の高さが、後発の資本主義国として近代化を急いだ日本のモデルにな
りえたことが大きい。

開成学校

　慶応 4 年 6 月（1868 年。同年 9 月 8 日に明治に改元）、新政府は旧幕府の
西洋医学所、昌平坂学問所（昌平黌）、開成所を接収し、それぞれ医学校、
昌平学校、開成学校と改称した。維新後は積極的に外国人教師を雇い入れ、
英・仏・独の語学教育と、それらの外国語による授業が行われた。

　翌明治 2 年 1 月 12 日（1869 年）、開成学校で英語とフランス語の授業が
始まった。教師はイギリス人のバーリーとフランス人のプーセーで、さらに
4 月にはアメリカ国籍のフルベッキ（英語）、5 月にはフランス人ガロー（フ
ランス語）が採用された。身分にかかわらず「農商たりとも有志の者」が入
学を許され、生徒数は同年 4 月末の時点で英学 240 名、仏学 160 名だった。
なお、フルベッキは長崎の広運館から開成学校に招かれ、翌年 10 月に教頭
になった。

　明治 2 年 7 月 8 日（1869 年）、新政府は旧幕府系の 3 校を統合して「大学
校」とし、昌平学校を大学本校、開成学校と医学校をその分局とした。同年
12 月 17 日には大学校を「大学」と改称し、開成学校は大学南校、医学校は

大学東校とした。ところが、大学校の在り方をめぐって国漢学派と洋学派との対立が激化したため、政府は翌明治3年7月12日(1870年)に大学本校を閉鎖した。儒学・漢学の学問所だった旧昌平黌の流れをくむ大学本校の廃止によって、明治政府の大学教育は大学南校と大学東校を拠点として洋学を中心に行われることになった。

なお、当時の大学校(大学)は教育行政を担当した行政機関でもあったため、閉鎖後の明治4年7月18日(1871年)に文部省が設置され、初代文部卿に大木喬任、文部大輔に江藤新平が就任した。

大学南校

明治3年3月(1870年)には「大学南校規則」【巻末の資料1】が制定された。それによれば、大学南校は「大学」という名称ではあっても「当分大中小の教導を兼」ねるとされ、未整備だった初等・中等教育の機能も兼ねていた。純粋な高等教育機関としての大学になったのは、1877(明治10)年4月12日に東京大学が創設されてからである。

大学南校の入学条件については、「幼年の間は和漢の学肝要なるを以て十六歳以上に非ざれば入学を許さず」(第3条)としている点が注目される。外国語で学ぶ前提として「和漢の学」の素養が重視されていたのである。

大学南校の学科課程は当初は英学と仏学の2コース制だったが、明治3年1月(1870年)に日本初のドイツ語教師であるドイツ人カデルリーが採用され、英・仏・独の3コース制になった。また、それぞれが「正則」と「変則」に分かれていた。正則コースでは、外国人教師が外国語で初等・中等教育レベルの内容を直接教えたが、音響官と呼ばれる通訳が付いた。変則コースでは日本人教官から語学や普通学を学んだが、そこでは発音にはこだわらず訳読を中心とした。明治3年(1870年)の「大学南校規則」(普通科)によれば、入学資格は16歳以上だが、満10歳前後の入学者もいた。各級の教授内容は表2-1の通りだった。[2]

明治政府は、明治3年7月27日(1870年)に「貢進生」制度を布告した。これは各藩に大学南校で学ぶべき人材を選抜させる制度で、送り出された貢

表 2-1　大学南校の教授内容（明治 3 年）

初等	綴字　習字　単語　会話　数学（加減乗除）
八等	文典　会話　書取　数学（分数比例）
七等	文典　地理　翻訳（和文を英文もしくは仏文に翻訳）　数学（開平開立）
六等	万国史　作文　代数
五等	窮理書　束牘〔書簡文〕幾何学

進生は総勢 310 名だった。その内訳は、英学 219 名（70.6％）、仏学 74 名
（23.9％）、独逸学 17 名（5.5％）だった。

　明治 4 年 7 月（1871 年）に文部省が発足すると、大学南校と大学東校は文
部省の直轄校となり、それぞれ「南校」「東校」に改称された。また、この
年の 7 月 14 日に実施された廃藩置県によって藩が消滅したために、貢進生
は一旦その身分を失い、希望者のみを再入学させた。貢進生のうち、約 130
名（約 4 割）が南校に残った。

　文部省は南校の改革を進め、明治 4 年 10 月 18 日には「南校規則」を制
定した。これによって変則コースが廃止され、外国人教師が外国語で教える
学校となった。明治 5 年（1872 年）の「南校一覧」に掲載された学生名簿に
よれば、英語は 9 クラス、フランス語は 6 クラス、ドイツ語は 4 クラスに
分けられ、総学生数は 447 名だった。英語コースで最も成績が優秀な「英
一之部」には伊沢修二（後の教育者・貴族院議員）、小村寿太郎（外務大臣）、
鳩山和夫（衆議院議長）、英二組には杉浦重剛（東京大学予備門長）などが名
を連ねている。南校が国家的指導者の育成に寄与していたことがわかる。

　明治 5 年 1 月 12 日（1872 年）には南校の専門課程の生徒募集が行われた
が、応募者 20 名のうち入学可能な水準に達した者は 1 名だけだった。その
ため、南校は当分の間は専門課程を開講せず、普通科の予備教育機関にとど
まらざるを得なかった。これが明治初期の大学教育の実情だったのである。

大学東校

　幕末の医学所では、オランダ医学を日本人蘭学者が教授していた。しか

第2章　文明開化と英学本位制の確立期（1868〜1885）　61

し、明治2年7月（1869年）に大学東校となったころにはイギリス医学が取り入れられ、イギリス人医師が招かれている。明治4年（1871年）には、日本初の専門用語（解剖学）の英和辞典である大野九十九［編］訳『解体学語箋（^{（ママ）}*A Anatomical Vocabulary*)』が文部省官版として刊行された。

　しかし、やがてドイツ医学が優秀であるとの認識が強まり、明治4年8月にはドイツからミュルレル（Benjamin C. L. Muller）とホフマン（Theodor E. Hoffmann）が来日し、東校で教鞭を執った。こうして、医学教育の主流はドイツ医学に傾斜していった。

2.　学制による近代教育制度の発足

「学制」公布（1872）

　明治政府の全国的な教育政策は、明治5年8月2日（1872年9月4日）に発布された「学制」をもって始まった。「邑に不学の戸なく家に不学の人なからしめんことを期す」という目標を掲げ、主にフランスの教育制度に倣って全国を8大学区、256中学区、53,760小学区に分け、各学区に大学、中学校、小学校を設置するという壮大な計画だった。しかし、人的・予算的な裏付けを欠き、実現にはほど遠かった。それでも、全国民を対象として、大学・中学・小学の三段階から構成される単一系統の学校体系を構想したことは、その後の教育体系の基礎となった。なお、翌1873（明治6）年4月には、専門学校および外国語学校の規定が追加された。

　学制によって、南校と東校はそれぞれ第一大学区第一番中学と第一大学区医学校に改称された。第一大学区第一番中学では、英語、フランス語、ドイツ語から1語を選び、予科（1年・2級）、下等中学（3年・6級）、上等中学（3年・6級）へと進級する定めだった。

　1873（明治6）年6月30日には、アメリカから招かれたダビッド・モルレー（David Murray, 1830〜1905）が文部省顧問として着任した。後に最高顧問である学監となり、学制期における近代教育制度の確立に貢献した。彼は教育の制度や内容に関する提言を行い、1973（明治6）年12月の「学監ダビッ

ト・モルレー申報」では、①英語ないしフランス語をもって日本の国語を改良すべきだとした森有礼らの急進改革派に反対して、国語を変更すべきでないこと、②西洋の学術を日本語の教科書によって教授すべきこと、③教員養成が急務であること、④女子教育を奨励すべきこと、を主張した。

　また、長崎・兵庫・大阪・京都の学校を巡回した結果を踏まえた1875（明治8）年2月の2回目の「申報」では、「文部省所轄外国語学校に於て、日本の児童に外国語を教授するに今一層簡易精正の方法なかるべからず。之れを為すにはオルレンドルフの体裁に従ひ、其話法を斟酌して用いば可ならん」[3]と述べている。オルレンドルフ（Heinrich G. Ollendorff, 1803〜1865）の教授法は文法訳読式教授法として19世紀中葉にヨーロッパで隆盛を極めたが、基本文型によって会話の練習もできるように配慮されていた。そのため、日本では会話教授が中心の新教授法として受容された。[4] 後年、英語教育界のリーダー的存在となった岡倉由三郎も、この教授法を推奨している。

小学校

　小学校における外国語教育の歴史は、近代小学校制度の成立とともに始まる。すでに明治3年2月（1870年）には京都府の「小学規則」の中に学科目として「語学」があり、英・独・仏・蘭の4カ国語があげられていた。

　明治5年の「学制」では、上等小学科（10〜13歳）で「外国語学の一二」も「斟酌して教ることあるべし」と書かれていた。学齢的には現在の小学5年から中学2年に該当する。

　明治10年ごろまでに外国語教育を行っていた小学校はきわめて少なかったようだが、田畑きよみの全国的な調査によれば、17道府県の86校に英語教授史料が存在するという。[5] ただし、初期の小学校には「外国語」という教科名は存在せず、学課表中の「読書」に「英文典素読解義」、「暗誦」に「英単語」、「習字」に「アルファベット練習」などを含む場合があった。実施したとしても、英単語の暗記などの初歩的な教授内容にとどまっていたようである（表2–2）。

　このほか、明治初期の小学校用教科書として指定されていた橋爪貫一『世

第 2 章　文明開化と英学本位制の確立期（1868〜1885）　63

表 2–2　明治初期の小学校における外国語教育の内容

学校例	学課表での外国語相当課目名	類推できる教科書／ 学校所蔵教科書
賛譲義校他 6 校	習字「エビシ二十六言」	アルファベット練習本
京都小学校他 22 校	暗誦「英独語学五百言」 暗誦「英独語学三百言」 暗誦「英独語学一百言」	『学校必用　英語一百言』『英国単語篇』『英語箋』など
高鍋小学校他 20 校	読書「英綴字」	『英語階梯』『英綴字』など
菰野小学校他 6 校	「文典書」	『ピネオ文典』

出典：田畑（2012、92 頁）を一部修正

界商売往来』(1871) などにも多数の英単語が掲載されていたので、それらも含めると小学校での英語学習の裾野が広がる可能性がある。

中学

　学制では「中学」は「小学を経たる生徒に普通の学科を教る所」と規定され、上等・下等のそれぞれに「外国語学」を置いた。

　明治 5 年 8 月 17 日（1872 年）には「外国教師ニテ教授スル中学教則」（文部省布達番外の別紙）が公布された（同年 10 月 12 日改正）。教科内容、配当時間、使用教科書まで書かれており、「会話」「文法」などの各教科内容がいずれも英語、フランス語、ドイツ語の 3 外国語で併記されている。この時期はまだ英学本位制（後述）ではなく、いずれかの外国語を選択することができた。また、上等中学 3 級以上では「羅甸語」を週 3 時間教えるとしている。各教科の配当は表 2–3 の通りで、各級は半年間である。[6]

　この教則による中学は 8 大学区本部に 1 校ずつ設置される案だったが、実際には東京、大阪、長崎の 3 校にとどまった。しかも、3 校とも 1 年足らずで外国語学校に改組された。

表2–3 「外国教師ニテ教授スル中学教則」の時間割

	予科		下等中学						上等中学					
級	初級	上級	6級	5級	4級	3級	2級	1級	6級	5級	4級	3級	2級	1級
年齢	14歳	14歳半	15歳	15歳半	16歳	16歳半	17歳	17歳半	18歳	18歳半	19歳	19歳半	20歳	20歳半
習字	6	4	3	1										
綴字	6	3	2	1										
読方	6	6	6	5	4	3	2	1						
暗誦	6	5	1	1	1	3	1	1						
算術	6	6	6	6	6	4	2	2						
会話		2	4	4	2	1								
書取		2	3	4	3	2	1							
文法		2	4	4	6	4	4	4	3	3	2	2	1	1
作文			1	2	2	3	4	4	3	3	2	2	2	1
地理				2	2	2	2	2	2	2	2	2	1	1
修身					2	2	2	2	2	2	2	2	2	2
図画					2	2	2	2	2	2	2	2	2	1
幾何						2	2	2	4	4	4	3	2	2
代数						2	2	2	4	4	4	3	2	2
史学							2	2	2	2	2	2	1	1
博物							2	2	2	2	2	2	2	2
窮理							2	2	3	3	3	2	2	2
化学								2	3	3	3	2	2	2
経済											2	3	2	2
羅甸												3	3	3
測量													2	2
重学													2	2
理論													1	1
性理													1	1
星学														2

(注)1週の総時数は各30時間

第2章　文明開化と英学本位制の確立期（1868〜1885）　65

「外国教師ニテ教授スル中学教則」の予科初級（抜粋）　明治5年

一　習字　大字中字頭字　　六時
　　英　ハーレンス氏板十二仮習字本あるいは南校板習字本
　　仏　同
　　独　同
二　綴字　アベセ　一級二級の文字及びその発音　　六時
　　英　ウェブストル氏綴字書（ゼイレメンタリースペルリングブック）
　　仏　モラット、ペリエ、メイサ及びミシュロ四氏仏語階梯翻刻（メトード
　　　　ドレクチュール）
　　独　日耳曼語階梯（ヒーベル）
三　読方　国語に訳す　　六時
　　英　サンデル氏第一読本（ユニオンリードル）
　　仏　ガルリグ氏読本サンブルレクチュールシユルレスシアンス
　　独　ヒユットネル氏下等読本ハンドヒーベル
四　暗誦　単語　六時
　　英　ベルリンジ氏会話篇を用ふ　南校翻刻
　　仏　クリフトン氏会話篇を用ふ
　　独　バルテルス氏会話篇を用ふ
五　算術　数目　命位法　加減乗除法　　六時
　　英　デイビス氏算術書（プラチカールアリソメテック）
　　仏　エイセリック氏算術書（アリトメチック）
　　独　リユブセン氏算術書（アリトメチックウントアルゲブラ）
六　体操

　　上記の「読方」の教科書である「サンデル氏読本」とは、アメリカで刊行された *Sander's Union Readers* で、明治期を通じて中学校でよく使用され、特にその第4巻は旧制高校・専門学校入試の標準教材だった。「教則」によれば、教科書の配当は、予科上級で同教科書の第2巻（週6時間）、下等中学では6級で第3巻（週6時間）、5級で第4巻（週5時間）、4級で第5巻（週4時間）、3級で第5巻の続き（週3時間）、2級で第6巻（週2時間）、1級で第6巻の続き（週1時間）である。この教科書の語彙レベル（語尾変化も別語と数える累計異語数）は第5巻までで約15,600語であるから、きわめてハイレベルだったと思われる。[7]

　　明治5年10月10日（1872年）の「中学教則略」（文部省布達番外）では、

文部法規の上で初めて「外国語」という教科名が登場し、以後は多少の曲折はあるものの、今日に至るまでこの教科名が引き継がれている。

女子教育

近代日本の女子教育は、来日宣教師による学校開設と、明治政府による官立女学校の設置に始まった。明治政府は、女子教育の中心機関として明治4年12月（1872年1月）に「官立女学校」を設立した。翌年には「東京女学校」と改称し、3人のアメリカ人女性を教師に迎えるなど英語教育に重点を置いた。京都でも、明治5年5月（1872年）にイギリス人女性を教師とする女子のための英語学校として「新英学校」が設立された（2年後に英女学校と改称）。「明治の女子教育は英学で始まったといっても、言い過ぎではあるまい」[8]という状況だったのである。

東京女学校は1874（明治7）年には学則を改正し、小学校卒業以上相当の学力を持つ14歳以上17歳以下の女子のための中等教育機関としての性格を強化した。教科は日本人女性教師が教える尋常小学科の諸教科の他に、「外国人と語を通し博学明識のものと相交り見聞を広大ならしむる」との見地から英語が加えられ、3人のアメリカ人女性が担当した。

しかし、政府は西南戦争による財政難を理由に、1877（明治10）年2月に東京女学校を廃校とし、生徒を東京女子師範学校の英学科・別科・予科等に収容した。しかし、これも1879（明治12）年3月で廃止し、翌年7月に予科を再興したものの、2年後に廃止した。

こうした試行錯誤を経て、1882（明治15）年7月10日、東京女子師範学校に日本初の高等女学校が附設された。しかし、この段階では学科目に外国語はなかった。これが1886（明治19）年2月に文部省直轄の「高等女学校」として独立し、同年6月に「東京高等女学校」と改称されると、森有礼文部大臣の方針もあって英語が重視され、各学年に週8-8-9-9時間が配当された。[9]カリキュラムの約3割が英語に充てられたのである。

師範学校

1873(明治6)年8月には、小学校教員を養成する官立師範学校が大阪と宮城に、翌年2月には愛知、長崎、広島、新潟に設立された。また、このころには各地でも公立師範学校が設置されたが、名称は小学教員伝習所、小学教員講習所、師範講習所など多様で、修業年限は2〜3カ月から1年程度であった。

1881(明治14)年8月19日には「師範学校教則大綱」が布達され、全国師範学校の学科及び程度の統一が図られたが、教科目中に外国語は加えられなかった。修業年限は初等科1年、中等科2年半、高等科4年であった。

1883(明治16)年7月6日には「府県立師範学校通則」が出された。東京府師範学校では翌年12月5日付府稟をもって英語科の加設を決定し、その週時数は4〜5時間であった。[10] 三重県師範学校では1885(明治18)年12月に高等科5年級以上に英語を加設し、翌年にはこれを毎週6時間課すこととし(法令では5-4-3-3)、津中学と兼任のE.G.ストラーを招いて教授に当たらせた。

こうした改正が必要になったのは、小学校での英語教育の実施に対応するためだった。小学校教則綱領が1884(明治17)年11月29日に改正されて英語が加えられ、小学校での英語教育熱が高まったのである(82頁参照)。先の東京府師範も三重師範も英語を加設したのはその後である。

3. 英学本位制の確立

英学本位制

第一大学区第一番中学は、発足わずか8カ月後の1873(明治6)年4月10日に開成学校に改称された。この段階で、明治政府は外国語教育政策における大きな転換を行った。「英学本位制」の採用である。同年4月18日、文部省は開成学校に対して「専門学科の儀爾来英語に拠り修業せしめ候様可致事」[11](『文部省復命』明治六年(丁))と通達し、専門学科については英語によって教育するよう求めたのである。

英語本位に切りかえた背景には、何よりも財政上の理由があった。フラン

ス語やドイツ語などの複数の言語で教育するためには、教員、書籍、器械などを言語ごとに複数そろえなければならず、費用がかさんだのである。さらに、語学別の派閥が生まれる危険性があるからとも1876（明治6）年5月10日の「文部省報告」は述べている。[12]

　文部省は1873（明治6）年4月18日に「学制第二編」を発表し、専門学校を「外国教師にて教授する高尚なる学校」と規定し、開成学校を専門学校に認定した。ただし、外国人教師が外国語で授業を行うのはあくまで過渡的な措置であって、「その学術を得しものは後来我が邦語を以て我が邦人に教授する目的のものとす」（「専門学校規則」第190条）と定めていた。

　専門学校の入学資格は、小学校を卒業後、16歳以上の「外国語学校下等の教科を踏みたるもの」と定めた。つまり、開成学校に進むためには中等教育的な機関である「外国語学校下等」を修了していなければならなかったのである。こうして、明治政府は外国語学校の設立に着手した（後述）。

　1874（明治7）年5月7日、開成学校は予科3年、本科3年の「東京開成学校」となった。翌年2月に制定された「東京開成学校規則」によれば、「東京開成学校は文部省の直轄にして諸科専門の生徒を教育する官立大学校なり」（第1条）と定められ、法学校、化学校、工学校、諸芸学校、鉱山学校の5つの専門学校を合併して成立した。

　ここでも英学本位制がとられ、「この大学校は現今専ら外人を挙げ教授に任用するを以て、その際諸科を教ゆるに英語を用ひざるを得ざるなり」（第4条）と定めた。ただし経過措置として、前身校にフランス語で入学した生徒には諸芸学[13]を、ドイツ語で入学した生徒には鉱山学を学ばせたが、両コースはともに1875（明治8）年7月15日に廃止され、物理科（フランス語）が新設された。なお、東京開成学校が1874（明治7）年までに輸入した数学、地理、物理、化学などの洋書は1万7,800部で、外国語別に見ると英語8,932部（50.2％）、フランス語5,482部（30.8％）、ドイツ語3,386部（19.0％）だった。[14]明治初期の高等教育用の書籍では、西洋語に占める英語の割合は半分程度だったことがわかる。

　東京開成学校に入学するには、官立英語学校の「下等語学」を卒業した者

など以外には入学試験が課せられた。1875（明治8）年8月に実施された入試のうち、英語では口授割記〔dictation〕、読方、実際会話、作文が、英文典では九品詞と文章論が出題された（同規則第4条）。外国人から英語で授業を受けることになるため、ディクテーション（書取）や英会話も課されたのである。

官立外国語学校から英語学校へ

　明治政府は1873（明治6）年8月から翌年にかけて、東京、大阪（開明学校を改称）、長崎（広運学校を改称）、広島、愛知、宮城、新潟の7カ所に官立の外国語学校を開校した。これは同年4月28日発布の「学制二編追加」により制度化され、小学校卒業者で14歳以上の者を入学させた中等相当の学校である。このうち東京外国語学校（旧東京外語）は、明治4年3月（1871年）に外務省が設立した独魯清語学所、1873（明治6）年3月設立の独逸学教場と開成学校語学課程（英・独・仏の3科）を併合して、1873（明治6）年11月4日に設立された。

　1873（明治6）年5月に文部省が制定した「外国語学校教則」（文部省61号）の第1条によれば、「此学校は専ら外国語学に達するを以て目的となし二種の学校と見做すべし。甲は通弁のみを志すものを教授し乙は通弁を志すもの及専門諸科に入らんと欲するものを教授す」とある。このように、当時の外国語学校は二重の目的を持ち、実用的な通弁（通訳）養成と専門学校の予備教育を行うと定められた。

　当初の外国語学校が複数の外国語を教授することを目的としていたことは、第7条に「この学校は多く英、仏、独逸、魯、支那、語〔英語、フランス語、ドイツ語、ロシア語、中国語〕を置くと雖も、伊班亜、伊太利亜、蘭、〔スペイン語、イタリア語、オランダ語〕其余の語等も或は置くことあるべし」と記されていたことからわかる。

　しかし、外国語学校は本質的な矛盾を抱えていた。外国語といっても、当時の文明開化を支えた言語は圧倒的に英語であり、何よりも外国語学校の目的のひとつが開成学校への進学者を育成することだった。その開成学校は前

述のように英学本位制を採用しており、原則として英語を教育言語としていた。実際の生徒数を見ても、東京外語は合計542人に対して英語学が294人（54.2％）と過半数を占め、独語学106人（19.6％）、仏語学96人（17.7％）、清語学32人（5.9％）、魯語学14人（2.6％）だった。また大阪外語は英語学の117人だけ、長崎外語も英語学の90人だけだった（『文部省第一年報』）。東京以外は、いずれも設立当初から英語学だけだったのである。

　こうした実情から、1874（明治7）年12月27日に政府は東京外国語学校から英語科を独立させ、東京英語学校とした（1877年に東京大学予備門に再編）。それ以外の6校の外国語学校もすべて英語学校へと再編した。[15] こうして、今日まで続く日本の、特に中等教育における英語一辺倒主義は、その後の若干の曲折はあるものの、1874（明治7）年には基本的に成立した。

　1875（明治8）年の「東京英語学校教則」によれば、下等語学科（3年制）の学科目は語学、「読方・書取・綴字」、文法、算術、地理、歴史、習字、唱歌、体操の9科目で、語学関係は【資料2】のような内容だった。のちの教授要目のように指導内容まで規定されていることが注目され、明治初期の英語指導法を知る上で興味深い。東京英語学校における下等語学科の週時間数

表2-4　東京英語学校　下等語学科の週時間数

学科		第1年	第2年	第3年
	語学	9	6	6
読方　書取　綴字		6	6	3
	文法		3	3
	算術	3	3	3
	地理		3	3
	歴史			3
	習字	6	3	3
	唱歌			
	体操			

（注）空欄は記載なし。（出典）文部省「東京英語語学校
教則」1875（明治8）年

は表 2–4 の通りである。

　英語学校の教官を見ると、例えば 1876（明治 9）年の大阪英語学校では、低学年ではすべて日本人だが、学年が上がるにつれて外国人が増え、上等語学科の 3 年生の語学系科目はすべて外国人が占めている。[16]

　しかし、西南戦争と同時期の 1877（明治 10）年 2 月 19 日をもって、大阪以外の宮城、新潟、愛知、広島、長崎の英語学校が廃校になり、それぞれ地方庁の経営に移管されて中学校などになった。その大阪英語学校も 1879（明治 12）年 4 月に大阪専門学校（医学・理学・予科）に改組された。そのため、以後は東京外国語学校ただ 1 校のみとなり、翌年「朝鮮語学」が追加された。

　なお、大阪専門学校は 1880（明治 13）年には官立大阪中学校に、1885（明治 18）年 7 月には大学分校に、翌年 4 月には中学校令によって第三高等中学校になり、1894（明治 27）年には第三高等学校と改称した。この間、1889（明治 22）年には京都市に移転し、現在の京都大学のルーツのひとつになった。

　なお、明治初期の外国語教育を担った主体は、官立よりも私立の英語学校（私塾）だった。1874（明治 7）年の『文部省第二年報』によれば、官立以外の英語学校は公立が 6 校、私立が 76 校だった。公私立 82 校のうち、英語のみを教える学校が 69 校（84.2%）、フランス語のみが 7 校（8.5%）、ドイツ語のみが 1 校（1.2%）、英語とそれ以外の外国語を教える学校が 5 校（6.1%）だった。大半を占める私立英語学校のほとんどが東京に集中しており、生徒数が多かったのは福沢諭吉の慶應義塾 526 人を筆頭に、近藤真琴の攻玉塾 351 人、中村正直の同人社 253 人などが続いた。この 3 校だけで 1,130 人に達し、同じ 1874（明治 7）年における官立外国語学校 7 校の生徒数 1,005 人を上回っている。

東京大学予備門

　1877（明治 10）年 4 月 12 日に東京開成学校と東京医学校を母体に東京大学が発足し、同年 9 月より授業を開始した。発足当初は独立していた医学部を除く 3 学部の学生数は、法学部 36 名、理学部 102 名、文学部は第 3・4

学年欠員で 20 名と小規模だった。3 学部で実際に授業を担当した教員の国籍はアメリカ人 7 名、イギリス人 4 名、フランス人 4 名、ドイツ人 2 名、日本人 12 名の計 29 名で、約 6 割が外国人だった。日本古代法、和漢文学などを除き、日本人教師もすべて外国語で講義を行った。英語を担当したのはアメリカ人のホートン (William A. Houghton, 1852〜1917) と、ミシガン大学出身で後に文部大臣となる外山正一 (1848〜1900) だった。ホートンは理系の学生にもシェークスピアなどの英文学を講じた。他方で、外山は学生の英語学力に著しい格差があるため、高尚な英文学 (特に詩文) を授けるよりも「生徒をして先づ充分現時活用の散文に熟達せしめ然る後余時を以て諸名家等の高尚なる詩文を修読せしむるを可なりとす」[17] と指摘している。

東京大学の発足と同日、大学の法・理・文 3 学部への入学者を養成するために、東京開成学校予科と東京英語学校をもとに東京大学予備門が設立された。夏目漱石、正岡子規、南方熊楠なども通った学校である。1883 (明治16) 年 1 月には中学校卒業者を収容する英語専修課 (ママ) が設置されたことにより、小学より大学に至る一貫した学校体系が整備された。[18] ただし、実際には地方の中学校を中退して東京の私立学校等に入り、そこから予備門を経て大学に入学する者が多かった。

東京大学予備門は当初は 4 年制で、英吉利語 (英語) の内容は、綴文、読方、文法、作文、修辞、英文学だった。東京英語学校になかった「和漢学」も加えられた。川澄哲夫が指摘しているように [19]、予備門の学科課程は1881 (明治14) 年 9 月期から徐々に変化を始め、「修身学 (論語)」と「本朝歴史 (日本史)」が加えられるなど、国学や儒学の影響が顕著になっていく。

さらに、英語学習の重点が「正則」から「変則」へと変化した。外国人教師による授業が中心だった開成学校の流れをくむ予備門では、音声を重視する「正則のみを主眼」としてきたが、その結果、生徒の「解意の力寡きが為め」に英語の進歩が遅れるという状態が生じた。そのため、入学試験では意味内容や思考力を重視する「変則英学並びに数学を一層高尚」にすることが提案され、さらに英語学以外の科目の「学力は邦語に由りて考試」することになった。

こうした変化を英語学の入試内容の変遷からみると、1879・1880（明治12・13）年度は「読方（Reading）、綴文（Easy Composition）、釈解（Translation）」だったが、1881（明治14）年度には「釈解（訳読、反訳、スウイントン氏万国史、グートリッチ氏英国史、サンダル氏第四読本の類）・文法（字学解剖）」となった。また、1884（明治17）年度には医学部予科が大学予備門に編入されたため、入試にドイツ語の選択肢が加わった。

1883（明治16）年6月に実施された大学予備門の入試問題を見ると、英語は「反訳、訳読講義、文典」となっている。「反訳」とは和文ないし漢文の英訳、「訳読講義」は与えられた英文の意味内容について試験官に講ずる試験法である。

4.　教育令と教則大綱

教育令（1879）

1879（明治12）年9月29日に学制が廃止され、「教育令」（太政官布告第40号）が公布された。しかし、教育令は外国語教育に関して何も規定していない。翌1880（明治13）年12月28日には「改正教育令」（太政官布告第59号）に改められたが、ここでも外国語教育に関する記述はない。

そのため、小学校を例にとると、戦前の小学校法令から外国語が完全に消えたのは、この教育令期の5年ほどだけである。しかし、教育令の拘束力が弱かったこともあり、実際には英語を教えていた小学校もあった。例えば、東京の高等師範学校附属小学校では1879（明治12）年10月に随意科として「上等小学校〔現在の小5〜中2に相当〕第六年級以上の生徒は其望により英文又は漢文を習学するを得べし」として、これまで通り英語教育を継続していた。当時、同校では第6学年に英語の綴字・読方、7学年に読方・文典、8学年に読方を教授していた。[20]

教則大綱（1881）

文部省は1881（明治14）年7月29日に「中学校教則大綱」（文部省達第

28 号）を、8 月 19 日には「師範学校教則大綱」（文部省達第 29 号）を公布
し、「毎週授業時間の一例」や「学科課程表」も提示して、翌年 3 月 1 日に
は中学校と師範学校の教則中に各学科教授の目的、要領、教授法の要略等を
記載するよう通牒した。教育内容に関する「正格化」政策の一環である。こ
れによって、各道府県は教則大綱に準拠した校則ないし教則に上記の内容を
明記して報告した。

　中学校教則大綱によって、「中学校は高等の普通学科を授くる所にして
中人以上の業務に就くがため、又は高等の学校に入るがために必須の学科
を授けるもの」とされた。この段階で、卒業後に業務に就く完成教育と進学
予備教育の二重目的が規定されたのである。

　中学校教則大綱での学科名は「外国語」ではなく「英語」で、週時数は 4
年制の初等中学科が各学年 6 時間、2 年制の高等中学科が各 7 時間だった。
週の総授業時数は、初等中学科が 28 時間、高等中学科が 26 時間だったか
ら、英語が占める割合は 21％と 27％になる。中学校の外国語を週 6〜7 時
間とする規定は、その後も長らく踏襲された。

　翌 1882（明治 15）年 3 月の改正で、初等中学科の「英語は之を欠き又仏語
若くは独語を以て之に換ふることを得」とされた。この時点で、実質的に
「英語」ではなく「外国語」と同等の扱いになったのである。また、「高等中
学科卒業の者は大学科、高等専門学科等を修むるを得べし／但大学科を修め
んとする者は自分の内尚必須の外国語学を修めんことを要す」とある。例え
ば、医学教育ではドイツ語が必須だった。この段階では「英学本位制」はま
だ不安定だったのである。

　中学校教則大綱は学年・学期ごとの英語の分科の扱いを表 2–5、2–6 のよ
うに定めている。

表 2–5　初等中学科（各学年週 6 時間）

第 1 年	第 2 年	第 3 年前期	第 3 年後期	第 4 年
綴字　附書取 読方　訳読 習字	文法　読書 附書取　作文	文法　読書 附書取　作文	読書　附書取 作文	読書　作文

第2章　文明開化と英学本位制の確立期（1868〜1885）　75

表 2-6　高等中学科（各学年週 7 時間）

第 1 年	第 2 年
修辞　読書　作文	読書　名歌詩文　作文

　ここに登場する各分科を 1872（明治 5）年の「外国教師ニテ教授スル中学教則」と比較すると、以下のようになる。

　　中学教則（1872）：習字　綴字　読方　暗誦　会話　書取　文法　作文
　　教則大綱（1881）：綴字附書取　読方　訳読　習字　文法　作文　読書
　　　　　　　　　　　修辞　名家詩文

　このように、教則大綱では「暗誦」「会話」が消え、「訳読」「読書」「修辞」「名家詩文」が追加された。日本人教師が英語を教えるようになるにつれ、分科としての「会話」がなくなり、「訳読」「読書」などの和訳を含めた読解力の育成に比重が移ったことがうかがえる。
　中学校教則大綱によって中学校の教育内容はほぼ定まり、各道府県の中学校はこれを準則として教則の整備と改正を行った。例えば、比較的早期に整備され、充実した内容を誇る 1882（明治 15）年 6 月 27 日改正の「岩手中学校教則」第 12 条「英語」を見ると、各分科の配当と教科書は以下の通りである。8 級が最下級で、半年ごとに進級する制度になっていた。第 2 学年（5 級・6 級）で習字を教えている以外は、教則大綱の規定と同じである。

8 級　綴字（付・書取　ウェブスター綴字書）、読方（ウイルソン第一リードル）、訳読、習字
7 級　綴字（前級の続）、読方（同・第二リードル）、訳読、習字
6 級　文法（ブラオン小英文法書）、読書・付・書取（同第三リードル）、習字
5 級　文法（ブラオン大英文法書）、読書・付・書取（前級の続）、習字
4 級　文法（前級の続）、読書・付・書取（勧善読本）、作文
3 級　読書・付・書取（ウイルソン第四リードル）、作文
2 級　読書（同第五リードル）、作文
1 級　読書（前級の続）、作文

岩手中学校の教則には8種類の分科ごとに概要が記されており、指導内容がうかがえる。[21] なお、同時期の兵庫県神戸中学校教則[22] にも各分科の教授要旨が書かれているので、比較してみたい。岩手中学が①、神戸中学が②で、特に注意したい点に下線を施した。

綴字　①文字の名および音、母音・子音の区別、分音法等を授け、漸く進んで単語・熟語等を書取らしめ、もって語音を正しく綴字に達せしむ。

　　②英語を教ふるの始に於てこれを課し、文字の名及び音、母音、子音の区別、分音法等を授け、以て発音を正しくするを旨とす。稍習熟するの後は教師時に単語、短句を唱え、生徒をして或はこれを分音和誦せしめ、或はこれを書取らしめ、以て綴字の法を会得せしむべし。

読方　①稍く綴字に通ずるに及んで之を課し、音声の抑揚、句読の断続に熟せしめ、その読むところのもの直ちに他人に通ずるに至るを要す。

　　②稍綴字の法を解するの時よりこれを課す。その要は音声の抑揚、句読の断続を明にし、以て読法を正くし、聴者をして容易く意義を会得せしむるに在り、かつ誦読の際音調を正くし、状貌を整へしめんことを期すべし。

訳読　①読方とともにこれを課し、英語を邦語に訳し、その意味を解せしめ、その訳するところの語句は自ら章を成し、直ちにこれを筆し、かつ誦すべきに至るを要す。

　　②読方を課するの際これを授け、その要は英語を邦語に訳し意義を了解せしむるに在り。その訳する所の語句は自ら章をなし、或はこれを誦し、或はこれを筆し得るに至らしめんことを務むべし。

読書　①読方、訳読を兼ね授くるものにして、生徒をして章句を流読せしめ、その読法を正し、教師これを講明し、あるいは生徒をして解釈せしめ、もって<u>英文解釈</u>の力を養ひ、また緊要の字句を書取らしめ、綴字に達し筆記に慣れしめん事を要す。

　　②読方、訳読を兼ね授くるものとなす。これを授くるには、生徒をして読方を正くして章句を誦読せしめ、教師その意義を講明し、或は生徒をしてこれを解釈せしめ、遂に<u>直読以てその意義を了解する</u>の力を養成するを旨とす。また時に書中緊要の章句を書取らしめ、以て聴感を練り筆記に慣れ綴字に熟し、兼ねて行文の例格を知らしむべし。

文法　①文法はまず字論、辞論、文論等諸部の定則を授け、その進むにしたがって、既に学ぶところの文章に就きその応用を示し、また<u>文章の組成解剖</u>を授け、文法諸則の応用に達せしむるを要す。

　　②文法及び修辞を授くるの要は、<u>英語を理会するの力を鞏固ならし</u>

> め、その実用を助くるにあり。すなわち文法に依りて言詞章句の法則、
> 用格等を知らしめ、修辞に依りて言論文章の潤色、活用等を知らしむる
> を旨とす。
>
> **修辞** ①句点の法、字句の配置、譬喩の用法、および文章の諸体を授け、進
> んで詩歌に及び、すべて英文諸体の法則を会得せしむるを要す。
> ②〔上記「文法②」参照〕
>
> **習字** ①まず字画を授け、次に習字本に就き運筆を習はしむ。
> ②字形鮮明にして運筆快捷ならんことを要す。故に先ず姿勢執筆の法
> を授け、次に大字細字の書法を教へ、運筆に習熟せしむべし。
>
> **作文** ①まず作例に依りて塡語法〔空所補充〕を教へ、次に紀事および簡単
> なる日用書類等を草せしめ、進んで和文あるいは漢文を反訳せしめ、ま
> た即題宿題に就き論説等を作らしむ。
> ②先ず卑近の文題に就きて簡易の文章を作らしめ、或は塡語正誤の法
> を用ひて作例を知らしめ、作文の思想漸く進むに及び、記事文・書牘文
> 〔手紙文〕を作らしめ、又時に簡易の和文を訳せしめ、上級に至りては兼
> ねて簡易の論説文を作らしむべし、その構文、撰題に注意すべし。

　このように、全体的には神戸中学校の方が詳細であるが、内容的には両者
は共通する要素がきわめて多い。1882（明治15）年の時点で、教授内容が全
国でほぼ統一的に理解されていた点が注目される。

　他方、独自性に注目すると、岩手中の「読書」の中に、目下のところ最古
の用例である「英文解釈」の文字が登場している。これは「訳読」と区別さ
れており、内容的には神戸中が述べているように「直読以てその意義を了解
する」ことと解される。つまり、「英文解釈」の当初の意味は、日本語を介
さずに「直読直解」によって意味内容を理解することだったようである。

　また、文法に関しては、神戸中が目的・意義を「英語を理会するの力を
鞏固ならしめ」と明記している。他方、岩手中の規定からは「文章の組成解
剖」（parsing）という分析本位の文法指導法をうかがい知ることができる。

　このほか、1882（明治15）年7月22日に制定された「群馬県中学校規則」
では、英語は綴字、読方、訳読、読書、文法、修辞、習字、書取、作文の9
分科となっている。このうち綴字から読書までは岩手中学や神戸中学の規定
に近いが、文法以降は教科書名を記すなど独自性が強い。[23]

> 文法は英語を理会するの力を鞏固ならしむるに在り依て「コックス」文法書
> 及「クエッケンボス」大文法書を用いて言詞の用格句章の法等を知らしむ
> 修辞は高等に於て「クエッケンボス」作文修辞書に就き文章言語の活用を知
> らしめ「スケッチ・ブック」を以て熟習せしむ
> 習字は「スペンセリヤン」習字本を与へ先姿勢執筆の法を授け字形の大小字
> 画の疎密等に注意せしめ運筆に習熟せしむ
> 書取は聴聞の感覚を練り綴字を正くし筆記に慣熟せしめんことを要する者な
> れば読本中緊要の章句を書取らしむる者なり
> 作文は名家の作例に拠り塡語正誤の法等を教るを始とし記事文書牘文〔＝手
> 紙文〕を作らしめ又時に和文を訳せしめ兼て論説を作らしむ

　このように、各学校の教則は文部省の教則大綱を基準にしてはいるが、独
自性も確認できる。

　なお、文部省は 1881（明治 14）年 12 月の段階では中学校での英語科以外
の科目の教科書として英書を用いることを認めていたが、1983（明治 16）年
1 月の段階では英語科以外での英書の使用を認めず、翻訳書を用いることを
指示していた。[24] ただし、この方針が貫徹されるには約 10 年を要した。

高等教育の日本語化とドイツ学奨励

　東京大学の教授陣に占める西洋人と日本人の比率が 16 名対 21 名と逆転
したのは、1881（明治 14）年のことである。同年、「洋人」教授は「外国教
師」と改められ、「教授」の称号を与えられるのは日本人だけとなり、日本
語による卒業論文の執筆も認められるようになった。[25] こうして日本の高等
教育は、徐々に日本語主体で行えるようになるのである。

　外国語以外の中学校教育を日本語で行うべきだとする声も高まっていっ
た。1882（明治 15）年 11 月 21 日から 12 月 15 日まで文部省が開催した「学
事諮問会」の記録である『文部省示諭』には、「中学科を教授するには英語
或いは独語仏語科を除き、その他の学科は須らく本邦の語を用ひんことを
要すべし」[26] という主張が紹介されている。

　1883（明治 16）年 4 月に文部省は「東京大学において英語による授業を廃
し、邦語を用いることとし、かつドイツ学術を採用する」と上申し、5 月 1

日に太政官裁可された。政府は日本語による高等教育の実施と、ドイツ学の振興策を打ち出したのである。こうして、お雇い外国人に依存していた大学教育を改め、日本人が日本語で行う方向に舵を切った。

その前提となったのは、日本人帰国留学生の教授任用と、このころまでに西洋の主要な学術用語が日本語に翻訳されたことだった。そうした学術用語を近代日本語に定着させる上で画期的な役割を果たしたのが、東京大学の井上哲次郎らが1881（明治14）年に「東京大学三学部」から刊行した『哲学字彙』で、狭義の哲学に限らず、人文社会科学や自然科学などの広範な学術語を含んでいた。その後、1884（明治17）年に『改訂増補　哲学字彙』、1912（明治45）年には第三版にあたる『英独仏和　哲学字彙』が出た。

高等教育の日本語化と同時期に、政府はドイツ学の振興策を実施した。1881（明治14）年9月5日、文部省は東京大学から出されていた申請を認め、理学部・文学部において従来の英語に加えてドイツ語も必修とし、フランス語を随意科目とした（医学部は従来からドイツ語必修）。その結果、東京大学では英語の履修単位が減少し、特に文学部ではドイツ語の履修単位が英語を上回るようになった（表2-7）。

とりわけ国家経営にかかわる政治学と理財学（経済学）の分野では英語が一気に3分の1以下に減らされ、ドイツ語の半分以下になった。ドイツ流

表2-7　東京大学外国語履修単位の変遷

		1879～80年		1881～82年		1883～84年	
法学部		英語	4	英語	4	英語	0
		仏語	6	仏語	6	仏語	6
理学部		英語	6	英語	4	英語	4
		仏か独語	4	独語	4	独語	4
文学部	哲学科	英語	13	英語	10	英語	8
		仏か独語	6	独語	9	独語	9
	政治学及理財学科	英語	13	英語	4	英語	4
		仏か独語	6	独語	9	独語	9

（注）理学部生物学科は独語2、ラテン語2（1883年）
（出典）井上久雄（1969）『近代日本教育法の成立』767頁（一部修正）

の政治学・経済学へとシフトしたことがうかがえる。同じく法学部において
も、1883（明治16）年以降は英語の履修単位がゼロとなった。

　これに呼応し、大学予備門でも1884（明治17）年6月の学科課程改正でド
イツ語教育に比重を移していった。1・2年生は英語ないしドイツ語（ともに
週12時間）を選択させ、3・4年生には英語とドイツ語の両方を履修させた
が、4年間の週時数を合計すると、英語の31〜35時間に対し、ドイツ語は
35〜39時間と優位に立ったのである。

　こうしたドイツ学振興策には政治的な意図があった。政府は高まる自由民
権運動への対抗措置として、イギリス流の立憲議会政治やフランス流の民主
共和制思想の影響を弱め、代わりにドイツ（プロイセン）流の国権主義的な
君主制思想を強めることで、天皇制を強化しようとしたのである。1881（明
治14）年10月11日、政府は筆頭参議でイギリス的な立憲議会主義体制を推
進しようとした民権派の大隈重信を罷免した。この「明治14年の政変」に
よって、ドイツ的な立憲君主体制を目指す国権派の伊藤博文が首相の座に就
いた。これを機に、国権論者主導の政府によるドイツ学振興政策が展開され
ることになるのである。[27]

　政変直後の11月7日、のちに文部大臣となる井上　毅は「十四年進大臣」
（人心教導意見案）[28]を上申し、漢学とドイツ学の奨励を説いた。彼は明治
維新以降は英学とフランス学が隆盛になったために革命精神が芽生えてしま
ったので、これに対抗して儒教的な忠愛恭順の道を教えるために漢学を振興
すべきだと提言した。また、日本が目指す国体（立憲君主制）に近い国はド
イツであるから、ドイツ学を振興することで自由民権的な世論を醸成する英
学の力を削ごうと考えたのである。実際に井上は、文部大臣時代に改正した
「尋常中学校学科及其程度」（1894）で国語及漢文の週授業時数を従来の各学
年5-5-5-3-2（計20）から7-7-7-7-7（計35）へと大幅に増やし、国語及漢文
が初めて外国語の時数を上回るようにした。

　このように、次代の国家を担うエリートたちにどの外国語を選択させるか
を、政府は国家戦略の一環として考えていたのである。ただし、医学や社会
科学などの高等教育の一部の分野ではドイツ語が重視されたものの、初等・

第2章　文明開化と英学本位制の確立期（1868〜1885）　81

中等学校での英語の優位（英学本位制）はその後も続いた。

　なお、この時期には陸軍も軍制をフランス式から欧州最強のドイツ（プロイセン）式へと切り替えた。陸軍は1883（明治16）年に軍幹部を養成する幼年学校、士官学校、大学校の外国語にドイツ語を加えて準備を図り、1885（明治18）年にドイツ陸軍参謀のメッケル少佐（Klemens Wilhelm Jacob Meckel, 1842〜1906）を招聘した。彼は陸軍大学校の教官となって教育内容をドイツ式に刷新し、さらには陸軍の「臨時軍事制度審査委員会」の顧問として軍制全般をドイツ式に改編していった。これ以来、陸軍では東條英機など幼年学校出身のドイツ語履修者が主流派を形成するようになる。[29]

　一方、1882（明治15）年10月に民権派の大隈重信らによって創設された東京専門学校（早稲田大学の前身）では、建学の精神を「学問の独立」に置き、そのために日本語による高等専門教育を進めた。開学の中心となった小野梓（あずさ）（1852〜1886）は、開校式における演説で、外国語に過度に依存してきた日本の学問研究の在り方を痛烈に批判した。[30]

> 我邦学問の独立せざる久し。王仁（わに）儒学を伝へてより以来、今日に至るまで凡そ二千余年の間、未だ曾て所謂独立の学問なるものありて我が子弟を教授せしを見ず。（謹聴）或は直に漢土の文字を学び、或は直に英米の学制に模し、或は直に仏蘭西（フランス）の学風に似せ、今や又独逸（ドイツ）の学を引て之（これ）を子弟に授けんと欲するの傾きあり。

　ただし、東京専門学校は外国語の意義を否定したわけではなく、「人民自治の精神を涵養し其活発の気象を発揚する（中略）英国人種の気風」[31]から学ぶという観点から英語を奨励した。坪内逍遙（しょうよう）らを擁した同校が、英文学研究の一大拠点となったことは周知の通りである。

中等教員免許制度

　1884（明治17）年8月には、中等学校教員の免許状に関する最初の法令である「中学校師範学校教員免許規程」が制定された。これによって、外国語の教員免許を付与される者は、①師範学校の中学師範科卒業者、②東京大学

（当時の大学はこの 1 校のみ）卒業者、③試験による検定合格者とされた。

2 年後の 1886（明治 19）年 12 月には、学校令（後述）の制定を受けて「尋常師範学校尋常中学校及高等女学校教員免許規則」に改められた。これによって、3 年制の高等師範学校（高師）の卒業者を中等教員の本流とする制度設計がなされた。英語教員の養成機関としては、東京高師に加えて 1902（明治 35）年に広島高師が増設された。

さらに、急増する中等学校の教員不足に対応するために、修業年限 2 年（後に 3 年）の臨時教員養成所（臨教）が各地に設置された。このうち、英語教員養成を行ったのは、東京高師内の第一臨教、広島高師内の第二臨教、大阪外国語学校内の第五臨教、東京女高師内の第六臨教、東京外国語学校内の第十二臨教、小樽高商内の第十四臨教の 6 カ所である。

1899（明治 32）年 4 月には、それまで官立学校卒業者だけに限定していた中等教員免許の無試験検定制度を、公立私立学校卒業者にも拡げる。

欧化政策と小学校英語教育

幕末に結んだ不平等条約の撤廃を求める外交政策の一環として、日本は「文明国」であることを欧米列強にアピールしようとした。そのために、1883（明治 16）年 11 月に西洋風の社交施設である鹿鳴館を開館し、外交使節を招いて舞踏会などを開催した。こうして、「鹿鳴館時代」と呼ばれる欧化主義時代を迎えた。

1880 年代は条約改正の機運がにわかに強まる中で、外国人の内地雑居（居留地以外での居住）に備える関心から、巷では英語熱が高まった。全国の私立英語学校数（英漢学校等を含む）と生徒数は、1883（明治 16）年の 69 校（6,566 人）が 1885（明治 18）年に 145 校（1 万 1,470 人）、1886（明治 19）年に 247 校（1 万 9,168 人）へと急増した。[32]

こうした流れの中で、1884（明治 17）年 11 月 29 日の小学校教則綱領の改正によって英語に関する規程が追加され、「英語の初歩を加ふるときは読方、会話、習字、作文等を授くべし」（文部省達第 14 号）とされた。当時の新聞には次のような記事がある。[33]

第 2 章　文明開化と英学本位制の確立期 (1868〜1885)　83

全国小学校に英語科を新設
だが――先生からが英語を知らず　といって英語教師を雇へば金が要る!
今度文部省より全国小学教科中へ英語科を加へ得べき旨布達ありしに付て
は、開港場は別して速やかに実行を要することながら従来の小学教員は大概
英語科を修めざる者なれば、別に其の教員を雇入れざるを得ず、斯くては経
済上等不都合の事もあらん、依て今より現時の奉職教員をして英語科を研究
せしめなば、日ならずして初学の生徒に授業することを得るに至らんとの見
込にて横浜商法学校の夜学科に於て、同港内奉職の小学教員に限り、無月謝
にて英語科を教授することになせり

　しかし、条約改正交渉は頓挫し、欧化主義政策は 1887 (明治 20) 年 9 月に
井上馨が外務大臣を辞任したことをもって終焉した。すると一転して国粋主
義の時代へと転換し、1890 (明治 23) 年 10 月 30 日には天皇制教育の基本綱
領となる「教育ニ関スル勅語」(教育勅語) が発布された。

　こうした社会の動きに呼応して、英語を講じた各種学校と生徒の数は
1888 (明治 21) 年の 356 校 (2 万 7,135 人) をピークに、1890 年には 245 校 (2
万 651 人)、1892 年には 102 校 (5,640 人) へと減少した。小学校での英語教
育に対しても廃止論が相次ぎ、英語の加設率が激減した (後述)。

　教育勅語の成立と浸透によって、国家主義的・軍国主義的な天皇制教育体
制が基本的に確立した。この教育体制のもとで、「低い生活水準のもとで高
率小作料を負担し、低賃金・長時間の工場労働にたえ、帝国主義的軍事行動
にも欣然として参加する日本資本主義にとって不可欠の臣民」[34] が育成され
た。これらのうち、外国語を学ぶことのできた階層は、中等学校に進学でき
た上位数パーセントに過ぎなかった。

実業学校の外国語教育政策

　明治前期には日本の資本主義的な発展が不十分だったために、1872 (明治
5) 年の学制から 1886 (明治 19) 年の学校令に至る間は、近代的な中等実業教
育 (産業教育) を本格化させる政策は採られなかった。学制では農業・商業・
工業の各学校の簡単な規定があるのみで、英語ないし外国語についての言及
はなかった。

教育令下の 1881（明治 14）年 5 月になって、東京職工学校が設立された（1890 年に東京工業学校と改称）。1883（明治 16）年 4 月には農学校通則が制定されたが、学科目中に外国語はなかった（3 年後に廃止）。この時期は外国語をどの程度実施するかは、各実業学校の裁量に委ねられていたのである。

1884（明治 17）年 1 月 11 日には「商業学校通則」が制定され、商業学校制度が実質的に確立された。これによれば、商業学校の第一種（後の中等商業学校程度）の入学資格は 13 歳以上の小学中等科卒業者で、修業年限は 2 年（ただし 1 年以内の増加が可）であった。外国語については「土地の情況に由り（中略）英　仏　独　支那　朝鮮等の国語を置くことを得」（第 4 条）という規定がある。

第二種は「学理と実業とを並び授くる」ことを謳っており、のちに高等商業学校に発展した。この入学資格は 16 歳以上の初等中学卒業の学力を有する者で、修業年限は 3 年（1 年以内の増加が可）であった。ここでは「英語」は正課とされていたが、「但土地の情況に由り（中略）英語の他若くは英語に代へて仏　独　支那　朝鮮等の国語を置くことを得」となっていた。中学校と異なり、商業学校では有力な貿易相手国だった支那（中国）および朝鮮の言語が明記されている点が注目される。

注

1　戦前期中等教育の実学志向に関しては、谷口琢男 (1988)『日本中等教育改革史研究序説：実学主義中等教育の摂取と展開』参照

2　「大学南校規則」明治 3 年閏 3 月　東京大学総合図書館蔵（デジタル公開）

3　モルレー (1875)「学監ダビット・モルレー申報」『明治文化全集　第 10 巻　教育篇』138 頁

4　平賀優子 (2008)「日本英語教授法史における Ollendorff の教授法の位置づけ」『日本英語教育史研究』第 23 号

5　田畑きよみ (2012)「明治初期（明治元年〜10 年）の公立小学校における英語教育についての一考察：岐阜県高山煥章学校と他校との比較を通して」『日本英語教育史研究』第 27 号、96 頁

第 2 章　文明開化と英学本位制の確立期（1868〜1885）　85

6　「小学教則概表並外国教師ニテ教授スル中学教則概表頒布ノ事」（文部省布達番外）
　　『文部省布達全書　明治四年・五年』より作成。＊国立国会図書館デジタルコレ
　　クション

7　小篠敏明・江利川春雄編著（2004）『英語教科書の歴史的研究』112 頁

8　櫻井役（1943）『女子教育史』14–17 頁

9　櫻井役（1935）『英語教育に関する文部法規』18 頁

10　青山師範学校編（1936）『創立六十年青山師範学校沿革史』130–131 頁

11　この後に「但し法学の儀は当分英仏とも相用候儀 不 苦 事」という例外規定が
　　　　　　　　　　　　　　　　　　　　　　　あいもちいそうろうぎくるしからざること
　　あったが、11 日後の 4 月 29 日をもって取り消された。（原資料は川澄哲夫編
　　（1998）『資料日本英学史 1 下　文明開化と英学』925 頁）

12　原文は松村幹男（1997）『明治期英語教育研究』141 頁

13　諸芸学とはフランスの工学教育機関を参考にして設立された専門学科で、総合性
　　を重視する技術者教育を行った。

14　杉村武（1967）『近代日本大出版事業史』117 頁

15　教育史編纂会編（1938）『明治以降教育制度発達史　第 1 巻』709 頁。この問題に
　　ついては、竹中龍範（2003）「外国語学校から英語学校へ：『学制』期官立外国語学
　　校の改組をめぐって」『言語表現研究』第 19 号参照

16　大阪英語学校（1876）「第七学年二期一覧表　明治八年七月」

17　山口静一（1982）「東京大学草創期における英語英文学講義」『大村喜吉教授退官記
　　念論文集』73 頁（原資料は『東京大学法理文学部第七年報』）

18　教育史編纂会編（1938）『明治以降教育制度発達史　第 2 巻』286 頁

19　川澄哲夫編（1998）『資料日本英学史 1 下　文明開化と英学』869 頁

20　桜庭信之（1972）「英語教育」『東京教育大学附属小学校　教育百年史』700 頁

21　岩手県立盛岡第一高等学校創立百周年記念事業推進委員会（1981）『白堊校百年史
　　通史』50 頁

22　大村喜吉ほか編（1980）『英語教育史資料　第 1 巻』48–49 頁（一部修正）

23　四方一瀰（1996）「中学校教則大綱期における中学校・高等女学校・師範学校教授
　　要旨に関する一考察：群馬県中学校との関係において」『国士舘大学文学部人文
　　学会紀要』第 29 号、4–5 頁

24　四方一瀰（2004）『「中学校教則大綱」の基礎的研究』第 2 章、特に 91 頁

25　天野郁夫（2017）『帝国大学：近代日本のエリート育成装置』150 頁

26　国立教育研究所第一研究部教育史料調査室編（1979）『学事諮問会と文部省示諭』
　　70 頁

27　茂住實男（1996）「ドイツ学振興政策と英学の危機：最初の英語教育廃止論」『日本
　　英語教育史研究』11 号、191 頁

28　井上毅伝記編纂委員会編（1966）『井上毅伝　史料篇第一』248–251 頁

29　江利川春雄（2016）『英語と日本軍：知られざる外国語教育史』NHK 出版

30　島善高（2008）『早稲田大学小史〔第 3 版〕』34 頁

31 *ibid.* 35 頁
32 櫻井役(1936)『日本英語教育史稿』145 頁
33 『郵便報知』1884(明治 17)年 12 月 12 日号(ただし見出しは『新聞集成明治編年史』による)
34 安川寿之助(1975)「学校制度の創設」大石嘉一郎ほか編『日本資本主義発達史の基礎知識』51 頁

第 3 章　近代学校制度の整備期（1886〜1916）

1.　学校令の公布

学校令（1886）の歴史的意義

　初代文部大臣の森有礼のもとで、1886（明治 19）年の 3 月 2 日に帝国大学令が公布され、4 月 10 日には師範学校令、小学校令、中学校令、および諸学校通則が公布された。従来の学制や教育令は太政官布告として公布されていたが、一連の学校令は天皇の命令である「勅令」の形式をとった。こうして、天皇を頂点とする中央集権的な国家教育体系が確立された。

　学校令の規定により、1886（明治 19）年の 5 月から 7 月にかけて、小学校、尋常師範学校、尋常中学校の、高等中学校の各「学科及其程度」が文部省令として公布された。これは文部大臣が教育課程の基準を定め、教育内容の全国的な統一を図ったものである。

　学校令はその後何度か改定され、さらに高等学校令（1894）、実業学校令（1899）、高等女学校令（1899）、私立学校令（1899）、専門学校令（1903）などを追加しつつ、日本の学校教育を統括した。その体制は、1947（昭和 22）年3 月公布の学校教育法によって戦後の新制学校制度が発足するまで続いた。

　この章では、まず学校令にもとづく学校種別に外国語教育政策の特徴を述べ、次に英語教授法研究および教授要目の特徴と変遷を考察したい。

帝国大学

　1886（明治 19）年 3 月 2 日に公布された「帝国大学令」（勅令 3 号）によっ

て「帝国大学は国家の須要に応する学術技芸を教授し及其蘊奥を攷究するを以て目的とす」と定められた。国家のための学問研究の機関とされたのである。こうして東京大学は「帝国大学」と改称され、1897（明治 30）年 6 月に京都帝国大学が発足するまでは唯一の大学だった。

当時の大学の授業は、日本語化は示されていたものの、外国語で行われることが一般的だった。1888（明治 21）年 4 月 25 日、文部大臣の森有礼は「今日に於ては諸学校大抵特に大学に於ては外国語を以て教授するを常とする習慣なり、外国語を以て教授するは止を得ざることなり」と述べている。[1]

帝国大学文科大学（のちの文学部）に英文学科が新設されたのは 1887（明治 20）年 9 月だが、入学者は皆無だった。3 年制の本科英文学科には翌年に立花政樹が 1 人だけ入るが、翌年もゼロで、1890（明治 23）年度も夏目金之助（漱石）が 1 名だけという不人気ぶりだった。

創設当初の英文学科の教官はディクソン（James Main Dixon）ただ 1 人だったので、ほとんどマンツーマンの教育環境だったようである。英文学関係の科目はなく、「英語」（英文講読）の授業が 1 年次と 2 年次に週 7 時間、3 年次に週 9 時間あり、その中でシェイクスピアやミルトン、バイロンなどの古典的な作品を読んだようである。この他、神田乃武によるギリシャ語・ラテン語の講義もあった。漱石自身もそうだったように、帝国大学の英文学科（1919 年度より英吉利文学科）からは多くの英語教員が輩出された。

師範学校

師範学校令は、小学校教員を養成する尋常師範学校（道府県立）と、尋常師範学校および中等学校の教員を養成する高等師範学校（官立）を制度化した。これによって、文部大臣→高等師範学校→尋常師範学校→小学校というヒエラルキーが形成され、天皇制国家の教育政策を末端まで浸透させる体制が整えられた。

尋常師範学校における英語は、師範学校令によって初めて必修科目となった。その内容は「綴字　習字　読法　文法　翻訳」で、各学年の週時間数は 5–4–3–3（計 15）である。なお、当時の尋常中学校は第一外国語（英語）の週

時間数が各学年 6-6-7-5-5（計 29）、第二外国語が 0-0-0-4-3 だったから、師範学校の英語の時間数は中学校の半分ほどだった。

　尋常師範学校は男女とも 4 年制（1925 年度から 5 年制）で、当初の入学資格は高等小学校 4 年卒業で 17 歳以上であった。17 歳といえば当時の高等中学校（後の旧制高校）の入学年齢であるから、しばしば県下の最高学府に位置づけられていた。師範学校は授業料が無料の上に給費制度まであったため、中学→高校→帝大のエリート・コースに進めない中流階層以下の子弟でも、学力が高ければ入学可能な学校だった。ただし、卒業後は小学校に奉職する義務を負った。

　師範学校制度は改編を重ねた（表 3-1）。本科男子の入学資格年齢をみると、18 歳（1885 年まで）→ 17 歳（1886）→ 16 歳（1898）→ 15 歳（1907）→ 14 歳（1925）と徐々に引き下げられた。教科としての英語（外国語）の位置づけも、男子で必修科目（1886）→加設科目（1892）→必設随意科（1907）→必修科目（1925 以降）と変遷している。また、1943（昭和 18）年には高等教育機関である専門学校程度へ、1949（昭和 24）年には教員養成系大学・学部へと

表 3-1　師範学校の制度的変遷と英語（外国語）の位置づけ

年度	制度的変遷の概略	男子の英語	女子の英語
1886 明 19	各府県 1 校、4 年制、英語必修、入学年齢 17 歳	必修 5-4-3-3	必修 5-4-3-3
1892 明 25	男子の英語を「外国語」にし、加設科目化	加設科目 2-3-3-3	なし
1907 明 40	予備科、二部（中卒 17 歳、1 年制）設置。本科一部 15 歳	必設随意科 3-3-3-2	加設随意科 3-3-3-2
1925 大 14	本科一部 14 歳入学 5 年制に。専攻科設置（1 年制）	必修 5-3-3-3-3	随意科 3-3-3-2
1931 昭 6	本科二部を男女とも 2 年制に延長	3 年生まで必修 4-4-4-(2〜4)-(2〜4)	3 年生まで必修 4-4-4-(2〜4)-(2〜4)
1943 昭 18	3 年制の官立専門学校程度に昇格	選修 0-(3〜6)-(3〜6)	選修 0-(3〜6)-(3〜6)

（注）時間数は男女とも本科第一部のもので、（　）は選修を示す。

「三段跳び」の昇格をとげた。

1889（明治22）年10月には女子師範学校の教科目から英語が削除され、1907（明治40）年4月に加設随意科目として復活するまで続いた。

1892（明治25）年7月の「尋常師範学校の学科及其程度」では男子の「英語」が「外国語」に改められ、英語もしくはドイツ語とされた。ドイツ語の登場には、隆盛をきわめていたヘルバルト主義教育学の影響もあろう。外国語は必修科目から「土地の状況により」選択する加設科目へと格下げされ、週時数も2-3-3-3（計11）と約3分の2に削減された。当時の中学校は4年まででも6-7-7-7（計27）であったから、その差は著しい。

文部省は外国語を削減した第一の理由を「高等小学校の教科に商業を加ふることを得しめたれば尋常師範学校の学科にも商業を加ふるの必要を生じたり」としており、師範学校の教科配置が小学校の教科構成の変化に左右されていたことが確認できる。

第二の理由は「他の学科目の教授時数に不足を生じ」ることであった。尋常師範学校は小学校の全教科を担当できるよう履修科目数が多く、しかも唱歌や手工などの実技・実習教科も多かったため、外国語の優先順位は低かった。なお、1892（明治25）年に設置された修業年限2年4カ月の師範学校簡易科では、教科目に外国語が含まれなかった。

1897（明治30）年10月9日には「師範教育令」（勅令346号）が発布された。学科及程度は旧規定のままだったが、尋常師範学校の「尋常」が削られ、私費生を置けるようになった。また、尋常師範卒業者のみに許されていた高等師範学校の入学資格が、中学校や高等女学校の卒業者へも拡げられた。これによって、師範卒業生の高等師範入学が著しく困難になり、袋小路化が強まった。

文部省は1907（明治40）年4月、各府県に師範学校生の英語履修を抑制する訓令を発した。それには、「英語は元来学習に困難なる学科目なるを以て学力に余裕ある者又は語学の才幹ある者の之を修むるは固より妨なしと雖、世の流行に倣ひて之を学習するが如きは深く戒むべきことにして、学校職員をして指導其の方を誤らしめざらんことを要す」とある。

第3章　近代学校制度の整備期（1886〜1916）　91

表 3-2　師範学校本科における英語（外国語）の教授内容

年度	性	本科1年	本科2年	本科3年	本科4年	備考
1886 明19		綴字習字読法文法及翻訳				師範学校令
	男女	綴の字、習字、読法	読法、文法	読法、文法、翻訳	読法、文法、翻訳	秋田師範の例
1892 明25	男	読方、訳解、文法、会話、習字	前学年の続	読方、訳解、修辞、作文	前学年の続 外国語を教授する順序方法	「英語」が「外国語」になり加設科目化
		外国語を授くるには常に発音及読方に注意し正しき国語を用ひて之を訳解せしめ又時々翻訳をなさしむべし（明治23年の小学校施行規則とほぼ同一規定）				
1906 明39		高等小学校に於ける英語科教師として充分なる読書、作文、会話、発音、習字の力を養ひ兼ねて普通の英文書類を解せしむるを以て要旨とす				三重師範『各科教授要項』
1907 明40	男女	発音、綴字、読方、話方及綴方、書方	読方、話方及綴方、書方	読方、話方及綴方、書方、文法、英語教授法	読方、話方及綴方、書方	師範学校規程 ＊義務教育6年制に延長
		英語は普通の英語を了解するの能を得しめ知識の増進に資し兼て小学校に於ける英語教授の方法を会得せしむるを以て要旨とす／英語は発音、綴字、読方、訳解、書取、会話、作文、習字及文法の大要を授け且教授法を授くべし				

(出典)『明治以降教育制度発達史　第3巻』、秋田師範学校『創立六十年』、三重県師範学校『各科教授要領』から作成

　こうした中央法令は、末端の学校現場に行くと拡大解釈される場合が少なくない。文部省の『師範学校ニ関スル諸調査』(1914)を見ると、「生徒は全部農業及び英語を修めしむるものとす。但し一般の学業<u>成績不良の者</u>に限り英語を省かしむ、女子の英語亦然り」(和歌山県師範・男女、宮城県女子師範も同様。下線は引用者)、「英語は一学年生は全体、二学年以上<u>成績中等以上の者</u>に課す」(熊本県師範・男子)、「英語は<u>学力劣等</u>の者を除き四学年全体に之を課し」(広島県師範・男子)、「英語は<u>劣等生</u>に対しては免除することを得、法制経済を課す」(大分県師範・男子)などの表現になっている。

また兵庫県の御影師範では、大正末期に英語の成績の良否によってクラスを甲乙丙の3組に分けた。こうして、学校現場では英語科が差別選別の手段になってしまった実態がわかる。東京豊島師範の次の記述は、1910年代のこうした事情を端的に伝えている。[2]

> 成績のよくない、或いは進度の遅れている生徒は、英語の学習をやらせてもらえなかった。それは、英語を勉強すると、他の教科の学習の時間が少なくなり、却って進級できなくなることになったからである。(中略) 卒業証書の裏面には、英語を履修したか否かが、はっきりと記載されている。英語を履修したということは、学業成績が良好であることの証明だったのである。
> 運動部でも、英語の学習をしない者は、選手として対外試合に出場させないという方針であった。

1908 (明治41) 年4月には、義務制の尋常小学校が4年制から6年制に延長された。これに対応して師範卒業者の質的・量的な拡大が求められ、同年4月に師範学校規程が改正された。英語は第一部の男子が必設随意科、女子は加設随意科、中学卒業者を受け入れる第二部では修業年限2年の女子にのみ随意科目として英語を課し、修業年限1年の男女には課さなかった。

高等師範学校は1886 (明治19) 年4月に東京に1校のみ設置されたが、1890 (明治23) 年3月に女子部が女子高等師範学校として独立し、1902 (明治35) 年3月には広島高等師範学校、1908 (明治41) 年4月には奈良女子高等師範学校が設置された。

師範学校および中等学校の英語教員養成に関しては、1895 (明治28) 年4月に東京の高等師範学校に初めて英語専修科が開設され、1899 (明治32) 年には予科1年・本科3年の英語部となった。広島高師では開校時から本科の英語部が英語教員養成を担った。

高等小学校と英語教育の本格化

1886 (明治19) 年4月10日の「小学校令」(勅令14号) によって、高等小学校が発足した。これは4年制の尋常小学校 (義務制) に接続する4年課程の初等教育機関で、学齢的には現在の小学5年から中学2年 (10～13歳) に

相当する。

　尋常小学校ですら就学率が5割にも満たないこの時期には、高等小学校はエリート教育機関であり、その数は1892（明治25）年で尋常小学校の約1割、1899（明治32）年でも約2割にすぎなかった。その後急速に普及し、とりわけ1908（明治41）年度からの義務教育の6年制移行後は、同じ学齢期にある中学校などに進学できない庶民階層の子弟を広範に受け入れるようになった。高等小学校は「明治期は中等教育的な特権的学校として存在したが、昭和期には差別されたいわゆる『袋小路』の学校」[3]となるのである。高等小学校への進学率は1915（大正4）年に46.8%（同年の中学校および高等女学校への進学率は3.7%）、1921（大正10）年には55.0%（同5.8%）、1939（昭和14）年には67.5%（同12.1%）へと着実に上昇していった。[4]

　高等小学校の教科目に占める英語（1921～25年度は「外国語」）の位置はきわめて複雑で、1886（明治19）年度の制度的発足から新制移行前の1946（昭和21）年度まで、常に学校が選定する加設科目であった。その上、1890

表3-3　高等小学校における外国語の科目名

1872（明治5）年の「学制」	外国語
1879（明治12）年の「教育令」	なし
1884（明治17）年の小学校教則綱領	英語
1886（明治19）年の小学校令	英語
1890（明治23）年の第二次小学校令	外国語
1900（明治33）年度～1911（明治44）年度	英語
1912（大正元）年度～1918（大正7）年度	商業（英語を併せ授くる）
1919（大正8）年度～1920（大正9）年度	英語
1921（大正10）年度～1925（大正14）年度	外国語
1926（大正15）年度～1934（昭和9）年度	英語
1935（昭和10）年度～1937（昭和12）年度	英語、満州語
1938（昭和13）年度	英語
1939（昭和14）年度～1940（昭和15）年度	英語、支那語

（明治 23）年度から 1941（昭和 16）年度までは児童が選択する随意科目としてもよいとされ、1911（明治 44）年度から 1919（大正 8）年度までは実業教育振興策のもとで、英語は「商業科」の中に組み込まれていた。

　小学校での外国語の科目名は表 3–3 のように変遷した。なお、『文部省年報』で実施が確認できた「満州語」と「支那語」（いずれも中国語のこと）も記した。

　このように、科目名としては「外国語」と「英語」の間に一貫性はなく、外国語は英語とほとんど同義だった。法令等では外国語を英語に限定した理由を述べていないが、例えば愛媛県師範学校で小学校の英語教授法を講じていた杢田與惣之助（1882〜1960）は、講義プリント『英語教授法綱要』（1909）の中で、「世界に於ける英語の勢力範囲は経済界なり、欧米諸国の商業用語として英語が比較的多く用いられつつあるは事実なり、故に人或は英語を世界語なりと誇称す」とした上で、「小学校の外国語は英語を採用すべき理由充分となる」と結論づけている。[5]

　発足当初の高等小学校では、森有礼文部大臣の英語奨励策のもとで、英語を教える学校がほとんどだった。授業時数や教科書の程度は多様で、週 2〜3 時間から中学校なみに 6〜7 時間も英語を課す学校があり、別科においては 10 時間にも達する小学校も存在した。別科とは正規の 4 年課程の上に置かれたもので、中学校の代替機関ないし進学準備教育機関だったようである。〔東京〕高等師範学校附属小学校では 1888（明治 21）年度は外国語研究のためとして尋常科 3 学年から英語を週 3 時間課していたが、その後は開始時期、授業時数とも表 3–4 のように変化した。[6] 小学校の英語教育は試行

表 3–4　〔東京〕高等師範学校附属小学校における英語の実施学年と週時間数

年度	実施学年	週時間数
1888（明治 21）年	尋常科 3 年から	3 時間
1891（明治 24）年	高等科 1・2 年（現在の 5・6 年）	5 時間
1897（明治 30）年	高等科 1・2 年	2 時間
1908（明治 41）年	尋常科 5・6 年と高等科の 1・2 年	2 時間

錯誤が続いていたことがわかる。

1890（明治23）年10月7日には第二次「小学校令」（勅令215号）が公布され、「土地の状況に依り（中略）幾何の初歩、外国語、農業、商業、手工の一科目若くは数科目を加ふることを得」となった。また、「高等小学校の教科に外国語を加ふるときは将来の生活上その知識を要する児童の多き場合に限る」として、外国語を加設する条件を厳格にした。同年に出された小学校令施行規則では、次のような外国語の教授方針が初めて定められた。

> 読方、訳解、習字、書取、会話、文法、及び作文を授け、外国語を以て簡易なる会話及び通信等をなすことを得せしむべし
> 外国語を授くるには常に発音及び文法に注意し、正しき国語を用ひて訳解せしめんことを要す

このように、教授に際しては「発音」と並んで「文法」に注意すべきことが明記されているが、これ以降の規定では「実用性」が強調される反面で、文法に言及したものはなくなる。

この時期には欧化主義の反動として国粋主義化が進められ、1890（明治23）年10月には「教育ニ関スル勅語」が発布されるなど、忠君愛国教育が強化された。こうした風潮の下で、小学校英語科廃止論[7]が相次いで叫ばれ、英語の加設率が激減した。

しかし、日本が1894（明治27）年7月に治外法権の撤廃と関税自主権の一部回復に成功し（第一次条約改正）、その直後に勃発した日清戦争（1894〜1895）に勝利すると、軽工業を中心とした第一次産業革命によって商工業が著しく発展した。日清戦争開戦の年の1894（明治27）年と5年後の1899（明治32）年とを比較すると、日本資本主義は会社数で2.5倍、資本金で2.7倍に急成長したのである。とりわけ軽工業は「産業革命に依る急速な発展の結果、既に国内市場の需要を充し、進んで国際市場に於て先進資本主義国と販路の競争をなさねばならなくなった」。[8]

こうした状況に対応するために、商業の国際共通言語である英語を高等小学校でも教えるべきだとの声が高まった。例えば、磯辺彌一郎が率いる国民

英学会の『中外英字新聞研究録』第6号（1895年4月10日）は、日清戦に勝利した直後の論説「高等小学と英語」で次のように主張している。

近来英語の必要は商業に工業に外交に将た軍事に益々著明と為れり。是れ条約改正と日清戦争が二大原動力と為りたるなり（中略）商業にして拡張すれば従って其用語たる英語も益々必要を感ずるならん（中略）今日の日本帝国は昔日の一小天地たる日本にあらず。故に普通教育の範囲も之に応じて拡張せざる可からず。是れ吾儕〔吾輩〕が茲に英語を高等小学の正科に加ふべしと主張する所以也

1900（明治33）年8月20日の第三次「小学校令」では「外国語」が「英語」に改められた。当時の高等小学校は2年〜4年制だったが、この改正によって英語を加設できるのは4年制課程に限るとされた。改正された小学校令施行規則によれば、英語科の教授方針は「綴字」より始める旧来型から、「発音」より始める音声重視の導入法へと革新されている。

英語は簡易なる会話を為し、又近易なる文章を理解するを得しめ、処世に資するを以て要旨とす／英語は発音より始め、進みて単語、短句及近易なる文章の読み方、書き方、綴方並に話し方を授くべし／英語の文章は純正なるものを選び、其の事項は児童の智識程度に伴ひ、趣味に富むものたるべし／英語を授くるには常に実用を主とし、又発音に注意し、正しき国語を以て訳解せしめんことを努むべし

この小学校令施行規則で注目されるのは、英語教育の目的を「常に実用を主とし」と明確に定めたことである。日清戦争後の急速な工業化と外国貿易の拡大を背景に、この時代には「実用英語の必要、英語教授の実際化が叫ばれた」。[9]産業界のニーズに応えるべく、文部省は高等小学校の性格を完成教育機関と位置づけ、卒業生を実社会に送り出そうとした。そのため、英語教育の目的においても、仕事で使うための実用性を前面に出したのである。

しかし、このような国家方針が打ち出されたからといって、ただちにこの通りに実践され、実用的な英語力が身についたわけではない。東京府師範学校教諭の田中虎雄は、小学校令施行規則の方針と小学校現場の実情とが乖離している実態を以下のように述べている。[10]

〔小学校令施行規則は〕実に立派な目的であるが実際にはこの目的の十分の一も達せられていないのである。或は四年間やっと神田氏の改訂前の小学英語読本の一巻だけ教へたとか或は改正した神田読本の第二巻までしかできませんとか云ふ学校も往々ある。それなら児童は習った本は自由自在に読んだり書いたり又人から其の中のことを話された時よくわかるかと云ふに中々さうでない。

　実際には、高等小学校は依然として中学校進学者のための準備教育的な性格を併せ持っていた。その性格を劇的に変え、高等小学校とその英語教育を実用目的に一元化する決定的な契機となったのは、1907（明治40）年3月21日の小学校令改正である。これによって、翌年度から義務教育が6年制に延長され、尋常小学校から直接中学校に進学できるようになった。高等小学校は2年制（一部は3年制）となり、入学年齢は中学生と同じながら、卒業後は就職することが前提とされた。言い換えれば、上級学校に進学困難な「袋小路化」が決定的になったのである。

　小学校教科書の国定化が進められる下で、文部省は1908（明治41）年から3年をかけて高等小学校用の教科書 *The Mombushō English Readers for Elementary Schools*（全3巻）と、『小学校用文部省英語読本巻一教授書』（1909）を刊行した。[11]

　高等小学校の英語教育に深刻な影響を与えたのが、続く1911（明治44）年7月31日の小学校令改正である。日露戦争後の急速な重工業化（第二次産業革命）と経済発展に対応すべく、政府は高等小学校の児童に手工、農業、商業のいずれかの実業科目を必修として履修させるようにした。これによって小学校の英語は独立の教科としての地位を失い、加設科目である商業科の中で「英語を併せ授くることを得」とされた。それに伴い、英語教育の目的も「実用上一層適切ならしめんことを期せり」[12] として、実用主義を一段と強化したのである。こうして、英語を何らかの形で加設する全国の学校は1911（明治44）年度の4.7％（567校）から、翌1912（大正元）年度には一挙に2.3％（289校）へと半減してしまった。

　なお、日露戦争によって日本が租借することになった中国東北部の関東州

（旅順・大連を含む遼東半島先端部と南満州鉄道附属地）では、1908（明治41）年2月に「高等小学校の教科目に英語及商業を加ふ」ことを決定した（随意科目も可）。さらに、満鉄は文部省の認可を受け、1912（明治45）年4月に、満鉄附属地の小学校に対して5年生以上および高等小学校において英語または清語（中国語）を随意科目として週2時間教えてもよいと通達した。その結果、1918（大正7）年時点で、尋常5年から高等科2年までの在籍者2,561人中、英語の履修者は500人（19.5%）、清語は140人（5.5%）となった。[13]

小学校外国語（英語）加設率の推移

　1900（明治33）年度から1940（昭和15）年度までの41年間は『文部省年報』に「加設科目ヲ課スル市町村立私立小学校」の全国統計が掲載されているので、これを基礎資料として外国語（英語）の加設校数と加設率の変化を調べてみると、3期に時期区分できる（図3-1）。

　①第1期は、1900（明治33）年度から1911（明治44）年度までの「確立期」で、英語科は加設校数および加設率ともに安定した様相を呈している。

　②第2期は、1912（大正元）年度から1918（大正7）年度までの極端な「低迷期」である。

　③第3期は、加設率が急上昇に転じた1919（大正8）年度から1940（昭和15）年度の「隆盛期」である。その第一段階は加設率がピークを迎える1932（昭和7）年度までで、以後は徐々に加設率・校数ともに減少に転じるが、相対的には高い水準を維持し続けている。なお、1926（大正15）年度以降は実業科目が必修化されたために、加設科目のほとんどが英語（外国語）となった。

　④第4期は、国民学校制度が発足した1941（昭和16）年度から新制移行に至る1946（昭和21）年度までのアジア・太平洋戦争と敗戦占領下の「激動期」である。この時期は教科書が国定に一元化され、敗戦前には時間数も大幅に削減された。

　なお、この英語加設統計の数値は、あくまで加設した「学校数」であって

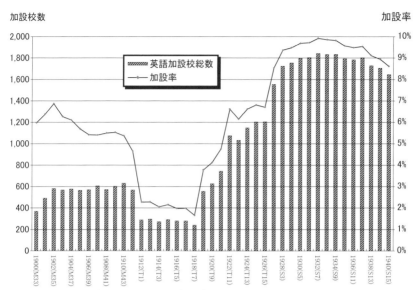

図 3-1　高等小学校における外国語（英語）の加設校数と加設率（全国平均）
(出典)『文部省年報』各年版の加設科目統計から作成

「学習者数」ではない。前述のように、外国語科は加設科目である上に 1890（明治 23）年度以降は随意科目にしてもよいとされたために、同一学校内の全員が履修したとは限らず、また各学校の児童数も様々であるために、学習者数を正確に知ることは困難である。

尋常中学校

　1886（明治 19）年 4 月 10 日に発布された「中学校令」（勅令 15 号）によって、それまでの多様な中学校が整理され、各府県に 1 校の尋常中学校と全国に 7 つの高等中学校が置かれた。この森有礼の教育制度改革によって、自由民権派や民権支持者が多かった地方名望家たちによる自主的・自立的な中等教育機関が解体され、国家の中等教育体系として再編されたのである。尋常中学校の設置制限は、1891（明治 24）年 12 月の中学校令改正まで続いた。

　尋常中学校は 5 年制で、高等小学校 2 年修了者（12 歳以上）の男子を受け

入れ、その目的は「実業に就かんと欲し又は高等の学校に入らんと欲するものに須要なる教育を為す所とす」とされた。就職用ないし進学用という中学校教則大綱（1881）の二重規定を引き継いだ形だが、実質的には進学希望者のための準備教育機関であった。

1886（明治19）年6月22日の「尋常中学校の学科及其程度」（文部省令14号）によれば、第一外国語（通常は英語）の分科は教則大綱から以下のように代わった（下線は変更点）。

| 教則大綱（1881） | 綴字 | 読方 | 訳読 | 読書 | 文法 | 修辞 | 習字 | 作文 |
| 学科及其程度（1886） | 読方 | 訳解 | 講読 | 書取 | 会話 | 文法 | 作文 | 翻訳 |

（注）第二外国語の分科は「読方　訳解　書取　会話　作文」

このように、綴字、修辞、習字が消え、訳読が訳解に、読書が講読に改められ、会話が追加されている。綴字（スペリング）からではなく、読方（一種の音読）から入り、会話も教えるなど、音声指導が強化されたといえよう。

新規の分科に関しては、1887（明治20）年2月12日の「山形尋常中学校各学科授業要旨」[14] が以下のように説明している。

> 訳解は読方と同時に之を課す。読む所の意義を了解して之を国語に訳せしむ。其訳する所の語は努めて国語の格に合はしむ
> 講読は読方、訳解を併せ授くるものにして、訳解稍進歩したる後之を課す。其旨とする所は読方を正しくし意義を講明し、遂に流読以て意義を了解する力を養成するにあり
> 会話は各級に通して之を課す。初級に於ては最簡易なる語句を口授し、漸進むに従ひて会話文を授けて稍繁複なる会話を練習せしめ、以て日常容易に英語の会話を為すを得しめ且文章を作る資とせしむ
> 翻訳は上級に至りて之を課す。国語及漢文を英文に或は英文を漢文に訳せしむ。其訳は精密にして且文格に合し極めて流暢ならんことを要す

このように、従来の「訳読」では「英語を邦語に訳し、その意味を解せしめ」だったが、「訳解」では「読む所の意義を了解して之を国語に訳せしむ」と、意味理解と和訳の順序が逆になっている。また、「講読」では「流

第3章　近代学校制度の整備期（1886〜1916）　101

読以て意義を了解する力を養成する」とあるように、日本語を介さない直読
直解を目標としていたことがわかる。さらに、「会話」がこの時代に入れら
れたことも注目される。

　尋常中学校の週時数は、第一外国語（原則として英語）が各学年 6-6-7-
5-5（計 29）、第二外国語（通常はドイツ語またはフランス語）が 0-0-0-4-3
（計 7）だった。ただし、第二外国語は農業に代えることができた。

　しかし、この時期の実際の授業時数は必ずしも法令どおりではなかった。
例えば、全国屈指の進学校だった京都府尋常中学校（府立洛北高校の前身）
における 1889（明治 22）年制定の週時数は、英語 12-12-8-6-6（計 44）、ド
イツ語 0-0-0-4-4 であった。また教科書も第 4 級（中学 2 年）で語彙（異語
数）が約 1 万 2,000 語レベルのナショナル第 5 読本（*New National Fifth Read-
er*）を使うなど、きわめて高度な内容だった。[15]

　中学校が法令を無視してまで外国語の時数を増やした理由は、規定の時間
数だけでは語学を重視する高等中学校への入学が困難だったからである。こ
うした事情について、1888（明治 21）年の『文部省第 16 年報』は、高等中
学校の生徒定員に占める尋常中学校卒業生の割合が、わずか 4 分の 1 に過
ぎないと指摘し、その原因を次のように述べている。

> 現今の卒業生は其の学力未だ足らずして直に本科に入る能はざるのみなら
> ず、其の予科にも猶ほ入るに堪へざるものあり。現に地方の卒業生に就きて
> 之を観れば其の予科に入るを得るものは十の一二に過ぎず。

　このように、尋常中学校（とりわけ地方の中学校）の卒業者の学力（特に英
語学力）の低さが、本科への入学を困難にしていたのである。そうしたギャ
ップを埋めるために、高等中学校は本科の下に予科や予科補充科（または別
科）を設置することで中学校課程を補った。

　また、東京などの私立中学校や予備校が、地方中学校出身者を集めて徹底
した進学教育を行った。1888（明治 21）年に第一高等中学校（旧制一高、東
大教養学部の前身）に合格した 155 名のうち、予備校出身者は共立学校（開
成中学・高校の前身）と私立東京英語学校（日本学園中学・高校の前身）がと

もに 53 人、成立学舎が 30 人で、この私立の 3 校だけで合格者の 88% を占めていた。

　強さの秘密は圧倒的な英語時間数だった。1890（明治 23）年度の『私立東京英語学校規則』によれば、第 1 学年前期には週 34 時間の授業のうち英語が 24 時間（71%）を占めていた。英語は 2 年生でも週 18 時間、3 年生 14 時間、最終の 4 年生 11 時間であった。

　なお、1890 年代から 1910 年代ごろまでの旧制高校では、入試における外国語の比重が高く、英語では英文和訳、和文英訳、英文法、書取（英語を聴き取って筆記）を課す場合が一般的だった。[16]

尋常中学校の第二外国語の廃止と実科規程（1894）

　井上 毅 文部大臣は日本語による教育と実業教育とを重視する政策をとった。そのため、1894（明治 27）年 3 月 1 日の「改正尋常中学校の学科及其程度」（文部省令 7 号）で国語漢文の授業を増やした。外国語の週時数は各学年 6-7-7-7-7（計 34）となり、それまでの 36 時間よりも減少したが、これは第二外国語を廃止したためで、英語の実質的な時数は増加した。第二外国語を廃止した理由について、文部省は以下のように説明している。[17]

> 普通教育に於て二つの外国語を授くるの必要あらざるのみならず、実際の成績に拠るに、邦人にして洋語を学ぶは其語脈語源の異なるに因り殊に困難を覚え、一の外国語すら仮数年の学習を以て習熟すること能はざるもの多し、故に今第一外国語の時数を増し同時に第二外国語を除けり。

　このように、洋語は「其の語脈語源」が日本語と異なるために学習が困難であることを率直に認めている。これ以来、日本の中学校では実質的に英語のみを課すようになった。

　続いて文部省は 1894（明治 27）年 6 月 15 日に「尋常中学校実科規程」（文部省令 13 号）を定め、中学校に農業科や商業科の設置を促した。そこでは、外国語は学ばなくてもよい「随意科」の扱いだった。しかし、実科は甚だ不人気で、1899（明治 32）年 2 月 7 日の中学校令改正によって廃止されてしま

った。後に文部大臣をつとめた岡田良平は、当時の実態を次のように回想している。[18]

> 実科中学校では、外国語をやめて、普通学の外に実業学科を加へるというのであって、之を設置した者は、僅に一二校に過ぎず。それすら語学を修めないと、上の方の学校へ行かれぬと言って、生徒は教師に請うて、科外に英語を学ぶという訳で、実科中学の精神は無視されて了った。

　このように、法令上の名目とは異なり、実際には中学校は上級学校進学のための予備教育機関という性格が支配的だった。そのため、一貫して英語が重視され続けたのである。

改正中学校令（1899）

　1899（明治32）年2月7日の改正中学校令（勅令28号）で、尋常中学校は中学校と改称された。「中学校は男子に須要なる高等普通教育を為すを以て目的とす」として二重目的が解消され、実施的に上級学校進学のための予備教育機関となった。1901（明治34）年3月5日の中学校令施行規則（文部省令3号）は、外国語について次のように規定した。

> 外国語は普通の英語、独語又は仏語を了解し且之を運用するの能を得しめ兼て知識の増進に資するを以て要旨とす
> 外国語は発音、綴字より始め簡易なる文章の読方、訳解、書取、作文を授け進みては普通の文章に及ぼし又文法の大要、会話及習字を授くべし

　1886（明治19）年の「尋常中学校の学科及其程度」と比較すると、「講読」と「翻訳」が姿を消し、「発音」が登場、さらに教則大綱（1881）以来の「綴字」が復活している。また、「文法」は「文法の大要」となっている。
　これ以前の法令には外国語教育の目的（要旨）に関する規定はなかったが、この中学校令施行規則は外国語を「了解し」かつ「運用する」技能を身につけさせるといった実用的な目的に加え、「知識の増進に資する」という一種の教養的な目的を明確に定めた。外国語の週授業時数は7–7–7–7–6（計34）

となったが、総時数は変わっていない。

高等女学校

1886（明治19）年6月に東京高等女学校が発足すると英語が重視され、週時数8–8–9–9（計34）が配当された。[19]

1891（明治24）年12月14日の中学校令改正で、「高等女学校は女子に須要なる高等普通教育を施す所にして尋常中学校の種類とす」とされていたが、1895（明治28）年1月29日の「高等女学校規程」によって初めて独立した地位を得た。同規程では修業年限は6年（3年まで短縮可）で、入学資格は尋常小学校4年修了者（10歳以上）または同等者だった。

1899（明治32）年2月7日には「高等女学校令」（勅令31号）が公布され、修業年限が4年（3年も可）、入学資格は男子の中学校と同様に高等小学校第2学年修了者（12歳）以上ないし同等者となった。

高等女学校での外国語は、規程上は「英語又は仏語」だが、実質は英語で、正課ながら欠くことができ、週あたりの時数は6年制時代には各学年3–3–3–3–4–4だった。以降、高等女学校の外国語は週3時間程度が標準とされた。ただし、大阪府立高等女学校（府立大手前高校の前身）にように、1886（明治19）年の時点で英語を5–5–5–5（計20）、1901（明治34）年の時点で6–4–3–3（計16）も課す学校もあった。[20] なお、1903（明治36）年3月9日に制定された「高等女学校教授要目」は、大村喜吉ほか（1980）『英語教育史資料』第1巻に掲載されている。

高等中学校

1886（明治19）年4月の中学校令は、尋常中学校の上に本科2年制の高等中学校を置くと定めた。実質的には帝国大学に進学する者のための予備教育機関だった。事実、高等中学校を卒業すれば無試験で帝国大学に進学できたのである。

1886（明治19）年7月1日公布の「高等中学校の学科及其程度」（文部省令16号）によれば、第一外国語は通常は英語で、週時数は4–4。第二外国語は

通常はドイツ語またはフランス語で、週時数は 5–5（ただし工学志望者は 1 年次のみ）だった。内容はいずれも「講読　会話　作文　翻訳」である。このほか、週 2 時間のラテン語（文法　講読）も開講したが、理系等には軽減措置がとられた。高等中学校はカリキュラムの約 3 分の 1 を外国語教育に充てていたことになる。

「高等中学校の学科及其程度」は 1888（明治 21）年 7 月 6 日に改正され、第一外国語は週 4 時間のままだったが、第二外国語は第一部（文科）と第二部（理科）が週 5 時間から 4 時間に減り、逆に第三部（医科）が週 6 時間に増えた。

高等中学校の本科の下には 3 年制の予科（予備科）と、さらにその下に 2 年制の予科補充科が置かれ、入学者は入試の成績によってしかるべき科・学年に振り分けられた。予科の第一外国語（英語）の週時数は 9–7–6 で、これは同時期の尋常中学校 3〜5 年生の 7–5–5 よりも約 3 割多かった。高等中学校本科では、それほど高度な外国語能力を求めていたと言えよう。その後、尋常中学校の充実に伴って補充科が 1893（明治 26）年に、予科が 1896（明治 29）年に廃止された。

このほか、高等中学校には医学部医学科（4 年制）、法学部・工学部・医学部薬学科（各 3 年制）の専門学部・学科が置かれた。1887（明治 20）年 9 月には高等中学校医学部の学科及其程度が定められ、1 年次に英語（講読・翻訳）が課された。帝国大学医学部はドイツ流だったため、そこへの進学希望者は高等中学校でドイツ語を学ぶ必要があったにもかかわらず、高等中学校 5 校に設置された医学部では外国語は英語に限り、ドイツ語は課さなかった。外国語教育政策の揺らぎを感じさせる。

高等学校令（1894）

1894（明治 27）年 6 月 25 日に最初の「高等学校令」（勅令 75 号）が公布され、9 月 11 日に施行された。これによって、1886（明治 19）年の中学校令で設立された 7 校の高等中学校のうち、第一（東京）、第二（仙台）、第三（京都）、第四（金沢）、第五（熊本）の 5 校が高等学校に改組された。その後、山

表 3–5　高等学校大学予科の外国語の週時数（1894 年度）

部	外国語	第 1 年	第 2 年	第 3 年	備考
第一部 （法文）	第一外国語	9	8	8	法科は独語か仏語、英文科志望者は英語、独文科志望者は独語、仏文科志望者は仏語、他学科志望者は独語
	第二外国語	5	4	法 6・文 4	法科は英語、他は第一外国語以外の語
第二部 （工理農）	第一外国語	8	8	工 0・理農 6	英語
	第二外国語	5	4	工 0・理農 4	ドイツ語
第三部 （医）	第一外国語	12	12	10	ドイツ語
	第二外国語	0	0	2	3 年時にラテン語 2 時間を課す

口高等学校（1895 年度から山口高等商業学校に改組）、第六高等学校（岡山）、第七高等学校造士館（鹿児島）、第八高等学校（名古屋）も相次いで認可された。

　高等学校令によって第一、第二、第四、第五、山口の 5 校では、2 年制の高等中学校本科を 3 年制の大学予科に改組した。その後、残りの各高等学校も大学予科を設置し、専門学部はすべて姿を消したことで、高等学校は名実ともに帝国大学への予備教育機関に一元化された。

　大学予科への改組にともなって、文部省は 1894（明治 27）年 7 月 21 日に「大学予科規程」（文部省令 18 号）を制定した。それによって、第一外国語の時間数が増やされ、各部（専攻）ごとに細かく規定された（表 3–5）。なお、第三部（医科進学コース）の第二外国語は学生が選択する随意科目として課してもよいとされた。

　ただし、翌年 6 月には早くも「大学予科規程」が改正され、第一部（法文）の英語は全体的に削減され、1 年次が週 7 時間、2 年次 6 時間、3 年次はコースによって異なり、法科が 7 時間、漢学科が 0 時間、博言学科・独逸文学科・仏蘭西文学科が 3 時間、英文学科が 9 時間、その他の学科が 6 時間

表 3–6　高等学校本科の外国語の週時数（1900 年度以降）

部	外国語	第 1 年	第 2 年	第 3 年	備考
第一部 （法文）	英語	(9)	(9)	(8)	英・独・仏から 2 語を選択、法科志望者は随意科としてラテン語を 3 年次 2 時間
	独語・仏語	(9)	(9)	(8)	
第二部 （工理農）	英語	8	7	4	
	独語・仏語	8	7	4	
第三部 （医）	独語	13	13	10	
	英語・仏語	3	3	3	
	ラテン語	0	0	2	

となった。逆に、旧来は第二外国語とされたドイツ語ないしフランス語は、1 年次が 7 時間、2 年次 6 時間、3 年次は法科が 7 時間（以上、独・仏を選択）、博言学科〔言語学〕・独逸文学科がドイツ語 9 時間、英文学科がドイツ語 3 時間、漢学科とその他の学科がドイツ語 6 時間、仏蘭西文学科がフランス語 9 時間に増やされた。

　この他、フランス語をもって法科を志望する者はフランス語が各学年 12–10–12、英語が 2–2–2 とされ、ドイツ語をもって法科を志望する者はドイツ語 9–8–8、英語が 5–4–6 だった。

　このように、法文科ではカリキュラムの半分近くを外国語に割いていたにもかかわらず、帝国大学が要求する語学力には達していなかった。そのため、1900（明治 33）年 8 月 4 日には「高等学校大学予科学科規程」を改正し（9 月 1 日施行）、一段と外国語の比重を高めたのである（表 3–6）。

　これによって、第一部（法文）第 1 学年の外国語を例に取れば、1886（明治 19）年には 11 時間（総時数の 37％）、1894（明治 27）年には 14 時間（47％）、1900（明治 33）年には 18 時間（60％）に増加した。

　高等学校における外国語の増加と教授法の問題点について、文部省当局は 1900（明治 33）年 8 月 4 日に各高等学校長に宛てた「高等学校大学予科学科規程に関する件」（文部省訓令 9 号）で次のように述べている。

> 外国語に習熟せしむるは各専門学科教授の予備として最必要なるに拘はらず、之を従来の経験に徴するに、高等学校を卒業し進みて大学に入る者の欠点は外国語の力の不充分なるに在り。是れ改正規程に於て各部を通して著しく其の授業時数を増加したる所以なり。而して此の増加したる時間に於ては、適宜科学に関する外国の参考書等に習熟せしむべし。然れども語学の教授は単に授業時間数の増加のみに依りて必ずしも其の進歩改善を望み得べきにあらず。教授法の改善亦随て之に伴はざるべからず。故に当該教官は宜しく常に適切なる教授方法を攻究し、改正の旨趣を空しからしめざることを要す。

このように、大学の専門教育を受けるためには高等学校の外国語力を一段と向上させる必要があり、そのために外国語の時間数を増加させた。それと同時に、担当教員に教授法の改善を求めたのである。

日本の大学は、明治10年代（1880年代）には教授言語を徐々に日本語に置き換える方針をとった（第2章4節参照）。それでも、明治期を通じて帝国大学の教育には、依然としてきわめて高度な外国語能力（しかも2語以上）が求められていた。それほどまでに、欧米との学問水準に差があったのである。高等学校規程の変遷は、そのことを端的に物語っているといえよう。

他方で、カリキュラムの3分の1から半分以上を外国語教育に費やすことは、本来の専門科目の修得にとっては著しく無駄であるとの考えも広がっていった。そうした流れの中で、高等教育の内容をもっぱら日本語で教授することによって「学問の独立」を図ろうとした東京専門学校（早稲田大学の前身）のような私学も台頭していったのである（81頁参照）。

なお、明治期には「高等学校令」（1894）に次いで、1911（明治44）年7月31日に「高等中学校令」（勅令217号）が公布されたが、施行されなかった。

実業学校令（1899）

中学校実科規程が出された直後の1894（明治27）年8月1日には日清戦争が始まり、日本は軽工業を中心に第一次産業革命を迎え、資本主義の本格的な軌道に乗り始めた。

産業活動を担う人材を上から育てるために、政府は1894（明治27）年6月

12日に「実業教育費国庫補助法」を制定した。さらに、1899（明治32）年2月7日には「工業農業商業等の実業に従事する者に須要なる教育を為すを以て目的」とする「実業学校令」（勅令29号）を制定した。これによって、それまで統一的な規程を持たなかった実業教育機関が「実業学校」として文部省の管轄下で制度化された。中等程度の実業学校のうち、農業、商業、商船の各学校は甲種と乙種の二種類に分けられた（1921年に名目上は区別廃止）。甲種は都道府県立が原則で、入学資格は4年制高等小学校を卒業した14歳以上、乙種は市町村立が多く、入学資格は4年制尋常小学校を卒業した10歳以上だった。

　外国語は甲種の商業学校と商船学校では正課とされ、他の甲種校では加設課目であった。甲種の工業、農業、商業、商船の各学校では、入試科目に外国語を加えることができた。また甲種には予科（12歳以上で2年以内）を置くことができ、そこでは外国語も教えられた。これに対して、乙種では法令上は外国語が課程中に加えられなかった。

　高等教育機関である専門学校としては、1887（明治20）年10月に高等商業学校（一橋大学の前身）が設立された。1896（明治29）年には帝国議会で外国語学校の開設が建議された。これは、日清戦争（1894〜1895）の結果、ロシア・中国・朝鮮などとの関係が複雑化する状況で、商業・外交・軍事に必要な外国語実務者の育成が急務であるとの判断からだった。こうして、1897（明治30）年4月27日に高等商業学校附属外国語学校（英・仏・独・魯・西・清・韓の7語学科）が創設され、これが2年後に東京外国語学校として独立した。1873（明治6）年設立の旧東京外語に対する新東京外語で、幾多の外国語教員や実務家を養成した。

　1903（明治36）年3月27日には「専門学校令」（勅令61号）が制定され、実業などの専門学校が整備された。これは産業の高度化に対応した政策であると同時に、中学校や高等女学校が各地に整備された結果、高等専門教育を望む者が増加したことを受けての制度化だった。これにより、実業学校生にも進学の道が開かれ、受験のためにも外国語は欠かせない科目となった。

　なお、実業学校の中でも特に高等商業学校では商業実務の必要性から外国

110

語教育に力を入れていた。例えば、1908（明治41）年2月18日改正の「山口高等商業学校規程」を見ると、第1～3学年とも週35時間中、英語に10時間、第二外国語に3時間を充てており、語学がカリキュラムの約4割を占めていた。そうした傾向は他の高等商業学校も同様である。

2. 英語教授法研究と教授要目制定

中学校英語教育の内容的統一と教授法研究

　明治中期（1890年代）以降になると、西洋の先進的な学問を英語で学ぶ「英学」の時代は終わり、英語を教科目のひとつとして教授する「英語教育」の時代に移行した。

　中学校は1893（明治26）年に74校、進学率はわずか2.1％にすぎなかったが、10年後の1903（明治36）年には269校、進学率6.8％と3倍以上に増加した。さらに高等女学校や実業学校も急増した。こうして中等教育が普及するにつれて、英語の学習者が多様化し、様々な対応が必要になった。また、この時期にはヨーロッパにおける外国語教授法改革も活況を呈してきた。こうした状況から、日本においても英語教授の内容と方法に関する調査・研究の必要性が高まった。

　文部省は1896（明治29）年7月23日～8月20日、東京の高等師範学校で、中学校教員の資質向上のための英語科講習会（英語科夏期講習会とも呼ばれる）を初めて開催した。講師は同校教授の矢田部良吉で、英語教授法について講習し、修了者には修了証明書が交付された。英語科に関しては、これが官製の現職教員再教育の最初で、「英語教員のレベルアップ策としてのみならず、教育政策の中央集権化の一環として位置づけられる」。[21] なお、文部省による英語科講習会は、1943（昭和18）年までの48年間に、判明しているだけで53回開催された（同年内の複数開催は個別に数えた）。[22]

　教授法改革においては、大日本教育会（1883年発足）や後継の帝国教育会（1896年発足）もその中心となった。帝国教育会は小学校から大学までの教員と教育行政関係者を構成員とする全国規模の組織で、「文部省当局との親

和的・翼賛的性格、地方教育会に対する事実上の教育情報発信源としての性格、そして、明治30年代から強められる教育改革的性格を帯びていた」。[23] この時期の英語教授法に関する主な調査・研究・報告は以下の通りである。

（1）1894（明治27）年3月に文部省が改正した「尋常中学校ノ学科及其程度」に準拠した教授細目案として、大日本教育会は同年9月から2年後の7月にかけて「尋常中学校に於ける各学科の要領」を『大日本教育会雑誌』に連載した。その作成に従事したのは、嘉納治五郎（高等師範学校校長）を長とする文部省直轄学校の教官たちだった。英語科に関しては、「尋常中学校英語科ノ要領」として1896（明治29）年7月発行の同誌179号に掲載された。この「英語科ノ要領」は、次に述べる「尋常中学校教科細目調査報告」（1898）の「土台として使われたことが推測される」。[24] その理由は、「英語科細目」で1学年の授業時数が1時間削減され6時間になった以外は、教授内容と配当時間に全く変更がなされていないからである。

翌1897（明治30）年に9月に、文部省は教科ごとに尋常中学校教科細目調査委員を委嘱した。英語科の調査委員は、矢田部良吉（高等師範学校教授）、神田乃武（高等商業学校教授）、小嶋憲之（第一高等学校教授）、長谷川方文（高等商業学校教授）である。委員らは「尋常中学校教科細目調査報告」（目次中の題名は「尋常中学校各科教授細目」；以下「教科細目」と略記【資料3】）を作成し、1898（明治31）年4月12日付で外山正一委員長より西園寺公望文部大臣に提出された。さらに、文部省高等学務局より同年6月7日発行の冊子として全国の中学校に配付された（同年7月8日に帝国教育会からも発行）[25]。この「教科細目」は全国規模の統一的な教科内容基準（国家基準）の先駆けとして重要な意味を持つが、あくまで「調査報告」の位置づけのまま配布された暫定的な文書で、法的拘束力はなかった。

「教科細目」はまず、「尋常中学校英語科教授の目的は、生徒卒業の時に至り普通の英語を理解し、かつこれを使用する力を得しむるにあり」とし、「理解」と「使用」の両側面を明確にしている。各分科の配列は「発音　綴字　読方　訳解　習字　書取　会話　作文　文法」となっており、1886（明治19）年の「尋常中学校の学科及其程度」で定められた「読方　訳解　講読

書取　会話　文法　作文　翻訳」とは大きく異なっている。1901（明治
34）年の「中学校令施行規則」の分科が「発音　綴字　読方　訳解　書取
作文　文法　会話　習字」となるから、配列は少し異なるものの、「教科細
目」が大きく反映したことは明らかである。参考までに、分科のうちの「文
法」に関する記述をみてみよう。

> 文法は初めは一科として之れを課せず会話作文訳解を教ふるに方り言辞の実
> 際の用法に就きて少許づつ教ふべきものとす。而して生徒の学力或る程度に
> 達したる後は一定の教科書に拠り纏めて之れを教ふるを良とす。但し法則は
> 単にこれを記憶せしむるに止めず種々の用例に照して之れを活用せしむるを
> 要す。且既に文法書を修了せし後と雖も訳解作文等を課するに方り常に文法
> に注意せしめ実際の復習をなさしむべし

このように、はじめは文法教科書を使わず、生徒の学力が一定レベルに達
した後に教科書で体系的に教える。その際に、文法規則を暗記させるだけで
はなく用例に照らして活用させる、などの基本方針が書かれている。岡倉由
三郎『英語教育』(1911) などに登場する、その後の文法指導法を先駆的に述
べているといえよう。

また、「訳解」については、次のように書かれている。

> 解釈は成るべく原文の意義を完全に表はす様注意すべきものなれば、直訳し
> て妥当なる邦語となるものはこれを直訳して可なるも、否ざるものはこれを
> 意訳せざるを得ず。又熟語及びイディオムの意義ならびに用法を授くるには、
> 生徒が平常見聞するところの事項に就き種々の用例を示す要す。
> 　やや進歩したる生徒に対しては文法上の解釈をなして文意を分明ならし
> め、又プリフィクス、サフィクス、同意語等を説明し、又助動詞、前置詞等
> を変更して意義の異同を弁明する等甚だ肝要なり。

このように、直訳と意訳の関係が明確にされている。また、日本人が苦手
とする熟語やイディオムについては、頻度の高いものを豊富な用例を用いて
習熟させるよう求めている。また、学習の段階を踏まえて、「やや進歩した
る生徒」には文法上の解釈や、接頭辞・接尾辞・同意語などの説明による語
彙の豊富化、助動詞・前置詞等の変更による意味の変化に注意を促すよう述

べている。

「尋常中学校教科細目調査報告」(1898)は、19世紀末の段階で、中学校の英語教育に関する統一的な教科内容基準を不完全ながらも提起できるまでになっていたことを示している。しかし、「教科細目」は「専門的に傾き、各科の統一、小学教科との連絡等につき猶遺憾ありとの批評も少からず、別に私案を作成して教育雑誌に発表するものもあった」。[26] そのため、文部省はさらに研究を重ね、1902(明治35)年2月6日に「中学校教授要目」(文部省訓令3号)を制定した。

(2)岸本能武太(高等師範学校教授)が文部省の命を受けて群馬・栃木・茨城の3県の中等教育を視察し、その報告として1902(明治35)年2月に「中等教育に於ける英語科の教材教程及び教授法に就いて」[27] を文部省に提出した。文部省はこの復命書を印刷し、全国の師範学校・中学校・高等女学校等に配付した。その中で岸本は、①理想的な英語教科書の編集、②言語教授に関する欧州諸国の斬新な方法の研究、③統一的授業のための教師の打ち合わせ会の開催、④英語専門視学官の設置、⑤常設の英語教員伝習所による講習会の開催、⑥英語有資格教員の学力の厳正な扱い、などを提言した。

1902(明治35)年末に、帝国教育会の中に英語教授法研究部が設置された。同研究部は200〜300人もの部員を抱える英語教員らの全国組織で、神田乃武、岡倉由三郎(東京高等師範学校教授)、浅田栄次(東京外国語学校教授)、中西保人(東京府立第一中学校教諭)など当時の指導的な学者・教育者が名を連ねていた。1902(明治35)年12月20日の第1回臨時部会には神田を含む65名が参加しており、1907(明治40)年12月7日の第13回まで部会を重ね、英語教授法に関する研究、相互交流、提言を行っている。[28]

(3)文部省は1907(明治40)年2月に英語教授法調査会を発足させ、以下の7人の委員を任命した。新渡戸稲造(委員長・第一高等学校教授)、神田乃武、岡倉由三郎、浅田栄次、大島義脩(文部省視学官)、中西保人、篠田錦作(東京高等師範学校助教授)。このように、学者5人、中学校教員1人、文部省視学官1人という布陣で、うち神田、岡倉、浅田、中西は、上述のように帝国教育会英語教授法研究部にも参画していた。委員らは34回もの

審議を経て「中等学校に於ける英語教授法調査委員報告」[29]をまとめ、1908（明治41）年10月29日に小松原文部大臣に提出した。同報告書は翌年1月20日に『官報』（7,668号）に掲載され、広く全国に流布された。

　以上の流れを踏まえて、英語教授内容と教授法の国家基準となった「中学校教授要目」（1902）に至る重要文書の特徴を概観してみよう。

中学校教授要目（1902）

　1902（明治35）年2月6日には初めての「中学校教授要目」（文部省訓令3号）が策定された（【資料4】）。それまでの「学科及其程度」が学年ごとの週時数と分科名を示すだけだったのに対して、教授要目は「要目実施上の注意」と各学科の教授要目から成っており、後者は学科ごとの教授項目の学年別配列と「教授上の注意」から構成されている。

　この教授要目は、中学校令施行規則に規定された各学科の教育内容・程度・教授方針を学年ごとに詳細に定めた教育法令であり、これに基づいて教科書が編纂・検定された。その意味で、教授要目は教授内容等の全国的な標準化を推し進めるとともに、中学校教育を国家体制に一元的に組み込むための教育課程の国家基準となった。

　例えば、「文法」に関しては第3学年と第4学年に1時間ずつ配当され、その内容は以下のようになっている。

第3学年	名詞の変化　代名詞の種類及びその変化　動詞の種類及びその変化　形容詞及び副詞の比較　冠詞の種類　文章の解剖
第4学年	代名詞の用法　時及び法に関する動詞の用法　前置詞の用法　冠詞の用法　文章論

　指導法に関しては、「文法を授くるには生徒をして煩雑なる規則の記憶に陥らしむることなく応用自在ならしめんことを期すべし」と定めた。

　明治末期には経済界などから実用的な英語教育を望む声が高まり、会話などの運用力が乏しい原因を文法指導の偏重に求める「英文法排撃論」[30]も台頭した。例えば、牛中山人は1907（明治40）年の論文「文法倒れ」[31]で次の

第3章　近代学校制度の整備期（1886〜1916）　115

ように述べている。

> 世界的活動をなすには先づ、外国語を巧みに操る必要がある（中略）英語に至りては、小学時代よりポツポツこれを始め、中学に進んでは随分たくさんの時間をこれに費やし、さらに進んで高等の学校に入りて益々これを勉強するにかかわらず、その結果の極めて劣悪なるは困り切ったことである。（中略）今日中学の英語学は、余りに文法学に傾いて、肝心の練習は常にお留守に相成るの一事である。

　こうした英文法悪玉論は、その後も繰り返し主張され続ける。逆に言えば、繰り返し批判されつつも、日本では根強く文法や読解力の養成に比重が置かれてきた。そこには、日常生活で英語を必要としない日本の特異な言語環境のもとで、日本語とはあまりにかけ離れた言語である英語を習得するためには「文法と読解が欠かせない」という経験知の集積があるからであろう。

　「教授要目」では、話す、読むなどの「教授事項は之を分割することなく同一の授業時間に於て相関連して之を授くべし」と述べている。「教授要目」の最後には10項目の「教授上の注意」[32] が掲げられており、明治末期における英語教授法の高い到達水準を知ることができる。

> 一　英語を授くるには習熟を主とすべし。生徒の学力を顧みずして徒（いたずら）に課程を進むることあるべからず。
> 二　第二学年以後に於ては発音、綴字、習字の目（もく）を挙げずと雖（いえど）も、読方、会話、作文及書取に附帯して便宜之を練習せしむべし。
> 三　発音は特に英語教授の初期に於て厳に之を正し、又国語に存せざる発音に留意して之に習熟せしむべし。
> 四　英語の意義を了解せしむるには之を訳解し、又は実物、絵画等に依り之を直指（やや）すべし。稍々進みたる生徒に対しては英語を用ひて説明することあるべし。
> 五　訳解は正しき国語を以てし、成るべく精密に原文の意義に適応せしむべし。
> 　　訳解を授くる際、東西の人情、風俗、制度等の異同を知らしむべし。
> 六　読方は既に意義を了解せる文章に就きて反復練習せしめ、又時々暗誦を課し、発音、抑揚、緩急及止声に留意し、生徒をして誦読に依りて文章の真意自ら見はるゝ様之に習熟せしむべし。

七　書取は読本中の文章又は生徒の容易に了解し得べき文章に就きて之を授け、生徒の耳を慣らし且綴字、運筆に習熟せしむべし。

八　会話は読本中の文章又は事項に因みて之を授け、進みては日常の事項に就きて対話をなさしめ、生徒をして文字を離れて英語を了解し、又自己の思想を表はすことを習はしむべし。

九　文法を授くるには生徒をして煩雑なる規則の記憶に陥らしむことなく、応用自在ならしめんことを期すべし。

十　適当の機会に於て辞書の用法を授け、漸次対訳にあらざる辞書の使用に慣れしむべし。

　この「教授要目」を浸透させるために、文部省は全国の地方長官に対して所轄の中学校に要目に準拠した教授細目を作成させることを求めた。また、文部省直轄校である東京高等師範学校附属中学校（筑波大学附属中学・高校の前身）は、1907（明治40）年7月12日に詳細な「教授細目」を発表し、冊子として配布することで、各地の学校の教授細目に影響を与えた。

中等学校に於ける英語教授法調査委員報告（1908）

　「中等学校に於ける英語教授法調査委員報告」（1908）は、文部省が公式に委託研究させた最初の調査報告で、主な特徴は以下の4点である。

　①全体的に急進的なまでに音声重視の方向性を打ち出した。中学校令施行規則（1901）にあった「会話」を「聴方・言方」に改めた。しかし「聴方・言方」は定着せず、改正中学校令施行規則（1911）では「話方」となった。

　②「読方」は、「教授要目」（1902）までは音読の意味だったが、「調査委員報告」では英文解釈の意味に変化した。これは、それまで独立の分科だった「訳解」が音読と一体化して「読方」に組み込まれたためである。その理由を、調査報告の「教授上の注意」は「従来慣用せる『訳解』はこれを教授上の一目と認めず英語の意義を了解せしむる一の方法とす」と述べている。つまり、従来から英文を日本語に訳すことで意味内容を理解してきた「訳解」を、独立の分科ではなく、英文を読み解くための多様な方法のひとつにすぎないとしたのである。

　③「教授中教師は生徒の了解し得る程度に於て成るべく英語を使用すべ

し」として、「教授要目」(1902)の「稍々進みたる生徒に対しては英語を用
ひて説明することあるべし」からさらに踏み込んだ。

　④教授法にとどまらず、「教員及編制に関する事項」を設け、主任教師は
担任の余暇常に他の教師の教授を参観し、又時々打合せ会を開きて批評、協
議等をなすべし」「一学級の生徒数はなるべく少数なるを可とす」「第一学年
を担当するものは特に正確なる発音を為す者たるべし」といった具体的な提
案を行っている。

　この急進的な「調査委員報告」に対しては賛否両論が沸き起こった。とり
わけ、「訳解」を分科から削除したことについては『中外英字新聞』が次の
ような批判を掲載した。[33]

> 今日は訳解を棄つる処ではなくして益々訳解に改良を加ふるべき時機に迫ま
> れり。(中略)今日我国の英語教授法に於ては適切なる訳語を知るは甚だ大切
> なる一課目たり。然るに若し中学校に於て此大切なる課目を等閑に附するが
> 如きことあらば学生の不幸亦た大なりと謂はざるべからず

　こうした問題点を踏まえた結論として、同紙は「調査委員の報告は外国語
教授法の最も進歩したる方式なり。然れども今日の中学校教員が果たして此
教授法を満足に実行し得る者果して幾人ありや」と疑問を呈している。改革
が実を結ぶためには、学校現場の実態を踏まえて実現可能な方針を提示すべ
きであることは当時も今も変わらない。結局、「訳解」を除外する方針は非
現実的だったようで、改正中学校令施行規則(1911)以降にも「訳解」は残
された。

東京高等師範学校附属中学校教授細目(1910)

　当時もっとも先進的な英語教育を行っていた東京高等師範学校附属中学校
は、1905(明治38)年3月に「教授細目」を作成し(印刷配付は1907年7
月)、さらに改訂版[34]を1910(明治43)年1月に発表した。改訂版では、文
部省直轄校であるにもかかわらず、文部省の「中学校教授要目」(1902)など
を批判し、以下のような独創的な方針を盛り込んでいる。

①教授の主目的を読書力の養成に置いた。「聴き、話し、書く場合は遙に少きが故に、当校にては本科教授の主眼目を読書力の養成に置き、他の方面は読書力を養う手段として授くることとする」と述べている。読書力の養成に主眼を置く教授法は、この翌年に出版された『英語教育』での岡倉由三郎（東京高等師範学校教授）の主張と一致する。

②生徒が到達すべき程度を明示した。「読書力の方面にては『ナショナル第5読本』（難渋に過ぐる章を除く）の程度、言方・書方の方面にて第3読本の程度を以て教授の到達点と定む」としている。

③英語科の価値を実用上の価値と心的陶冶の価値とした。「平常授業の際読み、言い、書く等実用的練習と共に、分解総合等心的陶冶の利益をも収めらるるよう注意せんとす」と述べている。

④文部省の「中学校教授要目」(1902) が「発音・綴字・読方・訳解・会話・書取・文法・作文及び習字」の8項に分けている点を批判し、「聴方・言方・読方及び書方」の4項に分かつとした。これは1943（昭和18）年の「中学校教科教授及修練指導要目」に引き継がれた。2008（平成20）年改訂の学習指導要領における「聞くこと、話すこと、読むこと、書くこと」という4技能の提示と順序まで同じである。

⑤各教授事項の目的は以下の通りである。

1. 聴方及び言方（会話を含む）	日常平易の談話を了解し及び自ら談話し得るに至らしむるを以て教授の目的とす。
2. 読方（訳解を含む）	普通の英文を明瞭正確に了解し、且、他人にも了解せらるるよう正確に誦読するに至らしめ、かねて彼我人物風物の異同を知らしむるを以て目的とす。
3. 書方（作文・書取・習字を含む）	平易明瞭なる英文を以て簡単なる思想感情を発表し得るに至らしめんことを目的とす。

最後の「教授一班に関する注意」では5点が指摘されているが、特に注目されるのは、英語の授業において「英語を用うる場合と国語を用うる場合」をどう判断するかについての以下の方針である。

> 　外国語の授業時間には生徒をしてその外国語の行わるる社会中にある如き感を抱かしむるを可とす。たとえば、教場管理に関する事項を談話する場合、すでに授けたる語句を用いて説明し得る場合、国語を用いずとも絵画・身振等の助けをかり英語にて説明しうべき場合、及び復習・練習に用うる問答等はなるべく英語のみを用う。されど、例えば事物の名称の如き、英語を用いては徒らに長き説明を要するもの、並びに文法上の説明の如き、正確を要するものは、国語を用うることとす。（全文の大意を言わしめ又は文の形式及び語句を説明する際に国語を用うる場合あることは読方教授の章参照）

このように、「授業は英語で行うこと」といった一面的な方針ではなく、教授言語としての英語と日本語の使い分けを指導局面ごとに具体的に述べており、示唆に富んでいる。

師範学校教授要目（1910）

1910（明治43）年5月31日には「師範学校教授要目」が初めて制定され、教育内容の標準化と国家教育方針の徹底化が進んだ。同年11月18日の文部省による「師範学校教授要目説明」[35]によれば、英語科の留意点は以下の通りである。英語各分科の連携、発音の重視などが謳われている。

> 一、英語は各分科の連絡と総合とを重んじ、音読訳解を合せて読方とし、会話作文を連結して話方及び綴方とし、書方の下に習字書取を含ましむることとせり。而して第一学年に発音、綴字、第三学年に文法及び英語教授法を加へたるの外、各学年を通して読方、話方及綴方、書方を配当せり。
> 二、発音綴字は英語の基礎的準備として之を授け、進みては読方に関連して之を行ひ、話方及び綴方は読方と相連関せしめ、書方は更に之と連絡して習熟せしめんことを要す。
> 三、読方は原文を誦読して意義の了解を期すべきものなるが故に、訳解は之を音読に付随して授けんことを期せり。
> 四、綴方は第一学年より其の近易なるものを授け、第四学年に至りて記事文書簡文をも練習せしむることとし、以て話方との連絡を図れり。
> 五、書取は甚だ必要なるを以て四学年を通して之を置き、習字は二学年に亘りて之を置きたり。但し第二学年の習字は特に其の時間を設けずして便宜生徒に自習せしむるも妨げなし。
> 六、文法を第三学年に配当せるは既授の材料に基きて普通の文章に通有する

> 法則を授け第四学年の教授に便ならしめんがためなり。而して之を教授
> するに当りては読方に於けるが如く便宜教科用書を参考せしむるも妨げ
> なし。
> 七、小学校に於ける英語教授法は第三学年に於て之を授け、第四学年の教育
> 実習に便ならしむ。然れども教授時数甚だ僅少なるを以て其の概要及教
> 授上注意すべき事項を授くることに止めたり。
> 八、英語は習字の外特に時間を分たず同時に各分科を教授するを本則とする
> も、主として一方面の練習をなさしめんが為に若干の時間を割きて之に
> 充つるも妨げなし。

　このように、「訳解」を音読とともに「読方」に含めており、これは 1907
（明治 40）年の「英語教授法調査委員報告」および 1910（明治 43）年の東京
高等師範学校附属中学校の「教授細目」と同じである。また、第七項の小学
校における英語教授法に関しては、時間数が少ないため「概要及教授上注意
すべき事項を授くることに止めたり」としている。小学校英語教授法の指導
内容については、愛媛県師範学校教諭だった杢田與惣之助が講義プリント
「英語教授法綱要」を残している。[36]

中学校令施行規則の改正（1911）

　1911（明治 44）年 7 月 31 日には、改正中学校令施行規則（文部省令 26 号）
が布達された。そこでは「外国語は普通の英語、独語又は仏語を了解し且つ
これを運用する能を得しめ、兼ねて知徳の増進に資するを以て要旨とす」
と、「知識の増進」が「知徳の増進」に改められた。徳育（道徳教育）を強化
するためである。資本主義的工業化にともなって活発化した労働運動や社会
主義運動に対抗して、思想的なタガ締めを図るためである。この前年、政府
は幸徳秋水ら社会主義者・無政府主義者らへの冤罪事件である「大逆事件」
を起こし、朝鮮半島植民地化のための「韓国併合」を断行した。

　施行規則の改正によって、「外国語は発音、綴字より始め近易なる文章の
読方、訳解、話法、作文、書取を授け進みては普通の文章に及ぼし又文法の
大要及習字を授くべし」となった。「会話」は「話方」に改められ、「読
方、訳解」の次に配された。各学年の配当時間は週 6-7-7-7-7 で、1901（明

治 34) 年の旧規程の 7–7–7–7–6 と総時間数は変わらない。

英語各分科の変遷

　以上を踏まえて、明治期の中学校における英語各分科の内容と掲載順序の変化を比較・考察してみよう（表 3–7）。

表 3–7　中学校における英語各分科の内容と掲載順序

中学校教則大綱 (1881)	綴字、読方、訳読、読書、文法、修辞、習字、作文
学科及其程度 (1886)	読方　訳解　講読　書取　会話　文法　作文　翻訳
教科細目報告 (1898)	発音　綴字　読方〔＝音読〕訳解　習字　書取　会話　作文　文法
中学校令施行規則 (1901)	発音　綴字　読方〔＝音読〕訳解　書取　作文　文法　会話　習字
教授法調査委員報告 (1907)	発音　綴字　聴方・言方　読方〔＝解釈〕習字　書方　文法
中学校令施行規則 (1911)	発音　綴字　読方〔＝音読〕訳解　話方　作文　書方　文法　作文

　① 1886（明治 19）年の「学科及其程度」までは「綴字」や「読方」から配列されていたが、1898（明治 31）「教科細目報告」以降はいずれも「発音」から始まっている。これによって、読本（テキスト）による文字指導に入る前に発音指導を行う方針が定着した。

　② 1901（明治 34）年の「中学校令施行規則」までは「読方」が音読の意味だったが、1907（明治 40）年の「教授法調査委員報告」では英文解釈の意味に変化した。これは、それまでの「訳解」を削除したためだが、1911（明治44）年に改正された「中学校令施行規則」では「訳解」が復活しており、「読方」も従来通り音読の意味で使われた。

　③「中学校令施行規則」(1901) までの「会話」は、「教授法調査委員報告」(1907) で「言方」に変わり、「中学校令施行規則」(1911) では「話方」となった。以後の法令ではこの「話方」が定着し、1943（昭和 18）年 3 月の「中学校教科教授及修練指導要目」まで継続された。

日本が植民地としていた「外地」においては、内地の法令がそのまま適用されたわけではなかった。例えば、中国の旅順に開設された関東都督府中学校では、1916（大正5）年の時点で英語の週時数が7-7-7-7-8と内地の6-7-7-7-7よりも2時間多い。また、支那語が随意科目として3年生以上に各2時間開講されていた。英語の内容は、1・2年生が「読方、訳解、書取、聴取、会話、文法、作文、習字」で、3〜5年生は「習字」を除いただけだった。また、支那語は3・4年生が「会話」、5年生が「会話、作文」だった。[37]

注

1　森有礼（1888）「帝国大学教官に対する演説」川澄哲夫編（1978）『資料日本英学史2』96頁

2　記念事業実行委員会（1988）『撫子八十年：東京府豊島師範学校創立八十周年・東京第二師範学校女子部開校四十五周年記念』64頁

3　三羽光彦（1993）『高等小学校制度史研究』はしがき

4　森秀夫（1984）『日本教育制度史』79頁

5　江利川春雄（2011）「明治期の小学校英語教授法研究（2）：杢田與惣之助『英語教授法綱要』の翻刻と考察」40–41頁（なお、注36参照）

6　東京教育大学附属小学校創立百周年記念事業委員会編（1973）『東京教育大学附属小学校教育百年史』32–33頁

7　小学校の英語廃止論については、松村幹男（1988）「もうひとつの英語科存廃論」、麻生千明（1996）「明治20年代における高等小学校英語科の実施状況と存廃をめぐる論説動向」、江利川春雄（2017）「小学校英語教育の是非をめぐる戦前期の論争」（日本英語教育史学会第33回全国大会口頭発表資料）参照

8　野呂栄太郎（1930）『日本資本主義発達史』鉄塔書院、68頁

9　赤祖父茂徳（1938）『英語教授法書誌』6頁

10　田中虎雄（1906）『井上小学英語読本教授書　第1巻』1–2頁

11　江利川春雄監修・解題（2017）『英語教育史重要文献集成　第1巻』（ゆまに書房）で共に復刻された。

12　教育史編纂会編（1939）『明治以降教育制度発達史　第5巻』75頁

13　南満州鉄道株式会社総裁室地方部残務整理委員会（1939）『満鉄附属地経営沿革全史　上巻』382頁

14　長岡安太郎（1991）『明治期中学教育史：山形中学校を中心に』170–171頁

15　校史編集委員会編（1972）『京一中洛北高校百年史』125–127頁

16 詳細は江利川春雄(2011)『受験英語と日本人』参照

17 教育史編纂会編(1938)『明治以降教育制度発達史　第 3 巻』202 頁

18 国民教育奨励会編(1922)『教育五十年史』209 頁

19 櫻井役(1935)『英語教育に関する文部法規』18 頁

20 大阪府立大手前高等学校百年史編集委員会(1987)『大手前百年史』251 頁・261 頁

21 竹中龍範(1995)「第 1 回文部省英語科講習会(明治 29 年)について」『英語教育研究』第 37・38 合併号、174 頁

22 松村幹男(2011)「文部省主催中等教員英語講習会」『英學史論叢』第 14 号

23 西原雅博(2010)「帝国教育会英語教授法研究部の成立」37 頁

24 西原雅博(2016)「明治三十五年『中学校教授要目』(英語科)の制定過程：『尋常中学校英語科ノ要領』及び『尋常中学校英語科教授細目』の作成とその意味」26 頁

25 「尋常中学校教科細目調査報告」(国立国会図書館デジタルコレクション　書誌 ID 000000457032)

26 櫻井役(1942)『中学教育史稿』348 頁

27 大村喜吉ほか編(1980)『英語教育史資料　第 2 巻』85–113 頁。なお、この復命書は『中学教育に於ける英語科』(英語教授法基本文献)として 2009 年に冬至書房より復刻された。

28 帝国教育会編(1903)『教育公報』第 267 号、33 頁。なお、帝国教育会による各学校の外国語科教授法の調査結果については、帝国教育会編纂(1909)『中等教育現行教授法類纂　上篇』を参照

29 『官報』掲載の影印および英訳版は、松村幹男(1997)『明治期英語教育研究』96–106 頁に再録。なお、赤祖父茂徳(1938)『英語教授法書誌』95–101 頁、それを再録した大村喜吉ほか編(1980)『英語教育史資料　第 2 巻』385–388 頁では、ともに「中等学校に於ける英語教授法調査報告」と「委員」が欠落しており、本文も『官報』版と異同がある。この委員会報告の詳細な分析に関しては、西原雅博(2010)「『中等学校ニ於ケル英語教授法調査委員報告』の分析」41–52 頁参照

30 斎藤浩一(2011)「明治期英文法排撃論と実業界」『日本英語教育史研究』第 26 号

31 牛中山人(1907)「文法倒れ」『東洋経済新報』8 月 25 日号

32 『官報』5575 号。大村喜吉ほか編(1980)『英語教育史資料　第 1 巻』74–75 頁

33 国民英学会(1908)『中外英字新聞』第 15 巻第 12 号「英語時評」欄

34 全文は大村喜吉ほか編(1980)『英語教育史資料　第 1 巻』77–83 頁

35 教育史編纂会編(1939)『明治以降教育制度発達史　第 5 巻』699–700 頁

36 江利川春雄(2010～2014)「明治期の小学校英語教授法研究：杢田與惣之助『英語教授法綱要』の翻刻と考察(1～5)」『和歌山大学教育学部紀要・人文科学』第 60～64 号で全文を翻刻・解説している。

37 「関東都督府中学校規則施行細則」1916(大正 5)年 3 月 28 日改正認可。『関東都督府中学校一覧　大正 5 年度』8–9 頁(国立国会図書館デジタルコレクション　書誌 ID 000000557064)

第4章　学校制度の拡充期（1917〜1930）

1.　教育界からの英語教育改革提案

英語教員大会

　1916（大正5）年10月に寺内内閣の文部大臣に就任した岡田良平は、学校制度改革を本格的に推進するために、翌1917（大正6）年9月に「臨時教育会議」を発足させた（勅令152号）。これは内閣直属の諮問機関で、小学校から大学までの教育に関する重要事項を調査審議し、大正期の教育改革を強力に推進した。

　その多岐にわたる改革内容を検討する前に、教員自身による下からの教育改革運動を見ておきたい。教育改革が成功するためには、政府による「上から」の教育政策と、学校現場からの「下から」の教育要求とが合致しなければならないからである。

　明治末期に中等学校が急増すると、英語を学ぶ生徒が多様化し、英語教員も著しく増加した。こうして大正初期には全国の英語教員たちが一堂に会し、教養と見識を深め、教授法の改善などについて協議するために、英語教員大会（English Teachers' Conference）が3回開催された。[1] また、中等教育会主催の全国英語教員協議会や、英語教授研究所主催の全国英語教授研究大会（後述）なども開かれた。

　こうした教員の大会等を機に、文部省は英語教育の改善方法などについて英語教員たちに諮問し、直接的に意見を求めていた。これに対して、教員側は討論を重ねて答申を出した。限定された範囲ではあったが、文部行政と教

員とが直接民主主義的な関係で結ばれ、対話的・建設的な関係にあったのである。こうした英語教員の大会等での主な諮問と答申の概要を検討してみよう。

　第1回英語教員大会は、1913（大正2）年4月3日～5日、文部省後援の下に京都市で開催された。参加者は370名で、うち中等学校教員が280名、高等専門学校教員が50名、外国人教師が40名だった。大会では、光井武八郎（京都一中）が読書力の養成こそが英語学習の根本であると主張した。神保格（東京高師附属中）は、語句の意義解釈などはあらかじめ印刷物を配布し、生徒はこれを参考に家庭で予習し、教室では会話・作文・聴解などの練習を重視する指導法を発表した。今日の「和訳先渡し法」ないし「反転学習」の先駆として注目される。茨木清次郎（文部省視学官）は、英語の成績不振の原因として内外人教師の協力不足を指摘した。向軍治（慶應義塾大学）は、英語力不足の最大原因は国語の知識の貧弱さにあると述べた。

　第2回英語教員大会は、1914（大正3）年4月2日～7日に東京で開催され、497名が集まった。文部省はこの教員大会に「英語に対し中学生をして尚ほ一層の興味を感ぜしむる方法」を諮問した。これに対して、大会は11項目からなる答申を決議した（原文英語）。

---

1. 教師は授業を面白くするためにさらに努力し、生徒により深い同情を抱く。
2. 生徒が抱く自然な好奇心を活用する。
3. 生徒一人ひとりの能力に応じた質問をする。
4. 競争的な機会を設け、成績優秀者を賞賛する。
5. 単語の語源的な分析を教える。
6. 1年生の授業では、文法用語をあまり用いない。
7. 生徒の学力にいっそう適合した授業を行う。
8. 新聞・雑誌などの抜粋や課外読み物を、ときおり生徒たちの学習用に与える。
9. 読本中の詩を割愛しないで教える。
10. 英語で手紙を書き、交換することを奨励する。
11. 外国人と交流し、バイブル・クラスに出席することを生徒に奨励する。

　この他、上級学校の入学試験問題には、常用されていない難解語句を出題

しないこと、書取以外に発音、アクセント、イントネーション、ヒアリング、音読のようなオーラルの方面も加えることが提議された。

第3回英語教員大会は、1916（大正5）年4月1日〜4日に大阪で開催され、450名が出席した。文部省からの諮問は、「英語教授を学生の徳性（morals）を進むるために有効ならしむる方法」だった。1914年に始まった第一次世界大戦によるヨーロッパ列強の体制的な危機と、1917年のロシア革命の成功による社会主義や民主主義思想の広がりを恐れた日本政府は、このころ道徳教育の強化によって若者の精神的な引き締めと統合を図ろうとしていた。諮問に対する英語教員側の答申は以下のような内容だった。[2]

教師に対して
1. 日本の国語歴史に通暁すること。
2. 徳育に対して常に正当なる態度を持し、学生の模範となること。
3. 英人の道徳理想を了解するために英文学に通ずること。
4. 教材中の道徳理想を徹底せしむること。
5. 日英両国の生活・理想・感情を比較して適当なる説明を与ふべきこと

一般注意
1. 補助読本に文学上・徳育上優良なる材料を蒐集し、特に英人の生活・思想・感情等を表現するものを選ぶこと。
2. 図書室に徳育に必要なる図書を備へ置くこと。

教室における注意
1. 教材は徳育に関するものを増し、時代に適応するものを選ぶこと。
2. 英語の格言・諺を利用すること。
3. 作文の教材に徳育に弊害のあるものを避くること。
4. 練習の機会を利用して善良なる思想の育成に努むること。

こうして、外国語を含む諸教科での道徳教育の強化方針は、1919（大正8）年の改正中学校令などに盛り込まれることになる（後述）。

高等女学校の英語教育改善

全国高等女学校協会は、文部省との共催で1917（大正6）年11月に第1回全国高等女学校長協議会を開催した。会議では「高等女学校に於ける英語の教授を一層有効ならしむる方法如何」[3]について、以下の方針が提起された。

イ、良教師を養成すること

　ロ、教科書の改良を計ること

　ハ、訳読を主として会話作文文法を附属して教授するを可とすること

　ニ、英語を必須科とすること

　最終的に、「ニ」の英語必修化案を削除して可決した。なお、「訳読を主と
して」という教員の主張が議決された点は異例で、その後には見られない。

エスペラント語教授に関する建議

　1922（大正11）年3月6日、衆議院は黒板勝美（東京帝国大学教授）ほか
139名より提出された「国際補助語エスペラント教授調査に関する請願」を
採択した。[4] この請願は、諸学校において人工言語であるエスペラント語を
学科目に編入することに関する調査を求めたものである。

　同じ趣旨の請願は、1925（大正14）年2月26日には衆議院に、同3月19
日には貴族院に提出され、ともに採択された。さらに、1931（昭和6）年3
月19日にも衆議院において、エスペラント語を小学校および中学校の教科
目に編入することを求める建議が採択された。

　これらは第一次世界大戦後の国際協調主義を反映しているが、文部省が小
中学校においてエスペラント語の学習を奨励した事実は確認されていない。

2.　学校令改正と学校制度の拡充

高等小学校での外国語復活

　1911（明治44）年の小学校令改正による英語科の商業科への併呑政策に対
して、学校現場からは英語科の復活要求が相次いだ。1913（大正2）年10
月、全国各市学校連合会は「高等小学校に於ける英語を独立教科目に復旧せ
られん事を其筋に建議する事」を可決した。[5] 翌年4月の第5回全国小学校
教員会議でも「英語科を商業科より独立せしむること」を可決した。理由は
「英語と商業とは其の性質同一のものにあらず工業地に於ても英語を課する

必要あるに由る」とされた。[6] 同年6月の東京府教育会主催の全国教育者大会も「高等小学校の実業科目を土地の状況に適切ならしむるため二科目を兼修せしめ若は商業科より英語を分離することを得しむること」を決議している。さらに、1917 (大正6) 年5月の第11回全国連合教育会議においても「商業中の英語を分離し加設科目とすること」を可決している。[7]

　こうして、内閣総理大臣直轄の臨時教育会議も、1918 (大正7) 年5月の第三回答申で「高等小学校の教科目は取捨選択の範囲を広くし且つ教科目の内容に関しても十分に裁量を加へしめ以て地方の実状に適切なる教育を施さむことを要す」[8] として、地方の実情に応じた選択科目の拡大と弾力化を答申した。

　以上のような英語復活要求に押されて、1919 (大正8) 年2月7日の改正小学校令では「外国語」が「商業」より分離され、独立の加設科目に戻された。その指導方針は小学校令施行規則第16条で次のように定められた。

> 　外国語は日常簡易の英語を修得せしむるを以て要旨とす
> 　外国語は発音、綴字より始め簡易なる文章の読み方、話し方、綴り方、書き方を授くべし
> 　外国語を授くるには成るべく日常の生活に関連せしめて其の理会を容易にし練習に重きを置くべし

　このように、高等小学校における外国語教育に特有の実用主義的な目的が「日常簡易の英語」「日常の生活に関連せしめ」といった言葉で一段と明確にされた。こうした実用志向は、1941 (昭和16) 年度からの国民学校高等科において、英語が「実業科」の中に位置づけられたことで完結する。

中学校での英語時数の削減

　1919 (大正8) 年2月7日改正の「中学校令」(勅令11号) では、中学校の目的に「特に国民道徳の養成に力むべきもの」を追加して「中学校は男子に須要なる高等普通教育を為すを以て目的とし特に国民道徳の養成に力むべきものとす」と定めた。また、同年3月の「中学校令施行規則」には「国民

道徳の養成に関連せる事項は何れの学科目に於ても常に留意して教授せんことを要す」とした。つまり、外国語教育においても「国民道徳の養成に関連せる事項」を教えるようにせよということである。

成績優秀・身体強壮な者は、小学校5年生修了で中学校に進学することが可能になった。中学校には2年制の予科を置くことができ、予科の外国語は週3時間とされた。また、各科の教授時間数は増減可能となり、2時間まで増やすことができた。

中学校における外国語の週時数は6-7-7-5-5(計30)となり、1901(明治34)年の中学校令施行規則による7-7-7-7-6(計34)から約1割削減された。これ以降、中学校の外国語授業時数は法令改正(1931年・1943年)のたびごとに削減の一途をたどるようになる。

中学校の外国語は英語、仏語、独語と定められており、内閣に置かれた臨時教育会議も1918(大正7)年5月2日の答申(二)で「中学校の外国語として英語の外に独語又は仏語の採用を奨励するの必要ありと認む」としていた。しかし、実際には「独語又は仏語を教授する中学校は漸く其数を減じ、現在僅に各一二校に止まり、他は挙げて英語を教授するの実況なり」[9]といった実情だった。

実業学校の整備

第一次世界大戦(1914〜1918)を契機に、日本の工業と貿易は飛躍的に伸張した。世界大戦前の1914(大正3)年に約11億円の債務国だった日本は、1920(大正9)年には約28億円の対外債権を有する債権国に転換した。

こうした急速な資本主義発展の下で、1920(大正9)年12月16日には実業学校令が大幅に改正された。ただし、外国語科に関する規程に目立った変化はない。

実業学校は急速な発展を遂げ、1930年代になると校数・生徒数ともに中学校を上回るまでに成長した(表4-1・4-2参照)。内訳をみると、第一次世界大戦以降の重化学工業の発展を反映して工業学校が急増し、逆に農業学校の比重が低下した。

第 4 章　学校制度の拡充期（1917〜1930）　131

表 4-1　中等諸学校生徒数の比較

年度	A. 中学校 人数	B. 高等女学校 人数	B/A	C. 実業学校 人数	C/A
1900（明治 33）	78,315	11,984	15%	18,453	24%
1910（明治 43）	122,345	56,239	46%	64,739	53%
1920（大正 9）	177,201	151,288	85%	136,290	77%
1930（昭和 5）	345,691	368,999	107%	288,681	84%
1940（昭和 15）	432,288	555,589	129%	624,704	145%
1943（昭和 18）	607,114	756,955	125%	794,217	131%
1946（昭和 21）	707,878	948,077	134%	772,380	109%

（出典）『文部省年報』各年度版より作成

表 4-2　実業諸学校の生徒構成

年度	総数 人数	工業 人数	構成比	農業 人数	構成比	水産 人数	構成比
1900（明治 33）	18,453	2,153	12%	5,298	29%	—	—
1910（明治 43）	64,739	5,162	8%	24,439	38%	1,057	1.6%
1920（大正 9）	136,290	12,254	9%	46,241	34%	983	0.7%
1930（昭和 5）	288,681	36,256	13%	65,703	23%	1,977	0.7%
1935（昭和 10）	397,687	49,291	12%	76,457	19%	2,519	0.6%
1940（昭和 15）	624,704	106,816	17%	100,606	16%	3,389	0.5%
1943（昭和 18）	794,217	168,597	21%	138,513	17%	5,329	0.7%
1946（昭和 21）	772,380	239,934	31%	196,559	25%	7,775	1.0%

年度	商業 人数	構成比	商船 人数	構成比	徒弟／職業 人数	構成比
1900（明治 33）	8,935	48%	319	1.7%	1,748	9%
1910（明治 43）	22,945	35%	2,157	3.3%	8,979	14%
1920（大正 9）	56,900	42%	2,805	2.1%	17,107	13%
1930（昭和 5）	141,365	49%	2,775	1.0%	40,605	14%
1935（昭和 10）	195,022	49%	2,034	0.5%	72,364	18%
1940（昭和 15）	290,418	46%	1,892	0.3%	121,583	19%
1943（昭和 18）	333,877	42%	114,477	14.4%	33,424	4%
1946（昭和 21）	224,327	29%	59,343	7.7%	44,224	6%

（出典）『文部省年報』各年度版より作成

文部省実業学務局は農業学校の学科課程および毎週教授時数の標準を定め、1923（大正 12）年 1 月に配布した。高等小学校を入学資格とする甲種の4 年制課程では外国語の週時数は 3–3–3–3 で、3 年制課程では 3–3–3 である。加設科目である英語が「課するものとして編成」されている点は、当時の実態を反映したものとして注目される。なお、乙種農業学校から 4 年制課程に編入した場合には、英語を 4・5 学年で各 4 時間課してもよいとしている。[10] 1920〜30 年代には英語を課さない農業学校はほぼなくなり、時数は週 2〜3 時間が一般的である。

大正期の実業教育を考える上で、初等教育機関として位置づけられていた実業補習学校の存在は重要である。そこでの外国語教育を見ると、1913（大正 2）年 2 月の「実業補習教育調査報告」（文部省実業学務局）では英語が「普通科目」の一選択教科とされた。配当時数についての定めはないが、商業補習学校における参考例として、英語は以下の時数が示されている。[11]

(1) 尋常小学校卒で修業年限 3 年、毎週授業時数を 12 時間とする学校は、各学年週 2–2–3 時間。
(2) 中学卒以上・修業期間 6 カ月・週時間数 12 時間で毎夜授業する場合には、商業英語 4 時間。特に、銀行、外国貿易、織物商、機械商に従事しようとする者は英語を習うべきだとしている。

このように、実業補習学校では英語学習の目的が職業上の必要のためと明示されたのである。

1920（大正 9）年 12 月改正の「実業補習学校規程」では、職業実務教育と公民教育に重点が置かれるようになり、加設科目に外国語が加えられた。英語科の教授内容についての規定はないが、文部省実業補習教育主事の岡篤郎は、「英語は、普通の英語につき、発音、綴字より始め、近易なる文章の読方、読解、話方、作文、書取、習字等を授け日常生活に必要な知識を授ける」[12] と述べている。この内容は前年（1919）に出された高等小学校の外国語教授方針（施行規則第 16 条）をおおむね踏襲したものである。

第 4 章　学校制度の拡充期（1917〜1930）　133

　また、文部省実業学務局は 1922（大正 11）年 3 月に、参考指針として「実業補習学校における学科課程の標準」を作成した。英語の実施指針は以下の通りである。

(1) 男子の農業と水産の補習学校、女子の実業補習学校、週授業時間数が前期 8 時間、後期 6 時間の男子の工業および商業補習学校には英語は課さない。
(2) 前期 10 時間、後期 9 時間の男子の工業および商業補習学校には、前期にのみ「簡易ナル実業英語」を 1・2 年とも各 35 時間（つまり週 1 時間）課す。
(3) 週時間数が前後期とも 12 時間の男子工業補習学校では、前後期とも 35 時間（週 1 時間）課す。
(4) 週授業時間数が前後期とも 12 時間の男子商業補習学校では、前期 35 時間（週 1 時間）、後期 70 時間（週 2 時間）課す。

　ここでも、英語の比重は農業→工業→商業の順に高くなっている。
　文部省の『優良補習学校施設経営』(1928) に掲載されている学校のうち、約 2 割が英語を教えていた。都市部の商業系と工業系の学校で英語加設率が高く、性別では男子の英語履修率が高かった。将来の実務上の必要性からである。
　1926（大正 15）年 4 月 20 日には陸軍の意向で「青年訓練所令」（勅令 70 号）が制定され、軍縮にともなう予備役確保の意図から、16 歳から 20 歳までの男子青年に軍事的訓練が施されるようになった。

師範学校の充実
　1925（大正 14）年 4 月 1 日に「師範学校規程」が大幅に改正され、①本科第一部の修業年限が 1 年延長されて 5 年制となり、②入学年齢が 14 歳に引き下げられて 2 年制の高等小学校に接続され、③修業年限 1 年の専攻科が新設された。専攻科には本科修了の教員経験者が主に入学し、程度的にも高

等専門学校昇格の布石となった。

　注目すべきことに、「英語は世界の知識を収得するの関鍵として必要」であるとして第一部男子で必修科目となり、週時数も 5-3-3-3-3 に増加した。ただし、第二部の英語は選択科目で時数は 4 時間だった。

　英語必修化の背景には生徒の強い学習意欲があった。文部省の『師範学校ニ関スル諸調査』から本科第一部男子の英語選択率を算出すると、1910（明治 43）年には 83.0%、1914（大正 3）年には 84.7% もの高水準であった。しかも、「農業と手工に選択された生徒は非常に落胆して、英語に選ばれた者は、非常に意気揚々として喜んで居る」[13] ありさまだったという。

　第一部でも女子の英語の週時数は 3-3-3-3-2 で、随意科目のまま放置された。家事や裁縫などの教科に時間を取られるからというのが理由で、英語は学力に余裕のある者にだけ履修させる方針だった。しかしこの方針は、大半の女子師範学校で英語が必修扱いされていた現実にそぐわないものだった。1926（大正 15）年度の本科第一部女子の英語選択率は実に 96.4% にも達しており、ほとんど必修に近い実状だったのである。そのため、例えば1927（昭和 2）年 10 月の第 4 回英語教授研究大会における師範学校部協議会では、女子の英語を正科とし、男女とも中学校と同一の時数に増やすことを建議している。[14] こうして、1931（昭和 6）年 1 月に師範学校規程が改正され、英語は男女とも 3 年生まで必修の「基本科目」になるのである。

第二次高等学校令と高等教育機関の拡充

　明治後半には中等学校が著しく拡充されたものの、政府は高等教育機関をほとんど増設しなかった。そのため、過酷な「受験地獄」が社会問題となった。そうした中で、第一次世界大戦による戦時好景気と日本資本主義の飛躍的な発展を背景に、1918（大正 7）年に政府は臨時教育会議の答申にもとづく「高等諸学校創設及拡張計画」を実施した。その結果、翌 1919（大正 8）年度から 1924（大正 13）年度までの 6 年間に、新潟、松本、山口、松山などの官立高等学校 10 校、工業・農業・商業・外国語・薬学の専門学校 19 校、帝国大学の 4 学部を一挙的に新設し、専門学校から大学への昇格も医科 5

校と商科1校に及んだ。こうして、高等学校・大学予科・高等専門学校の入学者数は1920（大正9）年の2万1,871人から1930（昭和5）年の4万6,620人へと、10年間で2倍以上に急増した。

新たな高等学校のあり方を定めたのが、1918（大正7）年12月6日に公布され、翌年4月1日に施行された第2次「高等学校令」（勅令389号）だった。これによって、①公立・私立の高等学校の認可、②7年制高等学校（尋常科4年・高等科3年）の設置、③従前より1年早い中学4年修了での高等学校高等科受験、がそれぞれ認められた。入学時期も9月から4月に改められた。高等科は文科と理科に大別され、履修する第一外国語により、文科甲類（英語）、文科乙類（ドイツ語）、文科丙類（フランス語）、理科甲類（英語）、理科乙類（ドイツ語）、理科丙類（フランス語）に細分された。

高等学校令を受けて翌1919（大正8）年3月29日に公布された「高等学校規程」（文部省令8号）では、尋常科（中学校1〜4年相当）の外国語の週時数を各学年6-7-7-7と定めた（1931年の規程改正で6-7-6-6に変更）。また、高等科の外国語については次のように規定した。

> 外国語は英語、独語又は仏語を了解し且之に依りて思想を表はすの能力を得しめ兼て智徳の増進に資するを以て要旨とす
> 外国語は発音、綴字、読方、訳解、話方、作文、書取及文法を授くべし

高等科の第二外国語は随意科目となり、第一外国語だけの履修が可能になった。外国語の週時数は表4-3の通りである。

表4-3　高等学校高等科の外国語週時数（1919年度以降）

科	外国語	第1年	第2年	第3年	備考
文科	第一外国語	9	8	8	第一外国語を中学校・予科と異なる語にする場合は11-10-10時間、第二外国語は各3時間
	第二外国語	(4)	(4)	(4)	
理科	第一外国語	8	6	6	第一外国語を中学校・予科と異なる語にする場合は10-9-9時間、第二外国語は各3時間
	第二外国語	(4)	(4)	(4)	

表 4-4　高等学校高等科の外国語年間授業時間数（1931 年度以降）

		第 1 学年	第 2 学年	第 3 学年	合計
第一外国語	文科	約 270 時間	約 240 時間	約 240 時間	約 750 時間
	理科	約 240 時間	約 180 時間	約 180 時間	約 600 時間
第二外国語	文科	約 90 時間	約 90 時間	約 90 時間	約 270 時間
	理科	約 90 時間	約 90 時間	約 90 時間	約 270 時間

　このように、以前の規程（1900〜1918 年度）では、文科（旧第一部）の第一および第二外国語が各語とも週 9-9-8 時間、つまり 1 年次では 2 つの語学が計 18 時間となり、カリキュラム全体の実に 60％を占めていた。ところが新規程では第二外国語が随意科目となり、第一・第二を合計しても外国語の時数は 13 時間と全体の 45％にまで減少したのである。

　代わりに増えたのが、文科では修身 1-1-1（旧規程は倫理 0-0-1）、歴史 3-5-4（旧 3-3-3）などである。これには高等学校の目的に「特に国民道徳の充実に力むべきものとす」が加えられたことが反映している。高校でも道徳教育が強化され、教育勅語を根幹とする天皇制イデオロギーの注入が図られたのである。

　さらに、高等学校高等科の教授内容に関する国家基準である「教授要目」が 1918（大正 7）年から順次制定されるようになった。このうち「高等学校高等科外国語教授要目」（文部省訓令 4 号）が初めて制定されたのは 1931（昭和 6）年 2 月 7 日である。外国語の年間時間数は表 4-4 の通りである。年間の授業日数は約 30 週であるから、表の 270 時間は週 9 時間、90 時間は週 3 時間を意味する。「高等学校規程」（1919）と比較すると、第二外国語の時数が文科・理科とも週 4 時間から 3 時間に減少している。

　なお、専門学校令に基づき、1921（大正 10）年 12 月には東京外語に続く二番目の官立外国語学校として大阪外国語学校の設置が公布された（勅令 456 号）。同校は東洋語を優先・重視し、1949（昭和 24）年 5 月に新制の大阪外国語大学に、2007（平成 19）年 10 月に大阪大学と統合してその外国語学部となった。

パーマーの招聘と英語教授研究所の設立

　文部次官だった澤柳政太郎は、日本の英語教育が時間と労力をかけているにもかかわらず成績が振るわない理由は何か、という問題に関心を寄せていた。そこで彼は、1921（大正10）年にロンドンに赴いたおりに、川崎造船所社長の松方幸次郎の資金協力を得て、優れた言語教育学者であるハロルド・パーマー（Harold E. Palmer, 1877～1949）を日本に招聘することにした。

　こうしてパーマーは1922（大正11）年3月に来日し、文部省英語教授顧問となった。翌年には松方および森下辰之助（日本蓄音機社長）から各1万円の寄付を得て、文部省内に英語教授研究所を設立し、パーマーを所長、岡野敬次郎文部大臣を名誉総裁、澤柳政太郎を理事長とした。理事には石川林四郎、千葉勉、勝俣銓吉郎、澤村寅二郎、堀英四郎、顧問には岡倉由三郎、市河三喜という英語教育界の大御所たちが名を連ねていた。財界人のバックアップの下に、政・財・官・学が一体となって英語教育改革を担う日本で最初の機関となった。

　英語教授研究所は、1924（大正13）年10月より年に1回の英語教授研究大会を開催した。そのうちの何回かには文部省から諮問が出され、大会で教員たちの討議を経て答申が返された。

　例えば、1925（大正14）年10月の第2回英語教授研究大会で、文部省は「中等学校における英語教授をいっそう有効ならしむる方法」を諮問した。これに対する教師側の答申（【資料5】）は、英文解釈中心の「入学試験の改善」を訴え、入試にリスニングやスピーキングを導入すべきだと主張した。また、教授法改革のための「比較的緊要な」措置として、次の要望を提出している。[15]

（1）学級の生徒定員を30名以下に限る。
（2）上級用教科書には、外国発行の書籍を認める。
（3）教員の学力増進を目的とする常設講習会を文部省内に設置する。
（4）巡回指導に当たる外国人教師の傭聘を各府県に奨励する。

138

表 4-5　中学校令施行規則の外国語規定

1911（明治 44）年	外国語は発音、綴字より始め近易なる文章の読方、<u>訳解</u>、話方、作文、書取を授け進みては普通の文章に及ぼし又文法の大要及習字を授くべし
1931（昭和 6）年	外国語は発音、綴字、<u>聴方</u>、読方及<u>解釈</u>、話方及作文、書取、文法の大意並に習字を授くべし

　このように、外国語教育改善の第一の要件として少人数学級の実現を挙げている。こうした要求はその後もくり返し文部大臣に提出された。1928（昭和 3）年 10 月に開催された第 5 回英語教授研究大会では、「語学教授に於ける学習能率増進の為め 1 級 25 人宛を以て学級を編制するを適当と認む」[16]とする決議を満場一致で採択している。しかし、その後も学級定員の削減は遅々として進まず、英語の時間数だけが減らされていった。

　翌 1926（大正 15）年 10 月の第 3 回大会では、中学校令施行規則中の「外国語は発音、綴字より始め」を「外国語は聴方発音より始め綴字を授け次に」と改め、「読方訳解」を「読方解釈」に改める件と、高等諸学校入試の英語試験においては「オラル・テスト」を実施する件を決議し、文部省に建議した。音声重視と、訳読によらない直読直解による英文理解を追求していた様子がわかる。

　その後、1931（昭和 6）年 1 月 10 日に改正された「中学校令施行規則」（文部省令 2 号）では、第 3 回大会が建議したとおり、「聴方」が入り、訳解が「解釈」に改められた。新旧の規定を比較すると表 4-5 のようになる（下線は主な変更点）。

　ただし、入試への「オラル・テスト」については実施が難しく、その後も実現しなかった。

注

1　英語教員大会の概要については、大村喜吉ほか編(1980)『英語教育史資料　第2巻』697–729頁

2　櫻井役(1936)『日本英語教育史稿』226–227頁

3　水野真知子(2009)『高等女学校の研究(上)』441頁

4　この節の内容に関しては「帝国議会議事録検索システム」より当該データを検索した。

5　『教育時論』第1028号、1913(大正2)年11月5日、42頁

6　『教育時論』第1045号、1914(大正3)年4月25日、11–12頁

7　『帝国教育』第419号、1917(大正6)年6月

8　教育史編纂会編(1939)『明治以降教育制度発達史　第5巻』116頁

9　大阪外国語学校(1924)『中学校に於ける外国語に就いて』2頁。このパンフレットには文部大臣への「中学校に於る独逸語及仏蘭西語の学級増設の建議」などが収録されている。

10　全国農業学校長協会編(1941)『日本農業教育史』213–216頁

11　文部省社会教育局編(1934)『実業補習教育の沿革と現状』27–29頁

12　岡篤郎(1928)『産業教化地方改善　補習学校経営原論』253頁

13　岩手師範校長小林鼎の談、『大正九年十月　全国師範学校長会議録』392頁

14　英語教授研究所 *The Bulletin* 第39号付録、12–13頁

15　櫻井役(1936)『日本英語教育史稿』228–229頁

16　英語教授研究所(1928)「第五回英語教授研究大会記録」*The Bulletin* 第48号付録、9頁

第5章　アジア・太平洋戦争期(1931〜1945)

1.　軍国主義と教育統制の強化

戦時体制への移行と学校教育の再編

　1931(昭和6)年9月18日、中国東北部に展開する日本の関東軍が南満州鉄道の線路を爆破した。この「満州事変」(柳条湖事件)を契機に、日本は中国東北部(満州)への侵攻を本格化し、翌年には日本政府・軍部の意のままとなる「満州国」を建国した。さらに日本は1937(昭和12)年7月7日に盧溝橋事件を起こし、中国との宣戦布告なき全面戦争(当時の呼称は「支那事変」)に突入する。こうした日本の中国侵略は、米英など帝国主義列強との利害対立を激化させ、ついには1941(昭和16)年12月8日の太平洋戦争(当時は「大東亜戦争」)へと発展する。そのため近年の研究では、1931(昭和6)年「満州事変」から1945(昭和20)年の敗戦までの一連の戦争の総体を、広義の「アジア・太平洋戦争」と呼ぶようになった。[1]

　対外的な戦争は、国内の政治・思想・教育の統制強化を必然的に伴う。アジア・太平洋戦争期には、軍国主義と極端な民族主義・排外主義が強まると同時に、教育への国家統制が著しく強化された。

　1935(昭和10)年3月、衆議院は日本が天皇の統治する国家であるとする「国体明徴」を決議し、8月には岡田啓介内閣が「国体明徴声明」(第一次)を発した。1937(昭和12)年5月、文部省は『国体の本義』を全国の学校・社会教化団体等に配付し、「大日本帝国は、万世一系の天皇皇祖の神勅を奉じて永遠にこれを統治し給ふ。これ、我が万古不易の国体である」として、

民主主義や自由主義などは日本の国体にそぐわないとした。

　日中戦争開始直後の 1937（昭和 12）年 9 月、第一次近衛内閣は全国民を戦争遂行に協力させるため「国民精神総動員」を発令し、消費節約、貯蓄奨励、勤労奉仕などによって国民が「滅私奉公」の精神で国家に尽くすことを要求した。こうした国策に同調しない人間は「非国民」として指弾される時代になっていったのである。

　影響は学校教育にも及んだ。1930 年代には農業学校に拓殖科を置き、英語に換えて「支那語」や「満州語」（ともに中国語のこと）を教える学校が出てきた。昭和恐慌に世界恐慌が追い打ちをかけ、農村の疲弊は深刻の度を増した。その打開策として海外移民が奨励され、移植民教育が農業学校の重要課題の一つとされたのである。1928（昭和 3）年 5 月に開催された農業教育研究会（大日本農会と農業学校長会共催）では、文部省の諮問事項である「移植民教育に関する適切なる方法如何」に対して、「移植民学校の新設」、「実業学校に移植民教育上必須なる学科目を加課」することなどを答申した。

　高等女学校や農業学校における英語教育不要論も台頭した。1934（昭和 9）年 3 月 14 日には、三上参次が貴族院で中等学校の英語授業時間削減を主張した。すると、その年の春には福岡県下中等学校長会議および大分県中等教員大会で、農業学校における英語の全廃ないし縮小案が提出された。農学校と高等女学校の外国語は原則として 1 学年では週 1〜2 時間を課し、2 学年以上は課さないというものである。

　1935（昭和 10）年 4 月 1 日には「青年学校令」（勅令 41 号）が公布され、実業補習学校と青年訓練所とを統一した青年学校が発足した。「青年学校は男女青年に対し心身を鍛錬し徳性を涵養すると共に職業及実際生活に須要なる知識技術を授け以て国民たるの資質を向上せしむるを目的とす」（第一条）とされた。

　青年学校は普通科、本科、研究科、専修科からなっていたが、専修科以外には英語（外国語）に関する規定がなかった。専修科の専修項目は「珠算、簿記、速記、タイプライター、英語、製図、家具、塗工、園芸、養蚕、手芸、洗染、割烹其の他として職業に関する特別の事項とすること」[2] とされ、

青年学校の法令上はじめて「英語」が登場した。

1937（昭和12）年3月27日には中学校や師範学校などの教授要目が改訂され、「国体の本義を明徴」する立場が一段と鮮明にされた。1939（昭和14）年には、「満州」および中国大陸にある日本人小学校の教員を養成する目的で師範学校8校の二部に「大陸科」が新設され、語学では支那語（中国語）に力が入れられた。[3]　また、中等学校以上の集団勤労作業が正課に準じて取り扱われることになり、満州建設勤労奉仕隊も結成された。

1939（昭和14）年4月、男子青年学校が義務制となった。同月には「工場事業場技能者養成令」（勅令131号）が施行され、全国各地の工場などに技能者養成所が開校された。戦後の職業訓練校の前身である。工業技術教育の必要性から、多くの技能者養成所で英語が教えられた。

文部省は職業上の必要がある場合には、青年学校の「職業科」の専修科目として外国語を課すべきだという認識を示している。しかし、「私立青年学校の学科編成に就いて」と題する実態報告（1940）[4] によれば、少なくとも東京では「英語は要目の中には入っていないのであるが、加設学科を置いている私立青年学校の殆んどすべてが英語を置いている」という実態だった。こうした英語重視の傾向は、法令上その義務がなかったにも関わらず、実際には中等レベルの大半の工業学校や農業学校が英語を課していたのと同様である。英語はエリートのシンボルであり、上級学校進学の可能性を開く鍵だったからである。

1940（昭和15）年12月9日には「実業学校卒業者ノ上級学校進学ニ関スル件」によって、実業学校卒業生の上級学校進学率を約1割に制限することが通牒された。その理由について、文部省実業学務局商工教育課長の西崎恵は「実業学校卒業者の上級学校進学者は激増する傾向にあつて、此の儘放置すれば生産力拡充其の他重要なる産業国策遂行に不測の支障を来す」[5] からだと述べている。工業学校卒業生の進学率は、「昭和十二年に於て二分五厘〔2.5％〕であったのが、昭和十四年に於て五分一厘〔5.1％〕となり、昭和十五年には更に七分八厘〔7.8％〕と云う結果を示し、甚遺憾と云はざるを得ない状態であった」。進学者が急増した要因は、理工系学生に兵役猶予

の特典が与えられていたからである。

外国語時間数の削減（1931）

　「満州事変」の年である 1931（昭和 6）年 1 月 10 日に、中学校令施行規則が改正された。中学校は「小学校教育の基礎に拠り一層高等の程度に於て道徳教育及国民教育を施し生活上有用なる普通の知能を養ひ且体育を行ふを以て旨とす」と規定され、初めて「生活上有用なる普通の知能」といった実用目的が明示された。変更の意図については「改正中学校令施行規則の趣旨」（文部省訓令 2 号）に詳しい。そこでは、「中学校の教育が往々にして高等教育を受けんとする者の予備教育たる旧時の遺風を脱せずして上級学校入学の準備に流れ為に動もすれば人格の修養を等閑に附し且実際生活に適切ならざるの嫌あり」と厳しく批判した上で、「卒業後直に上級学校に入学する者は年々約三分の一に過ぎずして其の大部分は卒業と共に社会の実務に当るの情態なり」との現状認識を示している。ただし、実際には受験浪人が約 3 分の 1 だった。

　その背景には、中学校の急速な拡充と大衆化がある。生徒数は 1920（大正 9）年の 17 万 7,201 人から 1930（昭和 5）年の 34 万 5,691 人へと 10 年で倍増した。量的な急増は質的な多様化を進め、卒業後ただちに上級学校に進学できた生徒は約 3 分の 1 で、うち高等学校に入学できた者は約 10 分の 1 にすぎなくなった。

　1927（昭和 2）年には、東大教授・藤村作による論文「英語科廃止の急務」（雑誌『現代』5 月号）が発表され、中等学校での英語廃止論が勢いを増していた。

　こうした状況を反映して、文部省が 1928（昭和 3）年 9 月 28 日に内閣設置の文政審議会に諮問した中学校教育内容の改善案では、「生徒の才能嗜好及将来進まんとする方向等に依り変化ある教育」を行うために、「従来比較的多くの時数を配当したる外国語、数学の毎週教授時数を減少し其の基本的知識は基本科目として一様に之を授け、進みたる程度の学習は増課科目に於て選修せしむるものとする」[6] と提案した。

第 5 章　アジア・太平洋戦争期（1931〜1945）　145

表 5-1　中学校の外国語週時間数（1931 年度以降）

	1 学年	2 学年	3 学年	4 学年	5 学年	計
第一種	5	5	6	（2〜5）	（2〜5）	20〜26
第二種	5	5	6	（4〜7）	（4〜7）	24〜30

(注) 増課科目を 3 学年以降にすることも可。

　しかし、文政審議会からの 1929（昭和 4）年 6 月 20 日の答申は、この事項を削除し、逆に「第二種課程に於ける外国語、数学の毎週授業時数の最大限は之を現行時数以下に減少せざること」[7] との逆提案を添え、また基本科目を第 2 学年までとした文部省案を第 3 学年までにするなどの修正を加えた。審議会が文部省からの独立性を一定保持していたのである。

　こうして、1931（昭和 6）年 1 月改正の中学校令施行規則では、中学校は 4 学年以上（ただし 3 学年からも可）で「実業」を増課科目（学校選択科目）に加えた就職コースの第一種課程と、「実業」を加えない進学コースの第二種課程に分割された。それまでの中学校令施行規則（1919 年 3 月）で週 6-7-7-5-5（計 30）だった外国語の時間数は、第一種で計 20〜26 時間に削減されたが、第二種では文政審議会答申の通り、上限は旧規定と同じ計 30 時間とされた（表 5-1）。なお、両種とも 3 学年ないし 4 学年以上では外国語が初めて弾力のある増課科目とされた。

　しかし、このような進路によるコース分けは歓迎されなかった。1935（昭和 10）年 4 月の時点で、生徒数は第一種が 2 万 9,322 人、第二種が 9 万 98 人で、後者の進学＝英語重視コースが前者の 3 倍もの人気を集めていた。また、3 年生からコース分割をした中学校はわずか 8 校にすぎず、大半が 4 年生からだった。

支那語教育の振興
　1931（昭和 6）年の中学校令改正では、「外国語は英語、独語、仏語又は支那語とす」とし、新たに「支那語」（中国語）が加えられた。その理由に関して、「施行規則の趣旨」は「我が国と中華民国との関係頗る密接なるに鑑み

中学校教育をして実際生活に有用なものたらしむるの趣旨」から導入したと述べている。ここでも実用性を強調している点が注目される。

なお、支那語教育の振興に関しては、すでに1925（大正14）年2月24日に丸山浪彌などが提出した「支那語教育施設普及に関する建議案」が衆議院で可決されていた。これは、日支国交の親善には支那語の研究が必要であり、中等学校の教科目として支那語の研究・普及を進め、そのための施設の拡充を求めるものだった。

また、「満州」の日本人小学校では、1925（大正14）年から1945（昭和20）年まで4〜6年生に支那語を正課として教え、高等小学校や中学校でも支那語は国語に次ぐ時間数だった。[8]

しかし、文部省の全国調査[9]によれば、実際に支那語を課す内地の中学校は1933（昭和8）年12月の時点で5校にすぎず、しかも英語との兼修だったから、下記のように英語の圧倒的な優位に変わりはなかった。

英語のみ540校（98.2%）　　　英語と支那語5校（0.9%）
英語とドイツ語3校（0.5%）　　英語とフランス語2校（0.4%）

これに対して、商業学校で支那語を正科に編入した学校は24校、随意科に編入した学校は11校、その他6校（計41校）だった。ところが、2年半後の1936（昭和11）年5月の調査では、正科52校、随意科17校、その他4校（計73校）と1.8倍に急増した。[10]

中国侵略が進むにつれて、日本は支那語ブームに沸き返っていったのである。1931（昭和6）年には日本放送協会のラジオ放送による「満洲語講座」が開講され、「満蒙開拓移民」という国策に国民を動員するために語学講座が利用された。ただし、この時期に流行した「満洲語」とは、満州族の固有言語ではなく、時局に便乗して中国語（特に奉天省方言）を満州語と言い換えたにすぎなかった。1931（昭和6）年度から中学校で教えてもよいとされた「支那語」と同じである。

そうした時代の空気の中で、実業系の学校では支那語（満州語）を課す学

校が増えていった。石川県の七尾商業学校では、1934（昭和9）年より5年生に課外として満州語を週1時間課し、1938（昭和13）年には5年生に正課として支那語が加えられた。「支那事変」と呼ばれた1937（昭和12）年勃発の日中戦争下では「満州語」が「支那語」へと呼び換えられたのである。1939（昭和14）年2月7日には、文部省が中等学校に支那語を正科として開設するよう訓令を発した。同年6月の全国農業学校長会議では「外国語として特に拓殖地の語学を加ふること」を決議している。[11] 当時、最大の拓殖地は「満州」（中国東北部）であった。

師範学校での英語必修化（1931）

　1931（昭和6）年1月20日に師範学校規程が改正され、英語は男女とも3年生まで必修の基本科目になった。必修化は明治中期の森有礼文相時代以来、約40年ぶりのことである。また、中学校や高等女学校の卒業生を受け入れた本科第二部でも、男女とも増課科目として選修させるなど英語教育が重視された。時数は本科第一部で4-4-4-(2〜4)-(2〜4)、本科二部で(2〜4)-(2〜4)であった（カッコ内は選修）。師範学校規程第15条の英語科に関する規定は以下のとおりである。

> 英語は普通の英語を了解し之を運用するの能を得しめ、知徳の増進に資し、かつ小学校に於ける英語教授の方法を会得せしむるを以て要旨とす
> 英語は発音、綴字、聴方、読方及び訳解、話方及び作文、書取、文法の大要並びに習字を授け、かつ教授法を授くべし

　この改正によって、「知識」の増進が「知徳」の増進に改められ、徳育（道徳教育）が強調されたのは当時の中学校などと同様である。何よりも注目されるのは、旧規程の「普通の英語を了解するの能を得しめ」が、「普通の英語を了解し之を運用するの能を得しめ」に改められ、運用能力が重視された点である。また、綴字のあとに「聴方」が入ることで音声面が補強され、総じてコミュニケーション能力の育成が強調されている。
　1927（昭和2）年の藤村作論文を契機に巷には英語廃止論が台頭し、1931

（昭和6）年には中学校および高等女学校の外国語の授業時数が削減された。そうした中で、なぜ師範学校では英語を男女とも必修にし、重視する方向に進んだのであろうか。その理由を文部省は、「教員たる立場に於て一般教養として英語の必要なるを認め、かつ其の一般教養は男女に於て区別すべきものにあらずと認めたるに因るなり」[12]と述べている。文部省みずからが師範の英語教育を「一般教養」として位置づけていることが注目される。

　高等小学校の外国語加設率が1933（昭和8）年にピーク（9.9％）を迎えるなど、1930年代には日本社会に広く英語が浸透しつつあった。そうした時代にあっては、小学校での英語指導力の必要性とともに、教師の一般教養として英語の素養が求められたと考えられる。

高等学校にも教授要目（1931）

　1918（大正7）年12月6日の「高等学校令」（勅令389号）にもとづき、1931（昭和6）年2月7日には「高等学校高等科外国語教授要目」（文部省訓令4号）が初めて制定された（136頁参照）。その後、外国語に関する規程を含む「教授要綱」（全教科に関わる場合は「要綱」となる）は3回改訂された。

　○ 1942（昭和17）年　3月30日　高等学校高等科臨時教授要綱
　○ 1943（昭和18）年　3月31日　高等学校高等科教授要綱
　○ 1946（昭和21）年　12月12日　高等学校高等科教授要綱草案（案）

　「外国語教授要目」（1931）では、教授方針と教授事項を以下のように定めた。

教授方針
　外国語の教授は高等学校規程第七条の趣旨に基き外国語を正確に了解し且之に依りて思想感情を表現する能力を養成し以て学術の研究に資すると共に海外諸国の文化、国情、国民性等を正しく理解せしめ併せて健全なる思想、趣味、情操を涵養することに努むべきものとす
教授事項

> 発音、綴字、書方、読方、訳解、話方、聴方、作文、書取、文法各事項は
> 成るべく互に連関せしめ以て教授の効果を挙ぐるやう努むべし

　このように、「学術の研究に資する」ために「了解」(受容)と「表現」(発信)の両側面を習得し、「海外諸国の文化、国情、国民性等を正しく理解」することで「健全なる思想、趣味、情操を涵養する」というエリート養成のための学術的・教養主義的な性格が強い。

教育と教科書への統制強化

　「満州事変」の翌年の1932(昭和7)年11月25日、文部省はそれまで自由採択制だった実業学校の普通科目用の教科書を検定対象とした。総力戦体制下での工業生産力の向上を図る観点から、1935(昭和10)年6月18日には実業教育振興委員会(のちの実業教育振興中央会)が設置され、教科書の編纂も担うようになった。さらに1941(昭和16)年12月には国策会社である実業教科書株式会社(実教出版の前身)が設立され、実業学校の専門科目用教科書を一元的に発行することによって事実上の国定化を進めた。

　政府直属の教学刷新評議会は1936(昭和11)年10月29日に「答申」を発表し、「外国語の教科については、全般的に考慮を加へ実際上の必要に応じてこれを課すべく、又その教授に於ては、外国の国情・国民性を知らしめ、これによって我が国の特徴を明ならしむるに留意するの必要あり」[13]との方針を示した。これが敗戦までの外国語教育政策の基調となった。

　日中戦争開始翌年の1938(昭和13)年4月1日には国家総動員法が制定され、総力戦を遂行するために、人的・物的資源を政府と軍が統制運用できる体制が敷かれた。

　翌年4月4日には高校や専門学校の教科書にまで統制の手が伸びた。中村正直訳の『自由の理』として明治の自由民権運動を鼓舞したJ.S.ミルの*On Liberty*をはじめ、ギッシングの*The Private Papers of Henry Ryecroft*(ヘンリー・ライクロフトの手記)やオルダス・ハックスリの短編などが「自由主義的である」として禁止された。人気のあったトマス・ハーディーの小説

Tess（テス）も「恋愛ものは風俗紊乱の恐れがある」として不許可となった。こうして、明治以来の人気作品だった *The Lady of the Lake*（湖上の美人）、*Jane Eyre*（ジェーン・エア）、*The Essays of Elia*（エリア随筆集）、*The Vicar of Wakefield*（ウェイクフィールドの牧師）など 24 冊が姿を消した。他方で語学の「実際化」が叫ばれ、科学技術関係や政治・経済・外交などの時事的な教材が増加した。科学振興と軍備増強が国策となり、外国語は敵を知る武器とされたのである。

　日本国内にとどまらず、「満州国」でも英語教科書から親中国的ないし反満州・反日本的な教材の排除が進められた。「満州国」の文教部編審官室編『教科書審査報告書』(1937)によれば、中国人が執筆した 15 冊の英語教科書が不認可となった。その理由は、「支那的教材を過多に含む」が 10 冊(67%)、「反満反日的教材を含む」が 3 冊(20%)、「三民主義的教材を含む」「その他」が各 1 冊(計 13%)である。当局が中国民衆のナショナリズムを過敏なまでに恐れていたことがわかる。

　日本の関東軍は、1936(昭和 11)年 12 月に「満州国」と接する河北省(古名は冀)の東部に傀儡政権「冀東防共自治政府」を樹立させた。翌年 12 月には北京(北平)に「臨時政府」、1938(昭和 13)年 2 月には南京に「維新政府」、1940(昭和 15)年 3 月には南京に汪精衛の「国民政府」を成立させた。

　日本軍は占領地で中国民衆の民族主義に対抗し、円滑な統治を進めるために、文化工作としての教育活動を展開した。その一貫として、教科書の中から三民主義・排日・反「満州」・親ソビエト・共産主義容認的な内容を除去すべく、教科書の改訂事業と独自教科書の発行を進めた。こうして発行された英語教科書は、初級中学校(現在の中学校相当)と高級中学校(高校相当)を合わせて、現在 5 種 13 巻の存在が確認されている。

　それらの内容を分析すると、国民党政権下の教科書とは異なり、政治・経済・社会・歴史・日本・英米などに関する題材がなく、政治的に「無色」な教材が集められている。国民党政府の三民主義的で反日的な教材を解毒するために、題材内容を徹底して「脱イデオロギー化」したのである。[14]

　1940(昭和 15)年 9 月 12 日、文部省は「昭和 16 年度中等学校等教科書に

関する件」を通牒し、日中戦争による物資難と用紙統制を根拠に、日本の中等学校で使用可能な教科書を読本や文法などの各種目別に5種以下に制限した（いわゆる「5種選定」）。そのリストは『英語青年』1940（昭和15）年12月15日号に掲載されている。同様に、朝鮮総督府による5種選定のリストも同誌1941（昭和16）年1月1日号に掲載されている。

　これによって、検定教科書は国の指定制となり、新規発行件数は激減した。実業学校用の英語教科書を例にとると検定合格件数は1939（昭和14）年度に43件あったものが、翌年度には2件（4.7％）に減った。選定された実業学校用の英語読本を見ると、中学校と同様の英語読本が2冊で、あとの3種類はそれぞれ商業、農業、工業学校用に特別に編集されたものである。こうした折衷的な選択は、実業学校における普通英語教育と専門英語教育の二面的な性格を反映している。

英語教授研究所から語学教育研究所へ（1941）

　1941（昭和16）年12月8日、日本軍はハワイ真珠湾とシンガポールを攻撃し、米英など連合国との戦争に突入した。開戦直後の12月14日には、文部省内に設置されていた英語教授研究所（市河三喜所長）の理事会で、組織を「語学教育研究所」に改編することを決議した。その結果、新たに木村謹治（ドイツ語）、辰野隆（フランス語）、倉石武四郎（支那語）の各理事を選任した。組織改編に先だって、文部省督学官の櫻井 役らを通して、以下のような文部省首脳部の意向が伝えられた。[15]

> これからの日本人は、アジア各地の言語を学び、また教える必要が起こるであろう。それと同時に、日本語を外国人に教えることもこれに劣らず重要な国家的な仕事である。またヨーロッパ語にしても、英語以外に重要なものがいくつもある。ところが、そのいずれについても、教授法はほとんどかえりみられない。研究所は英語教育について、多くの業績をもっているから、それらを他の言語教育にも及ぼし、この国家的事業に当たるべきではないか。

　この時期の日本における外国語教育の多様化は、アジア侵略や対米英戦争と強く関連していたのである。

このころ研究所は特高警察の訪問を受け、警視庁の担当官からは「英米と戦争をしているこの非常時に、今さら英語でもあるまいから、*The Bulletin* を廃刊してはどうか」と勧められたという。結局、機関誌 *The Bulletin* は1942（昭和17）年2月5日発行の通巻第180号から『語学教育』と改題され、広島文理科大学英語教育研究所発行の『英語教育』と統合された。また、英語教授研究大会は語学教育研究大会と改称され、ドイツ語、フランス語、支那語の部会も設けて、1942（昭和17）年11月15・16日に第1回大会が東京で開催された。

国民学校への移行と外国語教育

　1941（昭和16）年3月1日に「国民学校令」（勅令148号）が公布され、4月には小学校が「皇国民の錬成」を目的とする国民学校になった。そこでは「実業科」の中で「必要に応じて簡易なる外国語を課することを得」とされた。

　国民学校関係法令は、これまでの小学校施行規則とは異なり、外国語の教授目的や内容に関する規定がない。しかし、東京高等師範学校附属小学校で英語を教えていた佐々木秀一は、「地方の実状に応じて、英語又は支那語等が実業科と関連して課すことが出来る」とした上で、次のように述べている[16]。

> 都会地なれば実業英語、農村地方なれば、農業の大陸進出に関連して支那語が課せられることとならう。前者の場合、中学一二年でやるやうな一般的な基礎養成でやるか、又は一応の完成として内容を商業・工業等に関係あるものでやるかということには問題があると思ふ。私見としては大体、後者をとるものであるが、只これと異る所は、一年一学期は専らローマ字を課し、之を実業英語に発展させてゆくのである。上級三年の中学校への希望者には、自学的にやらせればよい。

　このように、都市部では商工業と関連した「実業英語」を、農村地方では「農業の大陸進出に関連して支那語」をそれぞれ課すべきだと述べている。すでに岐阜県の高等小学校では1935（昭和10）年度から「満州語」が加設さ

れており、1939（昭和12）年度からは「支那語」が加設科目統計に現れるようになった。こうした傾向は、当時の農業学校などと同様である。

『文部省小学新英語読本』

　文部省は明治末期の旧版に代わって1939（昭和14）年より *The New Monbusyō English Readers for Elementary Schools*（『文部省小学新英語読本』）を刊行した。実際の著者は明らかにされていないが、「編纂趣旨」[17] は文部省で英語担当の図書監修官をしていた蠣瀬彦蔵[18] が執筆している。

　巻一は1939（昭和14）年7月26日初版発行、1941（昭和16）年2月10日訂正発行（改訂部分はごくわずか）、同年2月12日文部省検査済である。同年2月26日には巻二も発行され、その年の4月に発足した国民学校高等科用の国定英語教科書となった。

　内容的には明治の旧版との継承性はなく、まったく新しい著作である。「編纂趣旨」によれば、「多くは課を二部に分つて、第一部は叙述の文とし、第二部は問答式などを利用して反復練習の機会を増し、又訳読を主としない教授法、口頭教授法にも利用出来るやう考慮した」。この他、乏しい時間数に配慮して「簡単な文法形式に限定し」、語彙も「なるべく使用頻度の多いものを用ひる方針」とした。音声指導も重視されており、「第一課に先立ち発音練習を設け、尚数課毎に発音練習を添へた」。

　巻一をみると、まずIntroductory Sound Drillが付き、オーラル・メソッドでの指導が想定されている。言語材料は段階的に配列され、巻一では間接疑問文、不定詞、過去形まで進む。題材もバラエティーに富み、戦争教材がないため、戦後の新制中学校でもそのまま使用できる内容である。

　巻二では、日本人を主人公にした日本国内の話題が大勢を占めるようになった。愛国的な郷土教育が叫ばれる時局を反映してか、「東京」「大阪」「神戸」「富士山」といった地誌的な課が目立つ。また、買い物や手紙の書き方といった実用英語的な課も配されている。

2. 太平洋戦争期の外国語教育政策

女子の外国語縮廃

　高等女学校の外国語（英語）は必修科目同然の実施状況だった。また、実科高等女学校（高等女学校実科を含む）では、規定上は学科目から外国語を除き、代わりに実業科目を加えることになっていたが、実際には外国語を課す学校も少なくなかった。1933（昭和8）年度の調査では、実科高等女学校185校のうち、外国語を正課として加設する学校が36校、随意科または選択科として課した学校が30校で、合わせると全体の36％におよぶ。

　1930年代には超国家主義と軍国主義が強まり、外国語教育の縮減を求める声が強くなった。しかし、全国高等女学校校長協会は1938（昭和13）年7月の「女子教育改善に関する意見　その二」で、「外国語は依然これを重視する必要がある」などとする以下のような意見を具申している。[19]

> 広く外国文化を摂取し、克くこれを消化し、以て日本文化の大を成すのは、日本精神の一特質である。近時日本精神の高調されるや、偶々これを排他的に解し少くとも回顧的に偏して考へる向も少くないのは遺憾である。徒に時流に迎合して、直ちに国家百年の大計を忘れるやうなことは大国民の採らざる所である。目下教育界で問題となつている外国語の如きは其の一例であるが、高等女学校にあつても外国語は依然これを重視する必要がある。併し
> 　一、外国語必ずしも英語と限るには及ばない。
> 　二、現行施行規則の外国語の要旨課程表はこれを改正すること。
> 　三、低学年に於てはこれを必須科として授け、高学年に於ては選択科目として授け、外国語を履修しない者には裁縫・家事・園芸若しくは商業等を課すべきである。

　全国高等女学校校長協会は1929（昭和2）年10月には外国語を正科目中より除き、これを加設科目として随意科または選択科目とすることを可決していたが、今回は外国語に対する過度の縮減政策に対し、条件付きながら異議を唱える側に回ったのである。

　しかし、太平洋戦争期の1942（昭和17）年4月には、高等女学校の外国語は必修ではない「増課教科」に格下げされた。さらに、同年7月8日に文

部省は「高等女学校に於ける学科目の臨時取扱に関する件」を通牒し、年度途中の同年2学期（9月）より、外国語は随意科目として週3時間以下に制限し、課外での授業も禁止した。ただし、外国語の学習を特に必要とする者は、地方長官の承認を受ければ例外が許された。

また、外国語の履修者は2学年修了時に成績を考査し、保護者と本人の希望を調査した上で3年次以降の履修を指導するとした。外国語を履修しない女子生徒には「主として家事（特に育児保健）、理科、実業を履修せしむること」とした。外国語教育を縮減し、戦時体制下での「産めよ増やせよ」の出産奨励と、工業生産力の増強に誘導しようとしたのである。

このころの全国の高等女学校における外国語の縮廃状況について、文部省教学官の櫻井役は「約340校は、従来の如く外国語の学習を継続したが、約640校は、外国語の教授時数を減じて他学科を履修せしめた」[20] と報告している。

女子実業学校での英語教育に関しても同様で、1942（昭和17）年7月8日に文部省は以下のように通牒した。[21]

▽女子商業学校は英語を課しなくてもよい、課する場合は一週三時間を超えないこと
▽女子職業学校は成るべく課しないこと。若し課する場合は一週三時間を超えないこと
▽女子農業学校は課しないこと

こうした英語教育への圧迫によって英語教師が失職したり、農作業監督者になるなどの事態も生まれていた。余剰人員となる外国語教員に対して、文部省は以下のような措置を講ずるよう通達した。

(一) 他の学科を担当し得るものは能ふ限り之を担任せしむること
(二) 勤労奉仕、校外補導等修練教育に従事せしむること
(三) 外国語を課する他の学校の教員充実に振り向くること
(四) 外地の学校教員への転出又は他の職業への転職を要する事情にある者に付ては適当に指導斡旋すること

こうして、例えば石川県では英語は同年の2学期から実科女学校では全面禁止、高等女学校、女子職業学校では1学年では課すものの難解な作文や会話を避けて実用的なものを教授し、2学年以上は随意とした。その結果、津幡高等女学校では英語に代わり農業科目が実施され、英語担当教師は農作業監督者となった。[22]

私立の女学校ではどうだったのか。伝統的に英語教育を重視してきた「キリスト教系女学校の大半は、法令の範囲内において可能な限り英語教育を守り、その伝統を継承しようとしていた」[23]。こうした学校の女生徒の中には、「国の方針は間違っていると心ひそかに思っていた人達が、英語の先生にお願いして時間を見出しては」学習を継続したり、「英語を勉強すれば国に叛く者と云われるので、進学のため四〜五人でかくれて自習した」[24]という。

中等学校令 (1943)

1943（昭和18）年1月20日に「中等学校令」（勅令36号）が公布され、同年4月1日から施行された。これによって中学校、高等女学校、実業学校が中等学校として一元化され、いずれの学校も修業年限が1年短縮された。

中学校は明治末期以降の大衆化・多様化の過程で特権的地位が相対的に低下し、それに伴ってエリート教育の象徴だった外国語教育の地位低下と実用主義化が促進されていた。そこに対米英戦争下での英語への忌避感が加わった。こうして、中学校の外国語の時間数は、それまでの週5〜7時間程度から、1943年度以降は各学年週4–4–(4)–(4)時間と大幅に削減された。しかも、3年生以上では外国語か実業科目かの一方を選択することになった。この点に関して、文部省の櫻井役は次のように解説している。[25]

中等教育に於ては全生徒に対し、全学年に亘って外国語を課することは、これを必要としないといふ結論を前提とするものではあるが、外国語学習に対する能力に於て幾分優るところがあり、その希望が一層確実であると認められる生徒に学習せしめるのであるから、従来に比して教授能率を増進することが期待されるのである。

ここでも 1931（昭和 6）年の規程を引き継ぎ、上級学年では生徒を二分して成績優秀な進学希望者に外国語を課すという方針をとったのである。こうした方針に落ち着くまでには、外国語教育の堅持を訴える元英語教育者の櫻井と、「週 3 時間に削減せよ」と命じる文部省上層部や陸海軍などとの複雑なやりとりがあった。戦後になって櫻井は次のように証言している。[26]

語学の基礎としての程度、習得すべき語彙の範囲などを勘案し、また一、二学年には一般の生徒に課するが三、四学年においては特に外国語の学習を必要とする者に課することとして学習能率の増進を図ることなどの案を立て、多少の参考資料を具して毎週の授業時数は四時を下るべきでないことを答申してかろうじて文相の了承を得、また数次の会議を経てようやく承認されたのであった。

1943（昭和 18）年 3 月 2 日の「中学校規程」（文部省令 2 号）では、「外国語科は英語、独語、仏語、支那語、マライ語又は其の他の外国語を課すべし」と定め、「外国語を履修する場合でも、例へば、マライ語の如き、一二年で履修しなかった他の外国語を転換して学習することも認めた」[27]。また、「上級学年に於ては必要に応じ初歩の蘭語〔オランダ語〕を加味することを得」とされた。長らくオランダ領だったインドネシアを支配統治するためには、オランダ語の理解が必要であると考えたのである。

高等女学校の外国語の種類は中学校と同じだが、家政・実業・外国語が増課科目と位置づけられ、そのうちの 1〜3 科目を選択履修することになった。外国語の週時数は 2〜3 時間とされた。

外国語教育の目的は、「外国語の理会（ママ）力及発表力を養ひ外国の事情に関する正しき認識を得しめ国民的自覚に資するを以て要旨とす」とされた。「国民的自覚に資する」としてナショナリズムが強調されている。「中等学校外国語科教授要目の解説」によれば、この改訂は以下の趣旨からだった。[28]

今やわが国は総力を挙げて大東亜戦争の完遂と大東亜共栄圏の建設とに邁進しているのであるが、これ等の広大な地域の民族に日本精神を宣揚し、日本

文化を紹介して、わが国の真意を理会せしめ、大東亜の新建設に提携協力せ
しめるには、日本語の普及と共に外国語の利用をも考へなければならぬ。ま
た一方外国文化を摂取してわが国文化を昂揚し、大東亜共栄圏内諸民族の指
導者としての豊かな文化を発達せしめなければならぬ。それには外国語の修
得は必須であり、国民の中堅となるべき現在の中学校および高等女学校の生
徒が、在学中外国語の基礎の力を習得して置くことが必要である。

　中学校以外の学校における教授要旨は、商業学校では「商業の実務に従事
する者に須要なる外国語」とされ、「我が国商業の振興に資せしむる」こと
が追加されている。拓殖学校では、「拓殖の実務に従事する者に須要なる外
国語」と定められ、「国民的自覚に資する」の部分は「開拓地農業の振興と
拓殖の使命達成とに資せしむるものとす」（農業拓殖科）、「産業の振興と開
拓の使命達成とに資せしむるものとす」（商業拓殖科）と規定された。

中学校教科教授及修練指導要目（1943）

　1943（昭和18）年3月25日の「中学校教科教授及修練指導要目」（文部省
訓令2号）[29] では、外国語科の方針を表5-2のように定めた。新旧を対照さ
せて見てみよう。主な改訂内容は以下の通りである。

　①大東亜共栄圏の「マライ語」が加えられた。当時、マレー半島は日本の
占領下で、シンガポールは「昭南」と改名されていた。

　②外国語の「了解・運用」を「理会力・発表力」に改めた。これにはハロ
ルド・パーマーの影響が感じられる

　③目的規定から「知徳の増進に資する」が消え、「外国の事情に関する正
しき認識を得しめ国民的自覚に資する」との方針が盛り込まれた。文部省教
学官の櫻井役は、「この改訂は外国語学習に関して、一層主体性を明確に
し、能動と進取とを指向するもの」[30] であると述べている。

　④外国語内の分節（分科）に関しては、1931（昭和6）年版施行規則の「発
音、綴字、聴方、読方及解釈、話方及作文、書取、文法の大要並に習字」の
8分節が「聴方及話方」「読書力及作文力」の4技能に整理統合された。こ
れは戦後も踏襲される。教授事項の概要は以下の通りである。

第 5 章　アジア・太平洋戦争期（1931〜1945）　159

表 5-2　中学校外国語の新旧内容比較

（新）中学校教科教授及修練指導要目（1943）	（旧）中学校令施行規則・教授要目（1931）
一、外国語科教授要旨 外国語科は外国語の理会力及発表力を養ひ外国の事情に関する正しき認識を得しめ国民的自覚に資するを以て要旨とす 外国語は英語・独語・仏語・支那語・マライ語又は其の他の外国語を課すべし 　　　二、外国語科教授方針 一、平易なる現代外国語に付聴方及話方を練り読書力及作文力を養ふべし 一、発音・語彙・語法を正確に習得せしむると共に国語と比較して外国語の特質を明にし言語習得の力を増進すべし 一、外国語の習得を通じて外国の事情に関する認識を得しむると共に視野を拡め国民的自覚の深化に資すべし	外国語は普通の英語、独語、仏語又は支那語を了解し之を運用するの能を得しめ知徳の増進に資するを以て要旨とす 外国語は発音、綴字、聴方、読方及解釈、話方及作文、書取、文法の大要並に習字を授くべし 外国語の教材は平易なる現代文を主とし常識の養成、国民性の涵養に資するを以て旨として選択すべし 外国語は発音・綴字・聴方、読方及解釈、話方及作文、書取・文法・習字を課し了解・発表の二方面に互りて互に連絡して之を授くるものとす

・聴方及話方：初めは発音の基礎的練習に重きを置く。

・読書：読方・解釈・書取・暗誦を課す。

・作文：既習教材を応用し、話方と連絡して練習させ、既習の教材について習字を課す。

　なお、3 年生では「既習教材に基き文法の大要を授くべし」とされた。

　⑤新たに「国語と比較して外国語の特質を明にし言語習得の力を増進すべし」との方針を盛り込んだ。この点に関して、櫻井役は次のように解説している[31]。岡倉由三郎が『英語教育』(1911)で述べた教育観と酷似している点が注目される。

> 外国語の教授はその方法宜しきに合ふならば、外国語を正しく習得せしめ、母国語に対する認識を深め、言語意識を鋭敏・活発にし、言語習得の力を増進するのである。かくして養はれる能力は、他の外国語の学習を容易にするのみではなく、総合し、分析し、或は推理し、帰納する心理的のはたらきを錬磨し強化することを見のがしてはならないのである。

参考までに、中等学校教科書株式会社の『外国語科指導書　中等学校第一学年用』(1943) では、この箇所の解説が以下のようになっている。[32]

> 外国語と国語との表現の差異を意識せしめることは、やがて正しい日本語を使うとの意欲と努力とを生み、母国語に対する認識を深化することになり、(中略) 実に国語を愛護する精神や外国語習得力は、指導国家の中堅国民として、又大東亜共栄圏内諸国に進出する国民として、当然有つべき資格である。

　このように、櫻井が教育学的な範囲内での解説にとどめているのに対して、『外国語科指導書』は政治的・イデオロギー的な意義付けに踏み込んでいる。

　⑥外国語の必修は第1・2学年のみとし、第3・4学年では選択履修制とした。文部省は外国語学習を真に望み、かつ成績良好な生徒だけに課すことで学習効率を上げ、減少した時間数をカバーする方針だった。その一環として、櫻井は「一学級の生徒数を二分して授業を行ふ分割教授の方法なども考へられるのであるが、事情の許す限りこれを実施して、教授の効果を大ならしめることが望ましい」[33] と述べている。

　⑦教授上の注意事項として、新たに以下の項目が盛り込まれた。

　・「読書に於ては聴方及話方・作文及文法を総合的に取扱ひ大意の把握に慣れしめ直読直解の力を養ふべし」として、諸技能の総合的な指導、和訳によらない大意把握や直読直解を推奨している。

　・授業では努めて既習の外国語を用いて聴方及び話方に慣れさせると同時に、国語を用いるときには純正な国語を用い、これを「尊重愛護する念を培う」べきだとした。

　・自学自習の態度を養うべきだが、櫻井は「生徒の精力を語学に集中せしめたり、或は家庭に於ける学習時間の大半を語学のために費さしめるが如きは、甚しく中等教育の目的に背くものであって、厳に慎まなければならない」[34] とクギを刺している。

第5章　アジア・太平洋戦争期（1931〜1945）　161

実業学校教科教授及修練指導要目（案）（1943）

　1943（昭和18）年3月2日には「実業学校規程」が定められ、「実業学校教科教授及修練指導要目（案）」が文部省によって初めて作成された。[35] それによれば、外国語は実業科の一科目である「実業科外国語」と位置づけられており、男子商業学校と新設の拓殖学校だけで正課とされた。

　実業科外国語は「英語・支那語・『マライ』語又は大東亜共栄圏内に行はるる重要外国語の内一又は二箇国語を課すべし」とされた。外国語教育は、国策である大東亜共栄圏構想の一翼を担うことを求められたのである。

　男子商業学校の外国語の週時数は、昼間部の4年制で4–4–3–3、3年制で3–2–3、夜間課程では2–2–2–2に削減された。商業学校実業科外国語の「教授要旨」と「教授事項」は次の通りである。[36] 下線部が中学校にない事項であり、実用性が重視されていることがわかる。

教授要旨
実業科外国語は商業の実務に従事する者に須要なる外国語につき理会力及び発表力を養ひ、外国の事情に関する正しき認識を得しめ、我が国商業の振興に資せしむるものとす
実業科外国語は英語・独語・仏語・露語・支那語・マライ語又は其の他の外国語の内一若は二箇国語を課すべし

教授事項（修業年限四年のもの）
　　第一学年　百三十六時（毎週四時）
聴方及話方・読書・作文
聴方及話方に於ては初は発音の基礎的練習に重きを置き日常生活に関する教材を授くべし
読書に於ては読方・解釈・書取・暗誦を課すべし
作文は既習教材を応用し話方と連絡して練習せしむべし
既習の教材に付習字を課すべし（支那語を課する場合を除く）
　　第二学年　百三十六時（毎週四時）
聴方及び話方・読書・作文
前学年に準じ更に進みたる程度に於て之を課すべし
　　第三学年　九十六時間（毎週三時）
前学年に準じ更に進みたる程度に於て之を課し、聴方及び話方に於ては実務に必要なる会話を加ふべし

> 既習の教材に基き文法の大要を授くべし
> 　　第四学年　　九十六時間（毎週三時）
> 前学年に準じ更に進みたる程度に於て之を課し、時事文・商業文を加ふべし

「教授上の注意」は中学校[37]とほとんど同一であるので割愛するが、商業学校には「商業文は実務との連絡を保ち商業通信文・経済記事文等に付て解釈・作文の力を養ふべし」という一項が追加されている。逆に中学にある「教材は分量の多きを望まんよりは之を精選して基礎的知識の徹底を期すべし」の１項がない。

女子商業学校においては「実業科外国語」は正課ではなく増課科目として位置づけられており、時数は４年制で週１～２時間とされた。また、農業拓殖科と商業拓殖科の外国語は全学年とも週３時間だった。

工業学校と農業学校では外国語は増課科目（選択科目）の位置づけで、各実業学校の「教科教授修練指導要目（案）」では以下のように規定されている。ただし、女子農業学校には外国語の増課規定がない。

> 工業学校　外国語を課する場合は第一及第二学年に於て課するを原則とすること
> 農業学校　実業科に外国語を課する場合は全学年を通じて修業年限四年のものに在りては八時以内、修業年限三年のものに在りては六時以内とすること〔＝ともに週２時間以内〕

実業学校規程では原則として国定教科書の使用が義務づけられた。また、1940 年代には多くの工業学校で教科目の「英語」が「外国語」に代わり、例えば福岡航空工業学校では英語はなく同盟国のドイツ語だけが教えられた。

師範学校の高等教育機関化（1943）

1943（昭和 18）年３月８日に「師範教育令」が大幅に改正され、師範学校は各道府県で原則１校に統合され、官立の高等専門学校程度に昇格した。その理由を、文部大臣は「大東亜共栄圏に於ける指導者たるべき皇国民錬成

の重責に任ずべき人物を養成せんが為めには、師範学校の単なる改善に止まらず、其の程度を高め、（中略）官立として（中略）国家自らの力を致すことが最も適当であることを確信するに到った」[38]と説明している。

　全員を国費で養成し、原則として国定教科書を使用することが定められたが、師範学校外国語科用の国定教科書は刊行されなかった。本科は3年制（ただし戦時下で男子は6カ月短縮、女子は当面2年制）となり、入学資格は高等師範学校と同じ16歳以上の中等学校卒業者とした。また、国民学校高等科卒を入学資格とする2年制（1944年入学者までは3年制）の予科を置き、現職教育のための研究科（6カ月）と女子の専攻科（1年制）も併設した。

　従来の「英語科」は「外国語科」に改められて「選修科目」に格下げされ、予科の男子のみが必修制にとどまった。外国語の週時数は予科男子が3-3-3、女子が随意選択で(2)-(2)、本科が（適当）-(3〜6)-(3〜6)とされた。こうして、予科には高等小学校で英語を学んだ者とそうでない者が、本科には予科で英語を学んだ者と中学校などでより高度な英語を学んだ者とが混在した。実態をみると、東京第一師範学校（東京学芸大学の前身）の外国語は英語とドイツ語の双方を各2時間で、各学年約200名中、選修者は1年生28名、2年生11名だけだった。[39]

　「外国語科の教授要旨および教授要目」は以下のとおりである。[40]

【教授要旨】
外国語科は現代外国語につき理会力及び発表力を養ひ、外国語の特質を明にすると共に外国に関する正しき認識を深め国民的自覚に資し教育者たるの資質を錬成するを以て要旨とす
外国語は英語・独語・仏語・支那語又は其の他の外国語とすべし
必要に応じ二科目を併せ課すことを得
【教授方針】
一、通常の現代外国語に付聴方及話方に習熟せしめ読書力及作文力を養ふべし
一、発音・語彙・語法を正確に習得せしむると共に国語と比較して外国語の特質を明にし言語習得の力を増進すべし
一、外国語の習得を通じて外国の国情・国民性及文化に対する正しき認識を深め国民的自覚を促し我が国文化の創造発展に資せしむべし

> 一、教育者としての責務を自覚せしめ国民学校に於ける外国語の精神と其の
> 　教育の要諦とを会得せしむべし

　1944（昭和19）年4月には青年学校教員養成所が官立に移管し、3年制の青年師範学校が発足した。外国語は「英語・独語・仏語・支那語・マライ語又は其の他」で、実業科目の「商業」の中に位置づけられ、正課としては教えられなかった。時数は週3時間で、3年生は半期のみである。教授の要旨および方針は師範学校とほとんど同じである。[41]戦後の新制移行で青年学校が廃止されると、青年師範学校は「新制中学校教員養成へと目標の切り替えを行ない」[42]、英語を含む1教科の専攻を課したが、すぐに新制大学の学芸学部（後の教育学部）に吸収された。

高等学校の教授要綱

　高等学校においては、1942（昭和17）年3月30日に「高等学校規程ノ臨時措置ニ関スル件」を定め、高等学校高等科の修業年限をそれまでの3年から2年6カ月に短縮した。これに伴い、「高等学校高等科臨時教授要綱」を制定した。

　臨時措置は同年度1年限りで、「外国語科及演習に於ける外国語は第一外国語及第二外国語とし第一外国語は独語、英語及仏語とし第二外国語は独語、英語、仏語、伊語〔イタリア語〕、支那語及露語」[43]とした。「演習」において第二外国語を履修できるようにし、その中に同盟国のイタリア語や仮想敵国のロシア語を含めた点が特徴である。

　翌1943（昭和18）年3月31日には「高等学校令」を改正し、修学年限を2年に短縮した。これに伴って「高等学校高等科教授要綱」（文部省訓令4号）[44]が定められ、同年4月1日より施行された。

　外国語科では従来の第一外国語、第二外国語という区分が廃止され、文科では英語・独語・仏語のうち1カ国語を必修とし、理科では独語および英語の2カ国語を必修とした。また、文科においては新たに選修科を設け、そこでは独語・英語・仏語・支那語等のうち、外国語科で履修していない言

表 5–3 高等学校外国語科の内容比較

高等学校高等科教授要綱（1943）	高等学校高等科外国語教授要目（1931）
外国語科は外国語の理会及発表の能力を養ひ其の特質を明にし当該外国語を通じて直接に外国の思想、政治、経済、学術、文化、国民性等に関する正確なる認識を得しめ広く世界情勢を洞察批判する識見を養成し国運発展に資せしむるを以て要旨とす 一　皇国の世界史的使命に鑑み諸外国文化の核心を究明し以て我が国伝統文化の発展に寄与する素地を養ふべし 二　欧米に於ける学術の動向に絶えず接触を保ち原文に依り之を迅速の確に把握するは国運の進展と共に 益 必要なるを以て此の目的を達成する基礎を固むべし 三　外国語を駆使して皇国の精華を海外に闡明し世界新秩序の建設に貢献するに足る実力を養ふに力むべし	外国語の教授は高等学校規程第七条の趣旨に基き外国語を正確に了解し且之に依りて思想感情を表現するの能力を養成し以て学術の研究に資すると共に海外諸国の文化、国情、国民性等を正しく理解せしめ併せて健全なる思想、趣味、情操を涵養することに努むべきものとす

語を履修させるとした。

　「高等学校規程」（1943）によれば、外国語の時間数は高等学校尋常科（4年制で中学校と同等）が各学年とも週4時間、高等科では理科（甲種）が1年次全体で最低300時間（週10時間程度）、2年次に200時間（週7時間程度）、文科が1・2学年とも最低200時間とした。文科のほうが少ないのは、選修科で外国語を追加できるからである。

　1918（大正7）年と1943（昭和18）年の外国語の年間時間数の変化を理科（甲種）で比較すると、第1学年が330時間から300時間に約10％減少し、第2学年が270時間から200時間に約26％減少している。

　「高等学校高等科教授要綱」（1943）における外国語科の教授方針を「高等学校高等科外国語教授要目」（1931）と比較してみよう。

　表5–3のように、教授要目（1931）の「海外諸国の文化、国情、国民性等」が、教授要綱（1943）では「外国の思想、政治、経済、学術、文化、国民性

等」と具体的になっている。その上で、「健全なる思想、趣味、情操を涵養する」と教養主義的だった目的が、「広く世界情勢を洞察批判する識見を養成し国運発展に資せしむる」と実用的な色彩を強めている。

教授要綱（1943）で特に注目されるのは、英語は「主として講読に依り読書力を増進せしむべし」とした上で、「音声に依る理会及発表にも習熟せしむべし」と定めている点である。教授上の注意点は以下の通りである。[45]

> 教授は単に章句を解釈するに止まらず之を自由に活用し得るやう指導し尚随時左〔下〕の如き演習的取扱を加味すべし
> (一) 生徒に分担せしめて一定期間内に読了せしめたる適当なる教材に付報告を行はしめ相互に討論批判せしむる等の方法に依り其の内容を全体的に把握せしむること
> (二) 既習の語句を応用して簡単なる自由作文を綴らしめ或は既読教材を要約する等の練習を行わしむること
> (三) 適当なる邦文を英訳せしめ以て国語と比較し表現の異同を知らしむること

このように、訳読的な英文解釈にとどまらず、「自由に活用し得るやう指導」することを求めている。そのために、読了した教材に関する「報告」および「討論批判」といった能動的・演習的な授業スタイルを取り入れ、英語運用力の向上を図ろうとしている。

太平洋戦争期の英語教科書

(1) 英語教科書の発行状況

内閣情報局発行の『写真週報』第257号（1943年2月3日号）は、「看板から米英色を抹殺しよう」や「米英レコードをたたき出そう」などのキャンペーンを特集している。しかし、これらはあくまで戦意高揚のための庶民向けプロパガンダであって、国民学校高等科を含む中等教育機関以上のエリート層には英語教育を続けるというダブル・スタンダードだった。そのことを如実に物語るのが、太平洋戦争期に刊行された一群の外国語教科書である。

外国語教科書の発行状況をみると、1941（昭和16）年から1944（昭和19）

第 5 章　アジア・太平洋戦争期（1931〜1945）　167

表 5-4　1943（昭和 18）年度用の外国語教科書の校種・種類別発行件数

	師範学校	中学校	高等女学校	実業学校	国民学校	計
読本	3	5	5	6	1	20
作文	3	4	2	5	0	14
文法	3	5	4	5	0	17
習字	5	5	5	5	3	23
副読本	0	19	12	14	0	45
その他	0	ドイツ語　1 支 那 語　3	0	支那語　3	0	7
計	14	42	28	38	4	126

（注）副読本などは同一の本が複数の校種で使用されている。

年までの間に 78 点が文部省の検定認可を受けている。そのほとんどは英語であるが、日本文化研究会独逸語部著 *Deutsche Lesebücher*（1942 年 5 月 27 日検定済：中学・女学校）や倉石武四郎著『倉石中等支那語』（1942 年 6 月 27日検定済：中学・実業・女学校）も含まれていた。また、実業教育振興中央会は実業学校用の事実上の国定教科書である『実業マライ語』（1944 年 4 月30 日発行）と『実業独語』（同 6 月 10 日発行）を発行した。

　太平洋戦争下で使用された教科書は『昭和十八年度中等学校青年学校教科用図書総目録（付国民学校高等科用）』（1942）から把握できる。それによれば、外国語教科書の総数はのべ 126 種で、うち英語はのべ 119 種（94％）であった（表 5-4）。

　ところが、翌 1944 年度に使用された外国語教科書は激減し、中学校と高等女学校の 1・2 年用は『英語』（1・2）、『英習字』（1〜3）、*Deutsche Lesebücher*（1・2）、『新編中等支那語教本』（1・2）の 4 種類。実業学校も『実業英語』（1・2）、『実業独語』『実業支那語』『実業マライ語』の 4 種類だけとなった。[46]

(2) 中等学校用の準国定『英語』

　中等学校用では、太平洋戦争末期の 1944（昭和 19）年 3 月から翌年の 1 月

にかけて、国策出版会社である中等学校教科書株式会社（中教出版の前身）を著作兼発行者とする準国定の『英語』が発行された。中学校用と高等女学校用が各3巻だが、検定認可が確認できるのは各2巻までである。[47]

『英語』の編集は、青木常雄を代表とする東京高等師範学校の英語科教授陣が中心となり、文部省担当者も加わった。パーマーのオーラル・メソッドにもとづく入門期の音声指導、語彙選定、言語材料配列などの面で戦前期の英語教授法理論の到達点を示している。しかし、軍部の干渉や時局を反映して、題材面では軍事、大東亜共栄圏（植民地支配）、戦時的自覚、神社参拝、天皇崇拝などの軍国主義的な内容を含む課が全課の約2割を占めた。

(3)国民学校高等科用の国定『高等科英語』

国民学校高等科用の『文部省小学新英語読本』（全2巻）の第1巻が半分ほどに縮約されて、敗色濃厚な1944（昭和19）年秋に『高等科英語』（全1巻）となった。総頁数は60頁、本文はわずか30頁で、この一冊が「一二年生用」とあるから、せいぜい週1時間程度の授業を想定していたと思われる。戦時下を反映して旧版の英米人はすべて日本人に差し替えられ、世界地図は「大東亜共栄圏」地図に改められた。言語材料をみると、固有名詞を除く新語数を旧版（第1巻）の350語から287語に精選し、文法項目の流れに無理はなく、入門期の英語を要領よくまとめてある。巻頭の音声練習（Drill in Sounds）なども残されており、薄い冊子ながらオーラル・メソッドによる指導に配慮されている。

戦災や物資不足が著しいこの時期に、『高等科英語』はどのくらい供給されたのだろうか。三重県の「昭和二十年度使用国民学校教科用図書ノ供給制限ニ関スル件」[48]によれば、「英語」は高等科1年に40％供給すると記されている。

ただし、国民学校高等科では1944（昭和19）年度ごろから勤労動員が強化され、翌年度からは授業がほとんど停止させられたため、英語の授業実施は困難を極めたと思われる。

『高等科英語』は、敗戦翌年の1946年度に軽微な修正がなされた「暫定

第5章　アジア・太平洋戦争期（1931〜1945）　169

教科書」（後述）として1年間だけ使用された。『高等科英語』の発行と供給
は、準義務教育的な大衆教育機関であった国民学校高等科（高等小学校）に
おいても英語教育が戦中戦後を通じて連続的に行われていたことを証明して
いる。語彙の精選や易から難への言語材料配列なども、新制中学校の英語教
科書と連続する側面が強い。

帝国議会での英語教科書追及（1944）

1944（昭和19）年1月、帝国議会で堀内一雄衆議院議員らが中等学校用の
文部省検定教科書 *The New King's Crown Readers* を「英米礼讃的のものが非
常に多い」などと攻撃し、文部省を追及した。質疑の模様は、第84回帝国
議会の「大日本育英会法案外二件委員会議録（速記）第三回」（帝国議会会議
録検索システムを利用）に全文収められている。その概要を、文部省総務局
調査課がまとめた「第八十四回　第八十五回帝国議会　本省所轄事項質疑応
答要領」（1944年10月）から再現してみよう。[49]

「英語教科書に関する件」（1月24日）
(問) 堀内一雄　クラウン・リーダー、キングス・クラウン・リーダー等には
　　　米英を礼讃するやうなものが多々あるが、これを放任しているのは
　　　如何。
(答) 岡部文相・菊池次官　昭和二十年度より国定のものを作ることになって
　　　居り、従来の分についてはその取扱方の注意を指示せり。

「中等学校英語教科書取扱ひに関する件」（1月26日）
(問) 八角三郎・堀内一雄　中等学校に於て使用中の「クラウン・リーダー」
　　　其他の英語教科書中、英米崇拝の文章が掲載されているのは教育上
　　　甚だ宜しからざるを以て削除訂正すべきであるが、その箇所を示さ
　　　れたし。
(答) 阿原国民教育局長　クラウン・リーダー巻二の「国歌」、巻三の「ペリ
　　　ー」を中心とせる日本の開国、又「ロンドン」を礼讃した記事、巻
　　　四の英国魂、巻五の「英語の効用を誇張せる箇所」等は削除してい
　　　る。

帝国議会での追及前に、すでにペリー来航による開国をテーマにした教材

などは 1943（昭和 18）年 8 月 24 日検定版で削除されていた。しかし、その検定に通ったばかりだった *The New King's Crown Readers* は、堀内らの追及によって修正され、翌 1944（昭和 19）年度の新学期開始直後の 4 月 8 日に検定認可を受け直し、*The Kanda's English Readers* と改名して発行された。Kanda とは、1916（大正 5）年の初版以来の著者で 20 年以上前に死亡している神田乃武（1857〜1923）のことである。

　堀内らは *King's Crown* の名称を削除させたと同時に、英国王室を思わせる表紙の王冠も問題にした。そこで版元は、表紙に白い紙のカバーをかけることで急場をしのいだ。なお、堀内は中等学校用の教科書『音楽』にイギリス国歌が掲載されていることも追及し、文部省はただちに削除すると答弁している。異常すぎる時代だった。

太平洋戦争期の英語廃止論

　太平洋戦争末期になると、敵国語である英語を一掃せよと主張する「英語廃止論」がまたも登場した。実業教育振興中央会常務理事で実業教科書株式会社・工業図書株式会社の各社長を努めていた倉橋藤治郎（1887〜1946）は、『実業教育論』（1944）の中で欧米語の廃止を次のように主張した。[50]

> 　実際問題として、中等実業学校の卒業生が、どれだけ欧米語を実用するか。農業学校生の殆ど全部にとっては全く不要である。工業学校卒業生も欧米語を必要とするものは殆ど稀である。商業学校卒業生は従来対英米勢力圏との貿易に従事する一部の者に対しては必要であったが、今日はわが国対外関係の変遷と商業学校の転換並びに存置商業学校の性格改変によって、殆ど必要がなくなりつつある。東亜共栄圏内にフィリピン・マライ等英語の行はれる地方が残っているが、これも急速に日本語が普及しつつある。随って今や中堅皇国民を養成すべき中等実業学校に於いて、必修科として欧米語を課する必要は全くなくなった。

　実際に、戦時下の実業学校では外国語の時間が削減され、廃止された学校もあった。神奈川県では、1944（昭和 19）年 2 月に、すべての農業学校に対して「各学年を通じ外国語は之を廃し其の時数を学校の事情及土地の状況に

第 5 章　アジア・太平洋戦争期（1931〜1945）　171

応じて実業科中戦時下特に緊要なる科目又は実習に配当すること」が通達された。[51]

　商業学校でも、敵性語とされた英語の授業時間数は日中戦争（1937）が始まるころには週 5〜6 時間（約 1 時間減）に、太平洋戦争期には中等学校令（1943）を契機に 3〜4 時間にまで減少している。また、第二外国語を廃止するところも大幅に増えた。

　師範学校では、1944（昭和 19）年 8 月に「学徒勤労動員の徹底強化に伴ふ師範学校教育に関する件」が出され、必修だったはずの予科男子の外国語も「課外に於ける随意学習とす」とされた。愛知第一師範学校男子部の「外国語」の授業時数は 1944（昭和 19）年度になると空白になっている。勤労動員のため、教科の授業はほとんどなくなり、英語教師も生徒とともに軍需工場に寝泊りする生活となったのである。ただし、体操および武道は同年度に 1 週 12 時間ずつも教えられていた。[52] 戦時下の師範学校や中等学校は、練兵場および工場動員の供給源と化していったのである。

注

1　倉沢愛子ほか編（2005・2006）『岩波講座アジア・太平洋戦争』全 8 巻、岩波書店
2　文部省「青年学校ニ関スル件」1935（昭和 10）年通牒
3　三重大学教育学部同窓会（1977）『三重大学教育学部　創立百年史』328–329 頁
4　矢口新・飯島篤信（1940）「私立青年学校の学科編成に就いて」『東京府私立青年学校協会報』1940（昭和 15）年 3 月号（文部省社会教育局『青年学校教育義務制に関する論説』614 頁）
5　西崎恵（1941）「実業学校卒業者の上級進学取扱に就いて」『文部時報』第 712 号、7 頁
6　教育史編纂会編（1939）『明治以降教育制度発達史　第 7 巻』17 頁、213 頁
7　*Ibid.* 214 頁
8　川村邦夫（2014）『旧満州で日本人小学生が学んだ中国語』丸善プラネット
9　関口隆克（1934）「中学校の実際化に関する資料」『産業と教育』第 1 巻第 3 号、403 頁
10　藤井省三（1992）『東京外語支那語部：交流と侵略のはざまで』157 頁（原資料は

『新興支那語』1937（昭和12）年1月号「編集後記」）。

11 江利川春雄（2006）『近代日本の英語科教育史』57頁

12 文部省（1931）「師範学校規程中改正ニ関スル訓令」『官報』1215号、365–366頁

13 日本文化協会編（1937）『教学刷新評議会答申及ビ建議』13頁

14 江利川春雄（2009）『英語教育のポリティクス』第3章2節「日本軍中国占領下の英語教科書」

15 語学教育研究所（1962）「財団法人　語学教育研究所　歴史と事業」〔比屋根安雄執筆〕『英語教授法事典』490–491頁

16 東京高等師範学校内初等教育研究会（1940）『国民学校の基礎的研究』523–524頁

17 蠣瀬彦蔵（1940）「高等小学校用新文部省英語読本編纂趣旨」『文部時報』第8巻第8号、2–3頁

18 語学教育研究所編（1962）『英語教授法事典』261頁

19 水野真知子（2009）『高等女学校の研究（上）』466頁

20 文政研究会編（1944）『文教維新の綱領』77頁

21 『教育週報』1942（昭和17）年7月25日付、7頁

22 石川県教育史編さん委員会編（1975）『石川県教育史　第2巻』523–524頁

23 水野真知子（2009）『高等女学校の研究（下）』683頁

24 *Ibid.* 686頁（原資料は『弘前学院百年史』384頁、および『西南女学院七十年史』262頁）

25 日本放送協会編（1944）『文部省　新制中等学校教授要目取扱解説』76頁

26 櫻井役（1954）「英学回顧：戦争と英語教育」『英学月報』1954年8月号、7頁

27 岡田孝平（1944）「新制中等学校に於ける課程運営の方針」日本放送協会編『文部省　新制中等学校教授要目取扱解説』8頁

28 中等学校教科書株式会社著作兼発行（1943）『外国語科指導書　中等学校第一学年用』4頁

29 大村喜吉ほか編（1980）『英語教育史資料　第1巻』139–145頁および149–151頁

30 櫻井役（1944）「新制中等学校外国語科の教育」日本放送協会編『文部省　新制中等学校教授要目取扱解説』73頁

31 *Ibid.* 74–75頁

32 中等学校教科書株式会社著作兼発行（1943）『外国語科指導書　中等学校第一学年用』7頁

33 櫻井役（1944）「新制中等学校外国語科の教育」76頁

34 *Ibid.* 78頁

35 文部省国民教育局（1943）『㊙中等学校令・実業学校規程・実業学校教科教授及修練指導要目（案）』

36 *Ibid.* 24頁、43–45頁

37 「中学校教科教授及修練指導要目」は大村喜吉ほか編（1980）『英語教育史資料　第1巻』149–151頁

38 島根大学開学三十周年史編集委員会編(1981)『島根大学史』329 頁
39 細川泉二郎(1943)「師範学校の英語」『語学教育』第 193 号
40 文部省(1942)『㊙師範学校教科教授要綱案』168–169 頁
41 文部省(1944)『青年師範学校教授要目』96–97 頁
42 岡山大学二十年史編さん委員会編(1969)『岡山大学二十年史』73 頁
43 旧制高等学校資料保存会編(1980)『資料集成　旧制高等学校全書　第 2 巻　制度編』184 頁
44 外国語科の教授要綱に関しては『資料集成　旧制高等学校全書　第 3 巻　教育編』316–321 頁
45 前掲『資料集成　旧制高等学校全書　第 3 巻　教育編』316 頁
46 文部省『昭和十九年度使用中学校第一第二学年教科用図書目録(昭和十八年七月)』および高等女学校用と実業学校用の図書目録を合計
47 準国定教科書『英語』の成立過程、戦後の「墨ぬり」版および 1946(昭和 21)年度の暫定教科書版については、江利川春雄(2008)『日本人は英語をどう学んできたか』(研究社)で詳細に論じた。また、当時の英語学習状況については黒澤一晃「戦時下の英語教育：神戸での一体験」参照
48 「三重県公報　教第 5,235 号」1945(昭和 20)年 1 月 19 日付
49 江利川春雄(2015)『英語教科書は〈戦争〉をどう教えてきたか』第 4 章参照
50 倉橋藤治郎(1944)『実業教育論』189–190 頁
51 「農業学校に於ける外国語の臨時措置に関する件」『神奈川県教育史　資料編第 3 巻』700 頁
52 愛知第一師範学校『自昭和二十一年二月　諸報告関係書綴』(愛知教育大学蔵)

第6章　戦後民主主義期(1945～1951)

1.　軍国主義の払拭と民主主義教育

墨ぬり教科書と暫定教科書

　1945 (昭和20) 年8月14日のポツダム宣言受諾と9月2日の降伏文書調印によって、日本は連合国の占領下に置かれた。占領政策の中心となったのが、アメリカのマッカーサー司令官率いる連合国軍最高司令官総司令部 (General Headquarters: GHQ) だった。占領下で日本の学校教育制度は大規模に改革され、外国語教育政策も劇的に変化した。

　敗戦の年の秋からの授業では、戦時色を帯びた教材が削除・修正された。いわゆる「墨ぬり」教科書である。墨ぬり指令は、1945 (昭和20) 年9月20日に文部省が発した「終戦ニ伴フ教科用図書取扱方ニ関スル件通牒」に始まる。そこには次のような指示があった (下線は原資料)。

戦争終結に関する詔書の御精神に鑑み適当ならざる教材につきては左記〔下記〕に依り全部或は部分的に削除し又は取扱に慎重を期する等万全の注意を払はれ度此段及通牒

　一.　省略削除又は取扱上注意すべき教材の基準概ね左の如し
　　(イ) 国防軍備等を強調せる教材
　　(ロ) 戦意高揚に関する教材
　　(ハ) 国際の和親を妨ぐる虞ある教材
　　(ニ) 戦争終結に伴ふ現実の事態と著く遊離し又は今後に於ける児童生徒の生活体験と甚しく遠ざかり教材としての価値を減損せる教材

> （ホ）其他 承 詔 必謹〔＝天皇の命令に従うこと〕の点に鑑み適当ならざ
> 　　る教材
> 二．教材省略の為補充を必要とする場合には国体護持、道義確立に関する
> 　　教材（中略）等を夫々の教科科目の立場より土地の状況、時局の現実等
> 　　に稽へて適宜採取補充すること（以下略）

　同年10月10日には文部省の教科書責任者とGHQの民間情報教育局（CIE）の担当者が、教科書の削除について検討会議を開いている。10月22日にはGHQが教科書から軍国主義と超国家主義を含んだ教材をすべて除去することを指令し、翌1946（昭和21）年1月25日には国民学校の国語と算数の教科書に関する削除修正箇所の表が再通知されている。ただし外国語教科書に関しては、占領軍や政府からの具体的な指令は発見されておらず、教師が各自の判断で生徒に指示したと考えられる。そのため、「墨ぬり」の対象や程度は不統一で、無削除のまま使用された例もある。[1]

　墨ぬり指令の中心人物だった久保田藤麿・文部省青少年教育課長によれば、こうした「墨ぬり」の目的は「機密書類の焼却と似通ったところがあった。つまり、日本へ進駐してくる米軍の目から、教科書のなかの軍国主義的なところを事前に隠してしまおうというのがねらい」[2]だったという。このように「墨ぬり」は、どの教材がなぜ誤りだったのかを検証・反省した結果ではなく、軍国主義教育を隠蔽するための証拠隠滅だった。

　1946（昭和21）年4月からは、戦時中の英語教科書のうち軍国主義的な内容を削除した「暫定教科書」が1年限りで使用された。文部省教科書局長だった有光次郎は『朝日新聞』1946年4月8日付の「新教科書について」の中で、次のように述べている。

> いま新らしい暫定教科書を見ると、甚だ粗末なものである。用紙もわるいし、表紙らしい表紙も無い。また当分の用に当てるため二三ケ月分を分冊とした折本又は仮綴のものでもある。ただしかしこの教科書は外形は粗末ではあるが、新しい教育の方向に添って軍国主義や極端な国家主義或は国家神道などの教材を除き、人間性を尊重し民主主義的国家の建設、国際親善に寄与し得るやうな国民の育成を目ざして編纂されている。

第 6 章　戦後民主主義期（1945〜1951）　177

　戦火で国土も学校も荒廃の極にあった状況下で、文部省は「人間性を尊重
し民主主義的国家の建設、国際親善に寄与し得るやうな国民の育成を」目指
すことを誓ったのだった。

敗戦直後の米会話ブーム

　敗戦占領下でアメリカ軍を主体とした占領軍（進駐軍）が日本各地に駐屯
するようになると、空前の英語ブーム、より正確には「米会話ブーム」が沸
き起こった。筆者が所蔵する1945〜1946年の会話書22冊のうち17冊（77
％）のタイトルは「日米会話」（「英米」「米兵」を含む）と銘打っている。有
名なのが1945（昭和20）年9月に発売された『日米会話手帳』（科学教材社）
で、数カ月で360万部を売り切った。同年11月には、『進駐軍との日米会
話』（冬至書林）、翌年4月には子ども向けの『日米会話絵本　アメリカの兵
隊さんと太郎』（日本生活社）というタイトルの教材まで出た。
　当時の雰囲気を、1945（昭和20）年11月発行の『ポケット米日会話』（愛
育社）の序文は次のように伝えている。

> 　終戦と共に今や我国は米語会話熱が急に高まり、会話書の如きも雨後の筍<ruby>筍<rt>たけのこ</rt></ruby>
> の如く公刊され、書店或は駅頭を賑はしている有様である。
> 　進駐軍の将兵と一日も早く自由に会話が出来る様になり、将来も米語を通
> じて祖国の復旧に資したい気持は時節柄当然の事である。

　戦時中の暗黒時代に抑圧されていた英語は、清新なアメリカン・デモクラ
シーを伝える媒体でもあった。それゆえに、広範な人々をとらえたと言えよ
う。敗戦の年の1945（昭和20）年11月に創刊された研究社の『時事英語研
究』では、主筆の高部義信が「今度の戦争を契機として英米といふ語は悉<ruby>悉<rt>ことごと</rt></ruby>
く米英の語に変わりました。（中略）従って本誌に於ては米語を研究の第一
対象とします」と宣言している。同誌は最新のアメリカ情報を提供し、「民
主主義の復活」を目指した。ただし、高部は『英語研究』1942（昭和17）年
1月号の「編集余記」では「諸君、決戦態勢下、最後の努力を振って、勇躍
挺身のその日まで、敵国語〔＝英語〕克服の善戦を続けられんことを」と檄

を飛ばし、自ら沖縄戦で米軍と戦った。

1946（昭和21）年2月から始まった平川唯一のNHKラジオ英語会話（後に「カムカム英語」と改称）は、テキストの販売部数50万部、ファンレター125万部、ファンが集うカムカムクラブが1,000支部に達する人気を博した。この放送の政治的・イデオロギー的な役割について、『ニューヨーク・タイムズ・マガジン』誌にカムカム英語を紹介したケン・カーターは次のように評価している。[3]

> 平川唯一氏は、英会話を教えることを通して、幾百万人もの日本人に、微妙なアメリカーナの醍醐味を味わわせてくれる。これは多くの占領軍関係者および日本政府の役人が多くの日時を費やしてもできない仕事である。彼は、まさにデモクラシーの善意の伝道者であり、第一級のアメリカ合衆国広報担当官の代表である。

英語奨励は国策でもあった。1945（昭和20）年12月14日の第89回帝国議会請願委員会において、下記のような提案に基づいて「英語奨励に関する請願」が採択され、同17日の衆議院本会議で可決承認された。[4]

> ○永田委員長　次は日程第一九、英語奨励に関する請願、文書表第五〇号
> 　是は当局の説明を俟つまでもなく、英語の教育を戦争中止めて居られたのが間違ひであつたことは、世界の周知の事実です。英語を止めて居つて、どうして世界の文化の吸収が出来ますか。日本が後れたのは英語教育を怠つたからである。それを今度大いに英語の教育を奨励したいと云ふのでありますから、文部当局の説明を俟つまでもなく、是は採択に決したいと思ひますが、如何でございますか。〔「異議なし」と呼ぶ者あり〕

可決された「英語奨励に関する請願」には、次のような内容が盛り込まれていた。

> 戦時に於て英語教育を軽視又は廃止せるは我国の文化向上を妨げ又我国を敗戦に導きたる原因なりと信ず依て広く智識を世界に求め日米親善世界平和を促進せんが為政府は英語教育の一大振興を図られたし

連合国にはソ連や中国なども入っていたが、決議では「日米親善」のみが特記されている。こうした日本側の英語熱と親米感情を巧みに利用しながら、アメリカは占領政策を進めていった（第7章参照）。

軍国主義の払拭から民主主義教育へ

敗戦直後の日本を事実上支配したアメリカは、すでに太平洋戦争中から日本占領政策の一環として外国語教育政策を立案していた。アメリカ陸軍は1944（昭和19）年3月に日本のすべての学校や大学において英語教育を制度化し、授業時数を増加させる提案を行っていた。[5]

1946（昭和21）年3月には、軍国主義教育の払拭と民主主義教育の確立のために、アメリカ教育使節団が東京に到着した。使節団は約1カ月にわたって日本側の教育関係者らと協議を重ね、新しい学校制度を創設し、教育課程の基準を示す Course of Study（学習指導要領）を作成することにした。

教育使節団の一員だったボールズは日本における英語教育の普及を主張し、それは同年10月9日の連合国による対日教育改革方針に反映された。他方、文部省学校教育局は新制中学校への外国語の導入に対しては消極的で、1947（昭和22）年3月24日付の学校教育法施行規則案には外国語科の規定が欠落していた。

この時期には、日本国内からも戦後の外国語教育を刷新するための様々な意見が出されていた。その代表格である語学教育研究所（市河三喜所長）は、『戦後の英語教育』（1947、31頁）で次のような卓越した改革案を提起した。

一、外国語はなるべく国民多数が学び得るようにすること。
二、外国語の音声を重視し語感を養うような教授法を用いること。
三、外国語の学習態度を能動的積極的ならしめること。
四、教授ないし学習の目的を高く且つ広くすること。
五、国語との連絡を保つこと。
六、教員養成の方法を改めること。

GHQ の要請を受け、新生日本の教育制度を改革するための内閣総理大臣の直属機関として「教育刷新委員会」が1946（昭和21）年8月1日に発足し

た。委員長は安倍能成、副委員長は南原繁で、ともに優れた学者だった。教育刷新委員会は、学制改革や教育基本法制定などの戦後民主主義教育改革の基本路線を審議し、1949（昭和24）年6月に教育刷新審議会と改称された。同審議会は日本が独立した1952（昭和27）年6月に解消され、その後身として中央教育審議会（中教審）が設置された。

教育刷新委員会の外国語教育政策論議（1948〜1949）

　戦後の新制発足に伴い外国語（実質は英語）の学習人口が急増した。その舵取りをどうするかという切実な問題に答えるべく、教育刷新委員会は文化問題に関する事項を扱う第11特別委員会や総会で本格的な外国語教育政策を議論した。特別委員会の主査（委員長）は元文部次官の山崎匡輔で、委員には星野あい（津田塾大学長）、天野貞祐（元第一高等学校校長）、大内兵衛（元東京大学教授）などのトップレベルの学者たちが就任した。

　教育刷新委員会は、戦後初期の日本の外国語教育をめぐる政策の原型を形成した重要な組織であるから、やや詳細に主要議論を紹介したい。議論は多岐にわたるが、主なテーマは、以下のように整理できる。

　①小学校の外国語教育をどうするか
　②中学校の外国語教育は選択科目のままでよいのか
　③外国語の教授法をどうするか
　④外国語教員の再教育をどうするか
　⑤学習指導要領をどう改訂するか
　⑥上級学校の入学試験の英語問題をどう改善するか
　以下、代表的な論点を具体的に見ていきたい。

小学校の外国語をめぐって

　1948（昭和23）年4月16日に開催された教育刷新委員会第65回総会では、外国語教育研究に関する新しい組織作りの問題が議論された。会議録[6]によれば、1947（昭和22）年の夏ごろ文部省教科書局所轄の外国語教育研究委員会〔「外国語教育調査委員会」との記載もあり〕を設置し、約10名の

専門研究者や教員に委嘱して、「小学校においても外国語を教ゆるべきか、児童や生徒に希望或いは社会的必要というような点、或いは又いろいろ教育技術というような点（中略）果たして選択科目でいいか、或いはもっと必修とすべきか」や、教授すべき内容、教え方、時数等について議論を行った。

その際に現実問題として浮上したのが「入学試験の問題」だった。「如何に下の学校で新らしい教育をやっても入学試験において、例えば従来のごとく翻訳中心でありましたならば、自然下の学習がそれに引摺られて行く」との認識のもとに、委員会では入試の在り方についても議論を重ねた。

1948（昭和23）年11月5日の教育刷新委員会第85回総会では、外国語教育の在り方をめぐる一段と踏み込んだ議論が展開された。[7] 文部省教科書局課長の大島文義は、まず小学校の教育課程に外国語を入れない理由について、以下のように説明している。

> 小学校時代の児童の心身の発達、国語習得の知識及び技能、児童の学習負担などの問題を考えまして、外国語を必須教科としてもまた選択教科としても採上げておらない次第でございます。尚将来の問題といたしまして、成る程外国語の学習というものは、幼児から始める程上達が早いということもございますが、こういうような点を含めましてできるだけ慎重に考慮して、将来の問題を決定して行きたいと思っております。

このように、小学校における外国語教育に対して文部省側は慎重な態度を取っており、結果的に教育課程には盛り込まれなかった。しかし、国立大学附属小学校や私立小学校の一部では、英語教育を実施している学校も存在した。1957（昭和32）年7月に広島大学教育学部英語教育研究室が行った調査[8] によれば、「かねて英語教育を行っていると聞き及んでいた東京、横浜などの国立、私立小学校77校にアンケートを出して」42校から応答があり、英語教育を実施している小学校は36校（東京22校、神奈川13校、名古屋市1校）だった。

なお、東京教育大学附属小学校は「小学校で三カ年実施しても、中学では一年生の一学期位保つ程度で、あまり効果がないという反省が多かったので、もっと小学校の課程を正規にやり、基礎的なことをみっちりやることに

182

方針を変え、廃止した」と回答している。

中学校の外国語をめぐって

　文部省は中学校で外国語を選択科目とした理由として、「生徒の個性やその土地の要求に対しておのずから強弱がある」からだと述べている。大部分の学校が英語のみを教えている理由については、「学校予算とか、教室の数、教師の定員及び英語以外の教師がいない」という事情を挙げている。中学校の外国語の授業時数については、「言語学習の能率を上げるという意味から申しまして四時間乃至六時間に変更いたしたい（中略）最小単位を四時間にするというようなところに持って行きたい」と述べている。

　特に注目されるのは教授法に関してで、文部省側は「生きたことばとしての運用能力を養うために、これまでのような翻訳式教授法を改めまして、耳と口とによるオーラル・メソッドに切り換えようと考えるのでございます」と述べている。オーラル・メソッドは、1922（大正11）年に来日したハロルド・パーマーが提唱した教授法である（第4章参照）。もっぱら英語によって授業を進めるダイレクト・メソッド（直接教授法）の一種で、聞く・話すといった音声指導に比重を置くものだった。それが、戦後直後のこの時期に政府公認の教授法になったのである。

　学習指導要領の改訂については、「もっと詳しく教師に役立つものといたしますために、去る九月〔1948年〕に実際家及び専門家凡そ三十名からなる学習指導要領委員会を設けて新しいコース・オブ・スタディーの立案に当たっておりまして、これが来春までには一応完成させる予定」だとした。しかし、次の学習指導要領が公式に発表されたのは1951（昭和26）年7月、刊行されたのは翌年だった（後述）。

　「外国語教育刷新委員会」については、「教育刷新委員を初め教師学者外交官実業家凡そ三十名のお方々からなる委員会設置の立案」をした。これについては文部省事務官の宍戸良平が経過報告しているが、残念ながら速記が停止されたため内容はわからない。外国語教育刷新上の困難点については、大島課長が以下のような報告を行った。

①特に中学校で専門の外国語教師が非常に不足し、有資格者は10%以下にすぎない。

②外国語教師の大部分が、生きたことばとしての運用能力に乏しい。

③教師に生きたことばの再教育をしたいが、地方には指導者がほとんどいない。

④教員養成の大学が文学・語学を重視して、生きたことばの学習が度外視されかねない。

⑤外国人の著作権問題が未解決で、教科書に新鮮な教材を盛り込めない。補助教材も足りない。

⑥辞書・参考書のための用紙割当が得られず、量的に不足している。

⑦英語教材のレコードがほとんど出ていない。

⑧ラジオの学校教育放送で外国語を取り上げてほしい。

⑨外国人教師に大量に来てもらいたい。

⑩外国語教員を留学させてほしい。

　このように、新制中学校の発足によって英語学習人口が一挙に増加したものの、運用力などの力量ある教師、教員養成体制、教材などのいずれも不足し、対応に追われていた様子がわかる。

外国語教育の振興について

　1948（昭和23）年11月19日の教育刷新委員会第11特別委員会第26回会合[9]には、臨時委員として市河三喜と斎藤勇（ともに東京大学名誉教授）が出席している。

　次の第27回会合（同年12月3日）では、臨時委員が市河三喜、井出義行（東京外事専門学校校長）、石橋幸太郎（東京高等師範学校）、一色マサ子（津田塾大学：以上英語）、相良守峯（東京大学：ドイツ語）、大村雄治（アテネフランセ：フランス語）の6人となった。会議では冒頭、山崎匡輔主査より文部省の原案である「外国語教育の振興について」が提起された。その趣旨は次の5点で、それぞれに詳細な実施計画が書かれていた。

> 一、学校向放送によって正しい外国語を普及すること
> 二、外国語学習指導用のレコードを大量に製造供給すること。
> 三、中学校英語教師の現職教育を有効に実施すること。
> 四、集中教育の方法を研究すること。
> 五、外国人所有の著作権問題を解決して新鮮な教材を扱うように措置すること。

　運用力を高めるためにオーラル・メソッドで教えたいが、優れた教師が少ない。そこで、放送とレコードによって音声面を鍛え、教員の再教育を実施しようという趣旨が読み取れる。なお、四の「集中教育」とは、「ある地区に生徒を集中して」トレーニングする方式である。

　この会議で市河三喜は、「今焦眉の急で一番必要なことは、英語の先生の訓練だろう」として、「どうしても先生を、非常に困難であっても一と所へ集めて、或いはこちらから出向いて指導する必要がある」と述べている。

　1948（昭和23）年12月17日の教育刷新委員会第11特別委員会第28回会合[10]には、GHQから2人のアメリカ人が出席し、いわゆるアーミー・メソッドと呼ばれた米軍における日本語集中訓練の概要を報告した。当時この訓練を受けた語学将校の日本語力は驚嘆の的で、その理論となったオーディオ・リンガル・メソッド（オーラル・アプローチ）は、その後の日本の英語教育に大きな影響を与えることになる。

　翌1949（昭和24）年1月21日の第11特別委員会第29回会合[11]では、市河三喜が外国語教師の再教育と外国語教授法の改善策について、井出義行が外国事情の研究を目的とする教育機関設置の必要について報告し、審議が行われた。

　翌2月11日の第11特別委員会第30回会合[12]で、審議の結果、外国語教育改革に関する中間報告（案）「外国語教育について」を決定し、これを「報告」として次回の総会（2月18日）に提出することになった。なお、当日の議論では、英語の入試問題に関して、「翻訳式のものは進駐軍から叱られたそうです。文部省も同じく叱られたそうです。それで大変変わりました」との発言があった。

こうした議論を経て、ついに1949（昭和24）年2月18日の教育刷新委員会第90回総会で、第11特別委員会の中間報告「外国語教育について」[13]と題した外国語教育改革方針が採択され、翌日付で同委員会の第28回建議事項とされた。その本文は以下の通りである。

> **外国語教育について**
>
> 　わが国の再建が国際活動にまつところが少くないのは多言を要しない。これに備えるため、わが国現下の外国語教育には大いに刷新の要がある。ついては政府においてさしあたり左記の要綱にもとづき適当の施策を実施されることを望む。
>
> 記
>
> 一　外国語教師の再教育を組織的かつ継続的になるべく手広く実施するとともに、外国語視学のような機関を設けて外国語教授の改善指導につとめること。
> 二　外国語教育に関し、外国人特志家（ママ）の協力方を連合軍当局に懇請すること。
> 三　外国語教育に関しラジオの利用を強化すること。
> 四　現在の外国語教科書を再検討し、必要に応じて時代に適合する新教科書の編纂に有益なる助言を与えること。
> 五　地域的に適当な既設学校を選定し、これに外国事情研究機関（スクール　オヴ　フォーレン　スタディーズ）を設けて重点的に外国語教育を推進すること。
> 六　外国語教育の方法はオーラル　ディレクト　メソッドに重点をおくこと。
> 　なお、外国語教育の刷新に関しては、教授法その他について長期にわたり継続的に調査研究を進める必要がある。これがため国内現存の適当な機関を動員して、この事業に当らしめること。
> 　参考として「外国語教授改善策」「外国語教師の再教育」および「外国事情の研究を目的とする教育機関設置の必要」を添付する。（以下略）

このように、「学習指導要領試案」（1947）に続く戦後最初期の本格的な英語教育方針は、市河三喜が中心となり、井出義ら屈指の英語研究者が加わって策定された。その内容を、附属の参考資料と合わせて考察すると、以下の5点の特徴が浮かび上がる。

①外国語教師の再教育が「今焦眉の急で一番必要なこと」（市河三喜）として冒頭に挙げられている。教師の再教育には以下の3方面があるが、訓練

の重点を (2) と (3) に置くべきだとしている。

(1) 知識の方面（語学並びに言葉の文化的背景全般にわたる学力）

(2) 外国語の運用の方面（言葉を話し聞き又書く力）

(3) 教える方面（教授法の知識とその実際上の技術）

② 「外国人特〔篤〕志家の協力」（英語母語話者の活用）、「ラジオの利用」、「オーラル　ディレクト　メソッドに重点をおく」ことを提言し、英語の音声面での指導を強化しようとしている。教育刷新委員会は附録の参考資料の中でも、次のように述べている。[14]

中学校では可能なる限り、Direct Method によりて外国語を教授し、常に外国語を活きた言葉として取り扱い、学生の生活に直接関連せしめることが肝要である。即ち、外国語を、読み、聞き、書き、語るを全面的に体得するように指導しなければならない。

そのために、「英語の時間には教師はなるべく英語を『使い』、又生徒にも努めてこれを『使わせ』なければならぬ」と述べている。

③ 「従来の如く反訳〔翻訳〕式教授法のみによってはいけない」、「可能なる限り外国語による大意把握や討論法等により、学生の知識を能動的のものたらしめ、独自の批判と結論を誘発するように心懸けることが肝要である」。このように、翻訳式（文法訳読式）教授法では学生の知識が「受動的なものとなり勝ち」になるとして、もっと能動的な学びになるような方法をとり、「独自の批判と結論を誘発する」ことを提案している。これは米国流の教育観であり、戦後民主主義教育の息吹を感じさせる。

④ 「入学試験が日本の外国語教育全体を左右する前兆が現れている」、「来春から発足する新制大学側と新制高等学校側の教育家が協力して解決すべき問題である」と指摘している。新制大学の発足前にして、早くも「受験英語」の悪影響を懸念していたのである。日本人にとって「受験と英語」は明治から今日に至るまで一貫して難問なのである。[15]

⑤ 教師に検定に似た方法で段位を与える。即ち、英語運用能力を ABC 位の３つの級に分け、教師の英語運用能力に従ってこの段位を与える。成績

は公表する。その後、1963（昭和38）年8月には第1回実用英語技能検定（英検）が実施されたが、そのときの等級は1級・2級・3級の3段階だった。

このように、1949（昭和24）年の提言ながら、その後も議論され続けている多くの問題を先駆的に指摘している。

2. 新制発足と学習指導要領試案の誕生

最初の学習指導要領試案（1947）

1947（昭和22）年4月に、生徒数432万人を抱える新制中学校が誕生した。正式決定からわずか2カ月の準備期間で、政府の予算措置も校舎も教員も教材も揃わないままのスタートだった。

1947（昭和22）年度の新しい学制発足に間に合わせるべく、同年3月20日に文部省は中学校・高等学校の「学習指導要領　英語編（試案）」を発表した。これはGHQのCIE（民間情報教育局）のエドミストンとハルパーンの指導の下に、文部省事務官の宍戸良平（後述）が中心となって作成されたもので、主な内容は以下の通りである。

①英語を選択科目と位置づけた。

②英語に対する生徒の興味や社会の要求を教材内容に反映する。

③英語で考える習慣を付ける。英語を話す国民の風俗習慣および日常生活を知る。

④最初の6週間に聴き方と話し方を学習してから教科書に入るなど、パーマーのオーラル・メソッドの影響が強い。

⑤「毎日1時間1週6時間が英語学習の理想的な時数であり、1週4時間以下では効果が極めて減る」。実際には週1〜4時間を配当し、校長裁量で6時間まで可能だった。

⑥「1学級30名以上は望ましくない」としたが、実際には50人を超すクラスもあった。

このうち、実際の授業時数を調べると、例えば新潟県の1948（昭和23）年度における新制中学校115校の英語授業（週平均）は、1・2年生が2.7時間、3年生が2.6時間だった。[16]

高校に関しては1947（昭和22）年4月7日に文部省から「新制高等学校の教科課程に関する件」が通達され、外国語は選択科目として普通科で各学年とも週5時間が配当された。

同年5月23日の「学校教育法施行規則」（文部省令11号）では、高校までの「教科課程、教科内容及びその取扱いについては、学習指導要領の基準による」と規定された（その後の規定改変は序章参照）。

新制中学・高校用の国定教科書

文部省は新制中学校用の唯一の英語教科書として *Let's Learn English* 全3巻を作成した。実際の執筆者は宍戸良平、木名瀬信也、中村道子で、宍戸と木名瀬は文部省事務官、中村は文部大臣の通訳だった。[17]

宍戸良平（1914〜1999）は、東京高等師範学校文科第三部（英語科）を経て東京文理科大学英語学英文学専攻を1939（昭和14）年に卒業し、文部省の事務官となった。戦時下の中等学校用準国定教科書『英語』（1944）の編集にも櫻井役（教学官）とともに参画した。戦後は文部省の教科調査官や視学官などを歴任し、1975（昭和50）年に退職するまでの約30年間にわたり、7回の学習指導要領の改訂に従事するなど、戦後の外国語教育行政に多大な影響を与えた。

Let's Learn English の内容は学習指導要領と密接に関係しており、いずれも東京都内の中等学校生徒の保護者約1,000名へのアンケート調査を反映している。宍戸は、戦前の文部省による英語教育への統制と、社会の要求も学習者の興味も無視してきた教科書を批判し、「英語教育を民主化するために『学習指導要領英語編』（試案）と "Let's Learn English" が生まれ出てきたのである」[18]と述べている。占領下の英語教科書には平和や民主主義を扱った教材が盛り込まれていたが、*Let's Learn English* にも Independence Day（独立記念日）や British Parliament（英国議会）などが入っていた。

1948（昭和23）年度に発足した新制高等学校用の英語教科書としては、東京外事専門学校（東京外国語大学の前身）の小川芳男が読解用の *The World through English*（全5巻、うち4巻5巻は旧制中学生用）を、同校の岩崎民平が文法・作文用の *The Road to English*（全2巻）を編修した。両者とも事実上の国定教科書だが、著作兼発行者は中等学校教科書株式会社となっている。

英語教員の自主研修と文部省講習会

　学習指導要領に掲げられた理想とは裏腹に、現実は厳しかった。戦前には外国語（英語）は旧制中学校などのエリートだけに学ぶ機会が与えられていたにすぎなかったが、1947（昭和22）年度の新制中学校の発足によって大半の生徒たちに一挙に解放された。それだけに、英語教育を担当できる教師の不足は深刻だった。筆者の試算では、新制中学校発足期の英語担当教師のうち、英語教員免許を持つ有資格教員は約1割に過ぎなかったのである。[19] そのため、学習指導要領に「最初の6週間は教科書を用いないで、生徒の耳と口を英語の発音や話し方になれさせる」と書かれていても、「発音は苦手で……」と尻込みする先生が多かった。指導要領は「教師も自分の英語、特に発音をみがくべきである」と諭している。

　このため、教員たちは各地で自発的な英語研究会を作り、英語力と指導法の研修を活発に行った。こうした各地の英語教育組織が集まり、1950（昭和25）年12月10日には全国英語教育研究団体連合会（全英連）が結成された。

　文部省も教員研修のために様々な取り組みを行った。1948（昭和23）年7月には文部省主催の新制高等学校英語科指導者講習会が東京女子高等師範学校（お茶の水女子大学の前身）で開催され、全国都道府県より選抜された英語教員約40名が参加した。[20] 講師は、川本茂雄（早稲田大学）、高橋源次（明治学院大学）、黒田巍（東京文理科大学）、J. O. Gauntlett（GHQ/CIE）などで、Speech としての英語指導、英文学の取り扱い方、アメリカ発音の指導法、新しい評価方法などについての講義と討論に加えて、英語教師用必携文献紹介、都立第九高校の研究授業などが行われた。

　文部省はまた、1948（昭和23）年9月から1952（昭和27）年度まで、

GHQ の賛助と各大学の協力を得て、教育指導者講習（当初は教育長講習、通称は IFEL 講習会）を開催した。これは「教育長・指導主事の養成および教員養成諸学校の教職課程担当教員の現職教育を目的とした全国的な講習」（文部省『学制百年史』761〜762 頁）で、各科教授法や学校管理などの科目が 9 期にわたって開講され、のべ約 9,300 人が受講した。うち英語科教育の講習は、1952（昭和 27）年 11 月 17 日から 6 週間にわたって東京教育大学で開催され、全国から 44 人が受講した。講座の主事は同大学の櫻庭信之、主事補は大村喜吉で、講師陣は同大学英語研究室関係者のほか、文部省の宍戸良平などが務めた。講習の成果を集約した『第 9 回後期　教育指導者講習研究集録　英語科教育』（謄写刷、全 292 頁）が 1952（昭和 27）年 12 月 26 日に刊行され、体系的な英語科教育法研究の先駆けとなった。[21]

　1950（昭和 25）年 9 月には財団法人日本英語教育協会が発足し、社会教育法に基づき「英米語の正しい習得と普及を図り英米文化の理解に寄与する」ことを目的に活動した。

1951 年版学習指導要領試案

　学習指導要領（試案）は 1951（昭和 26）年 7 月 1 日に改訂され、翌年 3 月に外国語科英語編が刊行された。英語が原文で、日本語の大意訳が付き、全 3 巻 759 ページの大作だった。前述のように、学習指導要領の改訂作業は 1948（昭和 23）年 9 月に開始されており、文部省の宍戸良平のほかに、福原麟太郎、五十嵐新次郎、石橋幸太郎、岩崎民平など大学教員 14 人、清水貞吉ら高校教員 9 人、松川昇太郎ら中学教員 3 人、その他 2 人の 28 人の委員によって作成された。

　1947（昭和 22）年に新制中学が発足した当初、英語教師の約 9 割は教員免許を持たず、佐々木達夫によれば、sometimes を「ソメチメス」、11、12 を ten-one, ten-two と教えた教師もいたという。[22] そうした事情を考慮して、この学習指導要領は英語教師に必要なあらゆる情報を満載した「英語教育百科全書」の様相だった。授業で使える指導案を各領域・学年ごとに 168 種類も例示しており、未熟な教員を教え導く役割を果たした。

日本国憲法と教育基本法に導かれて平和と民主主義の精神を国民に徹底させることが、この時期までの学習指導要領の使命だった。そのため、「英語教科書の採択基準試案」には、「教科書の内容は、平和国家の市民にふさわしい真理と正義との尊重・責任感および勤労に対する関心を発達させるような、教育基本法に述べられている教育の目的に一致しなければならない」、「民主的な生活様式を発達させ、国際的観念と平和愛好心とを養うのに役だつこと」と書かれていた。当時は中学校教員にも教科書採択権があった。文部省は「教科書の採択にあたっては教師はみずから審査員であることを自覚しなければならない」と呼びかけている。

この学習指導要領は、教育課程の目標（Aims）を一般目標（The Over-all Aims）、おもな機能上の目標（The Major Functional Aims）、おもな教養上の目標（The Major Cultural Aims）に3区分し、教養上の目標が終極目標であると述べている。このうち、一般目標は以下の通りである。

> 一般目標　聴覚と口頭との技能および構造型式の学習を最も重視し、聞き方・話し方・読み方および書き方に熟達するのに役だついろいろな学習経験を通じて、「ことば」としての英語について、実際的な基礎的な知識を発達させるとともに、その課程の中核として、英語を常用語としている人々、特にその生活様式・風俗および習慣について、理解・鑑賞・および好ましい態度を発達させること。

なお、高校英語科の一般目標では、冒頭の「重視し」までの部分が、「中学校の基礎の上に、生徒および地域社会の必要および関心に応じて異なる技能を重視し」となっている以外は同一である。

「英語を常用語としている人々、特にその生活様式・風俗および習慣について、理解・鑑賞・および好ましい態度を発達させる」と定めた理由に関して、学習指導要領は以下のように述べている。

> 英語国民の家庭生活と社会生活のうちで、価値ある要素の理解と、また重要な部分が英語国民のなかで発達した全世界の国民の民主的遺産を理解させる

> ことによって、英語は社会的能力の発達に大なる寄与をすることができる。

　つまり、英語を学ぶ終極目標は「全世界の国民の民主的遺産を理解」することである。そのためには「英語を常用語としている人々」のことをよく知らなければならない。なぜなら、民主的遺産の「重要な部分が英語国民のなかで発達した」からだという論理である。

　明治初期に日本人が読んだ『ミッチェル地理書』などの舶来教科書には、欧米の白人が世界で最も進んだ文化を誇る文明開化人であり、日本人は「半文明人」であると書かれていた。そのため、日本人は英語を学ぶことによって西洋の進んだ文化や科学技術を取り入れ、文明開化と不平等条約の撤廃を急いだ。明治初期だけではない。明治末期の 1911（明治 44）年に、岡倉由三郎は以下のように述べていた。[23]

> 　英語の実用的価値は如何と云ふに、英語を媒介として種々の知識感情を摂取することである。換言すれば欧米の新鮮にして健全な思想の潮流を汲んで、我国民の脳裏に灌ぎ、二者相幇けて一種の活動素を養ふことである。我国が維新以来、偉大なる進歩発達を為せるは、主として外国の新知識、新思想を採用した為で、其手段となり媒介となったものは、外国語なることは、誰しも首肯する所である。

　この「欧米の新鮮にして健全な思想」は、1951（昭和 26）年の学習指導要領では「英語国民のなかで発達した全世界の国民の民主的遺産」と言い換えられた。明治初期の文明開化論や明治後期の岡倉の英語教育価値論は、白人崇拝とアジア蔑視を日本人に内面化させた。佐々木達夫はそれを、「明治ナショナリズムが裏腹にかかえこんでいた後進国的劣等感の表われでもあろう」[24]と指摘した。それと同様に、敗戦 6 年後の 1951（昭和 26）年版学習指導要領は、アメリカ崇拝ないしアメリカ型民主主義崇拝を再生産することに寄与したのかもしれない。アメリカもまた、そうした意識の広がりを親米国民の育成のためのソフト・パワー戦略に利用しようとした（第 7 章 1 節）。

　しかし、当時のアメリカ型民主主義は、社会主義体制と資本主義体制とが

激しく対峙する東西冷戦下での反共産主義と一体であり、すでに局地的には朝鮮戦争（1950〜1953）という熱戦と化していた。アメリカ国内では、マッカーシー旋風による言論・思想弾圧と黒人差別が公然と行われていた。

　しかし日本の生徒たちは、そんなことは知らず、英語教科書の中のアメリカはどこまでも魅力的だった。敗戦国日本では想像もつかないような豊かな食事、自動車の普及、陽気な国民性。そして何よりも、数年前の日本の軍国主義時代とは対極的な自由と民主主義。

　この時代を代表する中学用教科書 *Jack and Betty* で学んだ生徒たちは、どのような気持ちだったのだろうか。「ジャック・アンド・ベティー物語」を制作したテレビ・プロデューサーの堀川敦厚は、1950（昭和 25）年に入学した中学校時代の想い出をこう語っている。[25]

> Jack と Betty の生活は、学生生活も家庭生活も、僕らの目にはまぶしいほどに明るく輝かしく映った。もちろん、最初にこちらの目に飛び込んできたのは、生活の豊かさでしたけど、（中略）背景に潜む精神文化のようなものも盛り込まれていたような気がするんです。

　この時代の「精神文化」といえば、なにより「民主主義」（democracy）で、すでに見たように、文部省が学習指導要領や教科書で推奨していた国策である。*New Jack and Betty 3* に載った "Sportsmanship and Democracy" は、意見表明の自由、少数意見の尊重、差別の撤廃などの民主化時代の空気を伝えている。

> History tells us that the largest number of people were sometimes wrong while only a few people were right. （中略）Members of a democratic society should be tolerant. They should give every team a chance to play. They should give each side in an argument a chance to express its opinion. No one in a democratic society is allowed to think that he is better or higher than any one else.

　しかし、教育の民主化時代は長くは続かなかった。東西冷戦体制が緊張を高めていた。日本国内でも、1955（昭和 30）年には、保守政党と革新政党の

対立を軸とする「55年体制」が成立した。行政（文部省・教育委員会）と教員（日教組）との対立が激化するのもこのころからである（第7章参照）。

　そうした東西冷戦の最前線に置かれたのが、米軍統治下の沖縄である。そこでは本土とは異なる英語教育政策が行われていた。

米軍統治下の沖縄における英語教育政策

　戦後直後の外国語教育政策を語る上で、沖縄は特別の位置にある。1945（昭和20）年3月末からの3カ月に及ぶ沖縄地上戦は、5万の将兵と15万の民間人を殺戮し、地上を破壊し尽くした。敗戦後、米軍の直接統治下に置かれた沖縄では、GHQの間接統治下にあった日本本土（内地）とは異なり、外国語教育政策にもアメリカ軍政府（琉球列島米国軍政府）が強く関与した。

　アメリカ軍政府は、沖縄統治を円滑に進め、県民を親米化するために、英語教育を強化した。その一環として、初等学校（小学校）で英語を必修科目とした。アメリカ軍政府本部の教育行政機関である沖縄文教部は、1946（昭和21）年4月の「初等学校教科書編纂方針」で「高学年に於て英語を課し将来に於ける実生活に資すること」と定め、小学校5・6年生に英語を必修科目として課すことを決定した。[26]

　1949（昭和24）年3月、沖縄文教部は「新制初等学校教育課程案」を提示し、英語教育を小学校1年生から3年生まで週2〜3時間、4年生以上に週3〜4時間実施するとした。このほか、八重山文教部は「新学制小学校教育課程」で英語を小学校1年生から週2〜3時間、宮古文教部は5年生以上に週1時間教えることを定めた。宜野座嗣剛の『戦後沖縄教育史』(1984)は当時の様子を次のように伝えている。

> 占領当初英語ないし英語教育の問題は米軍政府にとって重要政策であって、できれば沖縄の教育を英語で行うことを意図していたであろうが、沖縄の教師はじめ教育関係者はこれに反対したので米軍政府は日本語による教育を認めるに至った。しかし日本語だけの教育課程は許されず初等学校一年から英語を正課にとり入れることになった。

第6章　戦後民主主義期（1945〜1951）　195

　英語を教えるといっても、沖縄は地上戦で学校も教科書も焼かれていた。そこで米軍は1945（昭和20）年8月に教科書編修所を石川市の軍政本部内に設置した。そこで作られたのがガリ版（謄写版）刷り教科書である。大内義徳[27]、村田典枝[28]、Yonaha[29] の研究によると、初等学校低学年用の『英語のエホン』と高学年用の『English-book 英語読本1・2』などが印刷され、1950年ごろまで使用された。ただし、こうした手製の教科書は部数が少なく、教師だけに配られたようである。

　そのころ日本本土の中学校では文部省著作の *Let's Learn English* や民間の検定教科書 *Jack and Betty* が人気を博し、主人公はアメリカ人だった。しかし、『English-book 英語読本』には沖縄の人名や地名が随所に盛り込まれており、米軍の砲火と統治に苦しんだ住民感情が伝わってくるかのようである。なお、本土の *Let's Learn English* は沖縄でもガリ版刷りで復刻された。

　英語教員の養成も困難をきわめた。1946（昭和21）年1月には、具志川村（現うるま市）の米軍駐留地跡にテント張りの沖縄文教学校が開校され、修業期間3カ月の外国語部も置かれた。卒業生の又吉政助は、当時の様子をこう語っている。[30]

　〔テキストには〕米軍が引揚げた跡から新聞雑誌を拾ってきて使いました。*Spoken English* というのがあり、丸暗記するまで読みました。（中略）英和辞典がありました。Property of USA と判が押してありました。4人一組のテントで30分ずつ書き写しました。重油のランプで鼻を真黒にして。

　沖縄の英語教育を担う教員養成機関として、1948（昭和23）年までに4つの外国語学校が設立された。

　これらの外国語学校を吸収する形で、米軍政府は1950（昭和25）年5月に沖縄初の大学である琉球大学を設立し、英語教員養成の一大供給源とした。そのために、アメリカ陸軍は翌年にミシガン州立大学と契約を結び、同大学の教員を顧問団として琉球大学に送り込んだ（ミシガン・ミッション）。1968（昭和43）年の契約終了までの間に顧問団教員はのべ51人に達し、英語教員養成やカリキュラム開発などに取り組んだ。こうした政策は、相手国

の国民に直接働きかける「パブリック・ディプロマシー」と呼ばれる文化戦略的な外交活動の一環だった。[31]

　こうして、1953（昭和28）年から1970（昭和45）年までの琉球大学卒業生のうち63％が教職員となり、沖縄教育界の指導的な地位に就いた。しかし、そうした教職員によって組織された沖縄教職員会は、米軍政府の意に反して、反米基地闘争において中心的な役割を担うことになった。

　1950年代に入ると、沖縄の小学校における英語教育を疑問視する声も強まった。1951（昭和26）年4月に沖縄群島政府文教部が制定した「初等学校教育課程」では、英語を小学校1・2年生に週1時間、3・4年生に週2時間、5・6年生に週3時間実施すると定めた。しかし、同年3月の沖縄群島政府文教審議委員会では「英語教育は他教科と比較して確かに行き過ぎである」[32]との認識を示していた。こうして、英語の授業時間は徐々に減少し、ついに1953（昭和28）年11月の「琉球教育法」に基づく「小学校教育課程」で、小学校科目から英語が削除された。[33]日本が独立して1年半後のことだった。

　奄美群島も1946（昭和21）年から1953（昭和28）年まで米軍の占領下に置かれた。そのため、本土では民主主義教育が開始されていたにもかかわらず、奄美群島には新制の教科書も教育資料も届かなかった。そこで、奄美大島の中学校教師だった深佐源三らは1948（昭和23）年夏に教職を辞し、船員に変装して本土に密航し、教科書、教育法令資料、謄写版印刷機などを島に持ち込んだ。こうして奄美群島では1年遅れで6・3・3制が開始され、教科書も複製されて子どもたちに配られた。しかし、教師の密航が米軍政府に知れれば罪が同僚に及ぶと考えた深佐らは、再び教壇に立つことはなかった。[34]

注

1　江利川春雄 (2008)『日本人は英語をどう学んできたか』第2章参照

2　読売新聞戦後史班編『昭和戦後史　教育のあゆみ』25頁

3　竹前栄治 (1992)『占領戦後史』(岩波同時代ライブラリー版) 379頁

4　国立国会図書館「帝国議会議事録検索システム」http://teikokugikai-i.ndl.go.jp/
　 (2014年9月29日検索)

5　広川由子 (2014)「占領期日本における英語教育構想」『教育学研究』第81巻3
　 号、297–309頁

6　日本近代教育史料研究会編 (1998)『教育刷新委員会教育刷新審議会会議録　第10
　 巻　第九特別委員会、第十特別委員会、第十一特別委員会』24–25頁

7　*Ibid.* 309–315頁

8　広島大学教育学部英語教育研究室 (1958)「『アンケート』より見た小学校に於ける
　 英語教育」『英語教育研究』第1号、4–9頁

9　日本近代教育史料研究会編 (1998)『教育刷新委員会教育刷新審議会会議録　第10
　 巻　第九特別委員会、第十特別委員会、第十一特別委員会』523–537頁

10　*Ibid.* 523–537頁

11　*Ibid.* 547–556頁

12　*Ibid.* 557–561頁

13　文部省調査普及局編 (1952)『教育刷新審議会要覧』76–91頁、および近代日本教
　　育制度史編纂会編 (1957)『近代日本教育制度史料　第19巻』306–323頁

14　文部省調査普及局編 (1952)『教育刷新審議会要覧』89頁

15　江利川春雄 (2011)『受験英語と日本人』研究社

16　皆川三郎 (1949)「英語教授の実態」『語学教育』第207号、29頁

17　江利川春雄 (2009)『英語教育のポリティクス：競争から協同へ』三友社出版

18　宍戸良平 (1948)「英語教育関係法規およびコース・オブ・スタディーについて」
　　市河三喜主幹『新英語教育講座　第2巻』

19　江利川春雄 (2006)『近代日本の英語科教育史』228頁

20　黒田巍 (1948)「文部省主催　新制高等学校英語科指導者講習会」『語学教育』第
　　204号、26–30頁

21　松村幹男 (1994)「IFEL講習会について」『中国地区英語教育学会紀要』第23号

22　佐々木達夫 (1969)『百年目の英語教師たち』129頁

23　岡倉由三郎 (1911)『英語教育』40頁

24　佐々木達夫 (1969)『百年目の英語教師たち』87頁

25　開隆堂出版 (1992)『JACK AND BETTY あの日あの頃』開隆堂出版

26　琉球政府文教局研究調査課編 (1958)『琉球史料　第三集』246頁、豊田国夫 (1968)
　　『言語政策の研究』91頁

27　大内義徳 (1995)「戦後の沖縄における英語教育」『日本英語教育史研究』第10号

28　村田典枝 (2012)「戦後初期沖縄におけるガリ版刷り初等学校英語教科書の研究」

『日本英語教育史研究』第 27 号

29 Yonaha, K. (2016) Elementary School English Education in Okinawa under US Occupation 1945〜1953: With a Focus on Mimeographed Elementary School English Textbooks. 『名桜大学総合研究』第 25 号

30 大内義徳 (1995)「戦後の沖縄における英語教育」100 頁

31 小川忠『戦後米国の沖縄文化戦略：琉球大学とミシガン・ミッション』岩波書店

32 琉球政府文教局研究調査課編 (1958)『琉球史料　第三集』85 頁

33 森田俊男 (1966)『アメリカの沖縄教育政策』210 頁

34 NHK 総合テレビ「南の島の先生、命がけの密航記：教え方を求めて 3000 キロ」2009 年 10 月 21 日放映

第7章　冷戦下の英語教育振興期(1952〜1960年代)

1.　アメリカの文化戦略としての英語教育振興策

ソフト・パワー戦略としての英語教育振興策

　戦後世界は、ソビエト連邦を盟主とする社会主義体制（東側）と、アメリカを盟主とする資本主義体制（西側）とが対峙する「冷戦体制」(1945〜1989)に置かれた。1948(昭和23)年1月、アメリカのロイヤル陸軍長官は「日本を極東における全体主義（共産主義）に対する防壁にする」と演説した。

　アメリカ政府は日本を西側資本主義陣営につなぎ止めるために、軍事・政治・経済のようなハード・パワーだけではなく、文化交流や世論誘導などのソフト・パワー戦略を行使する様々な対日文化工作を行った。その一環として、アメリカ政府はロックフェラー財団やフォード財団などからの資金援助と、日本の経済界の支援を受けながら、日本における英語教育の振興のための様々な活動を展開した。戦後日本の外国語教育振興政策は、アメリカの世界戦略の一環でもあったのである。

　GHQで教育文化政策を担当する民間情報教育局（CIE）は、戦争終結3カ月後の1945(昭和20)年11月に最初のCIE図書館を東京に開設した。その後も、人口20万人以上の都市を中心に、1950(昭和25)年までに全国23カ所に開設し、アメリカ映画の上映や英会話教室を含む文化活動を展開した。1952(昭和27)年4月に日本が独立すると、CIE図書館の所轄はアメリカ陸軍から国務省の国際広報局へと移され、アメリカ文化センターと改名して活動を続ける。現在のアメリカン・センターの母体である。[1]

独立後の対日工作のひとつの拠点は、アメリカ合衆国広報文化交流局（United States Information Agency: USIA）である。その主要任務は、外国の国民にアメリカの政策を深く理解させて国益の増進を図り、対話・交流を深めることで、対外宣伝ラジオ放送「ボイス・オブ・アメリカ（VOA）」がよく知られた事業だった。

トルーマン大統領は、1951（昭和 26）年 9 月 8 日の対日講和条約締結に先だって、同年 1 月 22 日にロックフェラー財団の理事長であるジョン・フォスター・ダレスを特使とする講和使節団を日本に派遣し、政府要人や知識人たちと会談させた。日本が講和条約によって独立しても、「アメリカに半永久的に依存せざるをえないようにする」方策を研究するためである。

使節団の文化顧問だった大富豪ロックフェラー 3 世は、帰国後の 1951（昭和 26）年 4 月 16 日に対日文化工作のための機密報告書をアメリカ政府に提出した。報告書は、特に力を注ぐべき対象を「知識人」と定め、共産主義者の指導から引き離して「親米的なリベラル派」へと育てあげることの重要性を説いた。その目的のために、日本の知識人指導者を対象にした次の 5 つの計画案を実施するように提言した。[2]

第一は、東京に文化センターを設立すること。

第二は、東京と京都に学生を対象とする国際会館を設立すること。

第三は、国の指導者および学生を対象とする人物交流計画を継続すること。

第四は、徹底した英語教育プログラムを実施すること。

第五は、資料交換プログラムを実施すること。

第二次世界大戦後、アメリカ陸軍は占領行政を円滑に進めるために「占領地域救済政府資金」（Government Appropriation for Relief in Occupied Area：GARIOA 資金）を創設した。対日援助額は、1946～1951 年度の累計で 16 億ドル弱であり、「占領地域経済復興資金」（Economic Rehabilitation in Occupied Area：EROA 資金）と合わせると約 18 億ドル、うちの 13 億ドルは無

償援助（贈与）だった。現在の価値に換算すれば、約 12 兆円（無償は 9.5 兆円）という莫大な援助だったのである。

そうした対日占領政策の一環として、日本人留学生を 1 年間アメリカに招く事業も実施された。1949（昭和 24）年 8 月には 50 人が第 1 回ガリオア留学生として渡米し、以後 1951（昭和 26）年 7 月までにアメリカ留学した教育関係者は 1,047 名に達した。

独立後の 1952（昭和 27）年 7 月には日米間のフルブライト交流事業がスタートし、第 1 回留学生 293 名を皮切りに、1983（昭和 58）年までに約 6,900 人もの日本人がアメリカに留学した。高校生に対しては、アメリカ・フィールド・サービス（AFS）の留学制度が設立された。

もちろん、アメリカ側の資金で留学したからといって、帰国した人々が必ずしもアメリカの意図通りに動いたわけではない。しかし、大学を共産主義の影響から遠ざけるために、左翼的ではない教員を意図的にアメリカに留学させ、左派の影響力の弱体化を図った「京都大学の教授陣を対象にした反共工作」なども実行された。また、1950 年代から 60 年代にかけて、日本の左派勢力を弱体化させるために、アメリカ中央情報局（CIA）が自由民主党や穏健野党に秘密資金を提供していたことも、2006（平成 18）年にアメリカの外交文書で確認された（共同通信 7 月 18 日付）。

第四の「日本における徹底した英語教育プログラム」について、ロックフェラー機密報告は「日米文化交流を成功に導くためには絶対に欠かせない」と強調した。松田武の研究によれば、アメリカ側では以下のような方針が議論された。[3]

> 　年 2 回ワシントンに報告されるアメリカ大使館広報・文化交流局の評価報告書は、ロックフェラーの意見に沿う形で、英語教育プログラムのもつ潜在的な可能性を強調した。この報告書によれば、英語教育プログラムは、表向きは英語教育法の改善を手助けすることであるが、実際には、健全なアメリカの理念を日本社会に浸透させる道が、このプログラムによって、約束されるというのであった。続けて評価報告書は、資格のある英語教育専門家が日本に滞在していれば、教科書の執筆ならびにアメリカ合衆国の選定教材を日本に紹介する際に、折ある度に彼らは影響力を行使することができ、しかも

長期にわたって影響を及ぼしつづけることができる、と述べた。同時に、この報告書は、日本人は生活のあらゆる部分において、英語の学習を受け入れる傾向があるので、英語教育の分野には潜在的に大きな可能性が認められると指摘した。事実、英語学習のクラスが、日本人の英語教育の要望に応える形で、合衆国情報教育局の文化センターに開設された。

国際文化会館の創設

日米文化交流の拠点として設立されたのが、国際文化会館と学生用の国際会館だった。両者の設立のために、1951（昭和26）年11月12日にはロックフェラーの呼びかけで35名の著名人が東京で「文化センター準備委員会」を立ち上げ、その委員長に樺山愛輔、常任幹事にスターリング・フィッシャーと松本重治が任命された。

翌年6月20日に、ロックフェラー財団の理事会は、東京に「国際文化センター」を設立するために、67万6,121ドル（当時の日本円で約2億4,300万円相当）を助成する決定をした。それを受け取る条件として、日本側には1億1,000万円の募金が義務づけられた。[4] こうして、戦後の日米文化交流の制度化を象徴する「国際文化会館」が1955（昭和30）年6月11日、東京に開館した。当時の日本は、前年3月1日のビキニ環礁でのアメリカの水爆実験によって第五福竜丸の乗組員が被爆するなど、反米感情が頂点に達していた。そうした雰囲気を親米的な流れに変えていく上で、国際文化会館は重要な役割を果たした。

アメリカ研究の奨励

1947（昭和22）年3月に組織されたアメリカ学会（高木八尺会長）も、ロックフェラー財団から財政的な支援を受けていた。東京大学におけるアメリカ研究セミナーは、1950（昭和25）年から1956（昭和31）年までの7年間にわたり、毎年5名のアメリカ人教授が日本に招聘されて開催され、合計593人の日本人アメリカ専門家が参加した。1950（昭和25）年夏の第1回セミナーの開催にあたり、東京大学はロックフェラー財団から1万ドルと運営費の返済金として1,000ドル、米国スタンフォード大学から補充資金5,000ド

ルの財政支援を受けた。この年 6 月には朝鮮戦争が勃発しており、東アジアは東西冷戦対立の最前線だった。7 年間に及ぶセミナー全体を通じて、ロックフェラー財団は東京大学に 20 万ドルの助成金を給付した。[5]

京都でもアメリカ研究夏期セミナーが 1951（昭和 26）年から 1987（昭和 62）年まで、1953（昭和 28）年を除いて毎年開催された。1952（昭和 27）年の第 2 回京都アメリカ研究セミナーを例にとると、ロックフェラー財団から 2 万 2,500 ドルの助成金を与えられ、5 名の教授をアメリカから招いて開催された。イリノイ大学、京都大学、同志社大学の共催で、合計 17 の分科会に 106 名の日本人の大学教員や大学院生が参加した。

こうした活動の結果、日本の大学におけるアメリカ研究は飛躍的に増大した。立教大学アメリカ研究所が 1949（昭和 24）年に行った調査によれば、当時の日本の大学 144 校のうち、アメリカ関連の授業科目を提供していた大学は 33 校（23％弱）にすぎなかった。それが、25 年後の 1974（昭和 49）年にアメリカ学会が行った調査では、263 大学のうち実に 208 校（79％）がアメリカ関連の授業科目を提供し、その科目総数は 1,912 で、それらの授業を担当する教師は 1,280 名に達するまでになった。[6]

日本英語教育研究委員会（ELEC）創設（1956）

ソフト・パワー戦略の一環としての英語教育振興機関として、1956（昭和 31）年 7 月には日本英語教育研究委員会（The English Language Exploratory Committee：第一次 ELEC）が発足した。[7] 会長には日本銀行総裁・元駐米大使の新木栄吉が就任し、委員には文部大臣経験者である前田多門や森戸辰男、市河三喜、岩崎民平、黒田巍、斎藤勇、清水護、高橋源次、豊田實、中島文雄らの日本を代表する英語教育関係者、それにロックフェラー 3 世と旧知の松本重治や高木八尺ら 21 名が名を連ねた。

ELEC 設立の資金として、アメリカの経済・文化問題協議会から約 1,700 万円、日本の実業界から約 1,300 万円が寄付された。[8] ただし、松本重治の回想によれば、ELEC が活動を開始するにあたって、ロックフェラー財団は 5 年間に 100 万ドルを単独で、6 年目以降の 5 年間にもう 100 万ドルをフォー

ド財団との折半で出すことになったが、フォード財団は「50万ドル出さずに30万ドルかそこらですませたはず」[9]だという。日本側からは、日本興業銀行の中山素平が財界の中心となって資金を集めた。[10]

発足直後の ELEC は、文部省の後援を得て、1956（昭和31）年9月に東京の国際文化会館で英語教育専門家会議を開催した。アメリカからは日米協会の斡旋でフリーズ（C. C. Fries）とトワデル（W. F. Twaddell）が、イギリスからはブリティッシュ・カウンシルの斡旋でホーンビー（A. S. Hornby）が招かれた。フリーズの来日は、彼が提唱するオーラル・アプローチの流行に拍車をかけた。会議を踏まえて、同委員会は9月27日に4項目の英語教育改善案を発表した。[11]

> (1) 外国語教育の究極の目的はちがった言葉の背景をもつ人びとの間に、できるだけ十分な相互理解を達成すること。
> (2) そのためには科学的な理論に従って編集された新教材による口頭教授が強化されなければならないこと。新教材は、分析により英語と日本語の構造のちがい、文型のちがいを十分に検討してつくられなくてはならず、同委員会では、この理想的な教科書作成にかかるという。
> (3) 教員養成については、新教育法を普及させるための研究所開設が予定され、夏休み利用の現職員の再教育や英語教員志望の大学生のための補助訓練にあたる。
> (4) 英語教育上問題の多い入学試験に対してもこの新しい英語教育への提案の線にそって改善されることを要望している。

このうち、「科学的な理論に従って編集された新教材」に関しては、フリーズを顧問に、東大の中島文雄ら超一流の執筆陣を擁して、オーラル・アプローチにもとづく中学用教科書である *New Approach to English* の作成に取りかかった。しかし、1958（昭和33）年に告示され法的拘束力を持つとされた学習指導要領が、言語材料の学年指定に加えて「特定の指導法に片寄ることなく」という厳しい制約を課したこと（後述）などによって、この教科書は改稿につぐ改稿を余儀なくされた。こうして、本来の持ち味を発揮できないまま1962（昭和37）年に発売したが、シェアは1%前後に低迷したまま、1972（昭和47）年に絶版となった。

ELEC がもっとも力を発揮したのは、教員の研修事業だった。ELEC は発足翌年の 1957（昭和 32）年以降、「現職教員の英語運用力の強化と Oral Approach を中心とした音声指導の啓蒙と普及」を目標として、毎年夏に「ELEC 夏期講習会」（のちに英語教育研修会）を開催した。講師は長らく英語母語話者のみだった。第 1 回目の参加者は教育委員会推薦の英語教員 20 名と沖縄からの特別聴講生 2 名を合わせた 22 名だったが、各地の会場に合計 1,000 人以上が集まることもあった。2012（平成 24）年までの 56 年間で、受講した英語教員は 1 万 8,000 人を超えている。参加者は主に中高の現職教員だが、高専・大学の教員や指導主事が参加することもあった。

第一次 ELEC を母体に、1963（昭和 38）年 2 月には文部省の認可を受けて財団法人英語教育協議会（The English Language Education Council, Inc.：第二次 ELEC）が設立され、理事長に三菱石油の竹内俊一が就任した。「以後、ELEC は日本の財界はもとより、ロックフェラー基金、フォード財団等の援助を受けて広く事業を展開し、フルブライト留学生の英語研修、マイヤー奨学金による英語教員の長期研修など、国際理解のための様々な活動を行って」[12] きた。とりわけロックフェラー 3 世は、財団を通じて ELEC に総額 118 万ドル（約 4 億 2,500 万円）の援助を行った。[13] こうした事情もあって、「ELEC はアメリカ帝国主義の手先、産業界に奉仕する教育は教育の本義に外れる」[14] といった反発もあったという。

2. 文部行政の転換と学習指導要領の国家基準化

日本の独立と文部行政の変化

アメリカとの単独講和と日米安全保障条約という軍事同盟を締結することで、日本政府は 1952（昭和 27）年 4 月 28 日、サンフランシスコ講和条約の発効をもって独立を果たした。敗戦占領下で教職員と共同歩調をとりながら平和と民主主義の教育を進めてきた文部省は、独立後は政府与党とともに中央集権的で国家主義的な政策をとるようになった。

1955（昭和 30）年 8 月 13 日、与党の日本民主党（同年 11 月に自由民主党

に合流）は『うれうべき教科書の問題　第1集』を刊行して教科書偏向キャンペーンを開始した（第2集10月7日、第3集11月13日）。政府の動きは迅速で、この年の12月5日に出た高等学校学習指導要領から「試案」の文字を消した。翌1956（昭和31）年6月2日には警察官約500人を動員して参議院で「地方教育行政法」案を強行採決し、教育委員会を住民による公選制から首長による任命制へと変えた。同年10月10日には文部省に教科書調査官（定員40人）を新設し、検定体制を強化した。1958（昭和33）年11月10日には文部省設置法施行規則を改正し、教科調査官と視学委員を置いた。外国語の初代教科調査官には宍戸良平が就任した。

　任命制により行政との一体化を強めた教育委員会は、1957（昭和32）年から翌年にかけて教職員の勤務成績を評定・記録する勤務評定を強行した。これに対して日本教職員組合（日教組）は、教職員の団結を破壊し、教育の権力統制を意図するものだとして反発し、「勤評闘争」を展開した。教師の苦悩と闘いを描いた石川達三の『人間の壁』が1957（昭和32）年8月から『朝日新聞』に連載され、1959（昭和34）年10月には映画公開された。

　教科書検定体制が強化された結果、1957（昭和32）年には思想傾向やイデオロギーとは無関係な教科書まで大量に不合格となった。小学校・中学校・高校全体の教科別合格率を見ると平均は70％で、理科52％、保健41％、外国語（英語）は最悪の34％だった。その中には、中学用の *The New Globe Readers*（研究社）も含まれていた。その著者は東京教育大学名誉教授の福原麟太郎で、1951年版学習指導要領の作成に尽力した英語界の大御所だった。福原は次のように批判している。[15]

　これは昨年のことだが、私の教科書に "Grandfather's Clock" というのが出ていた。これは西洋の家の玄関などに置いてある、背の高い振子時計のことだが、調査員は直訳して、「おじいさんの時計」と解釈し、「こんな誤りがあっては困る」と文句をいってきたことがある。
　そんな程度の、実力のない人が不合格にしているのなら、落されても少しも不名誉ではない。しかしこのような検定がつづくとすれば、もう教科書には進歩がなくなる。著者も出版社も、思い切った実験的な試みはできなくなり、あたりさわりのないものばかりを出すようになる。こうなったら検定で

はなく、検閲ではないか。

このころ英語を選択する中学生は、1年生で約8割、2年生で6割、3年生で4割ほどだった。それ以外は職業・家庭などを選択したが、農業実習と称して校庭の草むしりをさせられた例もあった。英語を学べなかった悔しさから、進学する英語コースの生徒を卒業式の夜に殴る事件も起きた。

英語教育に対する産業界の希望（1955）

高校進学率が5割を超すのは1954（昭和29）年である。高校入試に英語を課す県は、1952（昭和27）年には3県だけだったが、1958（昭和33）年には神奈川県を除く45都道府県に拡大し[16]、1961（昭和36）年に全都道府県に広がった。新制中学校の外国語（英語）は選択教科だったが、1950年代には生徒の大半がいずれかの学年で1度は履修する教科となり、60年代には3年間を通して学ぶ事実上の必修教科となった。[17] それは、前述のように日米政府が戦略的に誘導した面もあったが、基本的には国民の意思によるものだった。

その背景には、戦後日本の急速な工業化と都市化がある。1950〜1953年の朝鮮戦争による特需をテコとして、日本は高度経済成長の軌道に乗る。これに伴い、農業人口が激減し、都市部で商工業に従事する者が急増するようになった。戦前の高等小学校における英語教育の実施状況が証明したように、商工業の発達した都市部の学校ほど一般に英語教育を重視した（第3章）。戦後の高度経済成長による急速な工業化と都市化は、必然的に英語教育への需要を急増させることになった。農村の土地から引き離された「自由な」労働者にとって、学歴取得による縦の階層移動と、海外を含む横の勤務地移動のために、英語は必要なパスポートと見なされたのである。

高度経済成長によって息を吹き返した財界は、徐々に発言力を強めるようになる。語学教育研究所（市河三喜所長）は、1955（昭和30）年11月に開催された第34回年次大会に先立ち、日本経営者団体連盟（日経連）に英語教育に対する実業界からの要望をまとめるよう依頼した。それに対する回答とし

て、日経連の山中教育部長を中心に同年10月12日付で「新制大学卒業者の英語の学力に対する産業界の希望」(【資料6】)がまとまり、大会で報告された。[18] 経済界から英語教育界に寄せられた戦後初の要望書である。

日経連は「語学に対する必要性は企業にとって益々増大しつつある」とした上で、新制大学の語学力は「遂年向上しているが、いまだ一般的には劣っており、また個人差においてもこれら大学に一層著しいものがある」との認識を示している。それらを踏まえ、「産業界において大学の語学力に対して希望すること」は以下の6点であると述べている。

(1) 新制大学の語学力低下に鑑み、これが向上に格段の努力を払われたい。特に基礎学力の充実に重点を置かれたい。
(2) 大学教育においでは語学と専門知識とを結びつけた教育をしてほしい(たとえば原書による専門教育の実施)。
(3) 就職後一応の外国文献などを読みこなす程度の語学の素養、下地を与えてほしく、特に技術系に対してはこれを強く希望する。
　　特に学校差、個人差が甚だしく、学校差においては私立大学及び地方大学が劣り、また個人差においてもこれら大学に一層著しいものがある。
(4) 貿易会社は勿論のことであるが、その他の方面の会社でも国際的接触の機会は益々多くなる一方であるから、会話についてもできるだけ身につけるような機会を与えてほしい。
(5) 語学は日常遠ざかっていることによって特に忘れ易いから就職後においても絶えず勉強、研究するという習慣、態度を大学時代につけてほしい。
(6) 語学教育は大学のみによって解決できるものではなく、中学、高校、大学と一貫性をもたせた教育が肝要であり、現在の中、高等学校における語学教育に対しては再検討をする必要がある。

このように、「要望」や「提言」ではなく「産業界の希望」という控え目なタイトルが示すとおり、内容的にも穏やかなものが多い。「語学と専門知識とを結びつけた教育をしてほしい」や「会話についてもできるだけ身につけるような機会を与えてほしい」といった実用的な英語力への希望は述べられているものの、1990年代以降に見られるような即戦力としての「使える英語」要求ではない。むしろ、「基礎学力の充実」、「外国文献などを読みこなす程度の語学の素養、下地」、「絶えず勉強、研究するという習慣、態度」

など、教師のような目線すら感じさせる。

「試案」が消えた高校学習指導要領（1955）

　学習指導要領にも大きな変化が起こった。文部省は、学校教育法第43条および106条の規定に基づき、「学習指導要領の基準によらない教育課程を編成し（中略）実施することは違法である」（1955年11月3日『文部広報』第130号）との見解を発表し、学習指導要領の法的拘束力を主張した。こうして、1955（昭和30）年12月5日に「試案」の文字を初めて削除した「高等学校学習指導要領一般編」を発行した。それ以前の学習指導要領にあった「平和」や「民主主義」に関する文言はまったく入っていない。続く12月26日には「高等学校学習指導要領　外国語科編」も発行され、翌年度の1年生から学年進行で実施された。改訂の要点は次の2点である。

①生徒の個性や進路、外国語の教養に対する必要の度合いに応じて単位数に幅を設けた。
②2つの外国語の教養を必要とする生徒の多い学校では、第二外国語を置くことができる。

外国語科は選択教科の位置づけのままで、その目標は以下の通りである。

> 外国語科は、外国語の聞き方、話し方、読み方および書き方の知識および技能を伸ばし、それをとおして、その外国語を常用語としている人々の生活や文化について、理解を深め、望ましい態度を養うことを目標とする。

　ただし、これとは別に「おもな機能上の目標」と「おもな教養上の目標」が書かれている。

　第一外国語（3〜15単位）および第二外国語（2〜4単位）は、「英語、ドイツ語、フランス語またはその他の現代の外国語とする」とされ、必ずしも英語を第一外国語にする必要はなかった。外国語を英語に限定しなかった点は、1958（昭和33）年告示の中学校学習指導要領（後述）においても同じである。

指導計画を立てる際には、「全学年をとおして読み方の分野に最も大きな重点をおくようにし、また、聞き方と話し方の分野の学習量は、学年が進むに従って漸減するようにする」とした。ただし、書く時間とも特定の分野の指導に終わることなく、「聞き方、話し方、読み方および書き方の指導を総合的に進めることが必要である」と注意を促している。指導上の留意事項としては、「単に訳読や解釈にとどまらないで、運用度の高い言語材料について、聞き方、話し方および書き方の練習をする」としている。

法的拘束力を持つ学習指導要領（1958）

1958（昭和33）年版学習指導要領の教育史的な特徴は、「法的拘束力」を持つとされたことである。文部省は同年8月28日に学校教育法施行規則を改正し、学習指導要領を教育課程の基準と定めた。10月1日に、「試案」ではなく国家基準としての性格を強化した小学校と中学校の学習指導要領を『官報』に告示した。

当初の学習指導要領（試案）は、教育課程を「教師自身が自分で研究していく手びき」（1947年・一般編）であり、「どんな意味においても天下りと考えられてはその趣旨に反する」（1951年・外国語科英語編）と明記していた。しかし、1958（昭和33）年版学習指導要領は、国家によって教育課程の目的や内容を拘束する法令的文書とされ、教科書検定や指導要録の評価規準とされるようになったのである。

戦後直後にはアメリカ新教育の影響で、経験主義的な問題解決学習が主流となっていた。しかし、1957（昭和32）年10月のソビエトによる人類初の人工衛星スプートニクの打ち上げ成功（スプートニク・ショック）を契機に、問題解決学習が安易な児童中心主義として批判され、教師主導の知識注入主義的な「系統学習」が見直されるようになった。

外国語教育においても、1958（昭和33）年に告示された学習指導要領には文型・文法事項や語彙などの言語材料が学年ごとに系統的に配列され、しかも「法的拘束力」によって全国一律に実施されるようになった。この学習指導要領は外国語教育行政における重大な転換を象徴しているので、その成立

過程をやや詳細に見てみよう。

　小中学校の学習指導要領改訂に向け、1956（昭和31）年3月15日に教育課程審議会が開催され、文部大臣より「小学校・中学校教育課程の改善について」諮問された。新たな外国語の学習指導要領を作成するために、教育課程審議会には教材等調査研究会外国語小委員会が設置され、教育者・学識経験者15名が委嘱された。その内訳は、大学教員5人、中学校教員5人、高校教員4人、県教育庁指導課職員1人だった。1956（昭和31）年6月14日には第1回会合が開かれ、岡本圭次郎（東京学芸大学）が小委員会会長に選出された。外国語小委員会は、1958（昭和33）年7月19日までの約2年間に合計48回の会合を持ち、最終的な改訂案は7月31日に文部省から新聞発表され、翌8月1日には全国指導事務主管部課長連絡協議会に提出された。こうして、3度目の中学校学習指導要領は同年10月1日に『官報』に告示され、1962（昭和37）年度より施行された。

　教師向け指導書としての性格が強かった1951年版の全3巻759頁から一変して、新指導要領の英語に関する部分はわずか18頁となった。簡略化の理由を、五十嵐新次郎（早稲田大学）は次のように述べている。「指導要領は教育課程、教科指導の大要をしめせばよいので、簡単なほどよい。それだけ自主研究の余地がのこされているからである。自主研究を怠って指導要領の基準にのみ頼るようなことがあってはなるまい」[19]。なお、五十嵐はこのとき日本教職員組合の全国教育研究集会外国語分科会の講師だったが、当時は学習指導要領の改訂に関わる委員になることができた。

　外国語小委員会委員だった小川芳男（東京外国語大学）によれば、改訂の基本方針は以下の3点であった。[20]

---

(1) 中学校の外国語は従来通り選択科目として、これを変更しない。換言すれば、英語教師の間にかなり強く要望されている必修科目としての取扱いはしないということである。
(2) 外国語の時間数に幅をもたせる。すなわち生徒の志望、特性などを考慮して、従来の一律的な時間数に幅をもたせることにする。
(3) 義務教育における外国語ということを考慮して基礎的な能力を確実に身に

つけるようにする。

このうち、選択科目のままにした理由に関して、小川は「義務教育の性質上、一生英語を必要とする生活はないであろう生徒の数の比率を考慮してみると、英語を必修科目にするという論は首肯しがたい。むしろ教師に十分指導の余地を残して選択科目にすることが真の意味の民主主義的教育に即したものである」[21] と説明している。

1958（昭和33）年告示の中学校学習指導要領・外国語の内容的な特徴は以下の6点である。

①文型・文法事項や語彙（新語数）を学年別に細かく規定し、必修520語を指定した。例えば1年用に過去形を入れれば検定に不合格となった。教科書も授業も文型や文法中心の構成になり、画一的な教科書と授業形態を約30年にわたって中学校に強いた。

②「進路・特性に応ずる指導を十分に行う」とした教育課程審議会答申を受けて、コースを複線化し、3年生の教科書をA（週3〜4時間の就職コース用）、B（週5時間以上でAとの併用）、C（週5時間以上で進学コース用の1冊本）に分けた。高校でも1960（昭和35）年改訂の学習指導要領で「英語A」（新語数1,500で就職コース用）と「英語B」（新語数3,600で進学コース用）に分割された

③指導目標の重点と指導内容の最低基準を学年別に明記した。

④第1学年では「聞くこと・話すこと」の音声面に重点を置き、第2学年では「読むこと」「書くこと」を加えた3領域をほぼ均等に扱い、第3学年では「読むこと」に重点を置いた。

⑤語彙（新語数）を1年生で300語程度と定め、一気に6割も削減した。語彙は2008（平成20）年の指導要領までは削減の一途をたどる（序章の表序–5参照）。

⑥ドイツ語・フランス語についても指導概要を示した。

高校進学率は 1954（昭和 29）年度に全国平均で初めて 50％を超え、1975（昭和 50）年には 91.9％へと上昇した。大学進学率も 1960（昭和 35）年の 10.3％から 1975（昭和 50）年には 38.4％へと大幅に増加した。こうして生徒の多様化が進んだが、コース別の教科書編成は差別・選別意識を招くとの批判もあり、次の学習指導要領では廃止された。

　この学習指導要領の解説である「外国語の改訂」[22] を書いた宍戸良平（文部省中等教育課外国語係）は、「指導法については、いわゆるオーラル・メソッドとかオーラル・アプローチなど特定の指導法に片寄ることなく」と書いている。こうした背景を見てみたい。

　1950 年代後半から 60 年代に日本を席巻した教授法はオーラル・アプローチだった。前述のように、1956（昭和 31）年に誕生した日本英語教育研究委員会（ELEC）の講習会も、その普及を推進した。宮城県指導主事だった山家保は、オーラル・アプローチを中学校の英語授業に導入して成果をあげ、その実践記録をもとに『Pattern Practice と Contrast』（1956）を刊行した。山家はフリーズ教授のいたミシガン大学にも留学し、フリーズの推挙で ELEC の研究担当主事となった。山家の下には主事補として若林俊輔（のちに東京外国語大学教授）や小笠原林樹（のちに文部省教科書調査官）がいた。小笠原はハロルド・パーマーのオーラル・メソッドについて肯定的にレポートしたところ、山家主事から「うちは、ミシガン大学の Fries 流で来たし、今後もそれで行くのだから、小笠原君、Palmer などという雑音を立てないでほしい」と叱られたという。[23] 当時の ELEC が、いかにオーラル・アプローチ一辺倒であったかがわかる。こうした ELEC で講習を受けた英語教員たちが、各地でオーラル・アプローチの普及に貢献した。

　しかし、オーラル・アプローチはパターン・プラクティス（文型練習）のみが強調され、やがて意味を軽視して文型の機械的な反復のみを重視するとの批判にさらされるようになった。文部省の宍戸良平は以下のような苦情を述べたという。[24]

　この頃至るところで、英語の授業でパタン、パタンとやっているのは困った

ものです。こういう特定の教授法に入れあげているのは好ましいことではありません。もっとバランスのとれた英語授業をしてください…

こうした事情が、学習指導要領に「特定の指導法に片寄ることなく」という異例の文章を入れた背景になった。この点に関して、文部省は「教師の独自の学習指導法」を尊重するとして、以下のように述べた。[25]

決してある特定の方法に片寄る必要もなければ、また、片寄ってはいけないであろう。生徒や地域の必要により、指導目標や指導計画により、また教材の性質などによって、それぞれの教師の独自の学習指導法が展開されていくべきであろう。

なお、オーラル・アプローチは、それを支えた構造主義言語学へのチョムスキーらによる批判にさらされ、1960 年代末には影響力を失っていった。やはり、特定の指導法に頼るのは危険であった。

文型・文法事項や新語数を学年別に細かく規定した上で法的拘束力を持たせるという政策転換に対しては、英語教育関係者から様々な批判が起こった。例えば、東京教育大学の藤井一五郎は、『英語教育』1959 年 6 月号で「無味乾燥な、一向に変わりばえしない教科書が出揃う心配がある」と警鐘を鳴らした。また、自身も教育課程審議会に関わった五十嵐新次郎は以下のように批判している。[26]

目標で縛り、文型で縛り、文法事項で縛り、題材で縛り、指導上の留意点で縛り、単語・連語で縛り、学年別配列で縛り一体どういう教育課程を組めというのでしょうか。恐らく結果は砂をかむような、そして教育的価値の極めて低い教育課程が出来るのではないでしょうか。

中学用教科書 *Jack and Betty* の著者でもあった稲村松雄（学習院大学）も、以下のように批判している。[27]

How で始まり一般動詞で終わる感嘆文は第 2 学年の学習事項で、what で始ま

り一般動詞で終わる感嘆文は第3学年の学習事項であるとして、これを厳格に実行するように法的拘束力をもたせる根拠はどこにあるのであろうか。（中略）諸種の事情で法的拘束力を撤去することができないとすれば、大綱だけをきめてこれに法的拘束力を与え、細部は前回までの指導要領のように suggestion〔試案〕にとどめるのがよい。

このように、英語教育の専門家たちから厳しい批判を受けながらも、文部省は学習指導要領の厳格な適用を学校現場に求め続けるのである。

外国語を必修化した高校学習指導要領（1960）

1960（昭和35）年3月31日、教育課程審議会は高校教育課程の改訂案を答申した。そこでは科学技術教育の充実とともに、「生徒の能力、適性、進路等に応じて適切な教育を行うこと」が強調された。また、道徳教育を強化する一環として、社会科の1科目として「倫理・社会」が新設された。

外国語に関しては、「運用面の指導に重点をおき（中略）第1学年において1か国語について若干の単位を必修とする」として、部分的ながら戦後初めて外国語の必修化を盛り込んだ。答申の主な内容は以下の通りである。

1　外国語については、読解の指導にとどまらず、聞くこと、話すことおよび書くことの指導を強化し、外国語に関する基本的能力をじゅうぶん身につけさせるようにすること。
2　生徒の能力、適性、進路等に応じて、外国語を履修することができるようにするため、下記のようにすること。
　ア　科目は、「英語A」、「英語B」、「ドイツ語」、「フランス語」およびその他の外国語の科目とすること。
　イ　上記の外国語の科目のうち、いずれか1科目について、すべての第1学年生徒に履修させるものとすること。
　ウ　「英語A」は、英語の基本的事項を学習させるものとすること。なお、英語初修者のための内容をも含めて示すものとすること。
　エ　「英語B」は、英語のやや進んだ内容を学習させるものとすること。
　オ　一つの外国語のほかに、他の外国語を第2外国語としてあわせて履修させる場合には、その外国語の内容のうち、基本的事項について学習させるものとすること。

このように、1955（昭和30）年版高校学習指導要領を引き継ぎ、第一外国語を英語に限定せず、また第二外国語の履修も可能とした。

この答申に基づいて、4回目の高等学校学習指導要領が1960（昭和35）年10月15日に告示された。特徴は以下の通りである。

①外国語は第1学年で必修科目となり、英・独・仏などの1科目につき9単位以上（特別の事情がある場合には3単位以上）を全員に履修させることになった。

②英語は「英語A」（9単位）と「英語B」（15単位）に初めて分割され、「生徒の能力、適性、進路等」に応じた構成となった。

③目標は以下のようになり、音声や聞く・話すの比重が増している。

> 1　外国語の音声に習熟させ、聞く能力および話す能力を養う。
> 2　外国語の基本的な語法に習熟させ、読む能力および書く能力を養う。
> 3　外国語を通して、その外国語を日常使用している国民について理解を得させる。
> 　以上の目標の各項目は、相互に密接に関連をもって、全体として「外国語」の目標をなすものであり、「外国語」の各科目の目標のもととなるものである。指導にあたっては、各科目の目標とともに教科の目標の達成に努めなければならない。

④外国語の各科目の内容は、(1)聞くこと、(2)話すこと、(3)読むこと、(4)書くこと、の各領域ごとに、(ア)言語材料及び題材、(イ)習熟させる事項（言語事項）、(ウ)学習活動の3項目で構成されるようになった。

⑤教科書の題材を見ると、就職希望者が多い「英語A」では「科学技術や産業に関するもの」も求めるなど、高度経済成長を担う「期待される人間」の育成が要求された。他方、進学希望が多い「英語B」では、主として英語国民の「思想感情」「制度」や、「伝記、小説、劇、詩、随筆、論文」が追加されるなど、教養的側面が求められた。

とはいえ、旧制中等学校の流れをくむ高校では、1960年代ごろまでは学習指導要領にほとんど拘束されることなく、読解力の養成を中心とした授業

を続けていた。1958（昭和33）年に都立高校の教諭となった伊村元道は、当時の様子を次のように語っている。[28]

> 当時の都立高校は今から見ると天国でした。週1日の研究日、科別の研究室、科会の時間には打ち合わせが済むと輪読会をやってモームの *The Painted Veil* などを読んだりしました。（中略）一流の都立高校では多読を盛んにやっていました。当時の副教材のリストを見ると、今では大学生でも歯が立たないような難しいものを読んでいました。モーム、ラッセル、リンドの御三家が人気で、入試にもよく出ました。

このように、国の政策と現場の実態との間には、まだ大きな乖離があったのである。

検定教科書の「国定化」

検定教科書の無償措置法（1963）の実施を前に、1961（昭和36）年に文部省は自由民主党に「義務教育諸学校児童生徒に対する教科書の無償給与実施要項案問題点」と「教科書の無償給与等に関する法律要綱」から成る説明文書を配布した。その中で、義務教育教科書の国定化について以下のように述べている。[29]

> 国定化の論もあるが、現在の検定は学習指導要領の基準に則り厳格に実施されているので、内容面においては、実質的に国定と同一である。（中略）こんご〔教科書出版〕企業の許可制実施や広域採択方式整備のための行政指導を行なえば、国定にしなくても五種類程度に統一し得る見込であるので、国定の長所をとり入れることは現制度でも可能である。

英語教科書を「五種程度」とする統制は、すでに国家総動員体制下の1940（昭和15）年10月に決定し、翌年度から実施した経験がある。それと同様に、検定制度を強化することで「実質的に国定と同一」にしようとしたのである。こうして、1958年版中学校学習指導要領が施行された1962（昭和37）年度には、6種類もの英語教科書が一気に消えた。その後も減少を続け、1972（昭和47）年度は5種、1975（昭和50）年度には4種にまで激減し

た。文部省が目指した 5 種程度への集約が達成されたのである。

英語教育改善協議会の活動（1960）

　文部省は 1960（昭和 35）年 4 月 25 日に、英語教育改善協議会（市河三喜会長）に対して「中学校および高等学校における英語教育の改善について」を諮問した。これに対して、同協議会は同年 12 月 15 日に答申（【資料 7】）を荒木文部大臣に提出した。その概要は以下の通りである。

①英語教育の目的は、国際的視野に立つ広い心をもった人間を形成するとともに、英語の理解能力と表現能力を獲得させることである。

②教材は現代の生きた英語を主体とし、英語を聞いたり話したりする能力を高めるため、視聴覚教材を活用する。

③英語教員の指導能力、特に表現能力を高めるために、英語教員免許の必要単位数のうち「英文学」を 8 単位から 6 単位に減らし、「会話及び作文」4 単位を独立させる。

④英語教員の聞く能力・話す能力を強化する現職教育を、全国的に早急かつ継続的に実施し、それに必要な財政的措置を講ずる。

⑤（付帯意見）入試においては英語を聞き、話し、書くなどの能力が判定できるような問題を出題すべきである。

　このように、生きた英語を聞き・話す能力の育成を強調し、そのために免許法の改正、教師の研修、入試改革を提言している。

　この答申に沿って、文部省は大蔵省から約 3,000 万円の予算を獲得して、1961（昭和 36）年度から 1966（昭和 41）年度までの 5 年間、中学校・高校の英語教師を対象に、英語を聞くこと・話すことの指導力の改善向上を目的とした英語教員講習会を開催した。

　講習会は、文部省が各都道府県の指導者を養成するために東京で開催した英語教員中央講習会と、文部省が教育委員会と共催した都道府県英語教員講習会に分かれ、各 6 日間実施された。主な内容は、①リスニング、②発音・

アクセント・抑揚などの練習、③視聴覚教材を活用した練習、④指導技術に関する討論・実演、⑤英語による討論などである。

　参加した英語教員の割合（全国平均）は中学校が約50%、高校が約35%で、当初の計画をそれぞれ約10%上まわった。香川県と福島県では100%の参加で、7つの県では合宿研修を実施した。[30]

3.　教員による教育課程の自主編成と目的論の発展

第1次「外国語教育の四目的」(1962)

　政府・文部省が法的拘束力を持った学習指導要領によって教育課程の国家的な編成権を強化する下で、外国語教員の多くは日本教職員組合（日教組）に結集し、教育の国家統制に対抗するための教育課程の自主編成と、その土台となる外国語教育目的論を明確化する取り組みを進めた。

　背景には、第一に「55年体制」下での対立的な政治状況があった。前述のように、1952（昭和27）年の独立を契機に保守化を強めた自由民主党政府は、教育委員会の任命制への転換、勤務評定の実施、学習指導要領の法的強制などによって教育と教員への統制を強めていたのである。こうした路線に対抗すべく、日教組側は野党の日本社会党や日本共産党などとの共闘を強めていった。

　第二に、1950年代後半から英語教育界を風靡していた技能主義的なオーラル・アプローチへの疑問が英語教員の間に高まりつつあった。1959（昭和34）年1月の日教組第8次教育研究集会（全国教研）の外国語教育分科会では、機械的な模倣と反復による習慣形成で英語が習得できるとするオーラル・アプローチに対して、「技術だけが関心事になっているが、何のために、を考えるべきである」（兵庫）として、目的論の重要性を指摘する意見が出された。[31] こうして、外国語分科会では次年度への課題として「国民教育としての英語科のあり方を明確にすること」を決定した。

　こうした機運の中で、1959（昭和34）年4月には雑誌『新英語教育』が創刊され、新英語教育研究会が発足した。その規約には、「平和を守り真実を

つらぬく民主教育を推進する科学的な英語教育の体系の確立を追求する」と述べられている。その翌年には歴史的な安保闘争が闘われ、アメリカ礼讃を子どもたちに説くような英語教育のあり方が根本的に問われた。

1961（昭和36）年の第10次全国教研（東京）では、東京代表から以下のような「外国語教育の四目的」が提案され、翌1962（昭和37）年2月の第11次全国教研（福井）において満場一致で確認された。[32]

【外国語教育の四目的】（第1次 1962年）
1　外国語の学習を通して、社会進歩のために諸国民との連帯を深める。
2　思考と言語の密接な結びつきを理解する。
3　外国語の構造上の特徴と日本語のそれとの違いを知ることによって、日本語への認識を深める。
4　その外国語を使用する能力の基礎を養う。

この「四目的」は、教育基本法（1947）が定めた「教育は、人格の完成をめざし、平和的な国家及び社会の形成者として、真理と正義を愛し、個人の価値をたつとび、勤労と責任を重んじ、自主的精神に充ちた心身ともに健康な国民の育成を期して行われなければならない」との理念を継承・発展させる内容だった。文部省も1951（昭和26）年の学習指導要領外国語科英語編（試案）で、教科書の選択にあたっては「民主的な生活様式を発達させ、国際的観念と平和愛好心とを養うのに役だつこと」といった憲法と教育基本法に沿った方針を出していた。

さらに「外国語教育の四目的」は、戦後世界の普遍的な理念というべき「世界人権宣言」（1948）や、ユネスコの「中等学校の現代外国語教育に関する各国文部省への勧告59号」（1965）にも合致していた。

世界人権宣言（1948）第26条第2項
教育は、人格の完全な発展並びに人権及び基本的自由の尊重の強化を目的としなければならない。教育は、すべての国又は人種的若しくは宗教的集団の相互間の理解、寛容及び友好関係を増進し、かつ、平和の維持のため、国際連合の活動を促進するものでなければならない。

この世界人権宣言の「教育」を「外国語教育」に置き換えれば、そのまま「国際的な視野を持った人間」の定義になるといえよう。続く 1965（昭和40）年のユネスコ勧告では、現代外国語教育の目的が一段と鮮明になった。

現代外国語教育に関するユネスコ勧告 (1965)

[8] 現代外国語教育の目的〔aims〕は、教育的であると同時に実用的である。現代外国語学習のもたらす知的訓練は、その外国語の実用的使用を犠牲にしてなされるべきではない。他方、その実用的運用がその外国語の言語的特徴を十分に学習することを妨げてもならない。

[9] 現代外国語教育はそれ自体が目的〔an end〕ではなく、その文化的および人間的側面によって学習者の精神と人格を鍛錬し、よりよい国際理解と、民族間の平和的で友好的な協力関係の確立に貢献すべきである。

勧告の [8] では、外国語教育の目的には「教育的目的」と「実用的目的」の両側面があり、両者は密接不可分であると主張している。こうした二重の目的論については、すでに岡倉由三郎が『英語教育』(1911)で明らかにしていた。学校教育としての外国語教育は、将来その外国語を使う人にとっても、すぐには使わない人にとっても意義がある。なぜならば、外国語教育は「学習者の精神と人格を鍛錬し、よりよい国際理解と、民族間の平和的で友好的な協力関係の確立に貢献」するからである。この点では、のちの欧州連合 (EU) における複言語主義・複文化主義に通じる思想が先駆的に述べられている。

この「外国語教育の四目的」は、パターン・プラクティスなどによる技能主義的なオーラル・アプローチ批判を基本として、人間形成や人間の全面的な発達を目指す視点に立った英語教育実践を進める指針となり、以後は各地で教育課程の自主編成や検定教科書の内容批判などを進める実践が続けられた。「何を教えるか」という題材内容が重要になるため、教師たちは平和、民主主義、人権、環境、人類愛などを扱った優れた教材の発掘と普及に取り組んだのである。

第2次「外国語教育の四目的」(1970)

1960年代にはアフリカ、アジア、ラテンアメリカなどで植民地からの独立運動が高揚し、ベトナムでの民族解放闘争の前進と国際的支援、対米従属路線を取る日本政府への反発も強い時期だった。そうしたなかで実践を続けていた英語教師たちの間からは、1962(昭和37)年の第1次「四目的」が不十分であるとの意見が次第に出されるようになった。

例えば、第15次兵庫県教研(1966)では、第1項の「外国語の学習を通して、社会進歩のために諸国民との連帯を深める」に対して、「抽象的であり、民族としての主体性がないままに英語を学ぶことはアメリカ文化追随におちいることになる」といった批判や、「『四目的』が自主編成の内実をつらぬく明確な視点を与え得ていない」といった意見が寄せられた。[33]

こうして、1966(昭和41)年の第15次全国教研(福島)では、主に第1項と第2項に関して以下のような改訂案が出された。

第1項　民族独立の課題を中心にすえ、外国語学習を通して、平和と社会進歩のために諸国人民との連帯を深める。

第2項　労働を基礎として、思考と言語との密接な結びつきを理解する。

特に議論の的になったのは、思考や言語の基礎に「労働」を置くことの是非だった。「労働を基礎として」を入れるべきだと主張した林野滋樹(兵庫)は、「英語教育における〈労働〉の意義」(『新英語教育』1970年1月号)で次のように述べている。

(A)労働とともに言語が発生した。

(B)社会を支える基盤は労働であり、労働とのかかわりを失えば、言語、思考は、空疎なもの虚偽なものへと堕する。

(C)労働を破壊するもの、労働の果実を奪うものへの怒り、たたかい。これは、平和、民主主義、独立、社会進歩などの問題と不可分にかかわる。

林野は「文法観における労働の視点」も提示しており、そこでは「『労働』による自然の変革が開始され、それが発展しはじめると、そこから『他動詞』の概念が打ち立てられてくる」といったユニークな考察をしている。なお、言語と労働の関係については、マルクス主義の古典的な論文であるエンゲルスの「猿が人間になるにあたっての労働の役割」(1876)が先駆的な考察を行っている。

目的論をめぐる議論の渦中で、1968(昭和43)年には林野らが属する新英語教育研究会関西ブロックから『新しい英語教育の研究』(三友社)が出版され、「四目的」改訂への理論的・実践的な主張をバックアップした。他方、「『労働』は一般の人には通じないことをおそれる。保留にすることを望む。註釈つきでなければ理解できないようなことばは不適当である」(大阪)、「なぜ『労働を基礎として』といわなければならないのかわからない。そのような表現には反対である。むしろ、『生活をとおして』とか『自主編成をとおして』とかいうべきだろう。特別なことばを無理して使うよりは実践で勝負すべきだ」(長野)といった反対論も出された。[34]

こうした議論を経て、1969(昭和44)年の第18次全国教研(熊本)では、第1次「四目的」の1項と2項に改訂案を併記する措置がとられた(改訂部分に下線)。

【外国語教育の四目的】(1969年の全国教研)
Ⅰ (1)　外国語の学習を通して、社会進歩のために諸国民との連帯を深める。(1962年)
　(2)　外国語の学習を通して、世界平和、民族独立・民主主義・社会進歩のために、諸国人民との連帯を深める。(1969年)
Ⅱ (1)　思考と言語の密接な結びつきを理解する。(1962年)
　(2)　労働を基礎として、思考と言語との密接な結びつきを理解する。(1969年)
Ⅲ　外国語の構造上の特徴と日本語のそれとの違いを知ることによって、日本語への認識を深める。
Ⅳ　その外国語を使う能力の基礎を養う。

さらに1年間の議論を経て、1970(昭和45)年2月の第19次全国教研(岐

阜）では、改訂案を受け入れる形で新しい「四目的」が確認された。[35]

> **【外国語教育の四目的】**（第 2 次 1970 年）
> 1　外国語の学習をとおして、世界平和、民族独立・民主主義・社会進歩のために、諸国人民との連帯を深める。
> 2　労働を基礎として、思考と言語との密接な結びつきを理解する。
> 3　外国語の構造上の特徴と日本語のそれとの違いを知ることによって、日本語への認識を深める。
> 4　その外国語を使う能力の基礎を養う。

第 3 次 「外国語教育の四目的」（2001）

　第 2 次「四目的」をめぐっても、のちに以下のような批判的な検討が加えられた。

　第 1 目的は、外国語教育は誰のため、何のためかという普遍的・根本的な目的を提起している。

　第 2 目的の「労働を基礎として、思考と言語との密接な結びつきを理解する」は、やや抽象的・理念的である。I love you. にしても I'm fine. にしても、多様で多彩な言語表現を「労働を基礎として」で割り切るには無理がある。また、それに続く「思考と言語との密接な結びつきを理解する」は、具体的にどうするのかという行動の指針としては弱い。

　第 3 目的は、結論が外国語ではなく「日本語への認識を深める」で終わっている。これは、第 4 目的の「その外国語を使う能力の基礎を養う」と関連づけて考える必要があろう。全員が履修することになった戦後の「国民教育としての」英語教育では、外国語を仕事などで使う必要のない人が多いため、外国語のスキルを身に付けさせるだけを目的としてはならない。仮に実生活で使わないとしても「人格の完成」のためには学ぶ意味がある。その意味とは、ゲーテが「外国語を知らない者は自国語をも知らない」と述べたように、人は外国語と比較対照することで母語への認識を深め、それによって思考力や批判精神を鍛えることができる。しかも、そうして豊かになった母語の力こそが、外国語の力を高める基礎になる。

　1970（昭和 45）年の第 2 次「四目的」については、兵庫高校の教諭だった

伴和夫が「第3目的は、構造主義言語学による弱点を残している。『構造の違い』は狭いので、外国語と母国語の相対的比較を問うべく拡大の要がある」と批判し、第4目的に関しては「第1、第2、第3の目的に立ったうえで、これを確実に実現拡充する必要がある」と指摘した。[36]

1980年代の末には、「四目的」を育んできた教研活動に深刻な危機が訪れた。日教組の分裂である。発端は、戦後の労働運動をリードした日本労働組合総評議会（総評）に代わる新たなナショナルセンターの設置問題、いわゆる労働戦線の統一問題だった。日教組は1989（平成元）年9月の定期大会で、日本労働組合総連合会（連合）への加盟を決定した。しかし、これを右翼的再編だとして反発する単位労働組合は大会をボイコットし、同年11月に全日本教職員組合協議会を結成、さらに1991（平成3）年3月には日本高等学校教職員組合とともに全日本教職員組合（全教）を結成した。

このころ、ベルリンの壁の崩壊（1989）による東欧社会主義体制の相次ぐ崩壊、社会主義の総本山であるソビエト連邦の崩壊（1991）という世界史的な激動期を迎えていた。

日教組の分裂により、教育研究集会も2つに別れて開催されることになった。しかし、組合の分裂にもかかわらず、21世紀にふさわしい「外国語教育の四目的」に改訂するために、日教組系教研の共同研究者（大学教授）である内野信幸や青木庸效と、全教系教研の共同研究者である大浦暁生らは、それぞれの外国語分科会の参加者の声を聞きつつ、共同して改訂作業に取り組んだ。改訂の経緯は、内野と大浦による「新4目的成立の意義と展望」（『新英語教育』2001年6月号、7–9頁）に詳しい。それによれば、1970年の第2次「四目的」の改訂に踏み切った理由は、「労働を基礎として、思考と言語との密接な結びつきを理解する」（第2目的）のように、「理念を重視するあまり、特定の考え方に傾いて目的を狭めてしまったのではないか」といった疑問や、「一部の学説や思想で外国語教育の目的すべてを規定することにはむりがある」、「文章表現に対する配慮も不十分だ」といった反省からだった。

こうして、新「四目的」の原案は2000（平成12）年1月の2つの教育研究

集会に同一文案で提示された。その段階では以下の案だった。

> **【外国語教育の四目的】（第3次の原案 2000 年）**
> 1　外国語の学習をとおして、世界平和、民族独立、民主主義、社会進歩、人権擁護、環境保護のために、世界の人びととの理解、交流、連帯を進める。
> 2　労働と生活を基礎として、言語にかかわる思考や感性を育てる。
> 3　外国語と日本語との違いを理解することによって、日本語への認識を深める。
> 4　以上をふまえながら、外国語を使う能力の基礎を養う。

この案をめぐっては2つの全国教研集会はもとより、1年あまりの間に各地域や民間研究団体などでも活発に議論され、以下のような意見が出された。

第1目的に関しては、「民族独立」は21世紀の時代状況に合わないので、「民族自立」か「民族共生」にすべきだとの提案が出され、後者に落ち着いた。「社会進歩」については、文明の発達が環境の破壊を招いている面もあるから省くべきだとの意見が多かった。1962（昭和37）年の第1次「四目的」の時代には、「社会進歩」といえば民主主義の徹底であり、また資本主義から社会主義への移行こそが進歩と考えた人も多かったので、半世紀を経た社会認識の変化が反映している。

第2目的については特に議論が集中した。「労働」は「生活」に含まれるので並列には置くべきでないとか、「実生活」でいいという意見もあった。その反面、「労働」を重視する声も依然として強く、「労働と生活を基礎として」に落ち着いた。

後半の「言語にかかわる」は不評で、これでは外国語教育固有の目的にならないという指摘があった。他方、言語は思考だけでなく「感性」にも関わるという原案は支持を集めた。その結果、第2目的は「労働と生活を基礎として、外国語の学習で養うことができる思考や感性を育てる」となった。

第3目的については、「外国語の構造上の特徴と日本語のそれとの違いを知ることによって」という1970年版の2つの弱点が克服された。ひとつは、構造主義言語学の考え方が反映されていたために、例えば「戦死した」

を英語では He was killed in the war. というような発想の違いに関わる問題などが抜け落ちてしまったという点である。もうひとつは、外国語と日本語との違いだけでなく、共通点にも着目したいという意見が出された。こうして、最終的には「外国語と日本語とを比較して、日本語への認識を深める」となった。

第4目的については、「外国語を使う能力」は「外国語の学力」ではないかという意見も出たが、ここは実際に使える能力を強調しておき、学力は4目的全体の実践で身につく力としたい、という意見が大勢を占めた。なお、「能力の基礎を養う」は、基礎から積み上げる系統的学習を示唆しているという。

以上のような議論を経て、2001（平成13）年2月に「外国語教育の四目的」が31年ぶりに改訂された。

【外国語教育の四目的】（第3次 2001 年）
1　外国語の学習をとおして、世界平和、民族共生、民主主義、人権擁護、環境保護のために、世界の人びととの理解、交流、連帯を進める。
2　労働と生活を基礎として、外国語の学習で養うことができる思考や感性を育てる。
3　外国語と日本語とを比較して、日本語への認識を深める。
4　以上をふまえながら、外国語を使う能力の基礎を養う。

1962（昭和37）年に始まる「四目的」は、英語教員らの理論と実践の積み重ねの中から生まれ、議論を経て改訂されてきた。[37] 2001（平成13）年改訂の中心となった内野と大浦は、自らが改訂の対象とした第2次「四目的」（1970）の歴史的意義を次のように総括し、その延長上に第3次「四目的」を位置づけている。

　　新4目的の成立まで31年間にわたって現場教師の実践の拠り所となってきたこの〔1970年の〕4目的には、本質的に少なくとも2つのすぐれた点が見られる。1つは外国語教育を国語教育および言語教育と関連させたばかりか、国際的な平和と連帯を見すえて教育そのものと関わらせている視野の広さ。いま1つは単に外国語を使う実際的な技能にとどまらず、言語を思考と結び

つけて、外国語教育と内面的な知性の発達と関連づけている奥行きの深さだ。
　この両者は有機的に関わり合い、総じて確かな学力と豊かな人間性をはぐくむ外国語教育を目指している。とくに学習指導要領が技能主義的な「コミュニケーション能力の育成」にますますかたよって、言葉でものを感じたり考えたりする認識の面がすっぽり抜け落ちている現在、4目的が示してきたこの方向はきわめて重要と言えよう。

　「外国語教育の四目的」は、教育研究集会に集う日本の外国語教師たちが実践と討論を積み重ねることによって練り上げ、発展させてきた文書であり、外国語教育の指針となってきた。そこには、政府や文部省から出される外国語教育政策とは異なる、教師独自の理念と方針が体現されている。

注

1　渡辺靖 (2008)『アメリカン・センター』32–38 頁

2　松田武 (2008)『戦後日本におけるアメリカのソフト・パワー』159–164 頁、なお、この問題は寺島隆吉 (2015)『英語で大学が亡びるとき』でも論じられている。

3　松田前掲書、162–163 頁

4　*Ibid.* 186 頁

5　*Ibid.* 235 頁

6　*Ibid.* 289 頁

7　ELEC に関する包括的な研究としては、Henrichsen, L. E. (1989). *Diffusion of Innovations in English Language Teaching: The ELEC Effort in Japan, 1956–68*. New York: Greenwood Press がある。

8　松田前掲書、400 頁

9　松本重治 (1986)『昭和史への一証言』285 頁

10　*Ibid.* 285 頁

11　『英語青年』1956 年 11 月号（大村喜吉ほか編 (1980)『英語教育史資料　第 2 巻』856–857 頁に再録）。英語の全文は英語教育協議会／ELEC 史編纂委員会編 (2013)『英語教育協議会の歩み』85–88 頁

12　一般財団法人英語教育協議会 (ELEC) のホームページより (http://www.elec.or.jp/ 2014 年 9 月 4 日検索)

13　英語教育協議会／ELEC 史編纂委員会編 (2013)『英語教育協議会の歩み』31 頁

14　*Ibid.* 32 頁

15 小松恒夫（1957）「落とされた"福原英語"教科書　"F項"ページ始末記」『週刊朝日』5 月 26 日号、12–13 頁

16 河村和也（2010）「新制高等学校の入試への英語の導入（1）」53 頁

17 寺沢拓敬（2014）『「なんで英語やるの？」の戦後史』研究社

18 皆川三郎（1956）「英語教育に対する社会の要望について」『語学教育』第 231 号 15–19 頁。なお、この日経連要望書は語学教育研究所編（1962）『英語教授法事典』83–84 頁にも掲載されているが、表記に若干の違いがあり、「昭和 31 年（1956）秋の〔語学教育〕研究所の大会に先立って」と大会開催年が誤記されている。

19 山内太郎編（1958）『中学校英語の新教育課程』51 頁

20 *Ibid.* 26 頁

21 *Ibid.* 27 頁

22 文部省調査局編（1958）『学習指導要領解説　中学校』（『文部時報』別冊）67–74 頁

23 英語教育協議会／ELEC 史編纂委員会編（2013）『英語教育協議会の歩み』60 頁

24 *Ibid.* 26 頁

25 文部省（1954）『中学校　高等学校　学習指導法　外国語科英語編　昭和 28 年版』33 頁

26 五十嵐新次郎（1960）「外国語」日本教職員組合編『国民のための教育課程』71 頁

27 稲村松雄（1966）「中学英語科指導要領改訂私案おぼえ書き」『語学教育』第 277 号、4–8 頁

28 伊村元道（2007）「英語教育半世紀：一英語教師の足跡から」『日本英語教育史研究』第 22 号

29 「五種類に統一、認可制で規制　波乱よぶ教科書無償説明資料」『時事通信　内外教育版』第 1303 号（1961 年 12 月 8 日）、10 頁

30 宍戸良平（1966）「英語教員講習会 5 ヶ年計画を終了して」『全英連会誌』第 4 号、6–7 頁

31 日本教職員組合編（1959）『日本の教育』第 8 集・上巻、63 頁

32 日本教職員組合編（1963）『日本の教育』第 12 集、50 頁

33 林野滋樹・大西克彦（1970）『中学校の英語教育』49 頁

34 正慶岩雄（1993）『私説　民主的英語教育実践史』61 頁

35 日本教職員組合編（1971）『私たちの教育課程研究　外国語教育』III–2「われわれのめざす外国語教育」参照

36 伴和夫（1997）『伴和夫教育著作集 I　英語教育の理論』45 頁

37 「四目的」をめぐる教員の取り組みに関しては、柳沢民雄（2012）「1960 年代の日本における外国語教育運動と外国語教育の四目的」（一橋大学大学院社会学研究科修士論文）が優れた研究である。

第8章　国際化時代（1970〜1980年代）

1.　言語活動重視の学習指導要領

国際化時代の到来

　高度経済成長によって豊かになった日本は、広く世界に目を向けるようになった。1968（昭和43）年に日本の国民総生産（GNP）は西ドイツを抜いて世界第2位となり、年率10%を超す成長で資本を蓄積した日本企業は世界各地に進出するようになった。日本の対外直接投資額は、1965（昭和40）年の1.6億ドルから5年後には9億ドル、10年後には33億ドルへと急増した。[1] 対外投資残高も1970（昭和45）年の40億ドルが1978（昭和53）年には270億ドルへと約7倍に急増し、日本の世界シェアは2.5%から7%に増加した。このうち、投資先に占めるアメリカ合衆国の割合は10〜20%台にすぎず、日本企業の関心はアジア諸国をはじめとする全世界へと広がっていったのである。

　社会に目を転じれば、1964（昭和39）年には東京オリンピックが開催され、海外旅行も自由化された。1970（昭和45）年には大阪で世界77カ国と4国際機関が参加した万国博覧会が開催され、総入場者数6,422万人、うち外国人が約170万人を占めた。こうして、国際交流の機運が一気に高まった。

　これらの経済社会状況を反映して、1969（昭和44）年改訂の中学校学習指導要領（高校は翌年）では、題材規定が従来の「主として英語国民の」から「広く世界の人々の」へと拡張された（後述）。英語教科書の脱英米化と多文化化を基調とする「国際化」は、1970年代から徐々に進み、1980年代から

本格化する。

　中学校の学習指導要領・外国語では、「学習活動」に代わって、聞く・話す比重を高めた「言語活動」が改訂の眼目とされた。場面に応じた運用力を目指せとの方針だが、文型・文法事項の学年指定はそのままで、授業時間数も標準3時間（4時間可）に削減された。

　翌1970（昭和45）年の高校の学習指導要領では「英語会話」が新設され、国際交流のための「コミュニケーション重視」の方向性が打ち出された。ただし、当時は「英会話を教えられる教師が何人いるんだ」といった陰口も聞かれる実態だった。

教育課程の検討過程

　1969（昭和44）年の中学校学習指導要領告示に至る教育課程の検討過程を概観してみよう。文部省の教科調査官（外国語担当）だった宍戸良平は、中学校教育課程の改訂にあたって、次のような資料を利用したと述べている。[2]

　① 1961（昭和36）年度から実施された全国中学校学力調査の結果。

　② 1965（昭和40）年度から開始した中学校の教育活動に関する調査。全国の10％の公立中学校を対象に、各学年・各学級における各教科、道徳、特別活動および学校行事等の実施時間数、各学年の選択教科別履修生徒数、教師の研修等のデータ。

　③ 1965（昭和40）年度から開始した中学校教育課程研究指定校での研究結果。全国の様々な地域類型にある28校で、生徒の能力、進路、特性に応じた教育、教育内容、指導方法の改善、適切な教育課程の編成などについて2年間委託研究し、改善に必要な資料を得た。

　1965（昭和40）年6月14日に、文部大臣から教育課程審議会に小学校・中学校の教育課程の改善について諮問された。審議会の中等教育分科審議会委員には「学界、教育界、言論界、実業界などの26名」が委嘱された。言論界、実業界への委員委嘱が行われたのは、これが初めてである。その後、実業界からは絶えず委員が選出されるようになる。

　高校の教育課程の改訂についても、宍戸は次のように述べている。

① 1963（昭和38）年6月24日の文部大臣による中央教育審議会への後期中等教育の拡充整備に関する諮問を踏まえた。なお、中教審に対しては、全国都道府県教育委員会教育長協議会、全国高等学校長協会、全日本中学校長会など各界から意見が提出された。

② 1965（昭和40）年に全国のすべての高校で実施された高等学校教育課程実施状況調査。これは、同年6月30日現在での教育課程の類型別の教科・科目および単位の設置状況、履修状況、教師の担当状況、類型別進路希望状況、類型別男女別学級数、職業科目について教科・科目別実験実習の実施状況、履修者のうち評点1の者の数、特別教育活動の実施状況などを調査したもの。

③ 1965（昭和40）年度から開始した高等学校教育課程研究指定校での研究結果。全国の普通科関係10校、職業教育関係22校に委嘱した。

④能力開発研究所が実施した学力テストの結果。高校2年生と3年生を対象にした学習到達度調査で、英語では大学入試結果と「相関度がきわめて高いことが判明した」。

以上は文部省側の説明であり、実際にどの程度まで教育課程の改善に活用されたのかは不明な点が多い。

1968（昭和43）年1月24日、文部省の教育課程審議会は「審議のまとめ」を発表し、この内容に関する各教育委員会、教育研究団体、教員養成系大学・学部、教育課程研究指定校などの意見を検討した。その上で、同年6月6日に審議会は「中学校の教育課程の改善について（答申）」を発表した。外国語に関する規定は以下の通りである。

1　目標について
　目標については、外国語を聞き、話し、読み、書く能力の基礎を養い、言語能力の伸長に資するとともに、外国に関する基礎的な理解を得させ、あわせて、国際協調の精神の基礎をつちかうことを明記すること。
2　内容について
(1)内容については、外国語を聞き、話し、読み、書くことにいっそう習熟させることができるように、基本的事項を精選すること。
(2)文型および文法事項については、学年配当をいっそう適切にすること。

(3) 英語において指導する語の総数は、現行よりも減ずること。ただし、必修
　すべき語については、現行よりもその数を増すようにする。
(4) 聞くこと、話すことの領域の指導については、さらにくふうをこらし、そ
　の徹底を図るようにすること。
(5) 生徒の能力差に応じた指導ができるように配慮すること。

　最後に「能力差に応じた指導」が盛り込まれているが、これは前回の学習
指導要領の「能力、適性、進路等に応じた指導」を引き継いだものだった。
文部省視学官となった宍戸良平は、「学力差の実態を焦点化したのは、さる
昭和36年から40年にわたって、5回行なわれた全国中学校学力調査の結果
であった」として、以下のような分析結果を紹介している。[3]

中学校第2学年の生徒のうち10ないし15%の者および第3学年の生徒のう
ち15ないし20%の者は、英語というものをほとんどわかっていないし、ま
た、第2学年の生徒のうち10ないし15%の者および第3学年の生徒のうち
15ないし20%の者は、伸びうる力を持っていながら伸び悩んでいるというこ
とが明らかになったのである。

　こうして、「能力・適性に応じた指導」が1969（昭和44）年版学習指導要
領のひとつの特徴となるのである。雑誌『英語教育』は1968（昭和43）年9
月号で「能力差・学力差に応じた指導」を特集し、能力別指導をめぐる論争
が起こった。

言語活動を強調した中学校学習指導要領（1969）

　教育課程審議会答申に基づいて、1969（昭和44）年4月14日には中学校
学習指導要領が告示され、1972（昭和47）年度から施行された。主な特徴は
以下の4点である。
　①各教科等の時間数については、それまで最低授業時数が定められていた
が、この指導要領から「標準時数」が示された。また、「地域や学校の実態
および生徒の能力や進路に即応した教育を行なうため」に、授業時数の運用
については弾力的な取り扱いができるようにし、選択および増加に充てる時

数として第 1・2 学年については各 140 単位時間（週 4 時間）、第 3 学年については 175 単位時間（週 5 時間）が示された（1 単位時間は 50 分）。そのため、外国語は週 3 時間が標準時数とされたが、ほとんどの学校が 4 時間を確保した。

②内容を基本的事項に精選・集約し、その学年配当をなだらかにした。その理由を、宍戸良平は、「これまでおよそ 10 年間の実践にかんがみて（中略）第 1 学年についてはまずまずとして、第 2 学年の文型および文法事項は多きにすぎ、また、第 3 学年の文型および文法事項も少し多いようであることが反省された」[4] と総括している。

③中学校外国語の目標を次のように定めた。

外国語を理解し表現する能力の基礎を養い、言語に対する意識を深めるとともに、国際理解の基礎をつちかう。
　このため、
1　外国語の音声および基本的な語法に慣れさせ、聞く能力および話す能力の基礎を養う。
2　外国語の文字および基本的な語法に慣れさせ、読む能力および書く能力の基礎を養う。
3　外国語を通して、外国の人々の生活やものの見方について基礎的な理解を得させる。

目標の中に「言語に対する意識を深める」という規定が初めて入った。その理由を、宍戸は次のように説明している。[5]

生徒の人間形成において、国語を正しく理解し表現する能力を養うことが欠くことのできないものであることは、だれでも認めるところである。そして、外国語を学習することが、ただちに国語を正しく理解し表現する力を養うことに役だたないとしても、その手前の段階において、言語に対する意識を深めることには役だつものであり、また、それを目標の一部とすることにしたものである。

なお、この「言語に対する意識を深める」は、続く 1977 年指導要領では「言語に対する関心を深め」に、さらに 1988 年指導要領では「言語や文化

に対する関心を深め」に、1998年と2008年の指導要領では「言語や文化に対する理解を深め」に変化している。「意識」と「関心」と「理解」とはいずれもニュアンスが異なるが、変更理由は明示されていない。

また、教育課程審議会答申では「国際協調の精神の基礎をつちかう」だったが、指導要領では「国際理解の基礎をつちかう」となった。前回の1958（昭和33）年の指導要領では「その外国語を日常使用している国民」について理解を得させるとしていたが、それを「国際理解」へと拡充したのである。その点は、次の題材規定でより鮮明にされている。「題材は、その外国語を日常使用している人々をはじめ広く世界の人々の日常生活、風俗習慣、物語、地理、歴史などに関するもののうちから変化をもたせて選択するものとする」として、英語圏を超えた「広く世界の人々」をカバーすることを明確にしたのである。この点に関して、宍戸良平は教育課程審議会での次のような議論を紹介している。[6]

中学校の教育課程では英語という教科はなく、あるのは外国語という教科である。外国語の一種として英語を履修させるものであるから、その国際理解は、単に英語国民に関する理解にとどまらないで、英語国民をはじめ広く世界の人々に関する理解となる必要があるわけである。しかも、英語国民に関する理解に関連して、一部に批判されているように、かりに、英語教師のうちに、英米の風物について話すときに、英米の親類のような顔つきをする人がいるとすれば、英語教育もまたわが国における中等普通教育の一環として行なわれていることを考えて、今すぐそのような軽率な態度を改めてほしいところである。

「軽率な態度を改めてほしい」などと上から目線だが、これ以前の学習指導要領が「その外国語を日常使用している国民」に対象を限定していたのだから、教師だけに責任を転嫁するわけにはいくまい。いずれにせよ、1964（昭和39）年には東京オリンピックや海外渡航の自由化が実現し、1960年代の高度経済成長によって日本企業は世界市場に広く進出するようになった。もはや、英語圏だけに限定した教材を教える時代ではなくなったのである。ただし、宍戸や文部省は英語以外の言語を教えることについてはほとんど言

及していない。

④ 従来の「学習活動」を「言語活動」に改め、コミュニケーション重視への方向性をより鮮明にした。こうした流れはその後も続き、1989（平成元）年改訂の指導要領に「積極的にコミュニケーションを図ろうとする態度の育成」が明記されることになる。

高校学習指導要領（1970）

前回1960（昭和35）年の学習指導要領改訂以降、高校進学率は同年度の57.7％から、5年後の70.7％、10年後の82.1％へと著しく上昇した。また、高度経済成長により産業構造と労働市場に劇的な変化が起こり、これに伴い、生徒の能力・適性・進路等が大幅に多様化した。こうした社会の変化を踏まえて、1970（昭和45）年10月15日に告示され、1973（昭和48）年度から施行された高等学校学習指導要領では、外国語教育について以下のような改訂を行った。

① 外国語科の位置づけを、それまでの必修教科から選択教科に戻した。

② 外国語科の目標を以下のように定めた。

外国語を理解し表現する能力を養い、言語に対する意識を深めるとともに、国際理解の基礎をつちかう。
　このため、
1　外国語の音声、文字および基本的な語法に慣れさせ、聞き、話し、読み、書く能力を養う。
2　外国語を通して、外国の人々の生活やものの見方について理解を得させる。

---

③英語の科目は、従来からの英語A（9単位）と英語B（15単位）に加えて、新たに「初級英語」（6単位）と「英語会話」（3単位）を設定した。初級英語は「主として中学校において英語を選択しなかった生徒に初歩的な内容を学習させる」ことを意図した。英語会話の新設は、コミュニケーション重視の方向性を鮮明に打ち出したものである。英語会話の目標の(2)では、「英語を通して、外国の人々の生活やものの見方を理解しようとし、進んで交流

しようとする態度を養う」とした。意欲・態度の面を目標に盛り込んだのはこれが最初である。

④これまでは各科目とも(1)聞くこと・話すこと、(2)読むこと、(3)書くこと、の3領域ごとに(ア)言語材料及び題材、(イ)習熟させる事項(言語事項)、(ウ)学習活動の3項目で構成されていたが、今次の改訂で各科目の内容は(1)言語活動、(2)言語材料、(3)題材の3項目で構成されるようになり、特に言語活動が重視されるようになった。

英語教育におけるコミュニケーション重視の流れを見る上で重要なのが、「国際交流の場での活用能力の育成に努める」ことを主張した中央教育審議会(森戸辰男会長)の「四六答申」(1971)である。

2. 使える英語への模索

使える英語を求めた中教審「四六答申」(1971)

1971(昭和46)年6月11日、中央教育審議会が「今後における学校教育の総合的な拡充整備のための基本的施策について(答申)」を発表した。これは、明治初期の学制、戦後直後の新制移行に続く「第三の教育改革」を意気込んだもので、後に「四六答申」と呼ばれる重要な答申となった。

この答申は、1967(昭和42)年7月3日付の劔木亨弘文部大臣からの諮問に答えたものである。同諮問では「学校教育については、新学制発足後20年を経た今日、制度的にも内容的にも多くの問題点が指摘されており、その総合的な検討が要求されている」との認識のもとに、「就学前教育から高等教育までの学校教育の全般にわたり、制度的・内容的に、主として次のような観点から検討する」としていた。

1. 学校教育に対する国家社会の要請と教育の機会均等
2. 人間の発達段階と個人の能力・適性に応じた効果的な教育
3. 教育費の効果的な配分と適正な負担区分

こうした諮問を受けて、答申は膨大な内容の改革案に加えて、戦後初めて

教育に関する財政計画を示した。しかし、実質的な拘束力はなく、また各種団体からの反対を受けて、本格的な実施は困難だった。そのため、「第三の教育改革」の実施は 1984（昭和 59）年発足の臨時教育審議会（後述）まで待つことになる。

　答申は、大学・短大の教育課程の改善の方向として、「外国語教育は、とくに国際交流の場での活用能力の育成に努めることとし、必要に応じて学内に設けた語学研修施設によって実施し、その結果について能力の検定を行う。（外国語・外国文学を専攻する者については別途考慮する。）」とした。このように、中教審が公的な文書で大学・短大の外国語教育の目的を「活用能力の育成」と規定し、そのために「能力の検定を行う」と公言したのは初めてである。この当時、検定試験としては 1963（昭和 38）年創設の「実用英語技能検定」（英検）が存在していた。答申では、提案理由を次のように述べている。

> 外国語教育は、その学習を通じて外国の文化に接し、これに対する理解を深めるという目的をもあわせ持つことはいうまでもないが、これまでは、意志の疎通を円滑に行う能力の育成に欠ける点が多かった。とくに今後わが国が、国際的な交流を積極的に推進し、国際社会の発展に貢献していくためには、そこに重点をおいて充実をはかる必要がある。

　このように、答申は大学等の外国語教育課程の目的を「意志の疎通を円滑に行う能力の育成」、つまり「コミュニケーション能力の育成」に据えることを明確にしたのである。

　この答申と呼応するかのように、翌年には経済界からの本格的な教育提言が発表された。

「新しい産業社会における人間形成」（1972）

　1968（昭和 43）年に、日本は国民総生産（GNP）において資本主義世界で第 2 位となった。また、1972（昭和 47）年 9 月には日中国交正常化を実現し、東アジアにおいても存在感を強めるようになった。

こうした状況下で、経済団体連合会、日本商工会議所、経済同友会および日本貿易会の財界4団体の協賛を得て、日本経済調査協議会（委員長・土光敏夫東芝社長）が設立された。同協議会は3年をかけた本格的な教育提言である「新しい産業社会における人間形成：長期的観点からみた教育のあり方」を1972（昭和47）年3月に発表、同年6月には単行本として出版した。[7]

この提言は、日本が「脱工業化」と「国際化」を進めつつあるとの認識のもとに、「わが国の国際的地位の向上にともなって、国際社会における責務も重要になり、海外において活動する広い国際的視野をもった人の養成のみにとどまらず、国民ひとりひとりが日本特有の文化に根ざしながら、海外の異なる民族・異なる文化への理解を深めることもまた大きな課題である」と述べている。この見地から、「外国語教育の抜本的改革」（【資料9】）を提言し、そのためには以下の点に留意すべきであるとした。

> ① 初等教育から高等教育にいたるあらゆる段階で教師自身の資質向上をはかるとともに、外国人教師の採用ならびに外国人と日本人の教師の相互交換の制度などを積極的に推進すること。
> ② LL装置（テープレコーダーによる語学実習機器）などの効率的な学習機器の開発を考慮し、教授法の開拓を促進させるのみならず、その面の技術者と語学教師との協同体制をつくること。
> ③ 語学教育や地域研究の新しいカリキュラムや教授法については、単に語学教師のみならずあらゆる分野の研究者が一体となってその開拓を推進する体制の整備を行なうこと。
> ④ 早期外国語学習の是非については、論議のわかれるところでもあり、慎重に取り扱うべきであるが、かりに早い年齢ほど効果的であるとすれば、語学教育をいかに低年齢段階におろしてゆくかなどについて大いに研究され、かつ実施すべきこと。

このように、教師の資質向上、外国人教師の採用、教育機器の活用、早期（小学校）外国語教育の実施など、その後の外国語教育政策の方向性を示しているといえよう。とりわけ早期外国語教育については、慎重な表現ながら、「大いに研究され、かつ実施すべき」と提言している。臨時教育審議会の第二次答申（1986）に14年も先行する財界の意見として注目される。

ただし、同協議会は 1985（昭和 60）年 3 月の提言「21 世紀に向けて教育を考える」では、「自国語の能力をしっかり身につけておくことが大切であり、あまり早い段階から外国語学習を制度化するのは好ましくない」と述べているから、1980 年代には小学校英語教育を積極的に推奨していたわけではない。

日本英語教育改善懇談会（1972）

英語教育改革への機運が高まる中で、英語教育関係者の間からも現状の改善に向けた声を上げる動きが高まった。こうして、英語教育関連学会等の 12 団体と代表者 60 名が、1972（昭和 47）年 11 月 23 日〜25 日に東京で「日本英語教育改善懇談会」を初めて開催し、改善すべき諸問題を議論した（1997 年より日本外国語教育改善協議会に改称）。

1974（昭和 49）年 12 月 1 日の第 1 回「英語教育の改善に関するアピール」【資料 12】では、①文法・文型の学年指定廃止、②語彙制限と指定語の撤廃、③中学英語時数の週 4 時間以上への増加、⑤クラスの上限 35 人（20 名をめざす）への削減、⑥教科書広域採択制の廃止などを訴え、その後①〜③を実現させた。

翌 1973（昭和 48）年には外山滋比古（お茶の水女子大学教授）が、財界主導の「役に立つ英語」論に対して次のような痛烈な批判を加えた。[8]

> ここ 15 年間〔1950 年代後半以降〕、わが国の学校における外国語教育は、経済先導型であったと言ってよい。それが「役に立つ英語」というスローガンになった。学校の語学はその線に沿って「改善」された。学校側も及ばずながらできるだけの努力はしたのである。その結果はどうであったろうか。
> 「役に立つ英語」は結局、学校の教室では無理であるということが、ようやくはっきりしてきた。

外山はまた、「外国語論においては、そういう片言の外国語力というものをすこしも恥じない。（中略）外国語をほとんど話せないで終わるかもしれない外国語教育が存在してもよろしいし、また存在すべきである」とも述べている。1970 年代には、外山のような「教養派」が堂々と論陣を張ること

ができたのである。

しかし、その後の学習指導要領の流れは実用目的に著しく傾斜し、「コミュニケーション重視」が主流になっていく。使える英語力を身につけるためには小学校段階から教えるべきだとの主張も、1970年代から出始めるのである。

1970年代の小学校英語教育提言

企業活動の国際化が進む1970年代に入ったころから、小学校英語教育に関する提言が出され始めた。経済協力開発機構（OECD）が1970（昭和45）年1月に日本に派遣した教育調査団は、1971（昭和46）年11月に「日本の教育政策に関する調査報告書」を英語とフランス語で発表し、邦訳はその翌年9月に出版された（【資料8】）。この報告書では、欧米諸国の例を引き合いに出しつつ、次のように外国語教育の早期化を促している。[9]

> 現在のように中学一年からというのではなく、もっと早い段階で外国語教育を導入することも、真剣に検討すべきだ。それをはじめる年齢が早いほど、その学習効果も高いことは、数多くの証拠が示している。

ただし、同報告書が小学校外国語教育の実施国として例示しているのは、「アメリカ第4学年、イギリス第7学年、フランス第6学年、西ドイツ第5学年、ソ連第5学年」で、いずれもインド・ヨーロッパ語族の国家群である。ところが、日本語と英語とは音声・文字・語彙・文法などの言語的距離が著しくかけ離れており、日常生活で英語を使用する機会もないため、「はじめる年齢が早いほど、その学習効果も高い」と断定するのは難しい。今日では、「早ければ早いほどよい」といった仮説は必ずしも支持されない。[10]

とはいえ、OECD報告書の影響力は大きく、前述の「新しい産業社会における人間形成」（1972）でも早期外国語教育について研究・実施することが提言された。

その後、1977（昭和52）年12月には、日本経営者団体連盟（日経連）が、英語教育改革の一環として小学校低学年における英語学習について提言して

いる。

1979（昭和54）年10月24日には、経済同友会教育問題委員会も「多様化への挑戦」で、大学共通一次試験の「外国語を英・独・仏のみに限定せず、枠を広げる」こととともに、「英語教育改革」に関する以下の提言を行った。[11]

> イ　小学校低学年において英語を学習できるように体制を整える。学習は、発音、ヒヤリングを基本とし、視聴覚教材を活用する。
> ロ　大学1～2年のみに語学教育が集中している現行方式を是正し、学びたい者は、4年間を通じてじっくり学べるような体制を整備する。
> ハ　高校・大学において、実社会で役立つ英語を修得するための講座（会話・作文など）を設ける。講座によっては特別授業料を徴収してもよい。

小学校低学年からの英語教育の開始、実社会で役立つ英語修得のための講座開設など、具体的に踏み込んだ提言である。その後の動きをみると、こうした財界からの要望が外国語教育政策に影響を与えるようになる。

なお、1978（昭和53）年2月1日には、児童英語教育の普及と振興を目指した公益事業団体として日本児童英語振興協会が設立され、翌年から全国統一児童英語技能検定試験（JAPEC児童英検）を実施している。さらに、1980（昭和55）年11月には日本児童英語教育学会が発足した。

平泉プラン（1974）と英語教育大論争

こうして1970年代には「国際化」をキーワードに、経済界から学校英語教育への不満と実用的な英語力育成への要求が高まった。それらを受けて、政治家の側からも外国語教育改革のためのラジカルな提言が出された。自由民主党の参議院議員だった平泉渉が1974（昭和49）年4月18日に発表した「外国語教育の現状と改革の方向：一つの試案」（通称「平泉プラン」【資料10】）である。

平泉は、「高度の英語の学習が事実上全国民に対して義務的に課せられている」が、その成果が全くあがっていない。そのため、「義務教育の対象とすることは本来むりである」と問題提起し、「外国語教育の目的」に関して

以下のように述べた。

> わが国の国際的地位、国情にかんがみ、わが国民の約五％が、外国語、主と
> して英語の実際的能力をもつことがのぞましい。この目標が実現することは
> 将来においてわが国が約六百万人の英語の実用能力者を保持することを意味
> する。その意義は、はかりしれない

　これに対して、上智大学教授の渡部昇一は「亡国の『英語教育改革試案』」
を文藝春秋社の雑誌『諸君！』1975（昭和50）年4月号に発表した。これを
契機に、同誌10月号まで以下の議論が展開された。

　4月号　渡部昇一「亡国の『英語教育改革試案』」
　5月号　平泉渉「渡部昇一教授に反論する」
　6月号　渡部昇一「平泉案は新しい〝廃仏毀釈〟だ」
　7月号　平泉渉「明日の日本と外国語教育」
　8月号　平泉渉・渡部昇一（司会　鈴木孝夫）「激突対談・外国語教育大論
　　　　　争・終章」
　9月号　渡部昇一「私の英語上達法」
　10月号　平泉渉「私説・語学学習法」

　以上の論文等は、平泉渉・渡部昇一『英語教育大論争』（文藝春秋、1975
年11月）に収録されている。論争の基軸は、義務教育の一環として全員に
英語を学ばせることに賛成（渡部）か「無理がある」（平泉）かで、この他に入
試に英語を課すことに賛成（渡部）か反対（平泉）かなど多岐にわたった。議
論は必ずしもかみ合わず、決着はつかなかった。
　そのため、この論争を「実用英語」（平泉）対「教養英語」（渡部）といった
歪曲した図式で論じる傾向も強い。また、平泉が外国語の「実用能力」を
「よんで、書いて、はなして、きく、という人間のコミュニケーションの手
段としての言語の使い方を一応こなせる能力」と定義し、また「私は生徒
の五パーセントだけに制限して、訓練すべきだとは、試案のどこでもいって

いない。厳格に志望者にのみ課すべきだ」と述べているにもかかわらず、以下のような誤解に基づく解釈も見られる。[12]

> これは伝統的教授法から聞く、話す練習を中心とする新教授法への分岐点を象徴する論争で、当時は一般の英語教員は英文和訳による頭の訓練の重要性を支持する人が多かったが、時がたつうちに選ばれた人材を人口の五％選び、徹底した集中訓練を施す方式を支持する平泉氏の主張する方向に変化していった。

鳥飼玖美子は平泉と渡部の双方に取材した知見も踏まえ、誤解に基づく言説を批判し、論争の的確な評価と歴史的な意義づけを行っている[13]。そのため、詳細はそれらを参照いただきたい。

3. 国際化と「ゆとり」を目指した学習指導要領

国際交流についての中教審答申（1974）

1972（昭和47）年6月12日、高見三郎文部大臣は「国際化時代に対応する抜本的な施策を樹立する必要がある」として、中央教育審議会に「教育・学術・文化における国際交流について」を諮問した。その背景には、「今日におけるわが国の国際的地位は、近年の著しい経済成長などとあいまって飛躍的に向上し、国際社会において、わが国が果たすべき役割はますます増大している」という認識があった。

これに対して、中央教育審議会（大泉孝会長）は1974（昭和49）年5月27日に答申（【資料11】）を発表した。その中で、「国際社会に生きる日本人の育成」のための具体策として「1 国際理解教育の推進　2 外国語教育の改善　3 大学の国際化」の3点を盛り込んだ。このうち「外国語教育の改善」は以下の内容だった。

> 我が国民のコミュニケーションの手段としての外国語能力は一般的に見て極めて貧弱である。このことは、国際交流活動を進める上での大きな障害と

なっている。したがって、この面における外国語能力の向上を図ることは、今後の国際交流推進のために極めて大きな課題である。

(1) 中学校・高等学校における外国語教育については、コミュニケーションの手段としての外国語能力の基礎を培うための教育内容・方法及び教育環境について一層の改善を図ること。
(2) 高等教育機関においても、外国語能力の向上を図るため、一般教育としての外国語教育の在り方について検討すること。
(3) 優秀な外国人を採用し、外国語教育において活用することを実態に即して一層推進すること。
(4) 外国語教員の指導力の向上を図るため、語学研修のための海外留学について積極的な施策を講ずること。

さらに、この答申の附属文書である「教育・学術・文化における国際交流振興のための具体的施策」には、より踏み込んだ形で「外国語教育の改善」の方策が盛り込まれていた。

この 1974（昭和 49）年の中教審答申は「コミュニケーションの手段としての外国語能力」の向上が課題であることを率直に述べ、その観点から学校教育における外国語教育の改善の方策を次のように提示した。

①少人数グループによる指導や教育機器の活用など、様々な教育方法を積極的に導入する。

②外国人を積極的に採用し、ティーム・ティーチングの補助者などとして活用する。

③外国語教員の指導力を向上させるために海外研修を奨励・援助する。

④英語以外の多様な外国語教育の機会を拡充する。

⑤語学能力の認定試験制度を取り入れる。

このように、この中教審答申は、その後の外国語教育政策の先駆けとなる内容だった。答申を受けて、文部省は同年 11 月に英語教育改善調査研究協力者会議（小川芳男座長）を設置した。同会議は 7 回の会議を開き、1975（昭和 50）年 6 月 19 日に「中学校及び高等学校における英語教育の改善について（報告）」【資料 13】を永井道雄文部大臣に提出した。その主な内容は以下の 4 点である。

①英語担当教員の研修の充実

②視聴覚教材及び教育機器の整備の推進

③指導上の工夫改善の促進

④高校への専門学科としての英語科の設置

　ラジカルな「平泉プラン」よりも穏当な内容だが、①の教員研修は翌
1976（昭和51）年度から文部省主催の「英語教育指導者講座」（いわゆる「筑
波研修」）として実現し、その後は大学院での長期研修も可能になった。④
の英語専門学科の設置は1978年改訂の学習指導要領で実現する。「英語の
実用技能者」の育成を求めた平泉の主張が反映したとも言えよう。

「ゆとり教育」を目指した教育課程審議会答申（1976）

　「ゆとり教育」と言えば、一般的には2002（平成14）年度から施行された
学習指導要領に沿った教育を意味する。しかし、実際には「ゆとり教育」の
方針は1977（昭和52）年告示の学習指導要領に盛り込まれていた。同指導要
領の内容を決定づけた1976（昭和51）年12月18日発表の教育課程審議会の
答申「小学校、中学校及び高等学校の教育課程の基準の改善について」は、
改善のねらいを次のように述べていた。

> 　児童生徒が心身ともに安定した状況の下でより充実した学習が行われるよ
> うにするためには、学校生活を全体としてゆとりのあるものにする必要があ
> る。そのためには、現在の学校生活の実際や児童生徒の学習負担の実態を考
> 慮し、各教科等の内容の精選や授業時数等の改善を行って、適切な教育課程
> の実現を図らなければならない。

　こうして、授業時間数が従来の週34時間から30時間へと13％削減され、
教科内容も約20％削減された。

　「ゆとり教育」は、非人間的な「詰め込み主義」に対する厳しい批判を受
けての実施だった。日本教職員組合（日教組）は1976（昭和51）年5月17日
に「教育課程改革試案最終報告書」を発表し、同年12月に単行本として刊
行した。その中で、詰め込み主義に追い立てられる子どもに「わかる授業・

楽しい学校」を保障するために、教育課程を思い切って集約・凝縮し、「授業時数は現行時数より大幅に減らし、年間を通して開校週数三五週以下、教科の授業三〇週を妥当」[14] とした。日教組の槙枝元文委員長は「授業時数減ということは私どもが要求したことなんです。というのは、落ちこぼれが多い、ついてこれない子が多い、という現実がある」[15] と述べている。

こうした主張の社会的背景には、1973（昭和48）年のオイルショックを契機とした経済恐慌による高度経済成長の終焉と安定成長への移行があった。1960年代の経済成長優先策によって公害問題が各地に発生し、1970年代には人間性の回復が時代の基調となっていた。1970年にはテレビコマーシャルの「モーレツからビューティフルへ」が流行語となった。

この時期は文部省の審議官も、それまでの教育が「産業界・経済界にすぐに役立つ人間をつくろうとして」きたことを反省し、次のように「人間を尊重する精神に徹しなければならない」と主張していた。[16]

> 学校教育の場合には、そもそもが人間づくりの仕事であるから、その人間を尊重する精神に徹しなければならない。ところが、我が国の過去30年の教育の歩みは、何よりも産業復興、経済復興、つまりは経済第一の考え方で物事の処理に当たってきたのではなかろうか。マンパワーという言葉が一時盛んに使われたように、産業界・経済界にすぐに役立つ人間をつくろうとして非常な努力が払われた。

しかし、こうした理念は立派だが、実行に移されていないとする批判もあった。日教組の関係者は「事実はまったく逆である」として、産業界・経済界にすぐに役立つ人間をつくろうとする方針は「むしろ強化され（中略）一次産業、二次産業から三次産業、サービス業の分野にまで浸透してきた」[17] と述べている。

「ゆとり教育」のためにはクラスサイズの削減が必要であるとして、日教組・国民教育研究所は「学級規模と教育活動に関する調査」の結果を1978（昭和53）年11月3日に発表した。その結果、小学校教員の95%、中学校教員の88%が35人以下の学級編制を希望している実態を明らかにした。戦後の学級編制は、1958（昭和33）年5月1日に「公立義務教育諸学校の学級

編制及び教職員定数の標準に関する法律」が公布され、翌 1959 年度より 50 人学級化が進められた。その後、1964（昭和 39）年度から 5 年かけて 45 人に、1980（昭和 55）年度から 12 年かけて 40 人となった。35 人学級は民主党政権下の 2011（平成 23）年に小学校 1 年生で実施され、翌年には教員の加配措置で 2 年生に拡大されたが、以後の学年については 2012（平成 24）年 12 月に発足した自民・公明両党の第二次安倍政権によって停止された。

英語を週 3 にした中学校学習指導要領（1977）

1976（昭和 51）年 12 月 18 日の教育課程審議会答申は、「ゆとり教育」を基調とする学習指導要領・外国語の改訂方針を以下のように述べている。

ア　改善の基本方針

　中学校及び高等学校を通じて、内容の程度や分量が一層適切なものになるよう基礎的・基本的な事項に精選する。その際、外国語を理解したり、表現したりする言語活動の基礎を養うことを一層重視し、特に表現力の育成に配慮する。

イ　改善の具体的事項

（中学校）

（ア）英語の内容は、現行どおり言語活動及び言語材料によって構成するが、各学年の内容については生徒の実態に応じて学年相互において弾力的な取扱いができるようにする。

（イ）英語の言語活動については、その指導事項の主なものを示し、より適切に言語活動の指導ができるようにする。

（ウ）英語の言語材料については、主として現行の第 3 学年の文型、文法事項などを中心に整理し、基本的な事項について習熟できるようにする。また、英語において指導する語の総数は現行よりも少なくし、その学年配当についても改める。

（エ）英語以外の外国語については、改善の基本方針に即し、その特性や履修の実態等にも配慮して改める。

　この答申に基づき、1977（昭和 52）年 7 月 23 日には中学校学習指導要領が告示され、1981（昭和 56）年度から実施された。目標は以下の通りである。

> 外国語を理解し、外国語で表現する基礎的な能力を養うとともに、言語に対する関心を深め、外国の人々の生活やものの見方などについて基礎的な理解を得させる。

　このように、前回1969（昭和44）年版指導要領にあった「国際理解の基礎をつちかう」が消えている。ところが、この後の1989（平成元）年版指導要領では再び「国際理解の基礎を培う」が復活し、次の1998（平成10）年指導要領では再度消える。理由は明記されていない。

　これに伴って、1980（昭和55）年2月29日には中学校生徒指導要録の改訂版が通知され、評価の観点に、それまでの「聞くこと」「話すこと」「読むこと」「書くこと」に加えて「外国語に対する関心・態度」が加えられた。

　1977（昭和52）年改訂指導要領の最大の問題は、外国語を週3時間に引き下げたことだった。1969（昭和44）年改訂の中学校指導要領は外国語を「標準週3時間」としたが、実際には4時間を保った学校が多かった。しかし、1977年指導要領が施行された1981（昭和56）年度から中学校の外国語は完全な週3時間体制に移行した。英語教育界に激震が走った。

　戦後の中学校における外国語の週授業時間は以下のように変遷した。

・1947年指導要領　各学年1〜4時間（ただし校長裁量で6時間まで可能）
・1951年指導要領　4〜6時間
・1958年指導要領　1・2年が「最低3時間」、3年が3〜5時間
・1969年指導要領　各学年「標準3時間」（ほとんどが4時間）
・1977年指導要領　各学年「標準3時間」（ほとんどが3時間）

　週3体制の下で、教科書の文型はそれまでの5種37から5種22に、文法事項は21項目から13項目に「精選」された。本文の上に付いていた「目標文」が、1986（昭和61）年度版ではみな下に付けられるようになった。こうして、文法・文型を理解してから本文を読む「演繹的」な文法指導から、本文を読む過程で文法・文型に気づく「帰納的」な文法指導法へと転換した。しかし、この方法の前提となる学習時間が週3時間では少なすぎた。

結局、文法軽視で英語が理解できず、時間減で英語に慣れることもできない。英語が「わからない」、わからないから「嫌い」という生徒が増えた。こうして、1980年代から「落ちこぼれ」や「校内暴力」が社会問題となり、学校が荒れた。

他方、私立中学校では週5〜8時間を英語に割いて進学実績を上げる学校も増えた。こうして「公立離れ」が加速し、学習塾通いが増加した。『週刊朝日』1981（昭和56）年4月3日号は、「ゆとりの春には塾は高笑い　四月から中学英語週三時間に」という記事を掲載している。

「ゆとり教育」政策のもとで各教科とも時数の削減が懸念されていたから、各教科の教員と関係業者らは教育課程審議会委員などに陳情を繰り返していたという。日教組も中学校の外国語は最低週5時間必要だと主張していた。しかし、外国語科の審議委員であった高梨健吉（慶應義塾大学教授）は、日本英語教育改善懇談会に招かれた席上で、「家庭科など他教科からは猛烈な陳情を受けたが、英語の先生からは、一本の電話も、一通の手紙ももらっていなかった」[18]と証言している。

「英語週3」反対運動

英語週3時間体制に強い危機感を抱いた教師たちは、1981（昭和56）年6月21日に「中学校英語週三時間に反対する会」（隈部直光代表幹事）を結成し、発起人として214名が名を連ねた。同会の運動方針は以下の4点だった。[19]

---

1. 中学校英語週三時間を強制することに反対する国会請願のための署名運動を展開する。国会請願は本年10月に行う予定である。
2. 世論に訴えをするためにシンポジウムや討論集会を開く。
3. 世論を起こすためにマスコミなどへの働きかけをする。
4. 資料・情報を収集する。

「反対する会」は発足から約1年後には会員が約1,200名に達し、1981（昭和56）年9月22日と11月3日にはシンポジウムを開催した。事務局の若

林俊輔氏宅の8畳間は、全国に発送する書類で天井まで埋め尽くされていたという。同11月には第1回国会請願を行い、約4万筆の署名を添えて「中学校英語週三時間の強制に反対する請願書」(【資料14】)を衆参両院議長に提出した。審議の結果は「保留」。そこで、さらに約4万筆の署名を添えて翌年3月17日に第2回の国会請願を行った。この他、文部省や経団連への陳情なども展開した。

　日本英語教育改善懇談会の第9回大会では、1980(昭和55)年11月30日に「中学校の英語の授業を週3時間にしてはならない」と題した特別アピールを採択した。雑誌『新英語教育』は毎号反対キャンペーンを続け、1982(昭和57)年11月号では「週3時間体制打破の道を探る」を特集している。さらに、この問題を広く世論に訴えるために、若林俊輔・隈部直光『亡国の学校英語』(英潮社新社、1982年6月)、大浦暁生・阿原成光編『学校英語にいま何が：強まる差別・選別教育の中で』(三友社、1982年8月)が相次いで出版された。後者のカバーには鳥居次好(全国英語教育学会会長・関西外国語大学教授)が以下のようなコメントを寄せている(抜粋)。

「英語週三時間」は愚民政策

　かつてあの悲惨な太平洋戦争の中で、時の軍部・為政者は、国民に対して、一方でひたすら事実を覆い隠し、他方では「お国のため」とあおりたてて、結局は破滅へとつき進んでいった。中学校の「英語週三時間制」もそれと似た発想がある。つまりごく一部の「できる子」には、高い知識を保障し、その他大勢はやがて彼らエリートに管理されるのだから適当な知識があればよろしい、という管理と選別の思想──愚民政策である。

　こうした「週3体制」反対の声に対して、当時の文部省教科調査官だった佐々木輝雄は、「改悪であるとする意見もあるようであるが、それは前述の教育課程の基準の改善の基本方針を無視したものであり、英語だけを考える狭い教科本位の考え方であると言わねばならない」と反論した。その上で、教師の指導方法を改めるべきであるとして、以下のように述べている。[20]

　現在の一般的傾向として英語の授業過程は、まず分析的に考え、更に理論

的に理解させることによって全体の要点がとらえられるという仮設〔説〕に立った指導なのであるが、果たして結果が期待したようなものとなっているだろうか。しかもこうした指導過程をたどることは、ゆとりどころか、かなり過密な過程をたどることになり時間的にも余裕がないのが実態だと考えられる。

そこで大切なことは、全く逆の指導過程をたどる試みなのである。つまり、総合的に考え、更に直感的にとらえようとすることによりまず全体の概要、要点をとらえ、必要に応じて少しく分析して考えたり、理論的に理解しようとすることも加味するといった指導過程をとることが必要なのである。これにより、ゆとりを生み出すこともできるし、英語の学習としてはより充実したものとなることは疑いないことである。

分析的な文法訳読式ではなく、「まず全体の概要、要点」を直感的にとらえるべきだという佐々木のような考えは、コミュニカティブ・アプローチを取り入れた 1989（平成元）年以降の学習指導要領で具体化されていく。しかし、そうした指導法で英語力が高まったのか否かについては、後に考察したい。

しかし、佐々木が文部省の立場を代表して「週3時間体制」を弁護したにもかかわらず、次の 1989（平成元）年版指導要領では外国語が週4時間（3＋選択1）に戻された。英語教育界としては希有な運動であった週3反対運動は、こうして勝利したのである。

ところが、その後も攻防は続き、ゆとり教育を再び謳った 1998（平成10年）版の学習指導要領では外国語がまたも週3時間にされてしまった。それもまた、高まる批判と「グローバル人材育成」の掛け声の下で、2008（平成20）年には週4時間に戻された。文部行政の腰は定まらない。

多様化・弾力化を打ち出した高校学習指導要領（1978）

高校の学習指導要領は 1978（昭和53）年8月30日に告示され、1982（昭和57）年度から施行された。高校進学率は 1974（昭和49）年度に 90％を超えた。こうした点を踏まえ、教育課程審議会は、高校が大部分の青少年を育成する国民教育機関としての性格を強めているとの認識から、高校教育の多

様化、弾力化、学校裁量幅の拡大などを打ち出した。また、1976（昭和51）年に最高裁が下した「旭川学力テスト訴訟」の判決では、学習指導要領は教育課程の大綱的な基準を定めたもので、細部は教員の裁量権に委ねるべきだとの判断を示した。

こうした流れを受け、学習指導要領改訂の基本方針は以下の4点となった。

①学校の主体性を尊重し、特色ある学校づくりができるようにする。そのために、高校学習指導要領を大綱的基準にとどめ、教育課程の編成と実施については、できる限り学校の自主的判断に委ねた。

②生徒の個性や能力に応じた教育が行われるようにする。そのために、多様化した生徒の教育に対応できるよう、必修教科・科目とその単位数を大幅に削減し、選択科目を中心とする教育課程が編成できるようにした。

③ゆとりある充実した学校生活が送れるようにする。そのために、卒業に必要な単位数を削減し、授業時間数等の扱いを弾力化し、各教科・科目の内容を基礎的・基本的な事項に精選した。

④勤労の喜びを体得させるとともに、徳育・体育を重視する。そのために、勤労にかかわる体験的な学習を重視して勤労観や職業観を育て、道徳教育や体育を一層重視して知・徳・体の調和の取れた人間性豊かな生徒の育成を図った。

外国語科に関する「改善の具体的事項」は以下の通りである。

(ア)㋐　高等学校における英語の中心となる科目として、「聞くこと、話すこと」、「読むこと」及び「書くこと」の言語活動が総合的に行われるような内容の科目である「英語Ⅰ」及び「英語Ⅱ」を設ける。

　　㋑　「英語Ⅰ」は、英語を選択する生徒に対して初学年において履修させるものとする。「英語Ⅱ」は、「英語Ⅰ」を履修した後、更に英語の履修を希望する生徒に引き続いて履修させることが望ましい。

(イ)㋐　「英語Ⅰ」を履修した後、生徒の興味・関心や能力・適性・進路等に応じて選択履修ができるようにするため、「英語ⅡA」、「英語ⅡB」及び「英語ⅡC」の各科目を設ける。

　　㋑　「英語ⅡA」は主として「聞くこと、話すこと」の言語活動を、「英

語ⅡB」は主として「読むこと」の言語活動を、「英語ⅡC」は主として「書くこと」の言語活動を、それぞれ一層深めて学習する科目とする。

　㋒　「英語ⅡA」、「英語ⅡB」及び「英語ⅡC」の各科目は、中学年以降において「英語Ⅱ」の履修と併行して選択履修させることが望ましい。

（ウ）英語以外の外国語については、改善の基本方針に即し、その特性や履修の実態等にも配慮して改める。

　この結果、外国語教育に関する主な改革内容は、次の6点となった。

　①科目については表8-1のように改め、「英語Ⅰ」は全員が履修することとした。（　）内は単位数。

　従来の「英語B」は、教科書として「読本」、「作文」、「文法」の3種類が発行され、異なる教師が教えることがあった。この点を改め、各領域を総合的に学べる科目として「英語Ⅰ」と「英語Ⅱ」を新設した。これは、教育課程審議会答申が、第1学年においては主として必修科目により高校教育として共通的に必要とされる基礎的・基本的な内容を身につけさせ、第2・3学年における選択科目を履修する基礎と培う、としたことを受けた科目配置である。

　②生徒の興味・関心や能力・適性・進路等に応じて選択履修ができるようにするために、「英語ⅡA」、「英語ⅡB」、「英語ⅡC」の各科目を設けた。

　③外国語科の目標を「外国語を理解し、外国語で表現する基礎的な能力を養うとともに、言語に対する関心を深め、外国の人々の生活やものの見方な

表8-1　高等学校外国語の科目名の比較

（新）1978（昭和53）年告示	（旧）1970（昭和45）年告示
英語Ⅰ（4） 英語Ⅱ（5） 英語ⅡA（3）〔聞く・話す〕 英語ⅡB（3）〔読む〕 英語ⅡC（3）〔書く〕 ドイツ語（15） フランス語（15） 外国語に関するその他の科目	初級英語（6） 英語A（9） 英語B（15） 英語会話（3） ドイツ語（15） フランス語（15） 外国語に関するその他の科目

どについて基礎的な理解を得させる。」と定めた。中学校の目標から「基礎的な」を除いた以外は同じである。

　④「英語Ⅰ」などのすべての科目の目標に、英語を理解し英語で表現しようとする「（積極的な）態度を育てる」という項目が加わった。前回1970（昭和45）年の指導要領では「英語会話」のみにあった規定である。

　⑤教科書の題材内容に関しては、1970（昭和45）年版の「説明文、対話、物語、伝記、小説、劇、詩、随筆、論文、日記、手紙、時事文など」を、1978（昭和53）年版では「説明文、対話文、物語形式、劇形式など」に改め、伝記、小説、詩、随筆などの項目が消えた。文学色を薄め、実用的な英語にシフトしたのである。

　⑥新たに専門課程の教科「英語」を創設し、その科目として「総合英語、英語理解、英語表現、外国事情、英語一般、LL演習」を盛り込んだ。これに伴って、各地の高校に英語科などの専門コースが開設された。

英文法教科書の検定廃止

　1978（昭和53）年告示の高校学習指導要領に伴って、これまで文部省の検定認可を受けていた英文法教科書が1982（昭和57）年度から消滅した。この学習指導要領の作成協力者だった和田稔は「今回の改訂では、学習指導要領に示されていない科目は、教科書の検定受理種目としないということであるから、文法の教科書は姿を消すことになるのである」[21]と説明している。

　一連の経緯に関して、文部省の教科書調査官だった小笠原林樹は次のように述べている。[22]1970（昭和45）年に高校学習指導要領が改訂された際に、小笠原の提案が文部省内で受け入れられ、それまで文法と作文を合体させた「グラ・コン」（grammar and composition）を教科書として分離し、英文法は3学年分共通の1冊本、作文は学年ごとに3冊本とした。こうして1冊本の英文法教科書が検定申請されたが、教科書協会は価格に応じたページ数として128ページを上限に定めたため、中途半端な分量になってしまった。しかも、内容的に「大多数の英文法教科書には読まされるほうがうんざりし、こういう教科書で英文法を学ぶ生徒は気の毒だ」と思う内容であったとし

て、小笠原は問題点を以下の9点にわたって指摘した。当時の教科書行政担当者が英文法教科書をどのように見ていたかを示す貴重な証言なので、そのまま引用したい。

---

(1) 英文法としてとりあげている項目や範疇のたて方がただ従来の慣行によっているだけである。
(2) 英文法の用語をやたらと使いすぎている。
(3) 挙げてある用例文が現実の英語を反映していないものが多い。なかにはいわゆる日本人英語の類のものさえある。
(4) 文語体文と口語体文がなんの注もなく混在している。というより、多くは硬い文語体表現に傾斜している。
(5) 用例の長さに配慮したため、人称代名詞などを使いすぎ、場面や文脈との関連が不明であり、したがって英語の語感が育ちにくいものとなっている。
(6) 英語にみられる文法と音声との関連などが学びにくい構成になっている。
(7) 文の単位を超えた文法のことなど、例えばパラグラフとか談話構造のことなど扱っていない。
(8) 英文法にも受信のための文法とか発信のための文法というものがあってよいが、そういう工夫がほとんどみられない。
(9) 英文法の練習問題についても、因襲的なタイプのものが多く、たいした工夫がみられない。

こうした結果、「英文法の検定教科書がへたにあると、学校でそれを使用しなくてはいけないことになるので、文部省としては何十年も続いた英文法の検定教科書を廃止してしまおう、つまり自由化してしまおう、と思ったのである」という。

なお小笠原は、文部省が学習指導要領で定めている教科科目と、学校が実際に行う授業科目とは「必ずしも一致させなくてはいけないというものではなく、教科科目は一種の目標であって、それを具現させるための具体策はいくつかあってよい」として、例えば週4時間の中学校の英語では、これを「リスニング」「英語」「英語」「スピーキング」にしてもよいと述べている。[23]

さて、こうして検定英文法教科書が廃止された結果、高校現場では英文法をどのように指導したのであろうか。三浦省五は、広島大学卒業生の高校英

語教師 45 名の回答をもとに、1993（平成 5）年に次のような報告を行った。[24]

1. 市販の教材を用いて文法指導をしている。37 校（82.2%）
2. 文法の参考書・問題集を持たせ自習させている。31 校（68.9%）
3. 特に市販教材は持たせていない。3 校（6.7%）
4. 自作のプリントなどで文法の指導をしている。13 校（28.9%）

　上記の組み合わせのうち、もっとも多いパターンは 1 と 2 の両方の指導を行う学校で、20 校（44.4%）に及んだ。このように、「文部省検定済英語文法教科書は消滅したが、文法の授業は依然として行われている」実態が明らかになった。英文法の週あたりの指導時間は表 8–2 の通りである。

表 8–2　高校での英文法の時間配当（校数）

学年	1 時間	2 時間	3 時間
高 1	1	28	5
高 2	3	7	3
高 3	3	3	4

（出典）三浦（1993）

　このように、高校 1 年時に週 2 時間を課す学校が 28 校（62.2%）と抜きん出て多いが、学校によってばらつきがある。英語教師たちは市販の文法教材を使い、英文法教育を継続したのである。その伝統は次の指導要領下でも引き継がれ、皮肉を込めて「オーラル・コミュニケーション G」と呼ばれるようになる。G とは Grammar（文法）のことである。

4.　臨教審とコミュニケーション重視策

臨時教育審議会の英語教育政策（1986〜1987）

　日本がバブル景気に沸き立つ 1980 年代半ばに、その後の教育改革の方向性を決定づける重要な審議機関が設置された。臨時教育審議会（臨教審）で

ある。これは 1984（昭和 59）年 8 月 8 日に国会で可決された臨時教育審議会
設置法に基づいて総理府に設置され、会長の岡本道雄（元京都大学総長）を
含む委員も国会での議決を経て任命された。国会承認の法律に基づく審議会
の設置は、戦後直後の教育刷新委員会（1946〜1949）以来約 40 年ぶりだった。

　臨教審は中曽根康弘内閣総理大臣の直属の諮問機関であるから、文部大臣
の諮問機関である中央教育審議会（中教審）よりも上位に位置づけられ、臨
教審の設置期間中は中教審の活動が停止させられた。「不当な支配」の排除
を明記した教育基本法の下で、戦後の教育行政は政治的中立性を強く求めら
れてきたが、「戦後政治の総決算」を掲げる中曽根首相に直属の教育諮問機
関が発足したことは、教育政策の歴史的な転換を意味するものとなった。こ
の臨教審の設置は、官邸主導ないし政治主導の教育政策を展開する突破口と
なり、文部省（文部科学省）の影響力を低下させ、その後の教育行政にきわ
めて大きな影響を与えたのである。

　臨教審は改革の基本理念を、①個性重視、②生涯学習体系への移行、③国
際化・情報化など時代の変化への対応と定め、多岐にわたる政策提言を行っ
た。組織の構成は「21 世紀を展望した教育の在り方」（第一部会）、「社会の
教育諸機能の活性化」（第二部会）、「初等中等教育の改革」（第三部会）、「高
等教育の改革」（第四部会）の 4 部会から成り、1987（昭和 62）年 8 月までの
3 年間に 4 次にわたる答申を提出した。

　臨教審では学校教育を規制緩和・市場原理・競争にゆだねる新自由主義的
な教育政策が本格的に議論され始め、国旗・国歌の強調や道徳の教科化など
の新保守主義を伴って、後の教育政策に大きな影響力を発揮することにな
る。ただし、臨教審内部では第一部会の「教育の自由化」提案に対して第三
部会等の強い反対があり、答申では「教育の個性化」「個性重視の原則」と
いう表現となった。

　臨教審答申に盛り込まれ改革案のうち実行に移された方針としては、①伝
統文化や日本人としての自覚の強調、② 6 年制中等学校の設置、③国公私
立大学入試の共通テスト化、④教員初任者研修制度の創設、⑤不適格教員の
排除、⑥教科書検定制度の強化、⑦大学教員への任期制導入、⑧大学入学資

格・時期の弾力化、⑨学習指導要領の大綱化、⑩文部省の機構改革、などがある。

外国語教育改革に関する答申[25]は、「第二次答申」（1986年4月23日）、「第三次答申」（1987年4月1日）、「第四次（最終）答申」（1987年8月7日）に盛り込まれている。以下、答申の主文のみを掲げるので、続く解説的な文書については【資料15】を参照されたい。

臨時教育審議会第二次答申（抄） 1986年4月23日
(3) 外国語教育の見直し
　現在の外国語教育、とくに英語の教育は、長期間の学習にもかかわらず極めて非効率であり、改善する必要がある。
ア　各学校段階における英語教育の目的の明確化、学習者の多様な能力・進路に適応した教育内容や方法の見直しを行う。
イ　大学入試において、英語の多様な力がそれぞれに正当に評価されるよう検討するとともに、第三者機関で行われる検定試験などの結果の利用も考慮する。
ウ　日本人の外国語教員の養成や研修を見直すとともに、外国人や外国の大学で修学した者の活用を図る。また、英語だけでなくより多様な外国語教育を積極的に展開する。

このように、1986（昭和61）年4月の第二次答申では「現在の外国語教育、とくに英語の教育は、長期間の学習にもかかわらず極めて非効率であり、改善する必要がある」との厳しい認識を示し、解説では「中学校、高等学校等における英語教育が文法知識の修得と読解力の養成に重点が置かれ過ぎていることや、大学においては実践的な能力を付与することに欠けていることを改善すべきである」としている。

次に注目されるのは、「これからの国際化の進展を考えると、日本にとって、これまでのような受信専用でなく、自らの立場をはっきりと主張し、意思を伝達し、相互理解を深める必要性が一層強まってくる」として、発信型の英語教育を提言していることである。1980年代に日本企業は海外進出を強め、後半にはバブル景気に沸き立っていた。そうした中で、エズラ・ヴォーゲルの『ジャパン アズ ナンバーワン』（1979）などで称揚されるような強

い経済力を背景に、日本人は自らの立場をもっと発信すべきだという主張が支持を集めていた（盛田昭夫・石原慎太郎『「NO」と言える日本』1989）。

　第二次答申ではまた、「英語教育の開始時期についても検討を進める」として小学校での英語教育について検討することを初めて提言した。この答申に先立つ1983（昭和58）年11月に、中曽根康弘首相は文部科学省の佐野事務次官に「小学校から英語を教えるのはどうか」と提案していた（『日本経済新聞』1983年12月1日）。そうした政府トップの意向が答申に反映された可能性がある。また、大学英語教育学会（梶木隆一会長・小池生夫副会長）が1985（昭和60）年11月に臨教審に提出した要望書の中には、「小学校英語教育の施行」が含まれていた。こうした動きのもとで、この答申は1990年代からの公立小学校における英語教育の推進に道を開くことになった。

　1987（昭和62）年4月1日の第三次答申では、「広くコミュニケーションを図るための国際通用語（リンガ・フランカ）習得の側面に重点を置く必要」があるとして、「コミュニケーション」重視の方向性が答申に明記された。この方針は同年8月の「第四次（最終）答申」にも受け継がれ、1989（平成元）年版学習指導要領の基本方向を決定づけた。

臨時教育審議会第三次答申（抄）　1987年4月1日

③　**コミュニケーションに役立つ言語教育——国際通用語としての英語および日本語**

ア　外国語とくに英語の教育においては、広くコミュニケーションを図るための国際通用語（リンガ・フランカ）習得の側面に重点を置く必要があり、中学校、高等学校、大学を通じた英語教育の在り方について、基本的な見直しを行う。

イ　外国人に対する日本語教育については、国際通用語としての日本語の研究および教育方法・教材の開発が緊要である。また、日本語教員の養成を急ぐとともに、海外における日本語の普及に努める。

臨時教育審議会第四次（最終）答申（抄）　1987年8月7日

3　外国語教育の見直し

ア　外国語とくに英語の教育においては、広くコミュニケーションを図るための国際通用語習得の側面に重点を置く必要があり、中学校、高等学校、

大学を通じた英語教育の在り方について、基本的に見直し、各学校段階
における英語教育の目的の明確化、学習者の多様な能力・進路に適応し
た教育内容や方法の見直しを行う。

イ　大学入試において、英語の多様な力がそれぞれに正当に評価されるよう
検討するとともに、第三者機関で行われる検定試験などの結果の利用も
考慮する。

ウ　日本人の外国語教員の養成や研修を見直すとともに、外国人や外国の大
学で修学した者の活用を図る。また、より多様な外国語教育を積極的に
展開する。

　このように、第四次（最終）答申の主文の内容は、基本的に第二次答申と
第三次答申を合体させたものである。具体的には、第四次答申の「ア」は、
前半が第三次答申、後半が第二次答申と同一である。「イ」は第二次答申と
まったく同じである。「ウ」も第二次答申とほぼ同じだが、「英語だけでな
く」が削除されている。

　各答申の内容のうち、その後の外国語教育政策に大きな影響を与えたもの
は以下の6項目である。

①各学校段階における英語教育の目的の明確化

　この「目的」とは「到達目標」の意味と思われ、のちに英検（実用英語技
能検定）、TOEIC（Test of English for International Communication）、
TOEFL（Test of English as a Foreign Language）などの級・スコア、CAN-
DOリスト、CEFR能力スケール（第9章参照）などによって具体化される
ようになる。

②学習者の多様な能力・進路に適応した教育内容・方法の見直し

　臨教審の「個性重視」や「多様な能力・進路」の強調は、戦後民主主義教
育の基本原則である「機会均等と平等」に対置されたもので、教育格差の拡
大をもたらす結果となった。なお、外国語教育政策史においては、自民党参
議院議員の平泉渉が1974（昭和49）年に提出した「外国語教育の現状と改革
の方向：一つの試案」（前述）で、高校において「外国語教育を行う課程とそ
うでないものとを分離する」という提案をしていた（【資料10】）。その後、
2001（平成13）年の「英語指導方法等改善の推進に関する懇談会」の報告書

でも、「国民全体に求められる英語力」と「国際社会に活躍する人材等に求められる英語力」に2分されることになる。

③大学入試における4技能の評価、外部検定試験の利用

　第二次答申では「大学入試における英語について、例えば高等学校段階で学習した聞く、話す、読む、書くなどの多様な力がそれぞれに正当に評価されるようにするなどの検討を行うとともに、大学入試において、TOEFLなどの第三者機関による検定試験の結果の利用も考慮する」としていた。この「TOEFLなどの」という例示は、英検などへの配慮のためか、最終答申では消えた。しかし、2013（平成25）年4月の自民党教育再生実行本部の提言では「大学の入試・卒業要件にTOEFL等」を課すことや4技能を測る入試が主張されており、第二次答申の趣旨が貫かれることになる。

④外国語教員の養成や研修の見直し、外国人や外国の大学で修学した者の活用

　文科省の「『英語が使える』日本人の育成のための行動計画」（2003～2007年度）では、中学・高校のほぼすべての英語教員に研修を課した。

　外国人教員の活用は、以後も一貫して主張され続ける。他方で、文部省は外国籍の人を公立小中高校の教諭としては採用しないよう求める通達を1982（昭和57）年10月に出しており、国籍による差別待遇はその後も継続される。

⑤英語以外の多様な外国語教育の推進

　外国語教育の多様化に関しては、臨時教育審議会が第二次答申（1986）で「英語だけでは十分でなく、近隣諸国の言語をはじめとするより多様な外国語教育を積極的に展開する必要がある」と提言した。その後、文部省の「外国語教育の改善に関する調査協力者会議報告」（1991）も「近隣のアジア諸国の言語はもとより、英語以外の様々な外国語の教育を一層推進することが必要である」と呼応し、「英語指導方法等の改善の推進に関する懇談会」（2000）も「高等学校における多様な言語学習への配慮、とくにこれまで欧米先進諸国に目を向けがちだったことを改め、アジア諸国等の言語にも一層目を向けるようにすることを促したい」と提言した。

　これらを受け、文科省は高校等での外国語教育の多様化を進め、2003（平

成 15）年度からは「高等学校における外国語教育多様化推進地域事業」を実施した。その趣旨は以下の通りである。ただし初年度の予算規模は 1,000 万円ほどにすぎず、本格的な多様化は困難だった。

> 国際理解教育の推進にあたっては、コミュニケーションの道具となる外国語の能力の向上が重要である。現在、中・高等学校における外国語教育は圧倒的に英語教育が中心となっているが、今後の諸外国との交流の進展を考えると、英語以外の外国語についても、言語能力を身に付けることが必要となってくる。
> このようなことから、外国語教育の多様化を推進するため、英語以外の外国語教育に取り組んでいる都道府県を推進地域に指定し、推進地域連絡協議会を設置するとともに、域内の高等学校を推進校として指定し、地域の関係機関との連携のもと、教育課程上の課題や地域人材の活用方法の在り方等、外国語教育多様化の推進について実践的な調査研究を行い、外国語教育の振興に資する。

こうして英語以外の外国語を教える高校は増加したものの、2007（平成19）年の 790 校をピークに減少を続けるようになる（終章参照）。

⑥小学校英語教育の開始についての検討

第二次答申では「英語教育の開始時期についても検討を進める」とした。こうして 1992（平成 4）年度には公立小学校での英語教育が試行され始め、外国語会話等の開始（2002）、外国語活動の必修化（2011）、教科化（2020）へと進むことになる。また、第二次答申は「外国語教育の問題を考えるに当たって国語力を重視する必要がある」と述べており、2002（平成 14）年に発表された文科省の「『英語が使える日本人』の育成のための戦略構想」では、副題が「英語力・国語力増進プラン」とされた。ただし、国語力の重視については最終答申で消えている。

官邸主導でコミュニケーション重視に転換

臨時教育審議会の最終答申（1987 年 8 月）を受けて、文部省の教育課程審議会は 1987（昭和 62）年 12 月 24 日に「幼稚園、小学校、中学校及び高等学校の教育課程の基準の改善について」【資料 16】を文部大臣に答申した。

内閣総理大臣直属の諮問機関から文部省の審議会に基本方針が降ろされ、それが具体化するという「官邸主導」の教育政策が実行に移されたのである。文部省の教科調査官だった佐々木輝雄は、「今回の教育改革は、わが国あげての対応であり、臨時教育審議会を設置して討議を重ね、その答申に基づいて、文部省の教育課程審議会で具体的に検討を重ねて答申をするという異例のものである」と証言している。[26]

　教育課程の全体的な改善方針に関しては、4つのねらいが提示されている。

---

(1) 豊かな心をもち、たくましく生きる人間の育成を図ること
(2) 自ら学ぶ意欲と社会の変化に主体的に対応できる能力の育成を重視すること
(3) 国民として必要とされる基礎的・基本的な内容を重視し、個性を生かす教育の充実を図ること
(4) 国際理解を深め、我が国の文化と伝統を尊重する態度の育成を重視すること

　このうち、特に(2)と(4)が新たに盛り込まれた方針だといえよう。この2点は外国語科の方針にも強く反映している。外国語科の「改善の基本方針」では、以下のように述べられている。

　国際化の進展に対応し、国際社会の中に生きるために必要な資質を養うという観点から、特にコミュニケーション能力の育成や国際理解の基礎を培うことを重視する。このため、（中略）聞くこと及び話すことの言語活動の指導が一層充実するよう内容を改善する。（中略）指導内容をより重点化・明確化するとともに、生徒の実態等に応じ多様な指導ができるようにする。さらに、これらを通じ、外国語の習得に対する生徒の積極的な態度を養い、外国語の実践的な能力を身に付けさせるとともに、外国についての関心と理解を高めるよう配慮する。

　このように、「聞くこと及び話すこと」を一層充実させ、「外国語の実践的な能力を身に付けさせる」コミュニケーション重視の方向性を明確にした。その理由として、「国際化の進展に対応し、国際社会の中に生きるために必要な資質を養う」ことが挙げられている。

では、この背景には何があったのだろうか。

1980年代後半の日本経済の「国際化」は、その後の「グローバル化」への転換点だった。このころの日本は好景気で、大幅な対米貿易黒字を計上していた。他方、1981（昭和56）年にアメリカ大統領に就任したロナルド・レーガンは、軍事費を大幅に増やし、そのためアメリカは財政赤字が拡大し、貿易収支も赤字という「双子の赤字」に悩まされていた。1985（昭和60）年にはアメリカの対日赤字が500億ドルに達し、「ジャパンバッシング」が起こった。これに対応すべく同年9月23日に「プラザ合意」が発表されると、同年9月上旬に1ドル240円台だった円相場は暴走的な円高基調となり、3カ月後の11月には121円台となった。円の価値が一気に2倍になったのである。

急激な円高によって輸出競争力が著しく低下したため、日本企業は海外生産と海外直接投資を爆発的に増加させた。1986年から1989年のわずか4年間に日本企業が海外に投資した金額は、1951年から1985年までの35年間の累積額の約2倍にも達したのである。製造業の海外生産比率は、1980年度には2.7％だったが、1988年度に4.9％、1995年度に11.6％、2002年度に18.2％に増加した（経済産業省「海外事業活動基本調査」）。

こうした急激な国際化の進展に対応できる人材を育成すべく、教育課程審議会答申（1987）に「コミュニケーション能力の育成や国際理解の基礎を培うことを重視する」ことが明記されたのである。

この方針は、1989（平成元）年に告示された学習指導要領の目標に、ほぼそのまま取り入れられた。ただし、「コミュニケーション能力の育成」はさすがに無理だと判断したのか、「外国語の習得に対する生徒の積極的な態度を養い」という方針を加味して、指導要領では「外国語で積極的にコミュニケーションを図ろうとする態度を育てる」という表現に落ち着いた。

学習指導要領に初めて登場した「コミュニケーション」の概念については、答申には明確な規定がない。しかし、「聞くこと及び話すことの言語活動の指導が一層充実するよう内容を改善する」と述べているように、音声や会話を重視した方針であることは明らかである。そのため、「改善の具体的

事項（中学校）」では、従来まで一括されていた「聞くこと、話すこと」を「聞くこと」と「話すこと」に分離独立させ、「読むこと」「書くこと」と合わせて、言語活動を4領域（4技能）で構成することとした。なお、次の1998（平成10）年告示の中学校学習指導要領では「聞くことや話すことなどの実践的コミュニケーション能力の基礎を養う」として、一段と「聞く」「話す」が重視されることになる（第9章参照）。

　以上の方針は、臨教審の第二次答申（1986）が「中学校、高等学校等における英語教育が文法知識の修得と読解力の養成に重点が置かれ過ぎている」と指弾したことを受けての対応であると考えられる。同様に、「生徒の実態等に応じ多様な指導」や「外国語の実践的な能力を身に付けさせる」といった文言も教育課程審議会答申を踏まえた変更である。

コミュニケーション重視の学習指導要領（1989）

　臨教審答申と教育課程審議会答申を受けて、1989（平成元）年3月15日に小学校・中学校・高等学校の学習指導要領が告示され、1993（平成5）年度から実施された（高校は翌年度から）。こうして、1990年代から、中学・高校の英語教育は「コミュニケーション重視」に転換したのである。

　これに伴い、1958（昭和33）年告示の指導要領から続けられてきた文法・文型の学年配当は廃止された。中学校外国語科の目標は、以下のように設定された（高校も末尾が「国際理解を深める」となった以外は同じ）。

> 外国語を理解し、外国語で表現する基礎的な能力を養い、外国語で積極的にコミュニケーションを図ろうとする態度を育てるとともに、言語や文化に対する関心を深め、国際理解の基礎を養う。

（1）中学校

　①全国的に高揚した「週3反対運動」の取り組みもあり、中学校では外国語を週4時間まで履修することが可能になった。

　②教科書の題材は世界の人々および日本人の日常生活等となり、「国際社会に生きる日本人としての自覚を高めること」が盛り込まれた。ナショナリ

ズムの強化である。この指導要領のもとで作られた教科書には以下のような
特徴があった。

　・1993（平成 5）年度版全体の課別の登場人物（実質）は、米国人 53％、日
　　本人 74％に。アジア・アフリカ等も 32％に急増し、多国籍化した。[27]
　・日本人が「国際貢献」をする題材や、俳句、将棋、落語等の伝統文化の
　　題材が増加した。
　・「聞く・話す」や、ティーム・ティーチング対応の教材が増えた。
　・policeman → police officer など性差を示さない表記が増えた。
　③ネイティブ・スピーカーの活用が謳われ、後述の JET プログラム（1987）
と相まって、ティーム・ティーチングが促進された。

(2) 高校

　①「生徒の能力・適性等に応じた指導を充実し、聞くこと及び話すことの
言語活動の指導を一層充実する」とした。
　②中学と同様、「聞くこと」「話すこと」「読むこと」「書くこと」の 4 領
域となった。
　③言語活動を総合的に行うような内容の科目として「英語Ⅰ」および「英
語Ⅱ」を設けるとした。それも含めて、科目名が表 8-3 のように大幅に変
わった。（　）内は単位数。
　1991（平成 3）年 3 月 20 日には文部省より「生徒指導要録」の改訂内容が
通知され、外国語の評価の観点とその趣旨が表 8-4 のように改められた。
それまでの知識の習得を中心とした学習の在り方からの転換を図るべく、前
回（1980 年）の「関心・態度」を「関心・意欲・態度」に改め、情意面の評
価を一段と強めた点が特色である。
　以上見てきたように、1980 年代後半からの日本企業の急速な国際展開が、
学校英語教育における「コミュニケーション重視」への転換の一要因だった
といえよう。ただし、こうした企業の論理を学校教育に求めたところで、子
どもたちがすぐさま英語でコミュニケーションできるようになるわけではな
い。それどころか、むしろ英語学力の深刻な低下を招いたとの指摘もなされ

表 8–3　高校外国語の科目名・単位数・概要（1994〜2002 年度）

英語 I（4）	4 領域の言語活動の指導を総合的に行う。初学年において履修。
英語 II（4）	英語 I を履修後、希望者が履修。
オーラル・コミュニケーション A（2）	身近な日常生活の場面で行われる会話が中心。
オーラル・コミュニケーション B（2）	文章や話の内容を正確に聞き取ったりノートしたりする、聴いて理解する活動が中心。
オーラル・コミュニケーション C（2）	スピーチや討論など様々な場面で行われる表現活動が中心。
リーディング（4）	読むことの言語活動を一層深めて行う。
ライティング（4）	書くことの言語活動を一層深めて行う。
ドイツ語	（単位数も内容規定もなくなった）
フランス語	（単位数も内容規定もなくなった）

表 8–4　外国語の評価の観点とその趣旨（1991 年 3 月改訂）

コミュニケーションへの関心・意欲・態度	コミュニケーションに関心をもち、積極的にコミュニケーションを図ろうとする。
表現の能力	初歩的な外国語を用いて、自分の考えなどを話したり、書いたりする。
理解の能力	初歩的な外国語を聞いたり、読んだりして、話し手や書き手の意向などを理解する。
言語や文化についての知識・理解	初歩的な外国語の学習を通して、言葉とその背景にあるものの考え方や文化などを理解し、知識を身に付けている。

るのである（第 9 章参照）。

外国青年招致事業（JET プログラム）

　1980 年代のアメリカの対日貿易赤字を解消する一策として、「語学指導等を行う外国青年招致事業」（The Japan Exchange and Teaching Programme: JET プログラム）がレーガン大統領と中曽根康弘首相との「ロン・ヤス」会談で合意され、1987（昭和 62）年 8 月に開始された。

この事業は、地方公共団体が、自治省（現・総務省）、外務省、文部省（現・文部科学省）などの協力を得て実施した。1986（昭和 61）年 10 月 1 日には、JET プログラムの円滑な推進を図るために、都道府県と政令指定都市により国際化推進自治体協議会が設立され、1989（平成元）年 8 月 16 日からは財団法人自治体国際化協会に引き継がれた。それを統括する自治省は、地方交付税の「地域振興費」による財政措置という手法で地方の国際化推進の財源を確保し、政策の転用によって JET プログラムを立案した。[28]

そのため、この事業は主な財源を握る自治省が主幹となり、文部省の発言力は当初より小さかった。JET プログラムは外国語教育のために立ち上げられた事業ではなく、「国際交流」（本音は対米貿易黒字の削減）が主目的だった。こうした事情から、招致される外国人は教育者としての資格や経験を要件にされることなく、しかも任期が 3 年（のちに 5 年）のため、経験を積んだころには帰国する制度となった。

ちなみに、韓国の EPIK（English Program in Korea）では、TESOL（Teaching English to Speakers of Other language）や TEFL（Teaching English as a Foreign Language）などの英語教育の専門資格所持者や教育経験を持つ英語圏出身者を優遇するシステムを採用し、効果を上げた。

JET プログラム参加者の職種は、①外国語指導助手（Assistant Language Teacher: ALT）、②国際交流員（CIR）、③スポーツ国際交流員（SEA）の 3 種類だが、約 9 割が①の ALT として小・中・高校で外国語教育（英語、フランス語、ドイツ語、中国語、韓国語）に関わってきた。

JET プログラムによる来日人数は、初年度の 1987（昭和 62）年にはアメリカ、イギリス、オーストラリア、ニュージーランド 4 カ国から 848 人だった。1989（平成元）年には招致対象言語をドイツ語、フランス語にも拡大し、8 カ国 1,987 人に増加した。ピークは 2002（平成 14）年の 40 カ国・6,273 人で、この年には小学校での「外国語会話等」の導入に伴って小学校専属 ALT を創設した（初年度 20 名）。累計すると、1987〜2015 年度の期間に世界 65 カ国から 6 万 2,517 人を招致し、その約 4 割はアメリカ人で、英語圏出身者が圧倒的に多い。

JET 以前の外国人指導助手制度

　外国人指導助手の招致事業は JET プログラム以前にも存在した。1969 年〜1976 年のフルブライト助手制度によって数十名のアメリカ人が来日した。この制度は、在日合衆国教育委員会（フルブライト委員会）と日本の文部省が協力し、各都道府県の英語担当指導主事の助手としてアメリカ人を招致し、英語教員の研修等に活用する制度だった。

　1977（昭和 52）年にはフルブライト助手制度が文部省に引き継がれ、MEF（Mombusho English Fellows）制度となった。これは、中学校や高校の英語担当指導教員の補佐役として「外国語としての英語教育」（TEFL）を修得したアメリカ人などを招致する制度で、MEF の能力は高かった。[29]

　他にも、文部省が同時期に行っていた事業に BETS（British English Teacher Scheme）制度があった。こちらは教育ではなく日英の国家間の交流を目的としており、MEF 制度よりも JET プログラムに近い制度だった。

　1986（昭和 61）年度には、MEF 制度と BETS 制度とを合わせて 307 人が招致されていた。しかし、翌年度からの JET プログラムによって、両制度は廃止されたのである。

JET プログラムの問題点

　政府は JET プログラムを一貫して推進し、拡充しようとしてきた。文部科学省の「『英語が使える日本人』育成のための行動計画」（2003〜2007）では、2008（平成 20）年をめどに「中・高等学校の英語の授業に週 1 回以上はネイティブスピーカーが参加する」ことを目標とし、ALT の配置拡大を進めようとした。しかし、実際には計画の 4 分の 1 以下にすぎなかった。さらに、「グローバル化に対応した英語教育改革実施計画」（2013）でも、小学校外国語活動の低学年化等の実現に向け、「JET や民間の ALT 等、外部人材のさらなる活用が不可欠」だとしている。

　ところが、民主党政権下の 2010（平成 22）年に、事業仕分けで JET プログラムが「見直し事業」に分別されたこともあり、JET による ALT は減少した。代わりに民間業者からの派遣による ALT が増加し、低賃金などもあ

って質の低下を指摘する声も出た。

　JET プログラムは、対米「黒字減らし」を意図した「国際交流」を目的とした事業で、英語教育向上のための事業ではないため、正式な教育資格等を持たない ALT が約 8 割を占めている。その結果、ネイティブと接することで学習意欲が高まるといった評価がある一方で、外国語としての英語を教える力量や資質に対する批判が少なくなかった。例えば、高橋美津子はALT が正しく英文法を理解していないため指導が困難な実態を明らかにし、「ネイティブ信仰」の危険性を指摘している。[30]

　ALT が日本の児童生徒に効果的な英語指導ができるかを疑問視する声は、JET の当初から出ていた。例えば、若林俊輔（東京外国語大学教授）は、1989（平成元）年に「AET 導入反対の弁」[31]を発表し、教員資格もない外国人を教壇に立たせる予算があるなら、日本人英語教員を海外に留学させ、英語力と英語指導力を鍛えさせた方がよいと主張した。以下のように、若林はJET プログラムを晩年まで厳しく批判していた。[32]

> ここ 10 年くらいだろうか、わが国の英語教育（いや、外国語教育でもあるのですが）について、シロウトの発言が無闇矢鱈に大きく強くなってきた、ということです。とんでもないのは「英語が話せれば英語は教えられる」という主張（こんなものは「主張」でもなんでもない）です。その典型は「JET プログラム」です。英語を母語とする者ならば英語は教えられる、と思っているらしい。さらにひどいのは、英語がしゃべれる日本人ならば、だれでも英語は教えられると思っている。冗談ではない。私の母語は日本語ですが、私には日本語を教える能力も資格もない。こういう基本的なことが、世間様にはおわかりにならない。
>
> 　言いたいこと。どうやら、わが国の「教育」全体が狂い始めているということです。英語について言えば、今や全国的に「英語狂騒曲」。調子はずれのトランペットを主旋律として、和音も何もなく、ただわめき散らしている。狂気の沙汰としか言いようがない。

　だが、若林の警鐘にもかかわらず、「シロウトの発言が無闇矢鱈に大きく強くなってきた」「英語が話せれば英語は教えられる」という傾向はその後も強まっていった。

第8章　国際化時代（1970～1980年代）　273

　学校の英語教員は、英語さえできれば教えられるほど甘くはあるまい。机に突っ伏す子、私語が止まらない子、徘徊する子、教室を抜け出す子たちをどう指導するのか。さらには部活指導、生徒指導、保護者対応も必要である。日本国憲法や教育心理学などを含む幅広い学問を修めなければ、英語の教員免許状は取得できない。

　その後、政府は教員の専門的な能力を高める必要があるという立て前で、2008（平成20）年度より教職大学院を設置・拡充し、翌年度から教員免許更新制を断行することになるのだが。

コミュニカティブな授業の模索

　JETプログラムによるネイティブ来校は、一部の英語教師にとっては脅威だった。ALTのアパート契約の世話までさせられる上に、ティーム・ティーチングに備えて英会話学校に通う教員もいた。当時は、「リスニングやスピーキングに自信がない」とする中・高・大の英語教員が63％もいたのである（日本教育大学協会の調査1988）。

　全国の教育委員会・教育センターの研究テーマのうち、「コミュニケーション」や「ティーム・ティーチング」をキーワードとした研究は、1986（昭和61）年には6％にすぎなかったが、JETプログラムが開始された1987（昭和62）年には17％、1988（昭和63）には30％、1992（平成4）年には53％に達した[33]。英語教育界は「コミュニケーション重視」という国策にひた走ったのである。

　英語教員は授業方法の改善に追われた。JACET英語教育実態調査研究会の全国調査（1987）[34]によれば、中高教員の約半数（47.6％）が授業方法の改善に取り組んだと回答している（表8–5）。英語のインプットを増やし、ペア・ワークやグループ・ワークで運用力を高める工夫がされてきた。

　他方、「授業をする上で最も困ること」のうち1位が「クラスサイズが大きすぎる」（44.7％）であった。コミュニカティブな授業を行うには、講義形式を減らし、英語を使った双方向的な活動を増やす必要がある。そのために少人数学級を求める声が根強いが、実現はその後も困難をきわめる。

表 8–5　中・高英語教員の授業方法の変化

(1)「授業方法はこの数年間で変わったか」	
非常に／かなり変わった	47.6%
全く／あまり変わらない	18.5%
どちらともいえない	33.9%
(2)「どのように変わったか」(複数回答可)	
指導方法を多様化している	61.7%
生徒を授業に積極的に参加させている	30.9%
音声面を重視している	24.3%
(3)「授業をする上で最も困ること」(上位項目)	
クラスサイズが大きすぎる	44.7%
受験を考慮しなければならない	28.3%
生徒が学習に興味を示さない	21.7%

（出典）谷口（1993）

　本章で見てきたように、1970〜80 年代の日本企業の本格的な海外進出を背景に、政府の外国語教育政策は会話中心の「使える英語」に転換し、コミュニケーション能力の育成をスローガンとするようになった。そうした政策は、続く 1990 年代以降の「グローバル化時代」に入ると、さらに激烈なものになっていく。

注

1　日本貿易振興会「直接投資統計」http://www.jetro.go.jp/world/japan/stats/fdi.html （2015 年 10 月 10 日検索）
2　宍戸良平 (1965)「教育課程改訂の準備」『全英連会誌』第 3 号、10–11 頁
3　宍戸良平編著 (1970)『能力・適性に応ずる指導　英語科編』1 頁
4　宍戸良平 (1968)「教育課程改善の方向」『全英連会誌』第 6 号、7 頁
5　宍戸良平 (1969)「中学校学習指導要領の改訂」『全英連会誌』第 7 号、8 頁
6　*Ibid.* 6 頁
7　日本経済調査協議会編 (1972)『新しい産業社会における人間形成：長期的観点からみた教育のあり方』東洋経済新報社

8 外山滋比古(1973)『日本語の論理』中央公論社(中公文庫版1987)

9 OECD教育調査団編著・深代惇郎訳(1972)『日本の教育政策』132頁

10 Scovel T. (2000). A Critical Review of the Critical Period Research. *Annual Review of Applied Linguistics*, Vol. 20, pp.213–223.

11 ぎょうせい編(1985)『臨教審と教育改革　第1集　自由化から個性主義へ』271頁

12 英語教育協議会／ELEC史編纂委員会編(2013)『英語教育協議会の歩み』14頁

13 鳥飼玖美子(2014)『英語教育論争から考える』みすず書房、および鳥飼玖美子(2017)「英語教育論争から考える」日本英語教育史学会第33回全国大会記念講演レジュメ

14 日本教職員組合編(1976)『教育課程改革試案』21頁

15 槇枝元文・若林俊輔(聞き手)(1981)「日教組委員長・槇枝元文氏にきく」『英語教育ジャーナル』1月号、6頁

16 吉冨一・佐々木輝雄編(1977)『改訂　中学校学習指導要領の展開　外国語(英語)科編』

17 日本教職員組合編・小野協一監修(1978)『外国語の授業(自主編成研究講座)』242–243頁

18 若林俊輔・隈部直光(1982)『亡国の学校英語』40–41頁

19 隈部直光(1982)「1981年度回顧と展望」語学教育研究所編『英語教育年鑑1982年度版』5頁

20 佐々木輝雄(1980)「新教育課程と外国語教育」『全英連会誌』第18号、8頁

21 久保野雅史(2016)「高校文法教科書はなぜ9年で消えたのか」『神奈川大学　心理・教育研究論集』第40号、24頁

22 小笠原林樹(1993)「英文法教科書が自由化に至った事情」『現代英語教育』11月号、12–13頁

23 *Ibid.* 11頁

24 三浦省五(1993)「検定文法教科書の廃止と高校現場」『現代英語教育』11月号、8–10頁。なお、普通科、職業科などの校種は記載されていない。

25 臨教審答申は、文部省大臣官房編(1987)『文部時報』第1327号(8月臨時増刊号臨教審答申総集編)による。

26 佐々木輝雄(1989)『新旧学習指導要領の対比と考察：中学校外国語(英語)科』1頁

27 江利川春雄(1993)「1993年度版英語教科書にみる国際コミュニケーション教材の特徴」『中部地区英語教育学会紀要』第23号、73–78頁

28 古川和人(2000)「JETプログラムの政策立案に関する研究」『日本教育行政学会年報』第26号、110–122頁

29 和田稔(1987)『国際化時代における英語教育：Mombusho English Fellowsの足跡』山口書店

30 高橋美津子（2008）「ネイティブスピーカー信仰とその問題点」神戸英語教育学会『KELT』第 23 号

31 若林俊輔（1989）「AET 導入反対の弁」『英語教育』3 月号、13–15 頁（AET：Assistant English Teacher ＝ 英語指導助手）

32 若林俊輔（2002）「やはり『英語教育』のことですが」『語学研究』99 号

33 現代英語教育編集部（1992）「英語教育界の流行語（1）」『現代英語教育』11 月号、研究社

34 谷口賢一郎（1993）『21 世紀に向けての英語教育：全国実態調査をふまえて』『英語教育』別冊、第 42 巻 4 号のデータを編集して作成

第9章　グローバル化時代（1990年代以降）

1.　国際化からグローバル化へ

ソビエト崩壊と経済グローバル化

　1991（平成3）年12月のソビエト社会主義共和国連邦（ソ連）の崩壊を契機に、東ヨーロッパなどの社会主義体制は連鎖的に瓦解し、第二次世界大戦後の世界的な枠組みであった東西冷戦構造（平和共存体制）が崩壊した。それに伴い、アメリカ合衆国を中心とする資本主義世界市場が旧社会主義圏にまで拡大し、インターネットによる地球規模の情報通信ネットワークの整備と相まって、いわゆる「グローバル化」（globalization）の時代を迎えた。

　資本主義諸国の多くは、金融自由化や関税障壁撤廃などの規制緩和により自由競争を促進する新自由主義（neoliberalism）を政策として採用した。この結果、超国家企業が様々な国や地域を市場や投資先として大競争（mega-competition）を展開し、その影響力を飛躍的に拡大した。こうしたグローバル化によって、ある国での経済破綻が一気に世界に波及し、アジア通貨危機（1997）、世界金融危機（2007）、リーマン・ショック（2008）などの国際経済危機を誘発することになった。

　グローバル化は、資本を所有する者の富と支配力を飛躍的に強める反面で、貧富の格差を拡大し、地域の産業や固有文化、自然環境を破壊するなどの負の側面が強い。日本政府は「小さな政府」を標榜する新自由主義にもとづき、国有鉄道、電信電話公社、専売公社などを民営化した。さらに、教育、医療、社会福祉などの国家支出を削減し、国立大学の法人化による約

12万人の教員・事務職員の非公務員化(2004)と運営費交付金の削減、義務教育国庫負担率の2分の1から3分の1への削減(2006)、教員定数の純減(2014〜)などを断行した。日本の国家予算に占める教育関係費の割合は、1975(昭和50)年には12.4%だったが、2000(平成12)年には7.7%、2014(平成26)年には5.7%にまで下げられている。[1] 他方で、教員の労働条件は悪化を続け、2016(平成28)年に文部科学省が実施した「教員勤務実態調査」[2]によれば、時間外勤務(自宅持ち帰り残業を含む)が月80時間の過労死ラインを超す教員は、小学校教諭の57.8%、中学校教諭の74.1%に達するという長時間過密労働の実態が明らかになっている。

1980年代までの「国際化」(internationalization)は、1990年代に「グローバル化」の時代へと変貌した。それに伴い、外国語教育政策でも「国際理解教育」に代わって「グローバル人材育成」が基調となった。その定義は多様だが、文部科学省の「産学連携によるグローバル人材育成推進会議」が2011(平成23)年4月に発表した「産学官によるグローバル人材育成のための戦略」では、「グローバル人材」を以下のように定義している。

世界的な競争と共生が進む現代社会において、日本人としてのアイデンティティを持ちながら、広い視野に立って培われる教養と専門性、異なる言語、文化、価値を乗り越えて関係を構築するためのコミュニケーション能力と協調性、新しい価値を創造する能力、次世代までも視野に入れた社会貢献の意識などを持った人間。

また、政府閣僚などからなる政策会議である「グローバル人材育成推進会議」が2012(平成24)年6月4日に発表した「グローバル人材育成戦略(審議まとめ)」[3]では、日本が育成・活用していくべき「グローバル人材」には、概ね以下のような要素が含まれるとした(8頁)。

要素I ：語学力・コミュニケーション能力
要素II ：主体性・積極性、チャレンジ精神、協調性・柔軟性、責任感・使命感
要素III：異文化に対する理解と日本人としてのアイデンティティー

このほか、「グローバル人材」に限らず、今後の社会の中核を支える人材に共通して求められる資質として、「幅広い教養と深い専門性、課題発見・解決能力、チームワークと（異質な者の集団をまとめる）リーダーシップ、公共性・倫理観、メディア・リテラシー等を挙げることができる」としている。

「グローバル人材育成戦略（審議まとめ）」では、グローバル人材の能力水準の目安を、①海外旅行会話レベル、②日常生活会話レベル、③業務上の文書・会話レベル、④二者間折衝・交渉レベル、⑤多数者間折衝・交渉レベルの 5 段階で例示した。その上で、今後は「④⑤レベルの人材が継続的に育成され、一定数の『人材層』として確保されることが、国際社会における今後の我が国の経済・社会の発展にとって極めて重要となる」とした。

また、「若い世代では、同一年齢の者のうち約 10%（即ち約 11 万人程度）が概ね 20 歳代前半までに 1 年間以上の留学ないし在外経験を有し、前述の④⑤レベルのグローバル人材の潜在的候補者となっていることが通常の姿となることを目指したい」とした。

新自由主義に基づく「グローバル人材育成」策の特徴は、外国語などの能力を階層分けし、競争と格差を拡大させることで、学校のエリート抽出機能を強化することである。こうして、機会均等と平等の原則に基づいていた国民教育制度を複線化・多様化して競争原理を持ち込み、エリート育成のために重点的・戦略的に投資するようになった。その具体化が、公立中高一貫校、スーパー・イングリッシュ・ランゲージ・ハイスクール（SELHi）、国際バカロレア認定校、スーパーグローバルハイスクール（SGH）、スーパーグローバル大学などである（後述）。

こうしたグローバル人材育成を目指す外国語教育政策の変遷過程を考察するために、まず「国際化」と「グローバル化」の概念を確認しておこう。

国際化とグローバル化の概念

文部科学省は、「グローバル化」について、2009（平成 21）年 1 月に開催した「国際教育交流政策懇談会（第 1 回）」の配付資料で次のように定義した。

「グローバル化」とは、情報通信技術の進展、交通手段の発達による移動の容易化、市場の国際的な開放等により、人、物材、情報の国際的移動が活性化して、様々な分野で「国境」の意義があいまいになるとともに、各国が相互に依存し、他国や国際社会の動向を無視できなくなっている現象ととらえることができる。特に「知」はもともと容易に国境を越えるものであることから、グローバル化は教育と密接な関わりをもつ。さらに「国際化」はグローバル化に対応していく過程ととらえることができる。教育分野では、諸外国との教育交流、外国人材の受入れ、グローバル化に対応できる人材の養成などの形で、国際化が進展している。

　この定義の最後の部分で、文科省はグローバル化と国際化との関係を論じ、国際化は「グローバル化に対応していく過程」だと規定している。つまり、国際化はやがてグローバル化に収斂するというグローバル化一元論である。

　これに対して、日本学術会議の分科会は 2012（平成 24）年 11 月 30 日に提出した「報告　大学教育の分野別質保証のための教育課程編成上の参照基準　言語・文学分野」（【資料 29】）において、グローバル化と国際化は別の概念であり、現代世界は双方が併存しながら二元的に進展していくとしている。両者と外国語教育との関係については、次のように述べている（18 頁）。

国際共通語としての英語の修得は、制度的・文化的多様性を平準化して、単一の尺度で物事を進めようとするグローバル化への対応である。一方、国際化は、制度・慣習・言語・文化等を異にする国（地域）同士あるいは人間同士の相互理解、差異を認めた上での相互尊重の上に成り立つ。外国語の学びは、そのような世界の多様性の認識の鍵である。

　全世界の資本主義市場化を指向するアメリカ中心のグローバル化は、グローバリズム（globalism）と呼ばれるイデオロギーを伴う。それは、各国の関税や規制などの「制度的・文化的多様性を平準化して、単一の尺度で物事を進めようとする」。経済協力開発機構（OECD）が 2000（平成 12）年から実施

している国際学習到達度調査（Programme for International Student Assessment: PISA）などは、世界規模で標準化された統一テストであり、これによって各国の学力が分野別にランク付けされ、教育政策に大きな影響を与えるようになった。そのため、チョムスキーをはじめとする教育学者などからの世界的な反対署名運動も起こっている。

　グローバル企業の経営者や投資家（グローバリスト）たちは、民族の固有言語もグローバル資本の効率的な移動を妨げる高コストの障壁と見なす。これを排除するために「国際共通語としての英語」というイデオロギーを創出し、それを各国の外国語教育の基本方針にしようとするのである。

　この路線に最も忠実な国のひとつが日本であり、外国語教育政策においては世界に例がないほど英語一辺倒主義である。文部省は 1998（平成 10）年告示の中学校学習指導要領で、外国語は「英語を履修させることを原則とする」と定め、これまであったドイツ語やフランス語の教育課程の具体的記述を削除した。多言語主義・複言語主義を基調とする欧州などの潮流と逆行した政策と言えよう。

　こうして、1990 年代ごろから、政府は学校の外国語教育をグローバル企業の海外展開に必要な「使える英語力」としてのコミュニケーション能力の育成へと転換させる施策を進めた。グローバリズムのイデオロギー的な基礎である新自由主義は、外国語教育をも企業の利潤増殖のための手段と見なす。そのため、政府は外国語をもっぱら英語に特化し、文学作品の鑑賞による人格形成といった教養主義的な側面を削ぎ落とし、英語で仕事を行うための「コミュニケーション能力」の育成をスローガンとして、英語科教育における技能・道具主義を著しく強めたのである。

　そうした技能測定のために、政府・文部省（2001 年からは文部科学省）は、英検や TOEFL などの民間の外部検定試験によって能力測定の標準化と到達度の可視化を進めた。さらに、国が上から外部検定試験による数値目標を設定し、督励と結果の公表を行うことで、教師と生徒を不断の競争的環境に置く数値目標管理主義を採るようになった。

　こうしたグローバル化に対して、「国際化」は各国・各民族（nation）が持

つ多様な言語・文化の「差異を認めた上での相互尊重」を基調とする。この原則に立った言語教育政策の代表例が、欧州評議会の複言語主義 (plurilingualism) である。[4] これは、母語以外に少なくとも 2 つの言語の学習を教育課程に組み入れることによって、自らの言語・文化世界をより豊かにし、相互理解を深めることで平和を守ることを最終目的としている。そのため、必然的に複文化主義 (pluriculturalism) を伴うのである。

　日本においては、文部省の学習指導要領が外国語教育の目標のひとつに「国際親善」(1947 年版) や「国際理解」(1969、1989 年版) を掲げてきた。そのため、1990 年代から「グローバル化」が政府・財界などの教育文書の中に登場しても、多くの英語教育関係者は「国際化」と同一視してしまった。しかし、両者は本質的に異なることを理解し、それを前提とした教育実践が求められよう。

　外国語教育関係の公的文書を見ると、2001 (平成 13) 年 1 月の「英語指導方法等改善の推進に関する懇談会報告」では、「21 世紀を担う児童、生徒や学生たちが、将来、英語による基礎的・実践的なコミュニケーション能力をしっかりと身に付けることは、国際化、グローバル化が急速に進む今日、極めて重要な課題である」とあるように、すべて「国際化、グローバル化」と併記されていた。

　しかし、この「報告書」を踏まえて文科省が翌 2002 (平成 14) 年 7 月に発表した「『英語が使える日本人』の育成のための戦略構想：英語力・国語力増進プラン」(以下、戦略構想) では、「グローバル化」に一元化されている。これ以降の外国語教育政策では「グローバル化」が前面に出るのである。以下、時系列的に考察しよう。

新自由主義とコミュニケーション重視

　1990 年代以降の日本では、新自由主義が教育政策を含む諸政策の基調となった。1991 (平成 3) 年 6 月、経済同友会は提言「『選択の教育』を目指して：転換期の教育改革」を発表した。その中で、「教育は、これまでの形式的平等と効率性を重視した画一的教育から脱皮して、多種多様な資質を持つ

個人の個性や才能を引きだし、豊かに花開かせることを基軸に据えた教育へと転換しなければならない」と述べ、学校教育への市場メカニズムと競争原理の導入や、外国語（特に英語）教育の質的改善を要望した。タイトルからして、新自由主義経済学のバイブルであるフリードマンの『選択の自由』（1980）を想起させるように、内容的にも新自由主義に基づく教育要求だった。「個人の個性や才能を引きだし」との主張は一見もっともだが、実際にはエリート教育の要求であり、やがて公立中高一貫校や国際バカロレア認定校の増設などとして具体化される。

外国語教育については、「国際社会で相互理解を深めるためのコミュニケーション力」の育成を求めた。この段階では「グローバル社会」ではなく、「国際社会」という伝統的な用語を用いているが、外国語教育の基本方向を「コミュニケーション力」の育成と定めた点が重要である。

このコミュニケーション重視こそが、1980 年代後半以降の英語教育改革を象徴するキーワードである。その発端となったのは、第 8 章で述べたように、中曽根内閣の臨時教育審議会で、1987（昭和 62）年 8 月の「第四次（最終）答申」では「外国語とくに英語の教育においては、広くコミュニケーションを図るための国際通用語習得の側面に重点を置く必要」があるとした。この答申を踏まえて、1989（平成元）年に告示された中学校学習指導要領は、「外国語で積極的にコミュニケーションを図ろうとする態度を育てる」という目標を盛り込んだのである。

2. 財界の教育要求

1990 年代以降の教育要求

1984（昭和 59）年の臨時教育審議会の設置を契機に、教育行政が徐々に官邸主導に転換され、新自由主義的な教育政策が強められるようになった。とりわけ 1990 年代に入るころからは、財界が自らの利害に基づいた教育要求を政府に直接提出する動きが強まった。

経済同友会は、1989（平成元）年 12 月に「新しい個の育成：世界に信頼さ

れる日本人を目指して」を発表し、グローバルな視野を持った人材育成のために、学校教育での異文化教育の充実や「英会話の重視」を要望した。また、1991（平成 3）年 6 月には前述の「『選択の教育』を目指して」で、学校教育への競争原理の導入などの新自由主義的な教育改革を求めた。

　この 1991 年にはソビエト連邦が崩壊した。これを契機にアメリカ主導のグローバル経済化が一気に進み、日本企業も海外進出と多国籍化を加速させていった。財界団体はこぞってグローバル化対応策としての英語力の獲得とエリート育成を主張していく。その背景には、ソビエト崩壊後の資本主義世界市場の拡張にもかかわらず、もっぱらバブル経済崩壊の事後処理に追われていた日本人経営者たちの自信喪失と危機感があった。

　1993（平成 5）年 7 月には、経済団体連合会（経団連）が「新しい人間尊重の時代における構造変革と教育のあり方について」で、「我が国の文化や伝統に対する理解とともに、国際的な広い視野から地球的規模でものごとを考えられ、国際感覚と語学力に優れた人材が求められる」とした。内容的には「グローバル人材」育成論と言えよう。

　1995（平成 7）年 5 月 17 日、日本経営者団体連盟（日経連）は「新時代の『日本的経営』：挑戦すべき方向とその具体策」を発表した。これによって年功序列・終身雇用制を見直し、労働者を①長期蓄積能力活用型グループ、②高度専門能力活用型グループ、③雇用柔軟型グループに 3 分割し、②③は不安定短期雇用とした。その結果、派遣社員やフリーターなどの非正規雇用を爆発的に増加させ、格差の拡大を招いた。労働者の階層化は、エリート教育の推進を加速させた。

　1997（平成 9）年 2 月、日経連は「グローバル社会に貢献する人材の育成を」を発表し、以下のように提言した。

グローバル社会においては、人と人との相互理解と交流を図っていく上で、外国語、特に英語力の向上が極めて重要である。今後はヒアリングやスピーキングといった、相手と直接コミュニケートすることに重点をシフトしていくべきである。
　また、ネイティブ・スピーカーからコミュニケーション手段としての外国

語を学ぶことによって、ディベートやプレゼンテーション能力を高め、加え
て外国の文化・歴史・思想、あるいは、外国人の考え方等を学ぶことも重要
である。

　このように、聞く・話す活動へのシフト、そのためのネイティブの活用、
ディベートやプレゼンテーション能力の向上など、指導方法にまで踏み込ん
だ要望を出している。このほか、全従業員に TOEIC、TOEFL 受験の義務
化、採用時の英語力重視なども主張した。

　この直後の 1997（平成 9）年 3 月 24 日には、経済同友会が「『学働遊合』
のすすめ」を発表し、「これからのグローバル化時代においては、その前提
として『語学力』、中でも、現在、国際語となっている『英語』が共通して
求められている」ことを強調した。経済同友会はまた、1999（平成 11）年 6
月 30 日に「志ある人々の集う国」を発表し、大学入試センター試験等への
民間検定試験の活用、JET プログラムの拡充、小学校への英会話教育の導
入などを政策提言した。

　2000（平成 12）年 3 月 28 日、経済団体連合会は「グローバル時代の人材
育成について」（【資料 22】）を発表し、英会話重視、小学校から英語教育、
少人数習熟度別学級、教員採用試験への TOEIC・TOEFL 等の活用、英語
教員への研修、センター試験でリスニングテスト実施など、その後の英語教
育政策に重大な影響を与えた。

　2004（平成 16）年 4 月 19 日、日本経済団体連合会（2002 年に旧経団連と
日経連が統合して発足）は「21 世紀を生き抜く次世代育成のための提言：
『多様性』『競争』『評価』を基本にさらなる改革の推進を」を発表し、「学習
到達度の全体の底上げに加えて、トップ層の強化に向けた取り組みを期待し
たい」とエリート育成を公然と要求した。また、教員の「学びなおし」を進
め、「教育基本法の見直しを進めるべきである」とした。

　2011（平成 23）年 6 月 14 日、日本経済団体連合会は「グローバル人材の
育成に向けた提言」を発表し、「日本企業の事業活動のグローバル化を担
い、グローバル・ビジネスで活躍する（本社の）日本人および外国人人材」
の育成を求めた。

2016（平成28）年4月19日、日本経済団体連合会は「今後の教育改革に関する基本的考え方：第3期教育振興基本計画の策定に向けて」を発表した。その中で、「グローバル社会で活躍できる人材や新たな価値を海外に発信できる人材という観点から、各学校教育の修了段階で達成すべき英語力の目標を具体的に示すとともに、各段階で、目標を着実に達成できるよう、検証と改善の仕組みを検討することも必要である」と政府に要望した。国家が設定した目標に向かって子どもたちを追い立て、その達成率を競わせることが学校の使命だという主張である。

政治献金による政策買収

経団連による政策立案と財界人の活動をバックで支えるのが、経団連事務局である。経団連は日本有数のシンクタンクでもあり、その事務局スタッフの大半が有名大学・大学院出身者で、留学経験も豊富である。彼らがブレーンとなって立案した政策の多くが、豊かな資金力と政治家との人脈を総動員して実行される。

こうした財界からの圧力の下で、文部省の教科調査官だった和田稔が、小学校英語教育政策に関しては「専門家の意見ではなく、政治的・行政的配慮がより強い」[5]と嘆くような事態が生まれたのである。

財界が教育政策に影響力を行使する手段が、中教審など各種審議会や諮問機関への人的な派遣と、自由民主党などへの巨額の政治献金である。

経団連は「公的助成が未発達」などを理由に、長らく企業献金を正当化してきた。しかし、リクルート事件（1988）、東京佐川急便事件（1992）、ゼネコン汚職事件（1993）などの相次ぐ贈収賄事件によって、企業の政治献金は政府腐敗の温床との批判が高まり、また1993（平成5）年8月には非自民連合の細川内閣が誕生したことで、自民党が38年ぶりに野党に転落した。こうした事態を受けて、経団連は直後の9月に「企業献金に関する考え方」を発表し、1994（平成6）年以降は政治献金を斡旋せず、企業・業界団体の自主的判断に委ねるとした。

1995（平成7）年には政党助成法が施行され、辞退している日本共産党を

除く各政党に対して、国民の税金から政党交付金が支払われる仕組みができた（2017年度は約318億円）。にもかかわらず、経団連は自民党・公明党連立政権下の2004（平成16）年から政治献金の斡旋を再開した。その際に、経団連が求める優先政策事項に対する尊重と実行の度合いを5段階で政策評価し、「政党と政策を語る会」という口頭試問まで課して、献金の斡旋額を査定する「政策評価制度」を取り入れた。一種の「政策買収」システムといえよう。2005（平成17）年の衆議院議員総選挙に際しては、同年8月24日に与党自民党への単独支持を決めたが、第一野党だった民主党にも献金を行っていた。斡旋した企業献金は、経団連のホームページに公開されている限りでも、2007（平成19）年に自民党に29億1,000万円、民主党に8,000万円だった。

2009（平成21）年9月の総選挙で民主党が政権を獲得すると、経団連は会員企業への政治献金の斡旋を中止したものの、各企業の自主的判断による献金と、個人献金という形式での献金の継続を求めた。さらに、自民党が2013（平成25）年の参議院選挙で圧勝すると、経団連はまたも政党への政策評価を再開し、会員企業に政治献金を促し始めた。翌2014（平成26）年6月に経団連会長に就任した榊原定征（東レ会長）は、政治献金の斡旋を再開した。

自由民主党の政治資金団体である「国民政治協会」に対する企業・団体の政治献金は、2013（平成25）年には19億円だったが、翌年には22億円に増加し、トヨタ自動車は6,440万円、キヤノンと東レが各4,000万円、新日鉄住金が3,500万円など、歴代の経団連会長を輩出した企業が上位を占めている。

外国資本比率が高まる日本の大企業

経済界の「グローバル人材育成」の背景に、いったい何があるのだろうか。

まず、経団連に加盟する巨大企業の一部の経営者にとっては、英語が社内の第二言語ないし公用語になりつつある。会議などを英語で行う企業が増

え、それが実用的な英会話力を求める衝動力となっているのである。

　その背景には、日本の大企業の株式に占めるアメリカなどの外国資本・投資家の持株比率が急速に高まり、超国家企業へと変貌している実態がある。経団連の正副会長企業の株式に占める外資の割合は1980（昭和55）年には平均2.7％だったが、2006（平成18）年には30.7％へと急増した。経団連会長企業だったキヤノンの場合、2005（平成17）年末で株式の51.1％を外国資本が保有していた。副会長企業のソニーの外資は50.3％で、筆頭株主はアメリカの投資ファンドである。なかばアメリカ企業といえよう。こうして、経団連の役員企業の多くは、アメリカを中心とする多国籍企業の強い影響下に置かれるようになった。[6]

　また、1990年代にはバブル経済が崩壊し、日本企業の多くは従業員のリストラや不採算部門の切り捨てを行った。企業の語学研修部門も削減の対象とされた。こうした背景から、グローバル化した大企業は、英語が使える「グローバル人材育成」を学校教育に求めるようになったのである。

　しかし、実際に仕事で英語を頻繁に使う人の割合は、就労者全体の1〜2％にすぎず、ときどき使う人を加えても10％程度である。[7]そうした実態を無視して、学校教育に「グローバル人材育成」を求めることが様々な歪みをもたらすことになる。

3.　実践的コミュニケーション能力の育成

1990年代の小学校英語教育政策

　グローバル人材育成のために、政府は学校の英語教育を「コミュニケーション重視」へと転換させ、その一環として1990年代から段階的に推進したのが小学校への外国語活動（実質的な英語教育）の導入である。

　臨時教育審議会は1986（昭和61）年の第二次答申に「英語教育の開始時期についても検討を進める」ことを盛り込んだ。こうした動きを受け、1991（平成3）年4月には文部省初等中等教育局長の私的諮問機関である「外国語教育の改善に関する調査研究協力者会議」（小池生夫座長）が発足。検討課題

に「外国語教育の開始時期の検討」を盛り込み、小学校での英語教育の是非に関する議論を開始した。

1991（平成 3）年 12 月 12 日には、第 3 次臨時行政改革推進審議会が「国際化対応・国民生活重視の行政改革に関する第 2 次答申」を発表し、「小学校においても英会話など外国語会話の特別活動等を推進する」「英会話など外国語によるコミュニケーション能力の育成をねらいとする教科の新設について検討する」と提言した。

翌 1992（平成 4）年の論議は、異例な動きから始まった。長らく政府・文部省と対立してきた日本教職員組合（日教組）の大場 昭 寿委員長が、同年 1 月 24 日の第 41 次教育研究集会で、突如「小学校の低学年から生活英語を学ばせたい」と提案したのである。これに呼応するかのように、1 カ月後には文部省の坂元弘直初等中等教育局長が「次の学習指導要領の改訂の際には、小学校での英語教育も検討する」と発言した。両者の動きを、4 月 27 日の『朝日新聞』は「『英語』をめぐり対話の兆し」があると報じた。

日教組は当時、労働戦線統一問題などをめぐる運動方針の対立から、1989（平成元）年 11 月 17 日に全日本教職員組合協議会（1991 年以降は全日本教職員組合）が結成されるなど、組織分裂した直後だった。新しい日教組執行部は、文部省との協調路線をとろうとしていた。1992（平成 4）年 3 月 3 日の日教組臨時大会では、これまでの任意団体から人事院が認証する社団法人になるための規約改正を行い、「争議行為」（ストライキ権）の項目を削除した。こうした流れの中で、政府・文部省が推進しようとしていた小学校英語の実施提案は、文部省との和解のシンボルとなったのである。

1992（平成 4）年 5 月 22 日、文部省は大阪の公立小学校 2 校（真田山小・味原小）と、同じ校区の高津中学校を「国際理解・英語学習」指導の在り方に関する研究開発学校に指定し、英語教育の実験的導入を開始した。小学 4 年生には年間 15 時間、5・6 年生には 70 時間（週 2 時間）を課し、カリキュラム開発や児童の負担などを調査し、高津中では英語教育の小中一貫制について調査した。その研究成果は、西中隆・大阪市立真田山小学校編著（1996）『公立小学校における国際理解・英語学習』（明治図書）として公刊された。

そこには、英語が「好き」と答えた児童は1年生で74%だったが、学年が進むにつれて減り続け、6年生では35%にまで落ち込んだという衝撃的な事実も含まれていた。にもかかわらず、問題の原因と改善策については十分に検討されることなく、いわば既定路線として、1996（平成8）年度までには研究開発学校がすべての都道府県に1校ずつ指定された。

1993（平成5）年7月30日、「外国語教育の改善に関する調査研究協力者会議」は「中学校・高等学校における外国語教育改善の在り方について」の報告書【資料17】を提出した。その中で、小学校への外国語教育の導入については賛成・反対の両論を併記する形をとり、「検討すべき多くの問題がある」ため教科としての導入は見送り、「何より実践的な研究を一層積み上げることが肝要」であるとした。

1995（平成7）年6月には、日本児童英語教育学会が「小学校から外国語教育を！」と題したアピールを発表し、要望書を文部省ほか関係方面に提出した。[8] 同学会は、小学校での英語教育を推進する立場から、その後も次のようなアピールを発表している。

・2004年10月　「小学校で望ましい外国語教育を実現するために」
・2006年10月　「すべての小学生に豊かな外国語教育を！」（遅くとも3、4年生から必修化）
・2012年10月　「小学校外国語活動の教科化への緊急提言：グローバル社会における国民の基礎教育として豊かな外国語活動を！」（必修教科として小学校3年生から実施）

ゆとり教育を求めた中教審答申（1996）

1995（平成7）年4月26日、文部大臣は中央教育審議会に対して「21世紀を展望した我が国の教育の在り方について」を諮問した。主な検討事項は以下の3点である。

［1］今後における教育の在り方及び学校・家庭・地域社会の役割と連携
［2］一人一人の能力・適性に応じた教育と学校間の接続の改善

第 9 章　グローバル化時代（1990 年代以降）　291

> ［3］国際化、情報化、科学技術の発展等社会の変化に対応する教育の在り方

　これを受けて、中教審は 1996（平成 8）年 7 月 19 日に、主な検討事項の
［1］および［3］について第一次答申「21 世紀を展望した我が国の教育の在
り方について：子供に［生きる力］と［ゆとり］を」（【資料 18】）を発表し
た。さらに、翌年 6 月 1 日には［2］に関する第二次答申（【資料 19】）を提
出した。

　第一次答申のポイントは、副題にあるように、「ゆとり」の中で「生きる
力」を育むことを重視したことである。答申では、完全学校週 5 日制の導
入を視野に、「ゆとり」の中で自ら学び自ら考える力などの「生きる力」の
育成を基本とし、教育内容の厳選と基礎・基本の徹底、個性を生かす教育の
推進、豊かな人間性とたくましい体の育成、「総合的な学習の時間」の創設
などを盛り込んだ。中教審は「今後における教育の在り方の基本的な方向」
に関して、以下のように述べている。

> 我々はこれからの子供たちに必要となるのは、いかに社会が変化しようと、
> 自分で課題を見つけ、自ら学び、自ら考え、主体的に判断し、行動し、より
> よく問題を解決する資質や能力であり、また、自らを律しつつ、他人ととも
> に協調し、他人を思いやる心や感動する心など、豊かな人間性であると考え
> た。（中略）我々は、こうした資質や能力を、変化の激しいこれからの社会を
> ［生きる力］と称することとし、これらをバランスよくはぐくんでいくことが
> 重要であると考えた。

　このように、子どもたちが実際に直面する諸問題を取り上げ、その解決に
至る過程で科学的手法を駆使できる「問題解決型の学び」を提起している。
これは、1958（昭和 33）年の学習指導要領から一貫して基調とされてきた
「系統学習」（知識の系統的・体系的な学習）を超える新たな学びのスタイル
である。

　外国語教育に関しては、「我が国の文化と伝統に対する理解と愛情を育て
るとともに、諸外国の文化に対する理解とこれを尊重する態度、外国語によ
るコミュニケーション能力を育てる」、「リスニングやスピーキングなどのコ

ミュニケーション能力の育成をさらに重視する方向で改善」、「高等学校においては、英語検定等の技能審査の成果や専修学校での学習を単位認定する制度を拡充」などを提言した。

教育課程審答申（1998）

中教審答申を受け、1998（平成10）年7月29日に教育課程審議会が「幼稚園、小学校、中学校、高等学校、盲学校、聾学校及び養護学校の教育課程の基準の改善について（答申）」【資料20】を文部大臣に提出した。そこでは、学校完全週5日制への移行に伴う「ゆとり教育」を旗印に、総授業時数の70時間（週2コマ）削減、小・中学校の教育内容の3割減、中学校選択科目の大幅増、「総合的な学習の時間」の創設、中学・高校の外国語の必修化などを提言した。基本方針は以下の4点だった。

①豊かな人間性や社会性、国際社会に生きる日本人としての自覚を育成すること。
②自ら学び、自ら考える力を育成すること。
③ゆとりのある教育活動を展開する中で、基礎・基本の確実な定着を図り、個性を生かす教育を充実すること。
④各学校が創意工夫を生かし特色のある教育、特色ある学校づくりを進めること。

この教育課程審議会答申は、いわゆる「ゆとり教育」への指針となるのだが、すでに見たように、「ゆとり教育」そのものは、日教組と文部省の双方によって1970年代から追求されていた。今回の「ゆとり教育」が1970年代と異なるのは、政府の教育支出を抑制し、競争と格差で上位層を育成するという新自由主義的な教育政策の土台の上で実施されたことだった。1998年答申をまとめた教育課程審議会会長の三浦朱門（作家）は、この「ゆとり教育」という言葉の本当の意味は、「エリート教育とは言いにくい時代だから、回りくどく言っただけの話だ」として、次のように述べている。[9]

できん者はできんままでけっこう。戦後五十年、落ちこぼれの底辺を上げる

ことばかりに注いできた労力を、これからはできる者を限りなく伸ばすことに振り向ける。百人に一人でいい、やがて彼らが国を引っ張っていきます。限りなくできない非才、無才には、せめて実直な精神だけを養っておいてもらえばいいんです。

　三浦の言う「実直な精神」を養うために、その後は道徳教育が教科化されるのである。

　三浦のような人間を会長とする教育課程審議会（教課審）のあり方について、英語教育学者の若林俊輔（拓殖大学教授）は以下のように厳しく批判した。[10]

　教課審のメンバーには、外国語教育の専門家はいない。（中略）つまり文部省は、外国語教育の重要性などはまったく考えていないのである。外国語教育は、単なるシロウトたちの発想によって、徹底的にそのシステムを崩されることになった。

　教課審答申は小学校における外国語の扱いについて、「総合的な学習の時間」などでの「国際理解教育の一環として、児童が外国語に触れたり、外国の生活や文化などに慣れ親しんだりするなど小学校段階にふさわしい体験的な学習活動」と位置づけた。

　中学校と高等学校の外国語教育の現状と課題に関しては、教課審の「中間まとめ」（1997 年 11 月 1 日）の段階で、以下のように分析していた。

　生徒の学習状況については、中学校を中心に、コミュニケーション能力の育成を重視した授業が行われるようになり、外国語や外国文化に対する興味・関心を抱き、積極的にコミュニケーションを図ろうとする態度が身に付いてきている。他方、中学校から高等学校へと学年が進むにつれて、知識中心の学習となり、記憶や機械的な練習などにより、学習に興味を持てず学習に困難を感じる生徒が増えていく傾向が見られる。

　また、中学校・高等学校を通して、簡単な外国語で自分の気持ちや考えなどを表現する能力が十分に育成されていない状況も見られる。特に、高等学校においては、外国語教育の重点が依然として機械的な和訳・外国語訳や文法学習等に置かれ、コミュニケーション能力が育成されていない傾向が見ら

れる。

　こうした点を踏まえて、今後の英語教育においては「言語の現実的な使用を念頭においた実践的コミュニケーション能力の育成を目指した指導に一層の重点を置く」とした。そのために、中学校では 4 技能のうち、特に「実際に聞いたり話したりする活動に重点を置く」。また「言語活動は、挨拶や簡単な日常的な会話など具体的な使用場面やはたらきを考慮した基礎的・基本的なものに厳選し、実際に使用する経験を重ねながら習熟を図る」とした。

　文法的な理屈から理解するよりも使いながら覚えるという方針だが、英語を日常的に使うことのない日本の言語環境で文法的な理解なしに習熟することが可能なのか、授業時数が週 4 時間から 3 時間に削減されるもとでは覚えてもすぐ忘れる危険性が高いのではないか、などの批判も根強かった。最終的な「答申」(1998) には、次のような方針を盛り込んだ。

> ア　外国語は、中学校及び高等学校において必修とする。その際、中学校では英語を履修させることを原則とする。また、実践的コミュニケーション能力の育成を図るため、言語の実際の使用場面に配慮した指導に一層の重点を置き、特に中学校においては聞くこと、話すことの指導を重視する。
> イ　内容については、中学校ではゆとりのある弾力的な指導ができるよう言語活動を 3 年間を通して一括して示すとともに、文型、文法事項、語などの言語材料は言語活動を行う上で必要な基本的なものに整理し、内容の一部を削除する。
> ウ　中学校では、「あいさつ」「依頼をする」など日常的な言語の使用場面や言語のはたらきを例示し実際に言語を使用する幅広い言語活動を行うこととする。
> エ　高等学校では、英語を履修する場合には、中学校の学習の習熟を図りながら、音声によるコミュニケーション活動を重点的に行う科目「オーラル・コミュニケーションⅠ」、総合的なコミュニケーション活動を行う科目「英語Ⅰ」のいずれかを選択的に履修できるようにする。また、英語以外の外国語の履修が一層推進されるようにする。

　これらを踏まえた外国語教育課程の改訂方針は、以下の 10 点に整理する

ことができる。[11]

①中学校・高校の外国語を必修化する。その理由として、「国際化の進展に対応し、外国語を使って日常的な会話や簡単な情報の交換ができるような基礎的なコミュニケーション能力を身に付けることがどの生徒にも必要になってきている」からだとの認識を示した。

　第7章で見たように、中学校の外国語（英語）は1960年代に事実上の必修科目と化しており、そうした既成事実を1998（平成10）年の必修化は追認したものとなった。なお、「中間まとめ」(1997)の段階では、「外国語を必修とするか、国際通用語となっている英語を必修とするかについては、高等学校教育との関連等も考慮しつつ、更に検討する」としていた。

②中学校の外国語においては「英語を履修させることを原則とする」。その理由は「英語が国際的に広くコミュニケーションの手段として使われている実態などを踏まえ」とされた。日本ほど英語に特化した教育課程を持つ国は、世界的にも希有である。

③中学校の外国語の時間を週4時間から3時間に引き下げる。学校完全週5日制にともなって授業時間数全体が減少したことも背景にあるが、「週3問題」の深刻さは1980年代に経験済みである。「ゆとり教育」全体への批判もあって、次期学習指導要領では週4時間に戻されることになる。

④外国語科の目標を「実践的コミュニケーション能力の育成」とし、聞いたり話したりする音声コミュニケーション活動を重視する。

⑤ゆとりある弾力的な指導を一層可能にするため、学年ごとに示していた4領域の言語活動の内容を、3年間を通して一括提示する。

⑥教材は、実際に使用する経験を重ねながら言語の習熟を図ることを重視して、言語を使用する場面や言語のはたらきに配慮したものを取り上げる。

⑦音声、文や文型、文法事項、語及び連語などの言語材料については、基本的な事項に整理するとともに、文法事項や語数など内容の一部を削除する方向で見直す。その結果、習得すべき語彙（中学＋高校）は、旧課程の2,900語から2,200語に削減され、戦後最低になった。

⑧個別指導、小集団による活動、視聴覚教材の使用など生徒の能力や適性な

どに配慮した様々な工夫を図り、ネイティブ・スピーカー、インターネット、教育機器などを活用する。

⑨教科としての外国語（英語）の授業以外にも、例えば高校の工業に関する科目では「製造業の国際的な展開に対応した外国語による会話力や技術文書の理解力」の養成が、商業では「グローバル経済への一層の対応」のための「実践的な語学力」の養成が求められているとしている。

⑩高校や大学の入試においては、「実践的コミュニケーション能力の育成を重視した外国語教育の改善の方向を尊重し、リスニングを一層取り入れるなどの改善を図る必要がある」。大学入試センター試験にリスニングが導入されるのは、2006（平成18）年1月の試験からである。

中学校学習指導要領の告示（1998）

以上の教育課程審議会答申に基づいて、1998（平成10）年12月14日には中学校学習指導要領が告示された。外国語の目標は以下の通りである。比較のため高校用（1999）も併記する。

〈中学校〉	〈高校〉
外国語を通じて、言語や文化に対する理解を深め、積極的にコミュニケーションを図ろうとする態度の育成を図り、聞くことや話すことなどの実践的コミュニケーション能力の基礎を養う。	外国語を通じて、言語や文化に対する理解を深め、積極的にコミュニケーションを図ろうとする態度の育成を図り、情報や相手の意向などを理解したり自分の考えなどを表現したりする実践的コミュニケーション能力を養う。

「外国語の実践的な能力を身に付けさせる」という方針は、すでに1987（昭和62）年12月の教育課程審議会答申【資料16】で出されていたが、学習指導要領に「実践的」が明記されたのは今回が初めである。文部省はこの「実践的コミュニケーション能力」が「最重要項目」[12]であり、「外国語科の目標の中核をなしている」[13]と位置づけた。

その「実践的コミュニケーション能力」の定義について、文部省は『中学

校学習指導要領解説』で「単に外国語の文法規則や語彙などについての知識をもっているというだけではなく、実際のコミュニケーションを目的として外国語を運用することができる能力のことである」と述べている。また、『高等学校学習指導要領解説』では、「外国語の音声や文字を使って実際にコミュニケーションを図ることができる能力である。すなわち、外国語を使って、情報や相手の意向などを理解したり自分の考えなどを表現したりして、通じ合うことのできる能力である」としている。

このように、「実践的コミュニケーション能力」については定義のどこにも「英会話」と同義には扱っておらず、特に高校用では「音声や文字を使って」と文字による「読む」「書く」活動も重視している。しかし、中学校用の目標に「聞くことや話すことなどの実践的コミュニケーション能力」と音声面に重点を置いた書き方をし、さらに『指導要領解説』では改善の要点として「特に音声によるコミュニケーション能力の育成に重点をおいた」と書かれていることもあって、学校現場では音声や会話に重点を置きすぎた指導も少なくなかった。こうして、「実践的」という言葉は「最重要項目」とされていたにもかかわらず、次期学習指導要領（2008/09 年）では削除されることになる（後述）。

高校学習指導要領の告示（1999）

1999（平成 11）年 3 月 29 日には高校の学習指導要領が告示された（2003年度から実施）。科目名、単位数（括弧内）、概要は表 9–1 の通りである。

外国語に関する特徴は以下の 5 点である。

①科目名からドイツ語とフランス語が消え、英語のみになった。

②「オーラル・コミュニケーション I 」か「英語 I 」のどちらかが必修となった。

③これまでは「英語 I ・ II 」の後に「オーラル・コミュニケーション A ・B ・C 」が配列されたが、今回はオーラル系が先に来ており、音声・会話重視の方針が色濃く反映された。なお、1997（平成 9）年 11 月 1 日の「高等学校の教科・科目等の構成について（案）（教育課程審議会中間ま

表 9-1　高校外国語の科目名・単位数・概要（2003〜2021 年度）

オーラル・コミュニケーション I」(2)	日常生活の身近な話題について聞いたり話したりして、情報や自分の考えなどを理解し、伝える基礎的な能力を養うとともに、積極的にコミュニケーションを図ろうとする態度を育てる。
オーラル・コミュニケーション II (4)	OC I に続き、幅広い話題について情報や考えなどを整理して発表し、討論する力を伸ばす。スキットなどを創作し、演じる。
英語 I (3)	中学校での学習事項の一層の習熟を図り、日常的な話題について、4 領域を総合的・有機的に関連付けたコミュニケーション活動を行う。
英語 II (4)	英語 I に続き、幅広い話題について理解し、話したり書いたりして伝える力をさらに伸ばす。
リーディング (4)	英語を読んで情報や書き手の意図などを場面や目的に応じて素早く的確に把握するなど、文字によるコミュニケーション能力を高めるような指導を行う。
ライティング (4)	英語を書いて情報や自分の考えなどを場面や目的に応じて的確に相手に伝えるなど、文字によるコミュニケーション能力を高めるような指導を行う。

とめ参考資料)」では、科目名が「イングリッシュ・コミュニケーション I・II（仮称）」となっていた。この名称は、次の 2009（平成 21）年版高校指導要領で「コミュニケーション英語 I・II」となったことにより、その意図がかなったといえよう。

④ 4 領域の有機的な関連を図った「コミュニケーション活動」を示し、「言語の使用場面の例」や「言語の働きの例」も具体的に例示した。

⑤ 「指導上の配慮事項」として、指導すべき発音、文型や文法事項、非言語的手段などを示し、実践的コミュニケーション能力を育成するための指導の全体的な在り方や構造を示した。

大学英語教育の改善策（1997）

1997（平成 9）年 1 月 1 日、橋本龍太郎首相は教育改革を政府の「六大改革」の 1 つに位置づけた。これを受け、文部省は同年 1 月 24 日に教育改革

の具体的な課題とスケジュールを「教育改革プログラム」としてまとめ、首相に報告した。その後、同年 8 月 5 日には臨時教育審議会第二次答申 (1986) を踏まえた改訂版を発表し、「大学における英語教育の改善」に関する以下の方針を盛り込んだ。

大学における英語による授業の促進に資するため、メディア教育開発センターにおいて、優れた外国人教師の授業場面等を収録・編集したビデオ教材を活用した英語による授業のための研修会の開催等に向けて、研修プログラムの開発を進める。
また、大学における単位と認定できる学修の範囲に、TOEIC、TOEFL 等を含めることを検討する。

臨教審第二次答申でも大学入試への TOEFL 等の活用を盛り込んでいたが、今回はさらに「大学における英語による授業の促進」も打ち出した。

その後、2000 (平成 12) 年 11 月 22 日には大学審議会が「グローバル化時代に求められる高等教育の在り方について（答申）」【資料 23】を提出し、「英語をはじめとする外国語によるコミュニケーション能力を重視して、外国語を聞く力や話す力の一層の向上を図るとともに、外国語で討論したりプレゼンテーションを行ったりできる能力を育成するための教育内容・方法の工夫改善が必要」と提言した。

教員免許法の改正 (1998)

「実践的コミュニケーション能力」を高める政策と呼応して、教員の実践的指導力を向上させるべきだとする声が高まった。その一環として、文部省は 1998 (平成 10) 年 6 月 10 日に教育職員免許法と教育職員免許法施行規則を改正し、履修単位区分の弾力化、教職に関する科目の単位数増加、教育実習の倍増などを盛り込んだ。

外国語の教員免許取得に関しては、「教科に関する科目」の単位数が中学校と高校の専修免許および一種免許で 40 単位から 20 単位に減少し、その 20 単位分を「教職に関する科目」か「教科又は教職に関する科目」の中から取得するよう改正された。外国語の指導力を重視する改革である。

生徒指導要録の改訂（2001）

2001（平成 13）年 4 月 27 日には文部科学省より各学校生徒指導要録の改訂内容が通知された。評価規準においては、「目標に準拠した評価（いわゆる絶対評価）」を導入した点に特色がある。外国語の評価の観点とその趣旨は表 9–2 のように改められた。下線部が変更箇所である。

表 9–2　外国語の評価の観点とその趣旨（2001 年 4 月改訂）

コミュニケーションへの関心・意欲・態度	コミュニケーションに関心をもち、積極的に言語活動を行い、コミュニケーションを図ろうとする。
表現の能力	初歩的な外国語を用いて、自分の考えや気持ちなど伝えたいことを話したり、書いたりする。
理解の能力	初歩的な外国語を聞いたり、読んだりして、話し手や書き手の意向や具体的な内容など相手が伝えようとすることを理解する。
言語や文化についての知識・理解	初歩的な外国語の学習を通して、言語やその運用についての知識を身に付けるとともにその背景にある文化などを理解している。

前回 1991（平成 3）年改訂の指導要録（269 頁）を踏まえつつ「思考力・判断力・表現力」を強調していることがわかる。

小学校「外国語会話等」の実施へ

1996（平成 8）年 7 月の中教審第一次答申では、小学校での外国語に関して教科化は見送るが「英会話等に触れる機会」などを設ける方針を提言した。

> 小学校における外国語教育については、教科として一律に実施する方法は採らないが、国際理解教育の一環として、「総合的な学習の時間」を活用したり、特別活動などの時間において、学校や地域の実態等に応じて、子供たちに外国語、例えば英会話等に触れる機会や、外国の生活・文化などに慣れ親しむ機会を持たせることができるようにすることが適当であると考えた。

これを受け、1998（平成 10）年 12 月 14 日に改訂（2002 年度実施）された小学校学習指導要領では、3 年生以上の「総合的な学習の時間」の配慮事項として、以下のような規定が盛り込まれた。

> 国際理解に関する学習の一環としての外国語会話等を行うときは、学校の実態等に応じ、児童が外国語に触れたり、外国の生活や文化などに慣れ親しんだりするなど小学校段階にふさわしい体験的な学習が行われるようにすること

こうして、戦後の公立小学校の教育課程に初めて「外国語会話等」が盛り込まれた。その結果、新たな指導要領が施行された 2002（平成 14）年度より、実質的な「英語教育」を行うことが可能になったのである。

2000（平成 12）年 3 月 28 日には、経済団体連合会が政策提言「グローバル化時代の人材育成について」【資料 22】を発表した。これはその後の学校教育に大きな影響を及ぼした提言で、小学校英語教育に関しても「実用的な英語力の強化のためには、できるだけ幼少の時期から英語教育を開始し、耳から英語に慣れていくことが重要である」として「小学校段階からの英語教育の開始」を要望した。文部省の教科調査官だった和田稔は「小学校に英語教育が導入されるきっかけのひとつが産業界の提言である」[14] と述べている。

2000（平成 12）年度には教育特区における教科としての「英語科」の研究開発学校として、千葉県成田市立成田小学校、石川県金沢市立南小立野小学校、大阪府河内長野市立天野小学校の 3 校が指定された。研究開発の予算は、それまでの 1 件あたり年間約 50 万円から約 600 万円へと大幅に増やされた。

ただし、年 600 万円を投入して成功事例を作ったとしても、一般の学校にはそうした予算も人が付かないため、成功しない場合が多い。パイロット校の報告書には成功事例が多く書かれるが、安易に一般化できない。

2000 年 3 月には「小学校英語活動実践の手引作成協力者会議」（影浦攻座長）が発足し、翌年 2 月には文部科学省から『小学校英語活動実践の手引』が発行された。

小学校における英語教育の実施は、経済界の要望であると同時に、保護者の期待に後押しされた側面がある。文部科学省の「小学校の英語教育に関する意識調査」(2004年調査)によれば、「小学校で英語教育を必修とすべきか」との項目に対して、「そう思う」と回答した小学生の保護者は約7割に達した。Benesse教育研究開発センターが2006(平成18)年9月～10月に実施した「第1回小学校英語に関する基本調査」においても、「小学校で英語教育を必修にすることに賛成」と回答した保護者は76.4%を占め、教員の賛成が36.8%にすぎなかったことと対照的である。その効果については、保護者の7割前後が「外国に対して興味をもつようになる」「中学校での英語学習がスムーズになる」「発音や聞き取りがうまくなる」という理由をあげている。

　保護者の多くが自分が受けてきた英語教育を「役に立たなかった(あまり／まったく)」(80.3%)、「英語で苦労した(とてもあった／まああった)」(56.2%)と考えており、そうしたトラウマないしルサンチマン(怨念)が、小学校英語への期待となって現れていると思われる。

　ただし、こうした主観的な意識調査は調査手法によって数字が変わりやすいので注意が必要である。それにしても、微分積分や跳び箱などでは「苦労した」とか実社会で「役に立たない」と怒る人はほとんどいないのに、なぜか英語だけが「役に立たない」と批判される。

　2006(平成18)年3月27日には、中央教育審議会外国語専門部会(中嶋嶺雄主査)が、小学校外国語活動の5・6年生への「必修化」を提言した。ただし、必修だが「教科」ではなく、これまで通り「総合的な学習の時間」か、道徳のような「領域」で実施し、成績評価は行わない。しかも必修化は5・6年生だけで、低・中学年の方針は定まっていないという提言内容だった。これに対しては、メディアでも厳しい論調が少なくなかった。

・「中学校からの英語教育の改善に工夫することの方がむしろ先決だ」(『産経新聞』主張　2006年3月29日)
・「当面は5年生からの英語の必修化をすべきではない」(『朝日新聞』社

説　同3月30日）。

・小学校に中途半端な英語教育を導入するくらいなら、週3時間に減らされた「中学以降の授業時間数を増やす方が効果的ではないか」(『北日本新聞』社説　同4月2日)

　たしかに、小学校現場の実態は厳しかった。小学校の英語活動は2002(平成14)年度からなし崩し的に始まり、文科省によれば2005(平成17)年度の実施率は93.6%だった。しかし、その実態を見ると、6年生で年間平均13.7単位時間、つまり45分授業を月に1回程度行っているにすぎなかった。実施できる条件が整っていなかったのである。中学・高校の英語の教員免許を持つ小学校教員は4%にすぎず、ALTも4校に1人の割合だった。英語を必修化するとなれば、高学年だけでも全国で8万学級分の教員研修を実施しなければならない。さらに教科化するとなれば、佐藤学(学習院大学)の試算では、約8,000億円が必要だという。[15] これほど巨額の支出を財務省は認めなかった。

　1997(平成9)年に小学校3年生から英語を教科化した韓国では、教員に最低120時間以上の研修を課した。しかし、日本ではこうした研修体制はほとんど組まれなかった(後述)。これでは、自信を持って英語を指導することなどできない。

「英語が使える日本人」の育成のための戦略構想(2002)

　2000(平成12)年1月18日、小渕首相の私的諮問機関である「21世紀日本の構想」懇談会(河合隼雄座長)が、最終報告書「21世紀日本の構想：日本のフロンティアは日本の中にある」(【資料21】)を提出した。その中では、「長期的には英語を第二公用語とすることも視野に入ってくるが、国民的論議を必要とする」と述べている。これが「英語公用語化論」としてマスコミ等によって取り上げられ、議論を巻き起こした。懇談会のメンバーでもあった船橋洋一は『あえて英語公用語論』(2000)で持論を展開し、これに対して鳥飼玖美子は『「英語公用語」は何が問題か』(2010)で厳しく批判した。

報告書はまた、「社会人になるまでに日本人全員が実用英語を使いこなせるようにするといった具体的な到達目標を設定する必要がある」として、「学年にとらわれない修得レベル別のクラス編成、英語教員の力量の客観的な評価や研修の充実、外国人教員の思い切った拡充、英語授業の外国語学校への委託などを考えるべきである」と提言し、その一部は実行に移された。

　2000（平成12）年12月7日には自由民主党文教部会の「外国語教育に関する分科会」から提言が出された。その中で、「国際化が進展する中にあって、英語によるコミュニケーション能力の重要性は今後ともますます高まっていくと考えられ、今後の国の命運をも左右する重要な課題の一つとなっている」として、「小学校段階での教科としての英語教育の導入について検討を行うべきである」と述べた。文部科学省の教科調査官だった菅正隆によれば、この自民党分科会の「提言をもとに具体化されたもの」[16]が、文部科学省の「『英語が使える日本人』の育成のための戦略構想」（2002年7月）だという。

　ただし、「戦略構想」の策定までには以下のような動きがあった。2001（平成13）年1月には「英語指導方法等改善の推進に関する懇談会」（中島嶺雄座長）の報告書が提出され、小学校での「教科としての英語教育の可能性等も含め、今後も積極的に検討を進める必要」があると述べた。さらに、「国民全体に求められる英語力」と「専門分野に必要な英語力や国際的に活躍する人材などに求められる英語力」の二つに分けた人材育成策を打ち出した。この二階層規定が「戦略構想」に踏襲されるのである。

　翌2002（平成14）年1月には文部科学大臣の私的諮問機関である「英語教育改革に関する懇談会」が発足した。懇談会は「メンバーを固定せず毎回違った分野の複数の各界有識者を招き」、文部科学大臣または文部科学省幹部が意見聴取を行う会合で、半年間で6回の意見聴取を行った。「検討事項例」は以下の通りである。

○　学習者のモティベーションを高めるため、コミュニケーション能力を重視した英語力として、各学校段階の具体的な目標の設定がどこまで可能か。

- ○ 英語教員の質を高めるため、英語教員が備えておくべき英語力の目標値の設定がどこまで可能か。
- ○ 指導体制の充実として、ALT 等ネイティブ・スピーカーを学校の英語の授業にどの程度活用することが効果的か、など。

　こうして、同年6月に小泉内閣が閣議決定した「経済財政運営と構造改革の基本方針2002」の「経済活性化戦略」の「人間力戦略」（個性ある人間教育）の中に、「文部科学省は、『英語が使える日本人』の育成を目指し、平成14年度中に英語教育の改善のための行動計画をとりまとめる。平成15年度から外国人の優秀な外国語指導助手の正規教員等への採用を促進する」という方針を入れた。つまり、内閣から下ろされた「経済活性化戦略」の一環として、英語教育の「戦略構想」が策定されたのである。

　日本の外国語教育政策の根幹に関わる重要な政策が、きわめて短時間に、トップダウンで策定されたことは異例だった。文科省が公表した議事録によれば、「戦略構想」のための懇談会は2002（平成14）年1月から5月までの5回だけで、合計20人が8時間ほど議論しただけである。しかも、そこには現職の英語教員は1人も参加していなかった。

表 9-3　経団連提言と文科省「戦略構想」

経団連の提言（2000 年）	文科省の「戦略構想」（2002 年）
英会話を重視した英語教育	実践的コミュニケーション能力の育成
小学校段階から英語教育を実施	小学校の英会話活動を支援
少人数指導、習熟度別学級、情報機器の利用等	少人数指導や習熟度別指導などの導入
英語教員採用試験への TOEIC・TOEFL 等の活用	英検、TOEFL、TOEIC 等のスコアの考慮により、英語力の所持を確認
英語教員への研修の強化	英語教員の集中的研修の推進
英語に熟達した民間人の採用	英語に堪能な地域社会の人材の活用
外国人教員の積極的な採用	外国人の正規教員への採用の促進
センター試験でリスニングテスト実施	センター試験でリスニングテスト導入
企業の採用・昇進で英語力を重視	採用試験で英語力重視を求める

以上の経緯を経て、文部科学省は 2002（平成 14）年 7 月 12 日に「『英語が使える日本人』の育成のための戦略構想」（【資料 24】）を発表した。その内容は、2 年前の経団連提言「グローバル時代の人材育成について」（【資料 22】）をほぼそのまま実行に移したにすぎない（表 9–3）。[17]

　2003（平成 15）年度からは「戦略構想」を実行するための「『英語が使える』日本人の育成のための行動計画」（2003〜2007）が実施され、中学・高校の英語教員のほぼ全員を対象にした研修が実施された。ただし政府・文科省は途中で予算を打ち切ったため、研修を最後まで実施できない自治体もあった。

　一連の英語教育改革の背景には、グローバル化への対応を急ぐ政府・経済界の要望があった。そのことは、当時の文部科学大臣だった遠山敦子が「行動計画」の序文で、「国際的な経済競争は激化し、メガコンペティションと呼ばれる状態が到来する中、これに対する果敢な挑戦が求められています」と述べていることからも明らかである。

　他方、こうしたトップダウン式の改革が学校現場の混乱に拍車をかけ、教員が「改革疲れ」を起こしていることも指摘されるようになった。例えば国立教育政策研究所の調査では、全国の公立中学校の教員・校長約 6,000 人のうち、実に 97％が「もっと学校の現実を踏まえた改革にしてほしい」と回答し、しかも熱心な教員ほど改革に批判的であることが明らかになった（『朝日新聞』2002 年 9 月 22 日）。また、「戦略構想」で実施が推奨された「習熟度別クラス編成」に効果がないことも、国立教育政策研究所の調査結果が示している（『朝日新聞』2005 年 4 月 23 日）。

教科書の内容削減と学力低下

　中学校の時数が週 3 時間に削減された状況では、運用能力に不可欠な反復練習の時間が十分に確保できない。文法、読解、作文に割く時間はさらに乏しい。こうして、英語教育の領域でも学力低下の深刻な実態を示す報告が続いた。斉田智里（横浜国立大教授）の研究によれば、高校入学時の英語学力はコミュニケーション重視の学習指導要領が全面実施された直後の 1995

（平成 7）年度から 14 年間にほぼ連続的に低下し、下落幅は偏差値換算で 7.4 にも達するという。[18] 高校生に関しても、吉村宰（大学入試センター）らのチームは、センター試験受験者の英語学力が 1997（平成 9）年度から大幅に低下し、「1997 年以降の偏差値 50 はそれ以前の偏差値 40 程度に相当する」と報告した。[19]

こうした事態が政策的にもたらされた可能性が高いことは、学習指導要領に基づいて作られた検定英語教科書の分析から示唆される。2006〜2009 年度の中学用教科書のうち、採択率が 4 割を超えていた *New Horizon* と、高校用の *Unicorn* を例に、特徴を 4 点にわたって考察してみよう。

（1）少ない語彙と定着の困難さ。指導要領は語彙を 900 語程度に制限し、授業時数を週 3 時間としたため、中学用全 3 巻の累計総語数（延べ語数）は発展学習課題を加えても 7,364 語にすぎない。1950 年代を代表する *New Jack and Betty*（2 万 4,172 語）の約 3 分の 1 である。高校でも、代表的な *Unicorn* シリーズ（英語 I、英語 II、リーディング）の累計総語数（延べ語数）は、1980 年代には 5 万 1,548 語、1990 年代には 3 万 6,678 語、2000 年代版は 3 万 3,984 語（1980 年代の 66％）に減少している。[20] ペーパーバックに換算すると、*New Horizon* 全 3 巻で約 19 ページ分、これに *Unicorn* の「英語 I」と「英語 II」を足しても約 80 ページ分にすぎない。

教科書は薄いが定着しにくい。*Unicorn* の異語数は、1980 年代 3,285 語 → 1990 年代 3,478 語 → 2000 年代 3,718 語と増えているから、1 語当たりの反復回数はそれぞれ 15.7 → 10.5 → 9.1（1980 年代の 58％）へと大幅に減少している。つまり、教科書の本文が減少して一見やさしそうに見えるが、実は語彙の反復回数が乏しく、定着しにくいのである。この点は中学用の *New Horizon* でも同様で、1980 年代と 1990 年代の反復回数はともに 8.4 だったが、2000 年代版は 7.1 に下がっている。

（2）各巻 120 ページ程度と、中国や韓国などの教科書と比べて大幅に薄い。小ピースのアラカルト方式で、長文教材はわずかである。教科書の無償措置により、薄くして単価の引き下げを図らざるを得ない事情も背景にある。この点に関しては、福田康夫内閣の教育再生懇談会（安西祐一郎座長）

が 2008（平成 20）年 5 月の答申で「英語教科書の質、語彙数、テキスト分量を抜本的に向上させる」とした（後述）。

（3）題材（トピック）に関しては、登場人物は日本人中心で、脱英米的となり、アジアの人々も登場割合を高めている。落語や歌舞伎などの日本文化を紹介する課も増え、携帯電話、電子メール、ディズニーなど生徒の関心を重視したトピックや、平和、環境、国際貢献などの社会的教材、少数言語など言葉への関心喚起などの人間教育の観点も盛り込まれていた。

（4）聞く・話す領域を中心とした「コミュニケーション重視」の構成となった。場面シラバスが強化され、ペア・グループ活動、インタビュー、スキット、討論、ディベート等により、自己表現と会話的運用力を重視する傾向が強い。他方で、文法や読解については比重が軽くなった。

4. グローバル人材の育成策

グローバル化と新自由主義

1990 年代以降の教育政策のキーワードは「グローバル化」と「新自由主義」である。新自由主義は教育における競争原理を強めることで、それに勝ち抜いた「グローバル人材」を育成しようとする。「英語が使える」ことはその必要条件である。その意味で、今日の新自由主義はグローバル化と一体の教育政策である。

新自由主義教育政策の基本目的は、アメリカ主導のグローバル化による大競争に打ち勝とうとする巨大多国籍企業の利害のために、学校教育の機能をエリート人材の効率的な早期選抜に特化させ、それ以外の機能を縮小することである。そのため、富裕層は私費を投じて子どもを名門の私学や中高一貫校に入学させ、政府も国際バカロレア認定校やスーパーグローバル大学などへの財政支援策を実施する。他方で、政府は少人数学級を見送るなど教育支出を削減し、教員定数を減らして、機会均等を原則とする民主主義的な教育理念の放棄と格差拡大を進めた。

新自由主義のもうひとつの側面である競争主義を最もストレートに体現し

たのが、英語教員への英検・TOEFL・TOEIC スコアの所持要求と強制研修であり、それをテコにした「リーダー的教員育成の推進」である。その対局には「指導力不足教員」が置かれ、排除の対象とされる。教員人事に階層化と数値目標管理が大幅に持ち込まれたのである。

　国家・企業戦略を支える人材育成を直接学校に担わせようとする上で、個人の尊重を基本に据えた教育基本法が障害となった。そのため、第一次安倍晋三内閣は同法を 2006（平成 18）年 12 月 22 日に改変し、公布・施行した。それに先立ち、2003（平成 15）年 3 月に中央教育審議会は「新しい時代にふさわしい教育基本法と教育振興基本計画の在り方について」を答申し、教育基本法の改正方向を示した。その中には「TOEFL などの客観的な指標に基づく世界平均水準の英語力を目指す」や「教員に対する評価の実施と、それに応じた適切な処遇の実施や、不適格な教員に対する厳格な対応とともに、養成・採用・研修や免許制度の改善等を通じて、教員の資質の向上を図る」とする方針が盛り込まれた。

　2008（平成 20）年 7 月 1 日に閣議決定された最初の教育振興基本計画では、教育予算の GDP 比を経済協力開発機構（OECD）加盟国平均の 5% に引き上げようとした文部科学省の要求は却下された。日本の数値は 3.5% で、加盟国中最低だった。教育予算増を認めない根拠は「少子化」だとされたが、教室は一向に少子化されず、2014（平成 26）年の日本の平均クラスサイズは小学校が 27 人（OECD 平均 21 人）で加盟国中 2 番目に多く、中学校が 32 人（同 23 人）で加盟国中もっとも多かった。

　こうして、「ゆとり教育」というかけ声にもかかわらず、生徒も教員も「ゆとり」など生まれず、逆に著しく多忙化していくのである。

教育再生会議の英語教育改革案（2006）

　第一次安倍内閣は、2006（平成 18）年 10 月 10 日に首相の私的諮問機関である「教育再生会議」の創設を閣議決定した。同内閣は翌年 8 月 27 日に退陣したが、教育再生会議は 12 月 25 日に「社会総がかりで教育再生を・第三次報告」を発表し、「大学における英語教育を大幅に改善するとともに、

外国人教員の採用も進め、英語による授業の大幅増加を目指す。(当面、全授業の30%は英語での授業を目指す)」などと提言した。また、小学校からの「英語教育を抜本的に改革する」として、以下の提案を行った。

○小学校から英語教育に取り組み、ネイティブを常勤講師に採用する、現場の進んだ取組を行いやすくする
・小学校英語に関して、国は、研究開発学校等の弾力化により、以下のような各地域でのより進んだ多様な取組を行いやすくする。
　―1・2年の特別活動、3・4年の総合的な学習の時間を利用して英語教育を実施すること
　―小学校5・6年で、週2時間以上英語教育を実施すること、中学校の英語教育の内容を一部取り入れること
　―小中一貫の全学年で教科としての英語を実施すること　など
・ネイティブの講師の積極的な活用を図る。小学校への英語教育の導入を契機に、中学校、高等学校の英語教育の在り方についても、ヒアリング、音読等のコミュニケーション能力の強化を軸に抜本的改革を行う。
・日本語での対話・意思疎通能力の育成も進める。

　さらに、教育再生会議は2008(平成20)年1月31日に「社会総がかりで教育再生を・最終報告:教育再生の実効性の担保のために」を発表し、「英語教育を抜本的に改革するため、小学校から英語教育の指導を可能とし、中学校・高校・大学の英語教育の抜本的充実を図る」とした。続く福田内閣は、後継組織として「教育再生懇談会」を同年2月26日に発足させた。

学習指導要領と教育再生懇談会報告(2008)
　2008(平成20)年3月28日に小中学校の新しい学習指導要領が告示された(高校は翌年3月)。通常は中央教育審議会を経て策定されるが、今回は安倍内閣の教育再生会議や福田内閣の教育再生懇談会が間に入り、教育基本法と関係法令も改変されたため、学習指導要領の作成は難航した。
　小学校においては「外国語活動」が正式教科ではなく、成績評価を必要としない「領域」として5・6年生に週1時間必修化され、2011(平成23)年度から実施された。

中学校学習指導要領の最大の特徴は、外国語の時数が週3時間から4時間に戻されたことである。個別的な特徴は以下の10点である。

①目標において、前回の「聞くことや話すことなどの実践的コミュニケーション能力の基礎」を「聞くこと、話すこと、読むこと、書くことなどのコミュニケーション能力の基礎」に改め、4技能全体の育成を強調した。

②「書かれた内容や考え方などをとらえること」を新設し、読解力の強化を打ち出した。

③小学校における外国語活動を踏まえる内容とした。

④「学習内容を繰り返して指導し定着を図る」ことを強調した。

⑤語彙を「900語程度まで」から「1,200語程度の語」に初めて増やし、指定語を廃止した。

⑥「文法については、コミュニケーションを支えるものであることを踏まえ、言語活動と効果的に関連付けて指導すること」と述べ、文法指導に言及した。

⑦小学校外国語活動で「聞く」「話す」に重点が置かれるため、中学校では「特に聞くこと及び話すことの言語活動に重点をおいて指導すること」を削除した。

⑧「辞書の初歩的な使い方に慣れ、必要に応じて活用」を「辞書の使い方に慣れ、活用できるようにすること」に変え、辞書指導を強化した。

⑨題材では「伝統文化や自然科学など」を追加し、ナショナリズムの強化と理科離れ対策を打ち出した。

⑩外国語を含む全教科と活動で、愛国心などを含む道徳教育を推進するとした。

翌2009（平成21）年3月9日に告示された高等学校学習指導要領においても、語彙の4割増が打ち出された。また、「授業を実際のコミュニケーションの場面とするため、授業は英語で行うことを基本とする」という方針を盛り込んだが、これは中教審では一切議論されていなかった。

教育再生懇談会が2008（平成20）年5月に出した「これまでの審議のまと

め：第一次報告」(【資料25】)には、その後の英語教育と教科書政策に関する重要な方針が盛り込まれていた。主要内容は以下の通りである。

①中国、韓国等の英語教科書の語彙数が日本の2倍以上あることも踏まえ、英語教科書の質、語彙数、テキスト分量を抜本的に向上させる。

②小学校から大学までの各段階における到達目標を、TOEIC、TOEFL、英検を活用するなどして明確に設定し、英語教育を強化する。

③日本の伝統・文化を英語で説明できる日本人を育成する。

④小学校について、少なくとも3年生からの早期必修化を目指し、3年生から35時間以上英語教育を行うモデル校を大規模に(例えば5,000校)設け支援する。

⑤「『英語が使える日本人』の育成のための行動計画」(平成15年)を改訂する。

⑥早急に学習指導要領の見直しの検討に着手し、実行に移す。

これらの方針に対して、2008(平成20)年9月15日に慶應義塾大学でシンポジウム「英語教育の新時代：『英語が使える日本人』の育成のための戦略構想」を超えて」(大津由紀雄代表)が開催され、登壇者から厳しい批判がなされた。また、同シンポを経た「要望書」(【資料26】)が教育再生懇談会に提出され、同年12月の懇談会で取り上げられた。シンポの内容等は大津由紀雄編著『危機に立つ日本の英語教育』(2009)として出版されている。同書を執筆した専門家らは、教育再生懇談会「報告」の問題点を次のように指摘している。

①は指導に必要な教員増、学級定数減、教育予算増などの条件整備を伴わなければ単なる「詰め込み主義」に陥り、英語嫌いと格差を拡大させるだろう。

②の外部試験による到達目標設定は点数競争を助長し、公教育を破壊しかねない。

③日本の伝統・文化はまず日本語で海外に発信し、それを通じて日本語学習者を増やす政策をとるべきである。

④は外国語活動を小学校5年から必修化した結果も見ずに、さらなる早

期化を求めたもので、学校現場を攪乱させるだろう。

⑤は「行動計画」の検証や総括が十分になされていない上での無責任な見解である。

⑥は、わずか2カ月前に出された学習指導要領を見直せという内容で、政府部内の混乱と無定見を露呈させている。

以上のような問題点を含む方針だったが、多くが実行に移されていった。

なお、2000年代以降の特徴は、教育政策が経済財政改革の一環として官邸主導で提起されるようになったことである。2008（平成20）年6月27日に閣議決定された経済財政諮問会議（首相が議長）の「経済財政改革の基本方針2008」では、「英語教育の強化」策として、次のような方針を打ち出した。

> ①小学校低・中学年（例えば3年生）からの英語教育の早期必修化を目指し、モデル的な取組を含め具体策を検討。また各学校段階の到達目標を明確化（TOEIC・TOEFL・英検の活用等）し、英語教科書・教材の質、語い数、分量を向上。
> ②JETプログラムを活用したALTや、英語能力の高い社会人等の指導者の確保を図る。またTOEIC、TOEFL、英検（例えば英検1級程度）を条件に課すなど、英語教員の採用の見直しを促す。
> ③日本人高校生・大学生の海外留学を推進。

驚くべきことに、この年の3月に告示された学習指導要領で小学校5・6年生に外国語活動を週1時間必修化することを決めた3カ月後に、政府は「小学校低・中学年（例えば3年生）からの英語教育の早期必修化」を目指すとしたのである。教育政策の主体が複線化して混乱し、方針が動揺を重ねていた様子がわかる。

小学校外国語活動の推進策

ここで小学校における英語教育・外国語活動をめぐる政策の流れをまとめると、1990年代に入ってから次のような段階を経て実施されていったことがわかる。

① 1992（平成 4）年度より公立小学校 2 校が研究開発学校に指定され、その後は校数が増加された。

② 1998（平成 10）年告示（2002 年度実施）の学習指導要領で、小学 3 年生以上の「総合的な学習の時間」に国際理解学習の一環として「外国語会話等」を行うことが可能になった。

③ 2000（平成 12）年度に、教育特区で教科として英語を教える研究開発校 3 校が指定された。

④ 2005（平成 17）年度から 2 年間、「小学校英語活動地域サポート事業」が実施された。

⑤ 2007（平成 19）年度から 2 年間、「小学校における英語活動等国際理解活動推進プラン」が実施された。

⑥ 2008（平成 20）年告示（2011 年度実施）の小学校学習指導要領で、「外国語活動」が教科ではなく成績評価が不要な「領域」として、小学 5・6 年生に週 1 時間必修化された。

⑦ 2017（平成 29）年告示（2020 年度実施）の小学校学習指導要領で、外国語活動（週 1 時間）を小学 3・4 年生に下ろし、5・6 年生では外国語を正式教科（週 2 時間程度）とした。

2009（平成 21）年度から「外国語活動における教材の効果的な活用及び評価の在り方等に関する実践研究事業」および「英語教育改善のための調査研究事業」が実施された。前者は、国が作成した共通教材『英語ノート』、付属の音声教材（CD）、教師用指導資料、デジタル教材の効果的な指導と評価の在り方についての実践研究である。後者は、先進的な英語教育を行う小・中・高等学校等の支援を行い、データ収集を行う事業で、同年度には 66 件 219 校を指定した（指定期間 3 年）。

2009（平成 21）年度からはまた、小学校 5・6 年生での外国語活動の必修化のための移行措置が始まった。1 年目には年間 15 時間、2 年目に 25 時間、完全実施年である 2011（平成 23）年に 35 時間（週 1 時間）という段階を踏む学校が多かった。

これに先立ち、2009（平成21）年1月14日に文科省は「小学校教諭の教職課程等における外国語活動の取扱いについて」を全国の大学・教育委員会に通知した。主な内容は以下の通りである。

1．小学校教諭の教職課程における外国語活動の取扱い
　小学校教諭の教職課程においては、外国語活動に関する指導法を「教職に関する科目」に準ずる科目として、「教科又は教職に関する科目」の中に位置づけた上で、開設することが望まれる。
2．免許状更新講習における外国語活動の取扱い
　免許状更新講習の開設に関しては、外国語活動に関する内容を積極的に取り扱うことが望まれる。
3．その他
　各都道府県、指定都市教育委員会の実施する小学校教諭の採用選考においても外国語活動に係る内容を盛り込むなど、外国語活動の追加に対応した教員採用の実施に努める。
　各都道府県、指定都市及び中核市教育委員会の実施する教員研修においては、研修計画が教員の経験に応じて実施する体系的なものとして樹立されるべきことに留意しつつ、外国語活動に係る内容を適切に扱うことが望まれる。

英語教育改革総合プラン（2009）

　2009（平成21）年4月、文科省は「英語教育改革総合プラン」（【資料27】）を発表した。2009～2013（平成21～25）年度実施の予定で、「特に小学校の外国語活動の円滑的な実施に向けた条件整備を重点的に実施する。また、外国語に関する能力の測定法の開発や外国語教育の低年齢化、授業時数増、小中連携のあり方に関する調査研究など英語教育の充実に資する施策を総合的に実施する」事業だと位置づけた。

　その中で、「『英語が使える日本人』の育成のための行動計画」（2003～2007年度）においては、「生徒の英語力を図る指標として英検を利用していたが、これが必ずしも学校教育において習得した英語力を評価するには適切な指標と言えないことから、より適切な指標を開発するため、本プランには、大学・研究所等に委託することにより新たな英語力の測定法の研究を盛り込んでいる」とした。文科省が英検を「適切な指標と言えない」と述べた

のはこれが最初であろう。しかし、これはあくまで新規予算獲得のための方便だったのか、その後も英検を指標として使うことになる。

「英語教育改革総合プラン」に基づき、文科省は 2009（平成 21）年度には 16 億 2,400 万円を要求した。ところが、同年 9 月に発足した民主党政権の事業仕分けで、このプランは 11 月 11 日に廃止されることが決まった。そのため、小学校用『英語ノート』の廃止も決定されたが、小学校現場からの要望を受け、翌年 9 月に一部の予算が復活し、より薄い *Hi, friends!* が刊行された。

小学校外国語活動における評価について、文科省は 2010（平成 22）年 3 月 24 日に「児童生徒の学習評価の在り方について（報告）」を発表し、これを踏まえて同年 5 月 11 日の「小学校、中学校、高等学校及び特別支援学校等における児童生徒の学習評価及び指導要録の改善等について（通知）」で、趣旨、評価の観点の設定の在り方、その参考例等について示した。

「5 つの提言と具体的施策」（2011）

2010（平成 22）年 11 月 5 日、文部科学省は「外国語能力の向上に関する検討会」（吉田研作座長）を設置した。設置の趣旨は以下の通りである。当時の民主党政権は高校授業料の無償化や小学校低学年の 35 人学級化などを進めたが、外国語教育政策に関しては自民党政権と大きな違いはなかった。

> 　社会や経済のグローバル化が急速に進展し、異なる文化の共存や持続可能な発展に向けて国際協力が求められるとともに、人材育成面での国際競争も加速していることから、英語をはじめとする外国語教育の充実は今後ますます重要な課題である。ついては、生徒の外国語能力の向上のため、目標設定の在り方をはじめ、指導方法、教材の在り方などの方策について、有識者等との意見交換を行い、今後の施策に反映させるため、「外国語能力の向上に関する検討会」（以下「検討会」とする。）を設置する。
> 　検討会において取扱う事項は、以下の 3 点である。
> 　(1)「「英語が使える日本人」の育成のための行動計画」の改訂について
> 　　・英語教育に関する目標設定の在り方について
> 　　・英語教員の英語力の強化について
> 　　・ICT の活用をはじめとする英語の授業の改善

> ・海外留学など生徒が英語でコミュニケーションを行う機会の充実
> など
> (2) 英語以外の外国語能力の向上について
> (3) 国語力の向上について

　このように検討すべき課題を3点挙げているが、実質的な検討は(1)の英語力向上策にとどまった。検討会は2011(平成23)年7月13日に「国際共通語としての英語力向上のための5つの提言と具体的施策：英語を学ぶ意欲と使う機会の充実を通じた確かなコミュニケーション能力の育成に向けて」[21]を発表した。

　この中でまず注目されるのは、文科省の「『英語が使える日本人』の育成のための行動計画」(2003～2007、以下「行動計画」)に対して「一定の成果はあったものの、生徒や英語教員に求められる英語力など、必ずしも目標に十分に到達していないものもあり(中略)我が国の英語教育についてその課題や方策を今一度見直すことが必要である」と総括していることである。「一定の成果」や「必ずしも目標に十分に到達していない」とは具体的に何を意味するのか、原因は何なのかについてはまったく示されていない。こうして、5年の歳月と膨大なエネルギーを割いたはずの「行動計画」の成否が曖昧にされたまま、次なる抜本的改革を打ち出した。その主な内容は以下の5点である。

> ①生徒の英語力の達成状況を把握・検討する。
> ②生徒にグローバル社会における英語の必要性について理解を促し、英語学習のモチベーション向上を図る。
> ③ ALTやICT等の効果的な活用を通じて生徒が英語を使う機会を増やす。
> ④英語教員の英語力・指導力の強化や学校・地域における戦略的な英語教育改善を図る。
> ⑤グローバル社会に対応した大学入試となるよう改善を図る。そのために、
> 　(1)学習指導要領に準拠して4技能を総合的に問うタイプの入試問題の開発・実施を促す。
> 　(2) AO入試・一般入試等におけるTOEFL、TOEIC等の外部検定試験の活用を促す。

提言は第一に、「行動計画」が求めた中学卒業時での英検3級、高校卒業時での準2級以上という目標を引き継ぎ、各学校に「学習到達目標を『CAN-DOリスト』の形で設定・公表する」ことを求めた。

　しかし、学習指導要領が大枠を定める学校の教育課程は、英検などの外部検定試験とは整合しない。語彙数だけを見ても、中学校学習指導要領の規定は約1,200語で、目標とされる英検3級の約2,100語とは大きく異なる。現に、文科省自身も「英語教育改革総合プラン」(2009)の中で、英検は「必ずしも学校教育において習得した英語力を評価するには適切な指標と言えない」と自己批判した（前述）。にもかかわらず、またも英検などの外部試験による物差しで、学習者の多様な学力を一面的に数値化しようとした。

　提言は「国や教育委員会は教員に外部試験の受験を促し」、英検準1級、TOEFL (iBT) 80点、TOEIC 730点程度以上を取得させ、「その達成状況を把握・公表する」としている。教員採用に際しても「外部検定試験の一定以上のスコア所持を条件とする」として、「行動計画」の「スコアの考慮」から踏み込んだ。

　教員には集中研修を実施し、「日本人若手英語教員米国派遣事業」などの研修も推進するという。政府は、この教員派遣事業が、2010（平成22）年の日米首脳会談を経て決定された「日米同盟の深化・発展のため」のソフト・パワー戦略の一環であることを明記している。

　提言はまた、「優秀な外国人や、海外で実務経験を積んだり、海外の大学を卒業したりするなどして高度な英語力を持つ日本人は、各学校における英語教育の中核として活躍しうる」との認識のもとに、「600人の採用を目指す」と数値目標を掲げた。だが、英語力さえ高ければ学校の英語科教育を担わせるという方針は、教員免許法で憲法、教育学、心理学、教科教育法などの履修を義務づけ、教員免許更新制度によって指導力等の向上を求める政策とは整合しない。

　提言は、教育委員会が主体となって、地域に英語教育の拠点となる学校を全国で250校ほど形成することと、そのための「戦略的な人事配置」を求めた。英語エリートの育成に予算と人員を集中投資するならば、学校間格差

が一段と拡大することが懸念される。

　また、「国際バカロレアレベルの教育を実施する学校を 5 年間で 200 校程度へ増加させる」という。国際バカロレアの公式教授言語は英語、フランス語、スペイン語であり、日本語で行える授業は限られている。

　提言は「英語の授業がわからないと考える生徒は中学 3 年生で約 3 割にのぼり、その割合は他の教科と比べても高い」という実態を認め、英語学習のモチベーションを高める方策を提言している。だが、英語につまずき、苦手意識を持つ子どもたちへの具体策は盛り込まれていない。提言が挙げる事例は、「ディベートやディスカッションなどを積極的に取り入れたりする」、「実際に英語を使って仕事をしている場面を見せる」、「国際的なディベート大会などに出場する」、「英語で行われている大学の授業を受講する」などの高度なレベルばかりである。

　生徒たちの実態に目を向けるならば、ベネッセ教育総合研究所が 2008（平成 20）年に全国の中学 2 年生を対象に調査した結果[22]によれば、苦手分野では「文法が難しい」が 78.6％とトップで、「英語の文を書くのが難しい」も 72.0％に達した。オーラル重視に傾きすぎた結果、文法がわからない生徒が増え、特に表現力が定着していないといえよう。

グローバル人材育成推進会議（2011）

　2011（平成 23）年 4 月 21 日、文部科学省の国際交流政策懇談会（金澤一郎座長）が最終報告書「我が国がグローバル化時代をたくましく生き抜くことを目指して：国際社会をリードする人材の育成」（【資料 28】）を提出した。

　続く 5 月 19 日、政府の政策会議である「グローバル人材育成推進会議」が新成長戦略実現会議の下に設置された。翌 2012（平成 24）年 6 月 4 日には「グローバル人材育成戦略（審議まとめ）」[23]を発表し、英語教育改革のための以下のような方針を打ち出した。

①外部検定試験を活用した英語・コミュニケーション能力（理解力・表現力
　等）の到達度の把握・検証→指導内容・方法の改善という PDCA サイクル

（Plan 計画→ Do 実行→ Check 評価→ Act 改善）を通じて、中学・高校段階の英語教育を抜本的に強化。

②高校生の TOEFL の成績や英検の実績等の公表を促進。

③英語教員の採用段階で TOEFL・TOEIC の成績等を考慮し、外国人教員の採用促進。

④授業は英語で行うことを基本とする等、4 技能を総合的・統合的に指導する高校新学習指導要領の趣旨を踏まえ、4 技能をバランス良く問うタイプの入試への転換を大学関係者・高校関係者等で共同開発、普及・活用を促進。

⑤一般入試において TOEFL・TOEIC の成績等の評価・換算方法の開発・普及を推進。

⑥大学の学生の TOEFL・TOEIC の成績等の公表、特色あるカリキュラム（英語による授業、留学の義務化等）や授業方法（少人数教育、教員構成等）等を促進。

このように、またしても TOEFL など外部検定試験の入試などへの活用が前面に出ているなど、内容的には 2011（平成 23）年 7 月に出た「国際共通語としての英語力向上のための 5 つの提言と具体的施策」（前述）を踏襲し、政策化したものである。

グローバル人材育成推進会議の「審議のまとめ」を受け、文部科学省は2012（平成 24）年 9 月 24 日に「グローバル人材育成推進事業」に採択された 42 大学を発表した。各大学は 1～2 億円程度の補助金を受け、2016（平成 28）年度までに国際化の拠点整備に取り組む。例えば、早稲田大学では留学経験や外国語能力テストを伴う入試制度を導入し、一般入試にリスニングを導入する。また、2012（平成 24）年度 1,848 名の海外留学者数を 10 年後には8,000 名に増やすという。京都大学は 2013（平成 25）年度から 5 年間で外国人教員を約 100 人増員し、教養科目の半分を英語で行う方針を決定した。これを疑問視する声も学内には根強く、教員有志は反対声明で「教養科目の半分以上を英語で行うことは、母語の使用を規制することを意味し、英語の学力向上に役立つというよりも、学生の知性・精神面を劣化させる害のほうが大きい」「あたかも植民地政策を思わせるような状況作り」[24] などと批判した。

第9章　グローバル化時代 (1990 年代以降)　321

　2012 (平成 24) 年には大学改革および大学入試改革に関する方針も相次い
だ。6 月 4 日、文部科学省は「社会の期待に応える教育改革の推進」を発表
した。主な内容は、①大学入試改革でのクリティカルシンキングの重視や
TOEFL 等の活用促進、② 20 代前半までに 10% が海外留学等を経験、③高
校生の英語キャンプの全国的展開、④ 40 の国際化拠点大学を指定し
TOEFL 等で卒業時の到達水準を設定、などである。
　翌日の 6 月 5 日にも、文部科学省は「大学改革実行プラン」を発表した。
「国際化の拠点大学の形成」の概要は以下の 3 点である。

①大学卒業時の外国語力スタンダード (例：TOEFL iBT 80 点) の設定と到達
　学生数などの目標設定。
②海外留学者数・比率、外国人留学生数・比率、外国語による授業の実施率
　などの具体的目標、留学促進のための環境整備、英語による授業のみで学
　位取得ができるコースの導入等の具体化。
③入試における TOEFL・TOEIC の活用・促進、英語による授業の倍増など。

　このように、ここでも TOEFL などの外部試験の導入による英語力測定
の標準化と数値目標管理が強調されており、教育予算の拡充策などの条件整
備については具体策が盛り込まれていない。
　2012 (平成 24) 8 月 28 日、中央教育審議会が「新たな未来を築くための大
学教育の質的転換に向けて：生涯学び続け、主体的に考える力を育成する大
学へ (答申)」を発表し、「従来のような知識の伝達・注入を中心とした授業
から、教員と学生が意思疎通を図りつつ、一緒になって切磋琢磨し、相互に
刺激を与えながら知的に成長する場を創り、学生が主体的に問題を発見し解
を見いだしていく能動的学修 (アクティブ・ラーニング) への転換が必要で
ある」とした。この方針は大学のみならず、次期学習指導要領 (2017・
2018) の重要施策のひとつとなり、「主体的・対話的で深い学び」という文
言で中学校や高校などにも下ろされることになる (後述)。

5. 安倍政権の英語教育政策

教育再生実行本部の提言（2013）

　民主党政権は 2012（平成 24）年 12 月の総選挙で大敗し、自由民主党と公明党からなる第二次安倍晋三内閣が誕生した。その特異な教育政策を強力に推進するために取った手法は、官邸主導の下に、自民党の「教育再生実行本部」が方向性を示し、首相の私的諮問機関である「教育再生実行会議」が具体化し、文部科学省や中央教育審議会が追認・実行するという三位一体の体制を形成したことである。そのために、下村博文文科大臣に教育再生担当大臣を兼任させた。当初は文科省が反対していた道徳の教科化や、2013（平成25）年 4 月の中教審答申にはなかった小学校英語の早期化・教科化などを一挙に推進したのは、この体制の力によってである。具体的に見ていこう。

　自民党の教育再生実行本部は 2013（平成 25）年 4 月 8 日、「成長戦略に資するグローバル人材育成部会提言」（以下「自民党提言」）を安倍首相に提出した。「結果の平等主義から脱却し、トップを伸ばす戦略的人材育成」をスローガンに、「イノベーションを生む理数教育の刷新」「国家戦略としてのICT 教育」とともに「3 本の矢」の筆頭に挙げられたのが「英語教育の抜本的改革」で、以下のようにきわめて過激な内容だった。

自民党教育再生実行本部「成長戦略に資するグローバル人材育成部会提言」（抜粋）

1. 大学において、従来の入試を見直し、実用的な英語力を測る TOEFL 等の一定以上の成績を受験資格及び卒業要件とする
　世界レベルの教育・研究を担う大学を 30 程度指定し、その学生の卒業要件を TOEFL iBT 90 点相当とするとともに、集中的な支援によりグローバルに活躍する人材を年 10 万人養成
2. 高等学校段階において、TOEFL iBT 45 点（英検 2 級）等以上を全員が達成する
3. 国家公務員の採用試験において、TOEFL 等の一定以上の成績を受験資格とする

第 9 章　グローバル化時代（1990 年代以降）　323

提言を実現するための施策

・英語教師について一定の英語力（TOEFL iBT 80 点（英検準 1 級）程度以上等）を採用条件
・求められる英語力を達成した教師の割合を都道府県ごとに公表
・外国語教師を目指す者全員に養成段階における留学機会を付与
・現職英語教師全員が今後 5 年間の間に国内外で研修受講
・少人数指導等のための教師の増員

・小・中・高等学校における英語教育を抜本的に改革・強化、その一環として学校教育において英語に触れる時間を格段に増加（土曜日の活用、イングリッシュ・キャンプ、タブレット PC 等の活用）
・日本の伝統や文化など、日本人として必要な教養を身につけ、国際的に発信できる力を育成
・海外留学費用の負担軽減のための支援の抜本的拡充（予算及び税制）
・入試における帰国子女枠等において短期の留学も積極的に評価

・世界のトップ大学に進学できるコミュニケーション能力・論理的思考力などを備える人材を育成する「グローバル・リーディング・ハイスクール」（仮称）を各都道府県に最低 1 校ずつ整備し、その中で英語授業の改革も支援

・授業の半数以上を英語で実施、留学生交流促進を行う 30 程度の大学を重点的財政支援校に指定
・大学学部レベルにおいて、業務上英語を実践的に活用できる人材育成を目的とした教育プログラムを開発する 100 程度の大学を支援校に指定

以上の「自民党提言」で特に議論を呼んだのは、次の 5 点である。

①大学受験資格および卒業要件として TOEFL 等の一定以上の成績を求める。

②世界レベルの教育・研究を担う 30 程度の大学の卒業要件は TOEFL iBT 90 点相当とする。

③高校では TOEFL iBT 45 点（英検 2 級）等以上を全員が達成する。

④英語教師の採用条件は TOEFL iBT 80 点（英検準 1 級）程度以上とする。

⑤求められる英語力を達成した教師の割合を都道府県ごとに公表する。

「自民党提言」は、学校で育成すべき「グローバルに活躍する人材」を

「年10万人」とした。しかし、毎年の高校卒業者は約100万人強だから、この政策は上位1割の英語エリート育成に特化し、それ以外の9割は視野の外に置くという内容である。これは機会均等を原則とする学校教育の方針としては極めて異例である。戦前の英語教育は中等以上の学校に進学できたエリートの特権だった。しかし戦後の学校教育では、希望する生徒全員に外国語（英語）を学ぶ機会を保障する「国民教育」に変わった。これには予算も時間もかかり、英語が苦手な生徒もいるため非効率ではある。それでも、公教育である学校教育は、子どもたちの可能性を伸ばすために予算と人員を提供してきたのである。

　ところが、1990年代のバブル経済の崩壊で企業が社内研修を縮小するようになると、「使える英語力」の育成を学校教育に求めるようになった。そうした企業側の教育要求を受けて、政府は費用対効果に乏しい「国民教育としての英語教育」の原則を放棄して、少数の「英語が使える日本人」を育成するために資金を重点投資する方向に転じた。そのために「スーパーグローバルハイスクール」や「スーパーグローバル大学」などを選定し、TOEFLや英検などの外部検定試験で高い到達目標を目指して競争させ、中学・高校の授業を英語で行わせ、それに耐えられる上位者だけを「グローバル人材」として抽出する政策にシフトしたのである。生徒の9割を犠牲にして1割の英語エリートを育てる政策といえよう。その意味で、「自民党提言」は、全員の学びを平等に保障するという学校教育の目的に変更を迫る重大な意味を含んでいた。

　そのため、この提言に対して、英語教育関係者などから様々な反論が寄せられた。筆者も直後の2013（平成25）年5月1日の『朝日新聞』紙上で、教育再生実行本部長の遠藤利明衆議院議員（元文部科学副大臣）と論争し、TOEFL等を公教育の到達目標にすえる今回の提言はトップエリートの育成に特化して多数を切り捨て、学習指導要領とのダブルスタンダードによって学校教育を大きく歪め、英語嫌い、格差、荒れを助長する危険な政策であると論じた。遠藤議員は「私は〔TOEFLを〕受けたことはないです。受けても〔120点満点の〕10点ぐらいでしょうか。（中略）でも、政治家とは英語

力がないと務まらないのかどうか」などと述べ、TOEFL の実態を知らないまま政策提言したことを明らかにした。

実は、大学入試に TOEFL を導入するという方針の急先鋒は財界だった。同年 4 月 22 日、経済同友会は「実用的な英語力を問う大学入試の実現を：初等・中等教育の英語教育改革との接続と国際標準化」（【資料 30】）を発表し、その中で大学入試に「国際的に通用する TOEFL を活用する」と提言した。この提言の責任者は、インターネット・ビジネスの大手「楽天」の会長兼社長である三木谷浩史だった。ちなみに TOEFL はインターネット経由で受験する iBT が主流となっている。なお、楽天社員の葛城崇は 2014（平成 26）年 5 月より 2 年間、文部科学省初等中等教育局国際教育課に「英語教育改革プロジェクトマネージャー」などとして出向し、「英語 4 技能化のキーパーソン」として英語教育改革に従事した。2017（平成 29）年 4 月に、楽天は英語教育市場に参入し、系列の英語教材会社（株）ReDucate の社長に就任したのは葛木だった。

2013（平成 25）年 7 月 5 日、大津由紀雄、江利川春雄、斎藤兆史、鳥飼玖美子が「自民党提言」の危険性を訴えるブックレット『英語教育、迫り来る破綻』（ひつじ書房）を緊急出版した。また、4 人は 7 月 14 日に東京での講演会「英語教育、迫り来る破綻：みんなで考え、行動しよう！」に登壇し、全国から参集した 200 人以上の聴衆との討論を交えながら、問題点を明らかにした。4 人はその後も講演会とブックレットの刊行を続けた。

教育再生実行会議の提言（2013）

自民党の教育再生実行本部の提言から約 50 日後の 5 月 28 日、安倍首相の私的諮問機関である教育再生実行会議は「これからの大学教育等の在り方について（第三次提言）」（以下「実行会議提言」）を提出した。内容的には「自民党提言」の②③⑤が消えたが、代わりに「小学校の英語学習の抜本的拡充（実施学年の早期化、指導時間増、教科化、専任教員配置等）」や「中学校における英語による英語授業の実施」といった提案が突如として盛り込まれた。

しかし、小学校の外国語活動が5・6年生で必修化されたのは2年前の2011（平成23）年度からであり、「英語による英語授業の実施」に至っては、2カ月前の2013（平成25）年4月から高校1年生にだけ実施され始めたにすぎないため、いずれも効果を検証しようもなかった。

教育再生実行会議「これからの大学教育等の在り方について（第三次提言）」（抜粋）

1. グローバル化に対応した教育環境づくりを進める。
②意欲と能力のある全ての学生の留学実現に向け、日本人留学生を12万人に倍増し、外国人留学生を30万人に増やす。
○大学は、大学入試や卒業認定におけるTOEFL等の外部検定試験の活用、英語による教育プログラム実施等の取組を進め、学生に実践的英語力を習得させ、海外留学に結び付ける。外部検定試験については、大学や学生の多様性を踏まえて活用するものとする。また、英語力の優秀な学生には更なる語学の習得も重要であり、例えば、東アジアにおけるグローバル化への対応として、実践的中国語等の習得を目指すことなども有用である。

③初等中等教育段階からグローバル化に対応した教育を充実する。
○国は、小学校の英語学習の抜本的拡充（実施学年の早期化、指導時間増、教科化、専任教員配置等）や中学校における英語による英語授業の実施、初等中等教育を通じた系統的な英語教育について、学習指導要領の改訂も視野に入れ、諸外国の英語教育の事例も参考にしながら検討する。国、地方公共団体は、少人数での英語指導体制の整備、JETプログラムの拡充等によるネイティブ・スピーカーの配置拡大、イングリッシュキャンプなどの英語に触れる機会の充実を図る。
○国は、英語教員の養成に際してネイティブ・スピーカーによる英語科目の履修を推進する。国及び地方公共団体は、英語教員がTOEFL等の外部検定試験において一定の成績（TOEFL iBT 80程度等以上）を収めることを目指し、現職教員の海外派遣を含めた研修を充実・強化するとともに、採用においても外部検定試験の活用を促進する。

教育再生実行会議には英語教育の専門家はいない。恣意的に人選した私的諮問機関を利用しての、官邸主導による政策決定の典型例である。この教育再生実行会議の「提言」に対して、新英語教育研究会（瀧口優会長）は、2013（平成25）年6月10日に「『英語教育の改革』についての公開質問状」

を教育再生実行会議に提出した。主な内容は以下の5点である。

①小学校英語の早期化と教科化ではなく、現在の外国語活動の実施状況を検証し、発達段階に即した方針を出すべきである。

②中学校で英語による英語授業を行えば、授業についていけなくなる生徒が増えるのではないか。

③大学入試や卒業認定に難解なTOEFL等を課せば「英語嫌い」が増えるのではないか。

④基本的な文法、音声、母語との違いに気付かせるなどの基本に徹した教育を行うべきである。

⑤公財政支出の増加、少人数学級編成、専任教員の増員などの教育条件整備を先行すべきである。

　また、外国語教育メディア学会も8月8日の総会で、「教育再生実行会議で提案された大学入試制度（英語）の改革についての意見書／アピール」（京都アピール）を採択した（『英語教育』2013年11月号に掲載）。その中で、TOEFL等の外部検定試験導入については日本人高校生の英語能力を正しく測定できるかの検証が必要であると指摘し、まず現行の大学入試センター試験（外国語）を4技能統合型テストへと移行させ、次いで学習指導要領の内容と学生の英語力レベルを考慮した4技能テストを国が主導して開発・導入すべきであるなどの提言を行った。このアピールは、全国英語教育学会および大学英語教育学会との3者合同で作成したもので、全国規模の英語教育学会が合同アピールを発表するのは異例だった。

第2期教育振興基本計画（2013）

　安倍内閣は、教育再生実行会議の「提言」の内容を「第2期教育振興基本計画」に盛り込み、「提言」からわずか16日後の6月14日に閣議決定した。教育振興基本計画とは、教育施策を総合的・体系的に推進するための財政的措置を伴った計画で、第一次安倍内閣が2006（平成18）年に改変した新教育基本法によって政府による策定が義務づけられた。国会の同意を必要とせず、閣議決定だけで策定できるなど問題が多い。

第2期教育振興基本計画は2013（平成25）年度から2017（平成29）年度までの5年間が対象で、4つの基本的方向性、8つの成果目標、30の基本施策を掲げ、国の教育政策の基本方向を定めている。これを参考に、各都道府県や政令指定都市でも教育振興基本計画を策定することになっている。

外国語教育に関しては、「基本的方向性2」の「成果目標5」と「基本施策16」で述べられている【資料31】。特徴的な方針は以下の4点である。

①中学校卒業段階で英検3級程度以上、高等学校卒業段階で英検準2級程度〜2級程度以上を達成した中高校生の割合50％。卒業時の英語力の到達目標（例：TOEFL iBT80点）を設定する大学の数およびそれを満たす学生の増加、卒業時に海外留学経験者数を設定する大学の増加。

②英語教員に求められる英語力の目標（英検準1級、TOEFL iBT80点、TOEIC 730点程度以上）を達成した英語教員の割合を中学校50％、高等学校75％と設定。

③2020年を目途に日本人の海外留学生数を倍増、外国人留学生数の増加。

④大学における外国人教員等の比率および外国語による授業実施率の増加。

いずれも、高度な英語力を目指す内容で、過大な数値目標を掲げているが、英語が苦手な生徒への方策には言及がない。

また、教育再生実行会議の提言を受け、「小学校における英語教育実施学年の早期化、指導時間増、教科化、指導体制の在り方等や、中学校における英語による英語授業の実施について、検討を開始し、逐次必要な見直しを行う」との方針を盛り込んだ。

学校現場に重大な影響を与える方針を、かくも性急に政策化したことに対しては様々な批判が起こった。例えば、『教育新聞』は6月27日の社説で、小学校英語教育の方針に対して以下のように批判した。

> 教科化、実施学年の早期化といった提言はあまりにも安易すぎよう。いま求められることは、改めて、現在の外国語活動充実のための条件整備を図ることであり、言語の機能を踏まえ、言語の教育としての小学校における英語教育の在り方という本質的な論議を、多くの識者に呼びかけて展開することだ。

第9章　グローバル化時代（1990年代以降）　329

　「第2期教育振興基本計画」に盛り込まれた小学校英語の早期化・教科化と、中学校での英語による英語授業実施という政策決定のプロセスを見ると、英語教育の専門家や教員の意見をほとんど聞かずに、財界人や専門外の「有識者」たちが基本的な方向を決め、首相官邸がトップダウンで実施を迫るという実態が浮かび上がってくる。

　「第2期教育振興基本計画」のほとんどの内容は、中央教育審議会の教育振興基本計画部会（三村明夫部会長・中教審会長）によって作成され、2013（平成25）年4月25日に政府に答申された。その答申には「小学校における英語教育実施学年の早期化、指導時間増、教科化、指導体制の在り方等や、中学校における英語による英語授業の実施」という文言は入っていなかった。この方針が入ったのは、前述のように、安倍首相の私的諮問機関である教育再生実行会議が5月28日に提出した「第三次提言」である。つまり、わずか1カ月ほどの間に、公的機関である中教審の答申に含まれていない重要方針を私的機関が提言に盛り込み、安倍内閣はそのまま6月14日に「第2期教育振興基本計画」として閣議決定したのである。

　2013（平成25）年10月29日、文部科学省は企業からの財政支援を受けた官民協働海外留学支援制度である「トビタテ！留学JAPAN日本代表プログラム」を発表した。2020年までに海外留学する大学生を12万人に、高校生を6万人に倍増する計画だが、同プログラムの2014（平成26）年度の採用人数は300人のみで、6年間で9万人以上増やす目標とはほど遠かった。

グローバル化に対応した英語教育改革実施計画（2013）

　「第2期教育振興基本計画」を具体化し、「小・中・高等学校を通じた英語教育全体の抜本的充実を図る」ために、文部科学省は2013（平成25）年12月13日に「グローバル化に対応した英語教育改革実施計画」を発表した。概要は以下の通りである。[25]

グローバル化に対応した英語教育改革実施計画（概要）

○小学校3・4年生：（目標）英語を用いてコミュニケーションを図る楽しさを

体験することで、コミュニケーション能力の素地を養う。活動型で、学級担任を中心に週1〜2コマ程度。

○小学校5・6年生：(目標)読むことや書くことも含めた初歩的な英語の運用能力を養う。教科型で、学級担任に加えて専科教員を積極的に活用し週3コマ程度。

○中学校：身近な話題についての理解や簡単な情報交換、表現ができる能力を養う。授業を英語で行うことを基本とする。

○高等学校：幅広い話題について抽象的な内容を理解できる、英語話者とある程度流暢にやりとりができる能力を養う。授業を英語で行うとともに、言語活動を高度化(発表、討論、交渉等)。

○小学校における指導体制強化：英語教育推進リーダーの加配措置・養成研修。専科教員養成研修、担任教員英語指導力向上研修(3・4年担任約7.1万人、5・6年担任約7.3万人)。小学校英語(教科)に対応する特別免許状の創設。

○中・高等学校における指導体制強化：英語教育推進リーダーの養成・教員の指導力向上。全ての英語科教員について、英検準1級、TOEFL iBT 80点程度等以上の英語力を確保、県等ごとの教員の英語力の達成状況を定期的に検証。

○外部人材の活用促進：外国語指導助手(ALT)の配置拡大、地域人材等の活用促進。

○指導用教材の開発：先行実施のための教材整備、モジュール授業指導用ICT教材の開発・整備。

○小・中・高の各段階を通じて英語教育を充実し、生徒の英語力を向上(高校卒業段階で英検2級〜準1級、TOEFL iBT 57点程度以上等)→外部検定試験を活用して生徒の英語力を検証するとともに、大学入試においても4技能を測定可能な英検、TOEFL等の資格・検定試験等の活用の普及・拡大。

○「英語を用いて〜することができる」という形式による目標設定(CAN-DOリスト)に対応する形で4技能を評価、小中高を通じて一貫した学習到達目標を設定。

○日本人としてのアイデンティティに関する教育の充実(伝統文化・歴史の重視等)。

○スケジュール：2014〜2018年度は指導体制の整備、英語教育強化地域拠点事業・教育課程特例校による先取り実施の拡大。中央教育審議会での検討を経て学習指導要領を改訂し、2018年度から段階的に先行実施。東京オリンピック・パラリンピック開催に合わせて2020年度から全面実施。

「実施計画」は、「2020年の東京オリンピック・パラリンピックを見据え、

新たな英語教育が本格展開できるように」計画すると述べている。小学校英語の教科化を2020年に全面実施するために、通常より1年早い2017（平成29）年3月31日に学習指導要領を告示した。小学校に新教科である外国語（英語を原則とする）を増やすといった重要な教育改革を、十分に吟味することなく、スポーツ・イベントと関連させて提起したのである。

　外国語活動の早期化・教科化に備えた小学校教員の研修に関しても、実態は「実施計画」とはほど遠い。全国の小学校は約2万1,000校もあり、中学校の2倍、高校の4倍である。ところが、国が研修を課す小学校の「英語教育推進リーダー」は2018（平成30）年度までに全国で約1,000人だけで、その推進リーダーから研修を受ける「中核教員」は19年度までに約2万人（各校に1人程度）にすぎない。残り12万人以上の研修計画は具体化されておらず、大半の教員がまともな研修も受けずに外国語活動や教科としての英語を担当させられることになった。

　この「グローバル化に対応した英語教育改革実施計画」に対しても、様々な反対意見が寄せられた。2014（平成26）年10月17日には日本外国語教育改善協議会が批判的な意見書をまとめ、総理大臣、文科省、中教審などに提出した（全文は新英語教育研究会のウェブサイトに掲載）。主な内容は以下の7点である。

①「グローバル化」には英語以外の多様な外国語の学習も保障すべき。

②改革時期を英語教育とは無関係なオリンピック開催に合わせることは不合理。

③TOEFL等の民間検定試験による生徒・教員への目標設定は、公教育における外国語教育の目的を矮小化。

④CAN-DOリストなどの学習到達目標の設定方法は国が指定せず、各学校や教員に委ねるべき。

⑤小学校の外国語教育を実施するのであれば、国が財政保障を行い、専科教員の養成・研修・配置を急ぐべき。

⑥「授業は英語で」という特定の指導方法を学習指導要領に盛り込むのは不当。

⑦現行教育課程の検証をせずに次期教育課程の検討を始めるのは言語道
　断。

　また、新英語教育研究会も同年8月3日付で「実施計画」を批判する要
望書を文科大臣に提出した。

　では、実際の英語学習状況はどう変わったのだろうか。2015（平成27）年
6月4日、文部科学省は2014年度の「英語教育実施状況調査」（2014年12
月1日基準日）の結果を公表した。主な特徴は以下の5点である。

①国が求める英検準1級・TOEFL iBT 80点・TOEIC 730点程度以上を
　取得している教員の割合は、小学校0.9%（前年度比0.1%増）、中学校
　28.8%（0.9%増）、高校55.4%（2.7%増）だった。政府目標は中学校50
　%、高校75%である。

②中学3年で英検3級以上を取得している生徒は18.4%（1.9%増）、相当
　程度と思われる生徒と合わせると34.7%（2.5%増）。高校3年で英検準
　2級以上を取得している生徒は11.1%（0.1%増）、相当者を加えても
　31.9%（0.9%増）だった（主観が入るため統計的には無意味。以下同
　様）。政府目標は各50%である。

③授業での「発話をおおむね／半分以上英語で行っている」教員の割合
　は、中学1年で50.5%（6.0%増）、3年で46.9%（5.7%増）、高校ではコ
　ミュニケーション英語Ⅰで48.1%、英語表現Ⅱで37.9%だった。2013
　（平成25）年度実施の高校学習指導要領では「授業は英語で行うことを
　基本とする」と定めたが、実態との乖離は大きい。

④CAN-DOリストにより学習到達目標を設定している中学校は31.2%
　（13.8%増）、高校では58.3%（24.4%増）と増えている。

⑤外国語活動等においてモジュール学習（短時間学習）を実施した小学校
　（2013年度）は4.8%だけだった。モジュール学習は2020年度からの小
　学校外国語の教科化で導入が見込まれているが、ほとんど定着していな
　い実態が明らかになった。

　このように、目標設定がいずれも恣意的で、実態と乖離していることは明
らかである。

スーパーグローバル大学と大学間格差

　2014（平成26）年3月28日、文部科学省は「高校段階から世界と戦える」人材育成を目的とする「スーパーグローバルハイスクール」に全国から246校の応募があり、56校を指定したと発表した。指定期間は2014（平成26）年度から5年間で、1校あたり年1,600万円を上限に補助する。ただ、概算要求段階では100校を指定、1校あたり2,900万円の予算規模だったから、大幅に縮小された。

　文科省はまた、同年9月26日に「スーパーグローバル大学」として37校を選定した。うち、世界大学ランキングで100位以内を目指す「トップ型」は東大などの旧7帝大を含む13校、日本の国際競争力向上に貢献する「グローバル化牽引型」は千葉大など24校。前者には毎年最大5億円、後者には最大3億円が最長10年間助成される予定だった。しかし、採択された37大学への2015（平成27）年度の平均支援額は、タイプAが2億8,800万円、タイプBは1億3,100万円に減額され、1億円未満も5大学あった。そのため事業内容の大幅な見直しを迫られるなど、混乱が続いた。

　しかも、2015（平成27）年6月8日には、下村文科大臣が全国の国立大学法人に対して、教員養成系や人文・社会科学系の学部・大学院の「組織の廃止や社会的要請の高い分野への転換」を求める通知を出した。これに対して、国立17大学の人文系学部長が反対声明を提出し、日本学術会議に加え、日本経団連までが強く批判した。文科省は9月に「廃止対象は教員養成系のうち教員免許を取得しなくても卒業できる（ゼロ免）課程だけ」と文章の不備を認めたが、通知自体は撤回しなかった。結果的に、2016（平成28）年度には国立大の33の人文社会科学系学部・大学院が学部新設や統合などを実施し、教員養成系9学部がゼロ免課程を廃止した。

　政府は2016（平成28）年度から国立大学法人を3つに類型化し、①地域貢献、②世界・全国的な教育研究、③世界的な卓越研究のいずれかを選択させ、機能強化を進める大学には運営費交付金を追加配分、そうでなければ削減するとした。明確な格差化・差別化である。

　こうした政策の結果、日本の大学教育は危機的な状況に陥っているとの指

摘がなされた。2017（平成29）年3月23日発売の英国科学誌 *Nature* の別冊 *Nature Index 2017 Japan* は、日本の科学研究が失速している実態を明らかにした。世界の主要科学誌への投稿論文数は、日本が得意とした理工系でも10年間で10%以上減少し、世界シェアも7.4%から4.7%に低下した。要因は、政府が大学等への補助金を削減し、研究条件が劣悪化しているためだと分析している。2004（平成16）年の国立大学の法人化以来、国の運営費交付金は毎年1%ずつ、約10年の間に年間予算にして約1,300億円（約1割）も削減された。40歳未満の国立大教員に占める任期付き教員の割合は63%に達し、10年間で1.6倍に増加した。教育・研究費の削減、退職者の不補充、昇任・昇給の停止も増え、大学の劣化が進んだ。

英検・TOEFL など外部検定試験による到達目標設定

「グローバル人材」の育成策として国が中心に置いたのは、外部検定試験の高い目標数字を課し、結果を公表することだった。試験といっても、学校の教育課程に対応した独自の試験を開発しようというのではなく、民間団体が運営している既存の実用英語技能検定（英検）、海外留学用の TOEFL、ビジネス用の TOEIC などの外部検定試験を利用することだった。

第2期教育振興基本計画の「成果指標」には、「学習指導要領に基づき達成される英語力の目標（中学校卒業段階で英検3級程度以上、高等学校卒業段階で英検準2級程度～2級程度以上）」と記された。しかし、中学・高校の外国語教育は実用英語技能・留学・ビジネスだけを目指したものではないから、国が英検・TOEFL・TOEIC などを到達目標として掲げ、これらの試験によって生徒と教師の能力を数値目標で管理することには根強い批判があった。

仮に外部試験によるスコアの提示がひとつの目安として必要だとしても、そこには正当な根拠と一貫性がなくてはならない。にもかかわらず、高校卒業段階の到達目標を見ると、表9-4のように、2013（平成25）年度のわずか10カ月ほどの間に3回も変わった。合理的根拠に乏しい目標設定だったことがわかる。

第 9 章　グローバル化時代（1990 年代以降）　335

表 9-4　高校卒業段階の到達目標の変化

提言・計画	到達目標とする試験	達成率
教育再生実行本部「成長戦略に資するグローバル人材育成部会提言」（2013 年 4 月 8 日）	TOEFL iBT 45 点（英検 2 級）等以上	100%（全員）
政府「第 2 期教育振興基本計画」（同 6 月 14 日）	英検準 2 級程度～2 級程度以上	50%
文科省「グローバル化に対応した英語教育改革実施計画」（同 12 月 13 日）	英検 2 級～準 1 級、TOEFL iBT 57 点程度以上	不明

　このように、2013（平成 25）年 4 月に教育再生実行本部が「TOEFL iBT 45 点」と設定していた目標を、文科省は 12 月には「57 点」に、また 6 月に閣議決定された「英検準 2 級程度～2 級程度以上」を「英検 2 級～準 1 級」に引き上げたが、その根拠は示していない。

　政策立案者がどこまで認識しているかは疑問だが、英検 2 級の語彙範囲は 5,100 語程度で、合格ラインは約 6 割。ところが準 1 級となると語彙範囲は 7,500 語程度、合格ラインも約 7 割に上がるので、大学の英語専攻生でも合格が難しい試験である。それを踏まえて、政府は英検準 1 級を「英語教員に求められる英語力の目標」としたのである。その英語教師と同じ到達目標を高校生に設定するのは、支離滅裂であろう。学習到達目標は学習者や教師にとってはきわめて重大な問題である。明確な根拠も示さずに安易に変えてよいはずがない。

　なお、橋下徹市長（当時）が率いる大阪市の教育振興基本計画（2013～2015 年度）が掲げる目標は、中学校重点校の修了段階で「英検 2 級・準 1 級程度、TOEFL 等の受験に対応できる英語力を育成する」と、国よりもはるかに高い目標を設定した。これに先立ち、橋下が知事時代の大阪府では「使える英語プロジェクト事業」（2011～2013 年度）を実施した。高校生に TOEFL 等を受験させるなど過大な要求を盛り込んだ政策だったが、最終的に府の部局長は「英語教育改革は失敗に終わっており、掲げた目標達成からほど遠い状況にあります」と総括した。[26] 失敗の原因については、「目標設定と参加校

のレベルが合致していないにもかかわらず実施に踏み切ったこと」とした上
で、「参加校に目標達成の現実的な自覚が足りず、従い十分な努力が払われ
なかったことにある」と学校現場に責任を転嫁した。

　高校段階の学習到達度を測る試験としては、四半世紀にわたって改良が重
ねられてきた大学入試センター試験がある。これでは不十分であると言うの
ならば、試験目的が異なる外部検定試験に安易に依存せずに、学校の教育課
程と整合した独自の英語力測定試験を開発すべきであろう。ただし、それは
簡単なことではない。例えば、韓国政府は巨費を投じて4技能を測る「国
家英語能力評価試験」(National English Ability Test＝NEAT) を開発し、
2012年から大学入試で実施してきた。しかし、わずか2年で廃止を決めた。
原因は「学校教育現場の調査がきちんと行われていなかったうえに、当初の
公教育のみで進める計画からは外れ、私教育熱に油を注いだこととなり、学
歴格差の深刻化、広報不足などの問題にぶつかってしまった」[27] からだとい
う。入試改革は、かくも困難な事業なのである。

　2014 (平成26) 年6月18日、文科省は「英語教育の在り方に関する有識
者会議」(吉田研作座長)で、英検準1級・TOEFL iBT 80点・TOEIC 730
点相当以上を取得している中学・高校の英語教員の割合 (2013年) を初めて
都道府県別に公表した。全国平均は中学校が27.9% (最高47.5%・最低10.4
%)、高校が52.7% (最高82.0%・最低33.4%)。小学校教員の取得率は0.8
%だった。自治体ごとの競争を煽る戦略といえようが、「相当」を含むため
主観的な数字であり、ランキング化は無意味な上に危険である。

　この公表を契機に、英語教員に外部検定試験を課す自治体も増えた。例え
ば和歌山県教育委員会は、2015 (平成27) 年1月に県内の英語教員約550名
全員に TOEIC を受験させる方針を決め、教職員組合などからの抗議にもか
かわらず、翌年度から実施した。

　しかし、教師の仕事は教科指導、生徒指導、部活指導などの多岐にわた
り、英語力が高いだけでは務まらない。生徒・同僚とのコミュニケーション
能力、指導力、人間性など、外部検定試験では測れない能力も多く求められ
る。まして、TOEIC はビジネス用、TOEFL は留学用の試験であり、学校

教員の英語力・指導力を測る試験ではない。行政がなすべきことは、生徒と向き合うための「ゆとり」を教師に与え、教育・労働条件を改善し、英語力と指導力向上のための自主的な研究・研修活動への参加を支援することであろう。

小学校外国語活動の早期化・教科化問題

2014（平成 26）年 7 月 27 日、小学校英語教育学会は総会で「文部科学省で検討中の『小学校英語教育の改革』に対する提言」を承認した。同提言は 8 月 9 日の全国英語教育学会総会でも承認され、両学会の連名で関係機関に提出された（『英語教育』2014 年 10 月号掲載）。政府が 2013（平成 25）年 6 月に小学校英語の早期化・教科化の推進を打ち出したことを受け、提言では教員免許、教員養成・研修、財政措置、指導方法、クラスサイズなどの「条件整備が不十分なままの見切り発車とならないような万全の準備が必要である」「指導者の『外国語教育に関するより高い質（指導力及び英語力）』」などを担保することができなければ、児童の英語力の二極化及び英語への抵抗感を示す児童の増加を助長する危険性さえある」と指摘した。その上で、「到達度の明確化と系統的なカリキュラム開発・教材開発」や「担任教員・専科教員の資質と教員養成の制度整備」などに関する提言を行い、最後に 7 項目の「具体的な提案」を列挙した。

小学校英語の「受験英語」化も懸念される。2015（平成 27）年 1 月 1 日の『朝日新聞』は、同年の入試に英語を導入する私立中学校が、帰国生限定を除いても、首都圏だけで少なくとも 32 校にのぼると報じた。小学校での英語学習が本格化し、今後さらに早期化・教科化が進むことを見越して中学入試への英語の導入が加速しているのである。例えば、東京都市大学附属中学の「グローバル入試」では、文科省が高校卒業レベルの到達目標にしている英検準 2 級〜2 級レベルを課すという。中学入試への英語の導入に対しては、「コミュニケーション能力の素地を養う」という外国語活動の本来の目的を歪めるとの批判が根強い。しかし、その後も入試に英語を課す私立中学校は増え続けた。2018（平成 30）年に実施された首都圏・近畿圏の私立中学

の入試では、全体の約3割にあたる137校が英語を課し、その割合は4年間で約7倍に達した（『朝日新聞』2018年1月19日）。

　文科省は2016（平成28）年2月17日に「平成28年度現職教員の新たな免許状取得を促進する講習等開発事業」を公募した。小学校英語の教科化に備え、小学校教員に中学校英語二種免許状を取得させるため、大学等での免許法認定講習の実施を全国の教育委員会に求めたものである。だが、47件（全都道府県）の募集に対して応募は約半分の23教委だけで、初年度化からつまずいた。はじめに「小学校英語の教科化」ありきで見切り発車したため、準備がすべて後手に回ったのである。

英語教育の在り方に関する有識者会議の提言（2014）

　2014（平成26）年9月26日、文科省の「英語教育の在り方に関する有識者会議」が「アジアの中でトップクラスの英語力を目指すべき」とした「今後の英語教育の改善・充実方策について：グローバル化に対応した英語教育改革の5つの提言」を発表した。主な内容は以下の5点である。

①小学校外国語活動の3・4年生への早期化と5・6年生での「読む」「書く」を含めた教科としての実施

②中学校英語の「授業は英語で行うことを基本とする」

③高校での発表・討論・交渉などの高度な言語活動の導入

④CAN-DOリスト等による到達目標設定

⑤大学入試での4技能評価と民間検定試験の利用

　内容的には安倍内閣の「第2期教育振興基本計画」（2013）を踏襲したものだが、説得的な論拠や人的・財政的な裏付けは提示されなかった。

　このうち、⑤の大学入試に関しては中教審でも審議が進められ、2014（平成26）年12月22日には大学入試改革などに関する答申を下村文科大臣に提出した。その中心は、現行の大学入試センター試験に代わり、知識の活用力や課題解決力を測る「大学入学希望者学力評価テスト（仮称）」（2020年度実施）と、高校生の基礎学力を測る「高等学校基礎学力テスト（仮称）」（2019年度実施）を新設することである。答申では「基礎学力テスト」の結果を大

学等が用いることを可能にするとした。また、「大学入学テスト」で思考力・判断力・表現力を評価し、個別大学での面接・論文などで適性・主体性などを評価するなどの、大学入試改革の新たな方向性を盛り込んだ。

　答申を受け、文科省は2015（平成27）年1月16日に「高大接続改革実行プラン」を策定し、3月5日には「高大接続システム改革会議」を発足させた。これは主に大学入試センター試験の廃止後の新共通テストを検討する組織で、これとは別に各大学の個別選抜の4技能化について協議する「英語力評価及び入学者選抜における英語の資格・検定試験の活用促進に関する連絡協議会」も補足し、同年9月29日に第1回会合を開いた。協議会の委員には、日本英語検定協会やベネッセなどの利害関係者が名を連ねている。

　高大接続システム改革会議は、2017（平成29）年5月16日には名称変更した「大学入学共通テスト（仮称）」の実施方針案と問題例を公表した。英語については、4技能を評価することを前提に、英検、TOEFL、TOEICなどの民間資格・検定試験の中から文科省が認定する。実施時期は、2023年度までは大学入試センターが実施する共通テストと民間検定試験の両方またはどちらかを利用し、その後は民間試験に一本化する。民間試験は高3の4〜12月に受けた試験結果を2回分まで大学に提出することができ、成績は国際標準に基づき段階別に示すとしているが、受験費用や受験会場などの格差を指摘する意見も強い。性格の異なる試験同士を正確に換算することも不可能なため、公平性に問題がある。何よりも、民間の資格・検定試験は学校の教育課程と整合しない。そもそも、検定試験で英会話力やコミュニケーション力を点数化すること自体が無理であり、4技能試験に移行する必要はないとする意見もある。[28] にもかかわらず、民間試験に丸投げする「大学入試英語の完全民営化」が妥当なのか否か。根本的に問われている。

生徒の英語力向上推進プラン（2015）

　2015（平成27）年6月5日、文科省は「生徒の英語力向上推進プラン」（【資料32】）を発表した。主な内容は以下の4点である。

　①生徒の英語力に係る国の目標を踏まえた都道府県ごとの目標設定・公表

②「英語教育実施状況調査」に基づく都道府県別の生徒の英語力の公表

③中学校で英語4技能を測定する全国的な学力調査の新規実施

④英語力評価・入学者選抜における4技能を測定する民間資格・検定試験の活用促進。

同プランは、英語力の達成目標等を図式化した「工程イメージ」を提示し、中学卒業時の英検3級程度以上と高校卒業時の英検準2級〜2級程度以上の取得率を当面は50%、2020年度に60%、2024年度に70%に引き上げるとした。

こうした上からの数値目標設定と成績公表への圧力強化に対して、日本外国語教育改善協議会は、政府・関係機関への意見書（同年8月18日）で「外国語教育全体がますます外部試験に依存することになり、誤りである」などと批判した。

東京オリンピックに合わせた学習指導要領改訂（2017〜2018）

2014（平成26）年11月20日、下村文科大臣は学習指導要領の改訂に向けた「初等中等教育における教育課程の基準等の在り方について」を中央教育審議会に諮問した。英語教育の基本方針は、小学校英語の早期化・教科化など同年9月16日の有識者会議報告を踏まえた内容で、課題発見・解決に向けて主体的・協働的に学ぶアクティブ・ラーニングや協働（協同）学習の導入なども検討課題とした。

諮問直後の11月26日には、経済同友会が「学習指導要領改訂に向けた意見」を発表し、「グローバル化に対応した教育の充実」策として「小・中・高校を通じた実社会で役立つ英語教育への改革」を求めた。特に、「実社会やビジネスの現場で役立つ英語力を養成するためには、小学校低学年からICT等も活用し英語に馴染ませることが必要である」とした。ただし、そのための条件整備や予算措置については言及されておらず、「教員一人ひとりの頑張りに期待したい」や「一層の情熱と使命感をもって」といった精神論にとどまった。

諮問を受け、中教審は2015（平成27）年8月26日に「論点整理」、翌年8

月 1 日に「審議のまとめ」を公表し、2016（平成 28）年 12 月 21 日に「幼稚園、小学校、中学校、高等学校及び特別支援学校の学習指導要領等の改善及び必要な方策等について（答申）」をまとめた。外国語教育に関しては、同年 8 月 26 日に「外国語ワーキンググループにおける審議の取りまとめについて（報告）」が提出された。

　中教審は従来の「学力」に代わる「育成すべき資質・能力」として以下の 3 要素を挙げている。

---

①何を知っているか、何ができるか（個別の知識・技能）
②知っていること・できることをどう使うか（思考力・判断力・表現力等）
③どのように社会・世界と関わり、よりよい人生を送るか（主体性・多様性・協働性、学びに向かう力、人間性等）。

　こうした国家基準に沿って各教科等の教育目標・内容・指導方法を定め、それに対応した学習評価を行う。特に指導方法に踏み込んだ点が特徴で、「論点整理」（2015）では「課題の発見・解決に向けた主体的・協働的な学び（いわゆる「アクティブ・ラーニング」）」の導入を促した。ただし、委員会の内部では「指導法を一定の型にはめ、教育の質の改善のための取組が、狭い意味での授業の方法や技術の改善に終始するのではないかといった懸念」も表明された。そのため、「審議のまとめ」（2016）以降は「主体的・対話的で深い学び」を行うために「アクティブ・ラーニングの視点」を取り入れるとトーンダウンさせた。

　中教審答申を受け、文科省は翌 2017（平成 29）年 2 月 14 日に小中学校の学習指導要領の改訂案を公表し、3 月 31 日に告示した（高校は翌年 3 月 30 日）。序章で述べたとおり、この学習指導要領案の外国語教育方針に関してはパブリック・コメントで多くの疑問や意見が寄せられたが、まったく反映されることなく、ごく軽微な字句修正のみで告示された。また、中教審では一貫して強調されていた「アクティブ・ラーニング」という文言が消え、「主体的・対話的で深い学びの実現に向けた授業改善」に落ち着いた。

　新学習指導要領は 2018（平成 30）年度からの移行措置を経て、完全実施は

小学校が東京オリンピック・パラリンピックに合わせて 2020 年度から、中学校が 2021 年度から、高校が 2022 年度から（学年進行）である。中教審答申と新指導要領で示された外国語教育に関する主な方針は、以下の 7 点である（各目標は序章 25–26 頁参照）。

①小学校外国語活動（週 1 コマ）を 3・4 年に下ろす。5・6 年では外国語を教科とするが、当初予定した週 3 コマを 2 コマに減らし、うち 1 コマ分は 10〜15 分程度の短時間（モジュール）学習、補習、英語キャンプ等で時間数を確保する。

②国語教育と外国語（活動）を効果的に連携させ、音声や文構造などの違いに気づかせる。

③語彙は小学校で 600〜700 語程度、中学校では小学校の語彙に加えて 1,600〜1,800 語程度の合計 2,200〜2,500 語（2008 年指導要領の 1,200 語程度に比べ、生徒が接する語彙は約 2 倍）、高校ではさらに 2,000〜2,200 語程度（のちに 1,800〜2,500 語程度に修正）を追加し、高校卒業段階で 4,000〜5,000 語程度（2009 年指導要領の 3,000 語程度の 3〜7 割増）と大幅に引き上げる。

④英語を使って何ができるかの観点から、各段階の目標と目標例を具体的に提示し、英検などの外部検定試験、全国学力調査、ヨーロッパ言語共通参照枠（CEFR）で到達度を可視化する。

(a) 小学校中学年は「相手意識を持って聞いたり話したりすることを中心にしたコミュニケーション能力の素地を養う」

(b) 小学校高学年は「相手意識をもって聞いたり話したりすることに加えて、読んだり書いたりすることについての態度の育成も含めた、コミュニケーション能力の基礎を養う」。目標例は「馴染みのある定型表現を使って、自分の好きなものや、家族、一日の生活などについて、友達に質問したり質問に答えたりできる」。

(c) 中学校は「他者を尊重し、具体的で身近な話題についての理解や表現、簡単な情報交換ができるコミュニケーション能力を養う」。目標例は「短い新聞記事を読んだり、テレビのニュースを見たりし

て、その概要を伝えることができる」。

(d) 高校は「幅広い話題について情報や考えなどを外国語で的確に理解
   したり適切に伝え合ったりする能力、他者を尊重しながら発表、討
   論・議論、交渉等ができるコミュニケーション能力を養う」。特徴
   的なことは、育成すべき資質・能力のレベルを「（Ⅰ）多くの支援を
   活用すれば／（Ⅱ）一定の支援を活用すれば／（Ⅲ）支援をほとんど
   活用しなくても…できる」と3段階で具体的に明示したことである。

⑤高校に続き、中学校の英語も「授業は英語で行うことを基本とする」。

⑥CEFRに準拠して「話すこと」を「話すこと［やり取り］」と「話すこ
   と［発表］」に2分割し、従来の4技能を5領域に改める。

⑦高校の科目を「英語コミュニケーションⅠ・Ⅱ・Ⅲ」（Ⅰは必修）と「論
   理・表現Ⅰ・Ⅱ・Ⅲ」に再編する。

　これらによって、「大学や海外、社会で英語力を伸ばす基盤を確実に育
成」し、「我が国の価値を海外展開したり、厳しい交渉を勝ち抜く人材の育
成」を図るという（中教審答申）。

　しかし、これらは子どもの実態に即した方針だろうか。文科省は、2016
（平成28）年2月2日に中3と高3を対象に英語の4技能を測定した「平成
27年度英語力調査結果」（速報）を公表した。初の調査となった中3では、
CEFRのA1上位以上（英検3級程度以上に相当）の割合は、「聞く」20.2
％、「読む」26.1％、「書く」43.2％、「話す」32.6％だった。文科省は「4技
能すべてに課題がある」「4技能がバランス良く育成されていない」と指摘
している。

　前年の3月17日に公表された高校3年生を対象にした初の英語4技能試
験の結果でも、CEFRで日常の範囲で単純な情報交換ができるとされるA2
（英検準2級程度）に達した生徒は各分野1～2割、英語圏で暮らせるB1（英
検2級程度）は最大でも2％だけだった。ただし、目標設定に合理的な根拠
がなく、日本人の外国語能力をCEFRで測ることには無理があるため、妥
当な評価とは言い難い。また、「CEFR能力スケールは検証できないものが
多く、学習者区分に有効とは言えず、他指標との相関も低く、対象とする

L2〔外国語〕やタスクが変われば結果も可変的で、妥当性・有効性は予想以上に低い」[29]との研究もある。大学入試に使うのは危険すぎると言えよう。

なお、文科省の2015（平成27）年度調査では「英語の学習が好きではない」が43.2％に達した。ベネッセ教育総合研究所の「第5回学習基本調査2015」報告書でも、中学2年生が英語を「好き」と答えた割合50.4％にとどまり、9教科中で最下位だった。

こうした現状で、中学生が接する語彙を実質2倍に増やし、しかも「授業は英語で行うことを基本とする」ならば、生徒の英語嫌いを加速させかねない。2016（平成28）年12月の中教審答申では「高校生の多様性を踏まえ、外国語で授業を行うことを基本とすることが可能な科目を見直す必要がある」と指摘し、事実上、方針の誤りを認めた。にもかかわらず、翌年3月の学習指導要領には高校に加えて、中学校でも「授業は英語で」を盛り込んだのである。中教審の存在意義が問われていると言えよう。

新学習指導要領の内容に関しては、子どもと教科書全国ネット21編『大問題！　子ども不在の新学習指導要領』（合同出版、2016）などの批判が出された。小学校外国語（活動）の早期化・教科化に関しては、歴史的にも批判が多かったことを本書の第3章で考察したが、近年の各種の研究結果を見ても、その効果を疑問視する声が多い。[30]それらの知見を、小島ますみの研究（2017）をベースに整理すると次の7点になる。

①技能面では、小学生の外国語習得は中高生に比べ遅く非効率である。特に文法の習得で小学生は不利であり、発音などの音声面でも大して有利にはならない。

②情意面では、外国語学習に対する意欲は小学生では一般に高いが、年齢が進むにつれて低下し、小学校で学習を開始した効果はほとんど見られなくなる。

③経費面では、英語教育を行う環境が未整備の小学校で英語教育の教科化・早期化を行うには莫大な費用がかかるが、費用対効果は期待できない。また、入試に英語を課す私立中学校が増え、塾通いが過熱し、英語格差が早期化する。

④負担面では、十分な予算や人員は期待できず、教員や子どもの負担だけが増大する。特に教員の著しい負担増により、小学校教育全体を劣化させかねない。

⑤政策面では、方針決定過程に外国語教育の専門家が不在で、科学的・実践的な根拠に基づく合理的な判断がなされたとは言えない。

⑥それでも実施するなら、国語教育などと連携し、ことばの面白さ・深さ・恐さに気づく「ことばの教育」に力点を置くべきである。

⑦実施後に効果が見られないなら、廃止・縮小し、限られた予算と人員を中学校に振り向けるべきである。

これほどの問題があるにもかかわらず、政府が小学校英語の早期化・教科化を進める一因には、国民の間に賛成意見が根強くあることへのポピュリズム的な迎合（大衆迎合主義）があるようである。『日本経済新聞』2016年2月14日の調査報道によると、英語教育の早期化に賛成する人は78％で、特に小学生の親世代が多い30代女性では90％を超えている。こうした高い支持の背景には、「外国語の学習は早いほどよい」という思い込みが広く浸透している現実があると考えられる。

このほか、『朝日新聞』2013年5月10日夕刊が「我が子に英語　急ぐ親　塾が軒並み活況」と報じているように、子ども英会話学校や塾などの小学校英語市場が拡大しており、そうした利権をめぐる業界と政治家との癒着も指摘されている。『週刊文春』2015年2月26日号は、小学校英語教育を推進する下村博文文部科学大臣に対して塾業界から「違法献金」がなされたと報じた。

2016（平成28）年11月4日には、日本学術会議の「言語・文学委員会　文化の邂逅と言語分科会」（委員長・林徹東大教授）が、提言「ことばに対する能動的態度を育てる取り組み：初等中等教育における英語教育の発展のために」[31] を発表した。そこには次のような提言が盛り込まれている。

①「英語による英語授業」を基本とせず、日本語使用とのバランスが大切である。

②実現不可能な目標設定で英語嫌いを生み出すべきではない。

③「聞く・話す」のみを偏重せず、文字や書き言葉もバランスよく位置づけるべきである。

④学校では、ことばに能動的に取り組む態度の育成が大切である。

このように、実質的に2017 (平成29) 年版学習指導要領の外国語教育方針を厳しく批判した内容である。

こうした専門的な知見を尊重し、学校現場で実践的に検証する取り組みを通じて、「官邸主導」による外国語教育政策のあり方を抜本的に再検討する時期に来ていると言えよう。

注

1　大谷泰照 (2015)「『大学の国際化』と『グローバル人材の育成』」井村誠・拝田清 (編)『日本の言語教育を問い直す』三省堂

2　文部科学省「教員勤務実態調査 (平成28年度) の集計 (速報値) について」(電子版)、2017年4月28日 http://www.mext.go.jp/b_menu/houdou/29/04/1385174.htm (2017年4月29日検索)

3　首相官邸のホームページに全文掲載
http://www.kantei.go.jp/jp/singi/global/1206011matome.pdf (2015年8月4日検索)

4　大谷泰照ほか編 (2010)『EUの言語教育政策』くろしお出版

5　和田稔 (2004)「小学校英語教育、言語政策、大衆」大津由紀雄編著『小学校での英語教育は必要か』118頁

6　佐々木憲昭編著 (2007)『変貌する財界』新日本出版社

7　寺沢拓敬 (2015)『「日本人と英語」の社会学』研究社

8　『英語教育』1995年8月号、大修館書店、36頁

9　斎藤貴男 (2004)『教育改革と新自由主義』25頁

10　若林俊輔 (1998)「お先真っ暗？」『教員養成セミナー3月号別冊「教課審」をよむ：教育の未来へ』67頁

11　文部省 (1999)『中学校学習指導要領 (平成10年12月) 解説　外国語編』を参照

12　文部省 (1999)『中学校学習指導要領 (平成10年12月) 解説　外国語編』7頁

13　文部省 (1999)『高等学校学習指導要領解説　外国語編・英語編』11頁

14　前掲、和田稔 (2004)「小学校英語教育、言語政策、大衆」118頁

15　佐藤学・大内裕和・斎藤貴男 (2014)「討論『教育再生』の再生のために」『現代思想』42巻6号 (4月号)、45頁

16 菅正隆(2002)「民間は善で、教員は悪か？：政治と企業に翻弄される英語教育」『英語教育』12 月号

17 水野稚(2008)「経団連と『英語が使える』日本人」『英語教育』4 月号

18 斉田智里(2014)『英語学力の経年変化に関する研究』風間書房

19 吉村宰ほか(2005)「大学入試センター試験既出問題を利用した共通受験者計画による英語学力の経年変化の調査」『日本テスト学会誌』第 1 巻第 1 号、51–58 頁

20 長谷川修治・中條清美(2004)「学習指導要領の改訂に伴う学校英語教科書語彙の時代的変化」*Language Education & Technology* 第 41 号

21 文部科学省ホームページに全文掲載
http://www.mext.go.jp/component/b_menu/shingi/toushin/_icsFiles/afieldfile/2011/07/13/1308401_1.pdf(2015 年 7 月 2 日検索)

22 ベネッセ教育総合研究所(2009)「第 1 回中学校英語に関する基本調査」(電子版)

23 首相官邸のホームページに全文掲載 http://www.kantei.go.jp/jp/singi/global/1206011matome.pdf(2015 年 8 月 4 日検索)

24 「国際高等教育院」構想に反対する人間・環境学研究科教員有志の会(2013)「『外国人 100 名雇用』計画に対する反対声明」(電子版)

25 文科省の資料(http://www.mext.go.jp/a_menu/kokusai/gaikokugo/1343704.htm)をもとに編集作成

26 大阪府(2013)「平成 25 年度　教育委員会重点政策推進方針　進捗状況チェック(自己点検)」(電子版)http://www.pref.osaka.lg.jp/kikaku/bukyokuunei/25c_14.html(2016 年 8 月 26 日検索)

27 安河内哲也(2014)「韓国の『英語教育大改革』、失敗か？　英語をめぐる韓国のドタバタ劇」東洋経済 ONLINE、1 月 23 日号 http://toyokeizai.net/articles/-/27934?page=2(2014 年 1 月 24 日検索)

28 阿部公彦(2017)『史上最悪の英語政策：ウソだらけの「4 技能」看板』ひつじ書房、鳥飼玖美子(2018)『英語教育の危機』ちくま新書

29 石川慎一郎(2017)「海外論文紹介　CEFR のスケールは学習者の L2 産出の区分に有効か」『英語教育』7 月号

30 江利川春雄(2015)「何のための小学校英語の早期化・教科化なのか」『教育と医学』第 63 巻第 12 号、寺沢拓敬(2017)「小学校英語政策の問題」『これからの英語教育の話をしよう』、小島ますみ(2017)「公立小学校における英語教育の早期化、教科化に関する一考察」『岐阜市立女子短期大学研究紀要』第 66 輯など。このほか、鳥飼玖美子(2006)『危うし！小学校英語』、寺島隆吉(2007)『英語教育原論』なども厳しい批判を展開している。

31 鳥飼玖美子・大津由紀雄・江利川春雄・斎藤兆史(2017)『英語だけの外国語教育は失敗する：複言語主義のすすめ』に全文収録

終章　歴史の教訓と今後への提言

歴史の教訓

　日本における外国語教育政策の歴史は、今日に活かすべき数多くの知見や教訓を提供している。その詳細は本文に記したので、ここでは 2017（平成29）年 3 月告示（高校は翌年 3 月）の学習指導要領に盛り込まれた (1) 小学校外国語教育、(2) 英語による英語授業、(3) 主体的・対話的で深い学び（アクティブ・ラーニング）の 3 点に事例を絞って考察したい。

(1) 小学校外国語教育

　小学校の外国語（英語）教育に関しては、明治期からの「外国語としての英語」(EFL) の教育実践により、以下の経験知や教訓を抽出できる。いずれも、2020 年度から完全実施される小学校外国語（活動）の早期化・教科化に対する有益な示唆を含んでいる。

　①外国語の指導は入門期が特に重要で、小学校で発音等の悪癖を付けると後の矯正が困難になる上に、外国語嫌いを生み出しかねない。そのため、音声面を中心とした十分な語学力と指導力を持った教員を充てる必要がある。

　②外国語学習の開始年齢は早いほど良いわけではなく、ある程度の思考力が発達してからの方が学習効率が高い。そのため、開始年齢に関しては試行錯誤が続き、東京高等師範学校附属小学校では 1888（明治 21）年には尋常科 3 年生で開始したが、3 年後には高等科 1 年生（現在の 5 年生相当）に引き上げた。また、慶応義塾幼稚舎でも 1 年生から課していた英語を 1922（大正11）年からは 4 年生以上に引き上げ、学習院初等科では 5・6 年生に課して

いた英語を廃止した。早期化して成功した事例は確認できない。

　③小学校段階では母語である日本語（国語）の習得が重要で、それが後に外国語を習得する根底となる。

　④小学校で実施するのであれば、発達段階に応じて、単語カード、英語の歌、画像教材、レコードなど多様な教具を駆使する必要がある。

　⑤小学校高学年では、外国語の音声指導を重視しつつも、読むこと、書くことも含めた知的で内容豊かな授業展開が必要である。

　⑥中学校外国語との接続に留意し、学習内容の円滑な移行が必要である。

(2) 英語による英語授業

　英語教師が授業において日本語と英語をどう使い分けるかについても、明治期から研究と実践が進められてきた。「東京高等師範学校附属中学校教授細目」(1911) では、指導局面によって具体的に整理している (119 頁)。

〈なるべく英語だけを使う場合〉
・授業運営に関する事項を談話する場合
・すでに教えた語句を用いて説明できる場合
・絵画や身振りなどを使って英語だけで説明できる場合
・復習や練習に用いる問答などの場合
〈日本語を用いる場合〉
・事物の名称のように、英語を用いると長い説明を要する場合
・文法の説明のように、正確さが必要な場合

　1922 (大正 11) 年にイギリスから来日したハロルド・パーマーは、英語で英語を教えるオーラル・メソッドを普及させようと活動したが、会話重視の英語による授業は思うようには軌道に乗らなかった。そのためパーマーは 1927 (昭和 2) 年に自説を修正し (小篠, 1995)、その後は日本語の使用や和訳を組み入れるなどの改良を経て、日本の学校現場で受容されるようになったのである。日本語と英語とは言語系統（言語的距離）が著しく異なり、日常生活で英語を使用しない日本の環境においては、英語と日本語を使い分けての指導や、英文和訳も重要な学習法であり、読解力に比重を置くことには

終章　歴史の教訓と今後への提言　351

必然性があるといえよう。

(3) 主体的・対話的で深い学び

2017（平成29）年と翌年に告示された学習指導要領で本格導入される「主体的・対話的で深い学び」（アクティブ・ラーニング）は、すでに江戸時代の蘭学塾や藩校などで「会読」（協同学習）として実施されていた（50頁）。

また、明治期にも、英語教育界の最高指導者の一人であった岡倉由三郎（東京高等師範学校教授）は次のように述べていた。[1]

> 教師たる者は只管教授するの方法にのみ苦心せずに、却て学修させる方法に着目して、考究して見るが善からうと思ふ。即ち教師が自ら働くばかりで無く、生徒をして盛に活動せしめる道を講究すべきである。（中略）知識の授与のみならず、これが応用鍛錬に努力せしめねばならぬ。（中略）生徒に自ら進んで学修するの気風を励まし、所定の目的までは到達させねば止まぬと云ふ決心を持つべきである。（強調は岡倉）

このように、岡倉は教師による一方的な講義ではなく、生徒が「自ら進んで」主体的・能動的に学ぶように導き、学んだことを応用鍛錬させることによる「深い学び」の重要性を説いていたのである。

以上のように、今日的な3つの問題に絞っただけでも、先人たちの実践から得られた知見が示唆に富んでいることは明らかであろう。これらをぜひ今後の外国語教育政策の策定と教育実践に活かしていくべきである。

今後への提言

歴史的な経験を踏まえて、今後の外国語教育政策の策定にあたって必要と思われる課題を7点に限定して提案したい。

(1) 過去の教育政策の検証と総括

外国語教育の「抜本的改革」方針が、政府や文部（科学）省から繰り返し提出されてきた。「抜本的」とは「根本に立ち戻って是正するさま」（『大辞

泉』）であるから、それ以前の方針が、根本的に間違っていたことになる。しかし、日本の小・中・高校の教育課程は文部（科学）省の学習指導要領に基づいているのだから、「抜本的な改革が必要」との認定は教育政策の大失敗を意味し、その責任が厳しく問われるべきである。

　ところが、日本では誰も政策の失敗を認めず、責任を取らない。数年もすると、新たな予算獲得を目指す官僚と、教育改革への熱意を演出したい政治家との思惑が合致して、しばしば学術的な裏付けも、実践的な検証も、過去の総括も、財政的な保障も、教員への支援体制もないままに、次なる「抜本的改革」が提起される。

　例えば、文部科学省は 2002（平成 14）年 7 月に「『英語が使える日本人』の育成のための戦略構想」を発表した。当時の遠山文科大臣は「英語教育を抜本的に改善する」と宣言し、翌年からは 5 年間の「行動計画」によって、中学・高校の英語教員ほぼ全員に強制研修を実施した。

　だが、この行動計画の成否が曖昧にされたまま、文科省の「外国語能力の向上に関する検討会」（吉田研作座長）は「国際共通語としての英語力向上のための 5 つの提言と具体的施策」（2011 年 6 月）において、「我が国の英語教育についてその課題や方策を今一度見直すことが必要である」として、またも抜本的改革を打ち出した。

　続く 2013（平成 25）年 12 月に、文科省は「グローバル化に対応した英語教育改革実施計画」発表し、またもや「英語教育全体の抜本的充実を図る」と宣言した。

　ところが、2015（平成 27）年 6 月発表の「生徒の英語力向上推進プラン」では、「抜本的充実」どころか、文科省は「『聞く』『話す』『読む』『書く』の 4 技能全てにおいて課題があり（中略）十分な改善が見られていない」との評価を下した。教員の勤務条件や教育条件の「抜本的充実」を放置したまま、責任を教員と生徒に転嫁し、行政が現実から遊離した達成目標を設定して達成状況を毎年公表するとの強制力を行使する方針を打ち出した。

　さらには、英語の日常会話が非日常的な日本の言語環境で、「聞く」「話す」の比重を高めた「コミュニケーション重視」の方針は、本当に妥当なの

だろうか。第9章306頁で紹介した斉田智里（横浜国立大教授）の研究によれば、高校入学時の英語学力は、コミュニケーション重視の学習指導要領が全面実施された直後の1995（平成7）年度から14年間にわたってほぼ連続的に低下し、下落幅は偏差値換算で7.4にも達するという。こうした実態と原因を検証することなしに、一段とオーラル重視に傾斜することが、はたして政策として適切なのだろうか。

　的はずれな「抜本的改革」策が下ろされるたびに、教育現場は対応に追われ、多忙化が加速し、「慢性改革病」ないし「抜本的改革症候群」[2]に蝕まれていく。2014（平成26）年11月時点で、教諭が最も負担に感じている業務は、改革などに伴って頻繁に実施される「国や教育委員会からの調査やアンケートへの対応」で、小学校が87.6％、中学校が86.4％と9割近い。[3]

　こうした不毛な政策の連鎖を断ち切るためには、過去の外国語教育政策を厳格に検証し、エビデンス（事実証拠）に基づいて成果と問題点を明らかにする必要がある。外国語教育政策に限らず、歴史をつくる仕事に従事する者が自覚しなければならないことは、次の古典的な命題であろう。[4]

> 人間は、自分で自分の歴史をつくる。しかし、人間は、自由自在に、自分で勝手に選んだ状況のもとで歴史をつくるのではなく、あるがままの、与えられた、過去から受け継いだ状況のもとでつくるのである。あらゆる死んだ世代の伝統が、生きている人間の頭の上に悪夢のようにのしかかっている。

　その意味では、外国語教育史とともに、外国語教育政策に取り組む研究者があまりに少ない学界の現状も問題である。[5]外国語教育の歴史や政策といったマクロな問題を視野に入れずに、A群とB群を比較して有意な差があるか否かといったミクロな問題にのみ沈潜することは、あたかも強制収容所行きの列車の中で三単現のsを解説している教師のようにナイーブすぎるのではないだろうか。

(2) 公平に選出された専門家による政策策定

　外国語教育政策の策定にあたっては、政府や財界などからの介入を制限

し、公平な人選による専門家を委員に任命すべである。例えば、文部省が1907（明治40）年に発足させた英語教授法調査会は、新渡戸稲造委員長（第一高等学校教授）以下、文部省視学官1名を除く7人中6名が当代一流の専門家だった。戦後においても、例えば1951（昭和26）年の学習指導要領外国語科英語編（試案）の作成委員会は、福原麟太郎、五十嵐新次郎、石橋幸太郎、岩崎民平など大学教員14人、清水貞吉ら高校教員9人、松川昇太郎ら中学教員3人などの専門委員28人によって構成されていた。

　ところが、中曽根康弘首相の臨時教育審議会（1984〜1987）以降、官邸主導（政治主導）の教育政策が支配的になっていった。中曽根は内閣総理大臣在任中に「大統領的首相を目指す」として多数の私的諮問機関を設置した。その後の首相も、相次いで「懇談会」や「会議」などの私的諮問機関を立ち上げた。

　私的諮問機関のひとつである安倍晋三首相の「教育再生会議」（2006〜2008）について、教育社会学者の苅谷剛彦（東大教授）は「委員にデータに基づき実証的に議論できる専門家がいない」ため「まともな分析もないまま診断とも呼べない診断を下している」として、以下のように批判した。[6]

> 　大した病気でもないのに未熟な医者が緊急手術をすれば、健康な部分まで壊す恐れがある。分析が欠け、ブレーキのきかない政治主導の改革に依存するのは危うい。浮足立って「教育を変えないと」という前に、現実の教育に何が期待できるのかという足元の議論をしない限り、誤った改革の悪循環は続く。

　特に2000年代以降は、財界人やメディアへの露出度の高い人などの非専門家が教育関係諮問機関の委員の多くを占め、また専門家や有識者と称する人の人選も公平性を欠いている。そのため、序章で述べたように、見識を疑うような発言をする者や、会議への欠席を重ねる委員も少なくない。結果的に、学術的・客観的根拠に基づいて熟議されることなく、政府や文部（科学）省の既定路線どおりに政策決定される場合が多い。阿部公彦（東大准教授）は、「大学入試の英語4技能化」をはじめとする英語教育政策の問題点と、

その推進者である安河内哲也（予備校講師）や松本茂（立教大学教授）らの「嘘と矛盾に満ちた」言動を厳しく批判している。[7]

　専門家などの選定は、政府や文部科学省による恣意的な人選にならないよう学会などに推薦を求め、経歴や教育研究業績を添えた任命理由書を公開し、議事録等にもとづく第三者評価を実施すべきである。また、文部科学省の教科調査官や視学官などの要職に就く人物には、教育経験に加え、修士・博士レベルの高い専門性が求められよう。

　また、首相などの意向を汲んだ私的諮問機関を、国家行政組織法が定めた公的機関である中央教育審議会の上位に置くという「官邸主導」型の政策決定は、その時々の政府の考えが教育政策として学校現場を支配する方式であり、しばしば専門的・実践的な知見を無視するため、政策内容の妥当性からも、教育の中立性からも危険である。

　例えば、小学校外国語（活動）の早期化・教科化の方針は、専門家不在の教育再生実行会議による提言を受け、2013（平成25）年に閣議決定された（第9章327頁）。しかし、この方針は直前の中教審答申には盛り込まれていなかった。

　外国語教育の専門家らの見解を見るならば、1993（平成5）年の外国語教育の改善に関する調査研究協力者会議の報告書は、小学校外国語教育については賛成・反対の両論を併記し、教科化を見送った。2006（平成18）年の中央教育審議会外国語専門部会の提言も、やはり教科化を見送った。こうした専門家による熟議を無視して、政治家がトップダウンで政策決定することが、子どもたちに責任を負う教育政策としてふさわしいのだろうか。

　当面、政府の「教育振興基本計画」を廃止するか、少なくとも国会承認の義務を課すなど、官邸主導による暴走に歯止めをかける仕組みが急務である。将来的には、フィンランドのように、教育行政から独立した専門家集団からなる教育政策の立案・実行機関を設置し、教育行政は予算や人員確保などの条件整備に徹するべきであろう。

(3) 教員との対話的な関係の構築

戦前の教育法令は「勅令主義」体制だったとはいえ、文部省が教員たちに政策提言を直接求めることが少なくなかった。例えば、1914（大正3）年の第2回英語教員大会において、文部省は「英語に対し中学生をして尚ほ一層の興味を感ぜしむる方法」を諮問した。これに対して、教員らは11項目からなる答申を決議し、文部大臣に提出した（第4章126頁）。これ以外の様々な大会等でも、文部省は英語教員たちに直接意見を求め、政策に反映させようとしていた。こうした良き伝統を復活させるべきである。

戦後の1950年代以降になると、政府・文部省と教職員組合との対立が続いた。しかし、教員の協力がない限り、教育改革は成功し得ないのであるから、行政は学校現場の第一線で奮闘する教員と積極的に対話し、現場からの声を政策に反映させるべきであろう。

教師もまた教育課程の作成主体であることを自覚し、多忙な中にあっても、現場からの声を為政者に届かせるよう努力すべきである。文部省直轄校だった東京高等師範学校附属中学校の教師たちは、「東京高等師範学校附属中学校教授細目」（1910）を作成し、文部省の「教授要目」（1902）を公然と批判して独創的な教育実践を行っていた。そうした姿勢から学びたい。

(4) 学習指導要領の法的拘束力と教科書制度の見直し

戦前の外国語教育においては、教師を細部まで拘束する学習指導要領のようなものは存在せず、教科書の選定も基本的に教員に委ねられていた。戦後の約10年間もそうだったが、それによって大きな弊害が起こることはなく、自由闊達な教育課程づくりが行われていた。

そうした歴史を踏まえるならば、学習指導要領の法的拘束力をなくし、大綱的な「教師の手引き」の地位に戻すことで、教育課程編成や教材選定などにおいて教員の主体性と創意工夫を十分発揮させるべきである。生徒のみならず、教師たちにこそ「主体的・対話的で深い学び」を保障しなければならない。また、学習指導要領改訂過程の透明度を高め、パブリック・コメント制度の形骸化を改め、専門家と国民各層からの要望を最大限に反映させるべ

きである。

　それらによって多様な教科書が生まれる余地を広げるとともに、教科書の広域採択制度を廃止し、教師自身が教育実態と教育理念に合った教科書を選定できるようにすべきである。

(5) 正確な事実認識に基づいた政策策定

　近年の外国語教育政策には、前提となる現状認識に重大な事実誤認があり、主観主義的である場合が多い。例えば、文科省の検討会が発表した「国際共通語としての英語力向上のための5つの提言と具体的施策」（2011）には、「これまでのように大手企業や一部の業種だけではなく、様々な分野で英語力が求められる時代になって」いると述べている。

　しかし、これは英語の必要性を過大評価している。実際に仕事で英語を頻繁に使う人の割合は有業者の1〜2%であり、たまに使う人を加えても10%程度に過ぎない。[8] そのため、財界などからの「使える英語」要求は、大多数の児童生徒のニーズには合わない。現状をリアルに認識し、それに基づく外国語教育の目的論と指導法を再構築すべきである。

　高度な「使える英語」を目指す学習者への支援も必要であるが、実質9割が仕事などで英語を使わないという現状認識に立つならば、日本学術会議の分科会提言「ことばに対する能動的態度を育てる取り組み」（2016）が指摘するように、学校教育は「使える英語」という功利的な目的設定になじまない（第9章345頁）。

　初等・中等教育は本質的に教養教育であり、全員に等しく学びを保証する国民教育である。とりわけ外国語は、授業以外の自助努力なしには使えるレベルには達しないのであるから、公教育における外国語教育の使命は、外国語を使う必要に迫られたときに自力で、または協同して学び続けられるだけの基礎基本と、学び方とを身につけさせることである。

　その意味では、第9章344頁で指摘したように、知的発達段階が未熟な小学校で、しかも外国語教育に熟達した教員と十分な学習時間を確保できないまま、教科として外国語教育を導入することには大きな問題がある。

外国語教育の目的は、世界の多様な人々と平和的に共生していくために、言葉と文化の面白さ・奥深さ・怖さを理解させ、それによって母語能力を高めることで思考力と感性を豊かにし、人間形成に寄与することである。そうした原則に立って、特に1990年代以降の会話重視の教育課程を検証するとともに、幕末以降の英語教育の実践を通じて形成されてきた学習英文法や英文解釈法などの再評価を含む、日本人の学習環境にふさわしい外国語教育政策を再確立する必要があろう。

(6) 多様な外国語を学ぶ機会の保障

グローバル社会は多言語社会である。ところが、日本の外国語教育は世界でも例がないほど英語一辺倒であり、「グローバル化＝英語化」といった歪みを生じさせている。英語以外の外国語を教える高校は2007（平成19）年の790校をピークに減少を続け、2016（平成28）年には647校と、全体の13%にすぎない。[9] 大学でも、設置基準の大綱化（1991）によって第二外国語の履修が緩和され、英語以外の外国語を学ぶ学生が減少した。2013（平成25）年の「第2期教育振興基本計画」や「グローバル化に対応した英語教育改革実施計画」は、英語以外の外国語教育について言及していない。

こうした現状を改め、欧州評議会のような複言語主義的な言語政策を採用する必要がある。[10] とりわけ、中国、台湾、韓国、ベトナムなどとの人的・経済的な交流が著しく高まっている今日、日本は「東アジア共同体」の創設を視野に入れ、少なくとも高校以上では西洋語のみならず中国語、朝鮮語、ベトナム語など近隣諸国の言語と文化を学ぶ機会を大幅に増やし、友好親善に資するべきである。

実際、中国で日本人駐在員が使用する言語は、英語ではなく、第一に日本語であり、次いで中国語だったとする調査研究がある。[11] 現地の習慣や作法などを含む異文化理解教育も重要である。そのための教員養成・研修と教材開発等の支援に予算を投入すべきである。

終章　歴史の教訓と今後への提言　359

(7) 教育条件の整備

　外国語教育の質を高めるためには、予算と条件整備が必要である。とりわけ、欧米では常識となっている 15 人以下のクラスサイズが外国語教育には不可欠である。

　また、教員の力量を高めるためには外部検定試験を課すよりも、自主的な学習サークルへの参加や、勤務を離れて国内外の大学院などで研修を受ける機会を大幅に増やすべきである。

　生徒や学生への給付型の奨学金を大幅に拡充することは特に急がれる。2012（平成 24）年度には大学・高専生の約 8 万人が中退を余儀なくされている。前回 2007（平成 19）年度の調査より約 1 万 6,000 人も増えており、最大の理由は「経済的理由」の 20.4％である。特定の大学に億単位の補助金を出す前に、こうした困難な学生たちへの財政支援策こそが優先されなければならない。将来的には、大学を含むすべての学校の授業料無償化を実現すべきであることは言うまでもない。

　経済協力開発機構（OECD）の「図表でみる教育 2017 年版」によれば、2014（平成 26）年の加盟各国の国内総生産（GDP）に占める教育機関への公的支出率は、加盟国平均の 4.4％に対して日本は 3.2％で、比較可能な 34 カ国のうち最低だった。2008〜2014 年の 7 年間のうち、2013（平成 25）年が下から 2 番目だった以外はすべて最下位である。

　そのため、教育支出に占める私費負担の割合は、加盟国平均の 16％に対し、日本は 28％だった。特に高等教育での公的支出率は、加盟国平均の 70％に対し、日本は半分以下の 34％で、最低レベルが続いている。さらに、2015（平成 27）年の日本の国公立小学校の 1 学級当たりの児童数は 27 人（OECD 平均 21 人）、中学校は 32 人（同 23 人）で、加盟国中 2 番目に多かった。

　国公立小中学校の勤続 15 年の教員給与は、加盟国平均が約 6％上昇しているのに対して、日本は 2005〜2015 年から 15 年の間に 6〜7％も減少した。その一方で、教師の労働時間（2013 年）は日本が最長の 53.9 時間で、加盟国平均 38.3 時間の実に 1.4 倍に達する。文部科学省の「教員勤務実態調

査」（2016 年度）によれば、自宅等への持ち帰り残業時間（平均）を加えて、月 80 時間以上の「過労死ライン」を超える残業を行っている教諭の割合は、小学校 57.8％、中学校 74.1％にも達する。さらに、月 120 時間以上も残業している教諭は、小学校で 17.1％、中学校で 40.6％にものぼる。

　こうしたあまりに劣悪な教育環境の改善なしに、どれほど教育改革を叫ぼうとも、成功は難しいだろう。外国語教育の抜本的改革以前に、教師の労働条件の抜本的改革こそ、政府が最優先すべき教育政策であろう。

注

1　岡倉由三郎（1911）『英語教育』26–27 頁

2　鳥飼玖美子（2014）『英語教育論争から考える』1 頁

3　全国公立小中学校事務職員研究会（2015）「学校と教職員の業務実態の把握に関する調査研究報告書」（電子版）

4　カール・マルクス著・村田陽一訳（1962；原著 1851）「ルイ・ボナパルトのブリューメル 18 日」大内兵衛ほか監訳『マルクス・エンゲルス全集　第 8 巻』107 頁（訳を一部改変）

5　その意味で、山田雄一郎（2003）『言語政策としての英語教育』、大谷泰照ほか編著（2004）『世界の外国語教育政策』、奥野久（2007）『日本の言語政策と英語教育』、矢野安剛ほか編（2011）『英語教育政策』などは貴重な例外である。

6　苅谷剛彦（2007）「教育再生会議を問う／検証なく行政責任棚上げ」『朝日新聞』2007 年 7 月 22 日

7　阿部公彦（2017）『史上最悪の英語政策：ウソだらけの「4 技能」看板』ひつじ書房

8　寺沢拓敬（2015）『「日本人と英語」の社会学：なぜ英語教育論は誤解だらけなのか』研究社

9　文部科学省初等中等教育局国際教育課（2016）「平成 27 年度高等学校等における国際交流等の状況について」（電子版）

10　鳥飼玖美子・大津由紀雄・江利川春雄・斎藤兆史（2017）『英語だけの外国語教育は失敗する：複言語主義のすすめ』ひつじ書房

11　Kubota, R. (2013) 'Language is Only a Tool': Japanese Expatriates Working in China and Implications for Language Teaching. *Multilingual Education*. 3: 4.

附録 1　日本外国語教育政策史年表

明治5年12月2日（西暦1872年12月31日）までは太陰暦（旧暦）の元号で表記し、西暦年を補った。

継体天皇7年（513年）　百済の五経博士が渡来、易経・詩経・書経・春秋・礼記を伝え、皇族に教授したとされる。

天平2年（730年）　聖武天皇が中国語通訳養成の詔を発する。

天文12年8月25日（1543年）　ポルトガル人が種子島に漂着。（前年説あり）

天文18年7月22日（1549年）　スペイン生まれのイエズス会宣教師フランシスコ・ザビエルが鹿児島に来着。薩摩の守護大名・島津貴久より宣教の許可。

永禄12年4月8日（1569年）　織田信長がルイス・フロイスにキリスト教の布教許可。

天正7年7月（1579年）　イエズス会巡察使ヴァリニャーノ来日。日本におけるキリスト教教育機関の整備を図り、ノビシアード、コレジオ、セミナリオを建設。日本人信徒もポルトガル語やラテン語などを学ぶ。

文禄4年（1595年）　天草のコレジオで『ラテン語・ポルトガル語・日本語対訳辞典』刊行。

慶長5年3月16日（1600年）　オランダ船リーフデ号が豊後に漂着。英国人ウィリアム・アダムスが後に徳川家康に謁見、旗本・三浦按針となる。

慶長9年（1604年）12月　長崎に唐通事（中国語通訳官）を置く。

慶長18年2月19日（1613年）　幕府、禁教令を全国に拡大。長崎や京都の教会を破壊。翌年、修道会士や高山右近などキリスト教徒をマカオやマニラに追放。

元和2年8月8日（1616年）　幕府の「二港制限令」で唐船以外は長崎・平戸の2港に限定。キリスト教の禁教を強化。ポルトガル語やスペイン語を扱う南蛮通詞を任命。

寛永7年（1630年）　ヨーロッパの学術やキリスト教関係の書物（多くは漢訳）の舶載を禁じる禁書令。

寛永13年（1636年）5月19日　いわゆる第4次鎖国令。貿易に関係しないポルトガル人と妻子（混血児を含む）287人をマカオへ追放。

寛永16年7月5日（1639年）　幕府が中国・オランダ以外との通商・往来を禁止（いわゆる鎖国令の完成）。

寛永18年5～6月（1641年）　オランダ商館を平戸から出島に移す。

延宝元年1月9日(1673年) 長崎奉行の命で少年数名がオランダ商館でオランダ語の稽古を開始(オランダ語教育政策の嚆矢)。
正徳5年6月(1715年) 幕府「阿蘭陀方通事法度書」でオランダ語を奨励。
享保5年1月(1720年) 将軍徳川吉宗が長崎舶載の西洋漢訳書の禁書を一部解禁、蘭学が活性化。(→洋書(蘭書)が日本に舶載されるのは寛政年間〔1789～1800年〕以降)
延享元年(1744年) 幕府が江戸に天文台(暦局)を創置、外国語の翻訳も担当。(→1811年に「蛮書和解御用」に発展。蘭学が幕府公認の学問となる。)
天明8年3月(1788年) 大槻玄沢『蘭学階梯』を刊行(2巻本の蘭学入門書)。
寛政3年4月4日(1791年) 米国のジョン・ケンドリックらが2隻の船で紀伊大島に到着。日本を訪れた最初の米国人。
寛政8年(1796年) 長崎奉行が語学教育の強化策として蘭通詞・唐通事に家学試験(本格的な語学試験)の実施を命じる。初の蘭和辞典『ハルマ和解』完成。
文化5年(1808年) 2月 蘭通詞の本木庄左衛門ら6名がオランダ商館長から「フランス横文字稽古」を受けるよう幕府から命じられる。 8月15日 英国軍艦フェートン号、長崎港に侵入(フェートン号事件)。 11月 幕府より唐通事に満州語(清朝の公用語)の学習、蘭通詞にロシア語・英語の修業が命じられる。
文化6年(1809年) 2月26日 幕府の命で英語・ロシア語を修業する蘭通詞6名を選抜、英語指導はオランダ人ブロムホフ。(→6月に2名、8月に6名追加) 9月 本木庄左衛門ら蘭通詞6名が蛮学稽古世話役を命ぜられる。 10月 長崎奉行、蘭通詞らによる英語・ロシア語の兼学願い出を承認。
文化8年(1811年) 3月 幕府が江戸天文方内に蘭書の翻訳・講習機関である蛮書和解御用設置の命。 春 本木庄左衛門正栄らが『諳厄利亜興学小筌』(『諳厄利亜国語和解』)を完成。
文化11年6月(1814年) 日本初の英和辞典『諳厄利亜語林大成』(稿本)を完成。
天保4年(1833年) 本格的な蘭日辞書『ヅーフ・ハルマ』完成。(→1854年刊行→1855年に増補改訂版『和蘭字彙』刊行)
嘉永元年5月(1848年) 米人ラナルド・マクドナルドが密航上陸。長崎で10月から約7カ月間、蘭通詞たちに英語を教授(初のネイティブ英語教師)。
嘉永3年9月(1850年) 長崎奉行、蘭通詞・唐通事の若年者に英語・ロシア語・満州語を習得させるよう指示。
嘉永6年6月3日(1853年) ペリー率いるアメリカ艦隊(黒船)が浦賀に来航。

附録 1　日本外国語教育政策史年表　363

嘉永 7・安政元年（1854 年）
3 月 3 日　日米和親条約締結。
7 月　幕府、箱館（のちの函館）においても英語等の通訳養成を命じる。

安政 2 年（1855 年）
1 月　蛮書和解御用を洋学所に改編（→ 1856 年に蕃書調所→ 1862 年に洋書調所
　→ 1863 年に開成所）
12 月　幕府、長崎奉行に蘭通詞以外の者も含め、通訳・翻訳者の養成を命じる。

安政 4 年 8 月（1857 年）　幕府、長崎での海軍伝習と英語・フランス語・ロシア語
　の教授を許諾。

安政 5 年（1858 年）
6 月 19 日　日米修好通商条約締結。
7 月　長崎に英語伝習所を設立。
7 月 18 日　日英修好通商条約締結。第 21 条で 5 年後から英語を外交用語とするこ
　とを明記。
7 月　米船ポーハタン号が長崎に滞在、ヘンリー・ウッドが通詞たちに英語を教え
　る。

安政 6 年（1859 年）
2 月　幕府が蕃書調所で旗本・御家人への英語・ロシア語・フランス語伝習を命じ
　る。
7 月　神奈川・長崎・箱館を開港、海外貿易が急増。
10 月　フランス領事館付書記官メルメ・デ・カションが箱館でフランス語を教授。
　（→『英仏和辞典』『アイヌ語小辞典』などを箱館で編集）

万延元年（1860 年）
8 月 13 日　堀達之助、英語教科書 *Familiar Method*（単語・会話中心）を刊行。『英
　吉利文典』も刊行。
8 月 23 日　蕃書調所に英学句読を設置、江戸で幕府公認の英語教育が開始される。
12 月　箱館に英語稽古所設立、名村五八郎らが通訳を養成。（→ 1866 年に箱館洋
　学所、堀達之助が教授）

文久元年 2 月（1861 年）　幕府が横浜に英学所を開設。

文久 2 年 11 月（1862 年）　堀達之助らが日本初の印刷刊行された英和辞書『英和対
　訳袖珍辞書』を開成所から出版。

元治 2 年 3 月（1865 年）　幕府が横浜仏語伝習所（仏語学所）を設立。

慶応 4 年・明治元年（1868 年）
6 月　明治新政府が旧幕府の西洋医学所・昌平黌・開成所を接収、医学校・昌平学
　校・開成学校に改称。
9 月 8 日（西暦 10 月 23 日）　慶応を明治に改元、一世一元制とする。

明治 2 年（1869 年）

1 月 12 日　開成学校で英語学と仏語学の授業開始。

7 月 8 日　昌平学校など 3 校を統合し大学校（12 月に大学）に改称。医学校は大学東校、開成学校は大学南校に。

明治 3 年（1870 年）

2 月　京都府、小学規則の学科に「語学（英・仏・独・蘭）」を含める。

3 月　大学南校規則（【資料 1】）を制定。

7 月 27 日　各藩から選抜された人材を大学南校で学ばせる貢進生制度が発足、合計 310 名。

明治 4 年（1871 年）

2 月　外務省が外交官養成のために洋語学所（ドイツ語・ロシア語）、漢語学所を設置。（→ 1873 年に文部省に移管し独魯清語学所と改称→ 1873 年に東京外国語学校に合流）

7 月 18 日　文部省を設置、文部卿は大木喬任、文部大輔は江藤新平。

12 月（1872 年 1 月）　初の官立女学校を設立。（→翌年に東京女学校と改称）

明治 5 年（1872 年）

8 月 2 日　学制を発布。近代学校制度に関する初の体系的な教育法令。

8 月 17 日　「外国教師ニテ教授スル中学教則」を公布。英・仏・独語のいずれかで中学課程を履修させる。

9 月 8 日　中学教則略頒布。下等中学・上等中学ともに外国語を開設。

1873（明治 6）年

2 月 24 日　切支丹禁制の高札を撤廃、キリスト教を解禁。

3 月　第一大学区第二番中学を独逸学教場と改称。（→同年 8 月に東京外国語学校に合流）

4 月　外国語学校教則を制定、通訳養成と専門学校入学予備校の二重規定。（→ 1874 年 4 月改定）

4 月 10 日　第一大学区第一番中学（南校の後身）を開成学校と改称、「専門学術は英語に依て修めんこと」と英学本位制を採用。

4 月 28 日　文部省が学制第二編を発表。外国語学校、商業学校、農業学校等の規程を定め、専門学校を「外国教師にて教授する高尚なる学校」と規定。

6 月 30 日　米人モルレー（D. Murray）、文部省学監として着任。（→ 12 月 31 日モルレー申報・第 1 報）

8 月　専門学校進学者のための官立外国語学校を創設。英・仏・独・露・清（中国）の 5 カ国語を教授することに。（→同年 11 月に東京外国語学校と改称、翌 1874 年 12 月 24 日に英語科が分離独立して東京英語学校）

10 月 9 日　開成学校が予科 3 年・本科 3 年の専門学校として新校舎で開業式。

附録1　日本外国語教育政策史年表　365

1874（明治7）年
3月29日　愛知・大阪（開明学校を改称）・広島・長崎（広運学校を改称）・新潟・
　宮城の6カ所に官立外国語学校を設立。（→同年12月27日、すべて英語学校に
　変更→1877年2月19日、大阪を除き廃止）
4月　外国語学校教則を改定。4年制を6年制に改め「此学校は専ら英語を以て教
　授するものとす」と英語学校化（ただし東京外国語学校は別）。

1875（明治8）年
2月19日　モルレー申報・第2報。
8月13日　東京師範学校に中学師範科を設置、中等教員養成を本格化。（→1886
　年に高等師範学校）
この年、「東京英語学校教則」（【資料2】）制定。

1877（明治10）年
2月19日　文部省、愛知・広島・長崎・新潟・宮城の各英語学校を廃止。（→各県
　に移管され、多くは中学校に改編）
4月12日　東京大学創設（法・理・文・医の4学部）。東京英語学校と東京開成学
　校普通科（予科）を東京大学予備門に改組。

1879（明治12）年
9月29日　教育令を公布（学制を廃止、1880年と1885年に改正）。

1880（明治13）年
3月23日　東京外国語学校に朝鮮語学科を設置。

1881（明治14）年
5月4日　小学校教則綱領を制定、外国語に関する規程なし。
7月29日　中学校教則大綱を制定、外国語は英語のみ（翌年、独・仏語も可に）。
8月19日　師範学校教則大綱を制定、外国語を加えず。
9月5日　東京大学文・理学部で英語とドイツ語を必修科目、フランス語は随意科
　目に。

1883（明治16）年
1月　東京大学予備門に英語学専修課を設置（地方中学卒業者の大学進学のため）。
4月11日　農学校通則を制定、学科目中に外国語はない。

1884（明治17）年
1月11日　商業学校通則を制定、外国語教育も明記。
8月13日　中学校師範学校教員免許規程を制定、翌年実施の「文検」も法制化。
　（→2年後に高等女学校を追加）
11月29日　小学校教則綱領を改正、「英語の初歩を加ふるときは読方、会話、習
　字、作文等を授くべし」を追加

1885（明治18）年
3月～4月　第1回文部省教員検定試験（文検）英語科を実施

1886（明治 19）年
3 月 2 日　帝国大学令、4 月 10 日に師範学校令、小学校令、中学校令、諸学校通則を公布。一連の学校令で戦前期学校制度の基本的枠組みを確立。
5 月 10 日　教科用図書検定条例を制定（教科書検定の最初の法規）。
6 月 22 日　尋常中学校の学科及其程度を制定。
5 月 26 日　師範学校の学科及其程度を制定。

1887（明治 20）年
9 月 9 日　帝国大学文科大学に英文学科とドイツ文学科を増設。
9 月 16 日　マーセル著・吉田直太郎訳『外国語研究法』出版（日本初の英語教授・学習法書）。

1889（明治 22）年
2 月 11 日　大日本帝国憲法を発布。初代文部大臣・森有礼暗殺。
10 月 25 日　師範学校の女生徒修業年限を 3 年に短縮、学科目中より漢文・英語を除く。
11 月 15 日　文部省『正則文部省英語読本』第 1 巻発行（全 5 巻）。

1890（明治 23）年
10 月 30 日　教育ニ関スル勅語（教育勅語）発布。

1891（明治 24）年
12 月 14 日　中学校令改正。尋常中学校を各府県 1 校とする制限を撤廃、高等女学校を尋常中学校の一種として設立を奨励。

1892（明治 25）年
7 月 11 日　師範学校の男子生徒課程中より英語を削除、土地の状況により外国語・農業・商業・手工のうち一科もしくは数科を加え得るとした。

1893（明治 26）年
11 月 22 日　実業補習学校規程を制定、外国語教育に関する規定はない。

1894（明治 27）年
3 月 1 日　尋常中学校の学科及其程度を改正。第二外国語を削除、国語漢文の時数を増加。
6 月 15 日　尋常中学校実科規程を公布、農業科や商業科の設置を促し外国語は随意科目に。
6 月 25 日　高等学校令を公布。高等中学校を高等学校に改称、専門学科（本科）と大学予科を設置。
7 月 25 日　徒弟学校規程および簡易農学校規程を制定、外国語教育に関する規定はない。

1895（明治 28）年
1 月 29 日　高等女学校規程を制定、理科系科目と外国語を軽視。
4 月　高等師範学校に英語専修科設置（主任・矢田部良吉）

附録 1　日本外国語教育政策史年表　367

1896（明治 29）年
7 月　英語科初の教授細目案である「尋常中学校英語科ノ要領」を『大日本教育会雑誌』第 179 号に掲載。（→ 2 年後の『尋常中学校教科細目調査報告』に発展）
7 月 23～8 月 20 日　文部省が高等師範学校（東京）で中等教員のための英語科講習会を初開催（以後、1943 年までに 53 回開催）。

1897（明治 30）年
4 月 27 日　高等商業学校附属外国語学校を創設。（→ 1899 年、東京外国語学校に改組）
9 月 12 日　外山正一『英語教授法　附・正則文部省英語読本』発行

1898（明治 31）年
6 月 7 日　文部省が学科程度の暫定基準である『尋常中学校教科細目調査報告』（【資料 3】）を発行、全国の中学校に頒布。（→ 1902 年の「中学校教授要目」に発展解消）

1899（明治 32）年
2 月 7 日　中学校令を改正、尋常中学校を中学校と改称。
2 月 7 日　実業学校令を公布、2 月 25 日に各規定を制定。外国語は甲種の商業学校と商船学校で正課、他の甲種校では加設課目。甲種の工業、農業、商業、商船学校では入試科目に外国語を加えることができた。
2 月 8 日　高等女学校令を公布、女子の高等普通教育機関と定める。

1900（明治 33）年
3 月 31 日　教員免許令を公布。
8 月 4 日　高等学校大学予科学科規程、文科の外国語（英・独・仏の 2 語）の週時数は各学年 9–9–8、理科は 8–7–4 が標準。

1901（明治 34）年
3 月 5 日　中学校令施行規則を制定。「外国語は普通の英語、独語又は仏語を了解し且之を運用するの能を得しめ兼て知識の増進に資するを以て要旨とす」と外国語教育の目的を初めて規定。
3 月 22 日　高等女学校令施行規則を制定、外国語の週時数は 3–3–3–3。

1902（明治 35）年
2 月 6 日　中学校教授要目（【資料 4】）を初めて制定。教科内容と留意事項を学年ごとに詳細に規定、内容・程度を全国的に統一し、国家基準化。
3 月 28 日　広島高等師範学校を設立、それまでの高等師範学校を東京高等師範学校と改称。
3 月 28 日　臨時教員養成所官制を公布（中等教員不足緩和のため）。

1903（明治 36）年
3 月 9 日　高等女学校教授要目を制定。
3 月 27 日　専門学校令を制定、高等教育機関である実業専門学校を開設。

1904（明治37）年
1月23日　帝国教育会英語教授法研究部の明治36年度活動報告、「小学校に於て英語を教授するの可否（可決）」とある。

1907（明治40）年
3月21日　小学校令を改正。義務制の尋常小学校を6年制に延長、高等小学校を2〜3年制に（翌年度より逐年施行）。
7月12日　東京高等師範学校附属中学校教授細目を発表。

1908（明治41）年
3月19日　*The Mombushō English Readers for Elementary Schools*（小学校用文部省英語読本）第1巻発行。第2巻は1909年3月、第3巻は1910年4月発行（初の文部省著作小学英語読本）。

1909（明治42）年
1月20日　文部省が「中等学校に於ける英語教授法調査委員報告」発表（『官報』7668号）。
5月13日　帝国教育会編纂『中等教育現行教授法類纂』上編、中学7校の英語科教授細目を収録。

1910（明治43）年
5月31日　師範学校教授要目を制定。
12月24日　高等小学校の実業科目重視を訓令、1911（明治44）年度から英語科は商業科に組み込まれる。

1911（明治44）年
7月29日　高等女学校及び実科高等女学校教授要目を制定。
7月31日　中学校教授要目、中学校令施行規則を改正。
8月24日　朝鮮教育令を公布。教育勅語に基づき、日本語主体で「忠良なる国民」の育成を企図。
10月23日　岡倉由三郎『英語教育』（博文館）発行。（1937年に研究社から増補版）

1913（大正2）年
4月3〜5日　第1回英語教員大会を開催（文部省後援）。英語教育の改善を目指し1916年まで3回開催。

1918（大正7）年
12月6日　大学令と高等学校令を公布。公私立の高校・大学、単科大学を認める。（→高等教育機関の急増）

1919（大正8）年
2月7日　小学校令を改正。外国語が商業科より分離され、独立の加設科目に復帰。
2月7日　中学校令を改正。予科2年の設置、小学校5年修了で中学入学資格。
3月29日　中学校令施行規則を改正。外国語の週時数は6-7-7-5-5（計30）に約1割削減、実業（農業・工業・商業）に関する科目を選択可能に。

附録 1　日本外国語教育政策史年表　369

1920（大正 9）年
7 月 6 日　高等女学校令を改正。修学年限を 5 年ないし 4 年に。
12 月 16 日　実業学校令を改正。甲乙種別の廃止、入学資格の尋常小学校卒業者への一元化、修業年限の 3 年～5 年への弾力化、外国語に関する大きな変化なし。

1921（大正 10）年
12 月 9 日　官立の大阪外国語学校設置、翌 4 月 17 日授業開始。（→ 1949 年に大阪外国語大学→ 2007 年に大阪大学外国語学部）

1922（大正 11）年
3 月 27 日　ハロルド・パーマー来日、文部省英語教授顧問としてオーラル・メソッドの普及に尽力。

1923（大正 12）年
5 月 23 日　文部省内に英語教授研究所を設立（パーマー所長）。（→ 6 月　機関誌 *The Bulletin* 創刊）

1924（大正 13）年
7 月 1 日　米国で新移民法（排日移民法）施行。（→日本での英語廃止論の引き金に）
10 月 17～18 日　英語教授研究所「第 1 回全国英語教授研究大会」開催（以後毎年開催）。

1927（昭和 2）年
5 月　藤村作（東大教授）が「英語科廃止の急務」を雑誌『現代』5 月号に発表。（→同誌は「中等学校の英語科を何うするか」のテーマで 10 月号まで特集、大規模な英語存廃論争に）
10 月　東京府中等学校英語教員会および東京高等師範学校英語部が英語廃止論・時間減への反論を発表。

1931（昭和 6）年
1 月 10 日　中学校令施行規則を改正。4 学年以上で「実業」を加える第一種と加えない第二種に分割。外国語時数は第一種で大幅削減、3～4 学年以上は増課科目に。外国語に「支那語」を追加。
1 月 20 日　師範学校規程を改正。英語は男女とも 3 年生まで必修の基本科目に。
2 月 7 日　中学校教授要目を改正。
2 月 7 日　高等学校高等科外国語教授要目を初めて策定。
3 月 11 日　師範学校教授要目を改正。

1932（昭和 7）年
11 月 25 日　教科用図書検定規定を改正、実業学校の普通科目用教科書を検定対象に。

1934（昭和 9）年
3 月 14 日　三上参次が貴族院で中等学校の英語授業時間削減を主張。（→翌年度より高等女学校・農学校などで時間削減や廃止に）

1935（昭和10）年
4月1日　青年学校令を公布。（→10月1日　青年学校が発足）

1939（昭和14）年
2月7日　文部省が中等学校に支那語を正科として開設する旨の訓令。
4月4日　文部省が高校・大学予科・専門学校の英語教科書のうち自由主義的なものや恋愛ものを全面禁止。
7月26日　文部省が明治版に代わる *The New Monbusyō English Readers for Elementary Schools*（文部省小学新英語読本）巻一を刊行（巻二は1941年刊）。

1940（昭和15）年
5月12日　陸軍が次年度の予科士官学校等の入試から外国語を削除。
10月22日　文部省が「昭和16年度中等学校等教科書ニ関スル件」を『昭和16年度使用中等学校教科用図書目録』を添えて全国地方長官に通牒、各教科の教科書を原則5種に限定（「五種選定」）。

1941（昭和16）年
3月1日　国民学校令を公布。小学校を国民学校と改称し国家主義的傾向を強化、高等科では英語も履修可（4月1日施行）。
12月8日　太平洋戦争開戦、英語が敵国語に。
12月14日　英語教授研究所理事会、語学教育研究所に組織改編を決議、ドイツ語、フランス語、中国語の理事を追加。（→翌年3月5日実施）

1942（昭和17）年
3月30日　「高等学校規程ノ臨時措置ニ関スル件」を定め、高等科の修業年限を従来の3年から2年6カ月に短縮。「高等学校高等科臨時教授要綱」を策定。
4月25日　文部省が国民学校高等科用教師用指導書 *The Teacher's Companion to the New Monbusyō English Readers for Elementary Schools* 発行。
7月8日　文部省が「高等女学校ニ於ケル学科目ノ臨時取扱ニ関スル件」通牒。外国語は随意科目、週3時間以下、課外授業も禁止。

1943（昭和18）年
1月21日　大学令、高等学校令、専門学校令を改正。高等学校高等科の修業年限を2年に短縮。
1月21日　中等学校令を公布。中学校、高等女学校、実業学校を一元化。修業年限を各1年短縮。
2月3日　内閣情報局発行の『写真週報』第257号が「看板から米英色を抹殺しよう」「米英レコードをたたき出そう」とキャンペーン。
3月2日　中学校、高等女学校、実業学校の各規程改正。中学校規程では「外国語の理会力及発表力を養ひ外国の事情に関する正しき認識を得しめ国民的自覚に資するを以て要旨とす」。
3月8日　師範学校令を改正。官立の専門学校程度に昇格、本科3年・予科2年制。
3月25日　中学校、高等女学校、実業学校の教科教授及修練指導要目を制定。
3月31日　高等学校高等科教授要綱を制定。

10 月 12 日　「教育ニ関スル戦時非常措置方策」閣議決定。文系高等教育機関の縮
　　小と理系への転換などを指令。
12 月 20 日　文部省「『教育ニ関スル戦時非常措置方策』ニ基ク中等学校教育内容
　　ニ関スル臨時措置要綱」を通達。教育内容の軍事化を徹底。

1944（昭和 19）年
4 月 30 日　実業教育振興中央会『実業マライ語』発行。（→ 6 月 10 日『実業独語』
　　発行）
9 月 15 日　文部省が国民学校高等科用の『高等科英語』(全 1 巻) 刊行。

1945（昭和 20）年
3 月 18 日　決戦教育措置要綱を閣議決定。国民学校初等科以外の授業を 4 月から
　　1 年間停止。
8 月 14 日　政府がポツダム宣言を受諾。翌日、天皇によるラジオ放送で国民に告
　　知。
9 月 2 日　連合国への無条件降伏文書に調印。
9 月 22 日　連合国軍最高司令官総司令部（GHQ）が民間情報教育局（CIE）を設置
　　（教育改革の中枢機能）。
12 月 14 日　帝国議会請願委員会「英語奨励に関する請願」を採択、同 17 日の衆
　　議院本会議で可決承認。

1946（昭和 21）年
3 月 5 日　米国教育使節団（第一次）来日。（→ 3 月 30 日に報告書提出、6・3 制な
　　どの教育の民主化を勧告）
8 月 10 日　教育刷新委員会が発足（教育改革の日本側中枢）。（→ 1949 年、教育刷
　　新審議会と改称）
11 月 3 日　日本国憲法公布。（→翌年 5 月 3 日施行）
12 月 12 日　文部省、高等学校高等科授業要綱草案（案）を発表

1947（昭和 22）年
3 月 20 日　中学校・高等学校の「学習指導要領　英語編（試案）」発表。
3 月　新制中学用の文部省著作教科書 *Let's Learn English* 発行。新制高校用の *The
World through English* 発行。
3 月 31 日　教育基本法と学校教育法を公布。
4 月 1 日　義務制の新制中学校が発足。
9 月 11 日　文部省、教科書検定制度を発表。

1948（昭和 23）年
4 月 1 日　新制高等学校が発足。

1949（昭和 24）年
5 月 31 日　国立学校設置法を公布、新制国立大学 69 校を設置。
8 月　アメリカ陸軍省の占領地域救済政府資金（GARIOA）による第 1 回ガリオア
　　留学生 50 人が米国に出発。（→ 1951 年 7 月までに渡米した教育関係者は 1,047
　　名）

1950（昭和 25）年
4 月 18 日　教育課程審議会が発足、学習指導要領の審議・決定を行う。（→ 2001
　　年 1 月 6 日　中央教育審議会に解消）
9 月　財団法人日本英語教育協会が発足。
12 月 10 日　全国英語教育研究団体連合会（全英連）発足。

1951（昭和 26）年
4 月 16 日　ロックフェラー 3 世が対日文化工作のための機密報告書を提出。
7 月 1 日　中学校・高等学校学習指導要領（試案）を改訂。外国語科英語編は翌年 3
　　月刊行。
8 月 28 日　米国フルブライト法に基づく日米教育交換計画に調印。

1952（昭和 27）年
3 月　『中学校高等学校学習指導要領　外国語科英語編（試案）』発行
4 月 28 日　サンフランシスコ講和条約発効、日本独立。
6 月 6 日　中央教育審議会が発足（文部大臣の諮問機関で教育刷新審議会を継承）。
7 月　日米教育交流計画（フルブライト計画）による第 1 回留学生 293 名がアメリ
　　カへ出発。
11 月 17 日　教育指導者講習（英語科教育）、東京教育大学で 6 週間開催。

1955（昭和 30）年
3 月　高校入試科目に英語を加える県が出始める。
8 月　第 1 回フルブライト英語教員 30 名がアメリカへ出発。
10 月 12 日　日本経営者団体連盟「新制大学卒業者の英語の学力に対する産業界の
　　希望」【資料 6】）
12 月 5 日　『高等学校学習指導要領　外国語科編』発行、「試案」の文字が消える。
12 月　加藤周一「信州の旅から：英語の義務教育化に対する疑問」を『世界』12
　　月号に掲載。

1956（昭和 31）年
7 月 17 日　日本英語教育研究委員会（ELEC）設立。（→ 1963 年 2 月　財団法人英
　　語教育協議会と改称）
9 月　C. C. Fries, W. F. Twaddell, A. S. Hornby が来日、英語教育専門家会議を開催。
　　オーラル・アプローチへの関心が高まる。
10 月 10 日　文部省が教科書調査官を設置、検定強化。（→ 1958 年　教科調査官を
　　新設、学校への指導監督強化）

1957（昭和 32）年
8 月 5～24 日　第 1 回 ELEC 夏期講習会を東洋英和女学院短大で開催。

1958（昭和 33）年
10 月 1 日　中学校学習指導要領を『官報』に告示。教育課程の国家基準として法
　　的拘束力を持たせ、文法・文型を学年別に固定。（→ 1962 年度から全面実施）

1959（昭和 34）年
4 月　新英語教育研究会設立。「平和を守り真実をつらぬく民主教育の確立のなか
　　で、新しい英語教育体系を追求」することを目的。『新英語教育』創刊。

附録 1　日本外国語教育政策史年表　373

1960（昭和 35）年
10 月 15 日　高等学校学習指導要領を『官報』に告示。外国語は 1 学年で必修、コース別に英語 A・英語 B に分割。
12 月 2 日　フルブライト計画を 3 年間延長する協定に調印。米国政府は今後の計画費として 8 億 4,600 万円を贈与。
12 月 15 日　英語教育改善協議会（市河三喜会長）が「中学校および高等学校における英語教育の改善について（答申）」（【資料 7】）を文部大臣に提出。

1961（昭和 36）年
10 月 26 日　文部省が英語を含む 5 教科の中学校全国一斉学力調査を実施。
この年　文部省が英語教員の研修用教材 *Guidebook: Seminar for Teachers of English*（開隆堂）を発行、各地の研修で使われる。

1962（昭和 37）年
2 月　日本教職員組合第 11 次教育研究集会で「外国語教育の四目的」を確認。（→ 1970 年、2001 年に改訂）

1963（昭和 38）年
4 月　（財）日本英語検定協会設立。（→同年 8 月に第 1 回実用英語技能検定（英検）の 1・2・3 級実施、志願者数は計 3 万 7,663 人）
12 月 21 日　義務教育諸学校の教科書無償措置に関する法律を公布、広域採択・検定強化。

1964（昭和 39）年
4 月　広島大学大学院教育学研究科（修士・博士課程）に英語など各教科教育コースを初めて開設（修士課程は 1953 年発足）。
この年　東京外国語大学にアジア・アフリカ言語文化研究所を附置。日本初の人文・社会系共同利用研究所。

1966（昭和 41）年
10 月 31 日　中央教育審議会「期待される人間像」を答申、愛国心・遵法精神の育成を強調。

1968（昭和 43）年
6 月 6 日　教育課程審議会「中学校の教育課程の改善について」を答申。

1969（昭和 44）年
4 月 14 日　中学校学習指導要領を告示（1972 年度実施）。

1970（昭和 45）年
1 月 11 日　OECD 派遣の教育調査団が来日。（→ 1971 年 11 月　パリ会議で報告書【資料 8】発表）
10 月 15 日　高等学校学習指導要領を告示（1973 年度から実施）。
11 月 27 日　早稲田大学で日本英語教育学会の創立総会（初代会長・宮田斉）。

1971（昭和 46）年
6 月 11 日　中央教育審議会が「今後における学校教育の総合的な拡充整備のための基本的施策について」を答申（「四六答申」）。

1972（昭和 47）年

3 月　日本経済調査協議会（土光敏夫委員長）が「新しい産業社会における人間形成：長期的観点からみた教育のあり方」（【資料 9】）を発表、「外国語教育の抜本的改革」も提言。

8 月 23〜25 日　文部省・宮城教育大学主催で「昭和 47 年度教員養成大学・学部教官研究集会英語科教育部会」を開催。（→ 1974 年まで連続開催し、1976 年に『英語科教育の研究』を発行）

11 月 23〜25 日　英語教育研究諸団体が「日本英語教育改善懇談会」の初会合。（→ 1974 年 12 月に第 1 回アピール（【資料 12】）発表→ 1997 年に日本外国語教育改善協議会と改称）

1974（昭和 49）年

4 月 18 日　平泉渉参議院議員が「外国語教育の現状と改革の方向」（【資料 10】）を発表。渡部昇一上智大学教授と論争に。（→『英語教育大論争』1975 年刊）

5 月 27 日　中央教育審議会が「教育・学術・文化における国際交流について（答申）」（【資料 11】）。「コミュニケーションの手段としての外国語能力」の向上の必要性と具体的な方策を提言。

11 月　文部大臣の私的諮問機関「英語教育改善調査研究協力者会議」（小川芳男座長）設置。

この年　高校進学率が 90％を超える。

1975（昭和 50）年

6 月 19 日　英語教育改善調査研究協力者会議が「中学校及び高等学校における英語教育の改善について（報告）」（【資料 13】）を文部大臣に提出。

8 月 21〜23 日　地区学会の連合体である全国英語教育学会（鳥居次好会長）の第 1 回大会を高知大学で開催。

1976（昭和 51）年

5 月 17 日　日本教職員組合中央教育課程検討委員会が「教育課程改革試案」を発表（『教育評論』1976 年 5・6 月号、単行本としても出版）。

12 月 18 日　教育課程審議会が教育課程の基準の改善について答申。授業時数 1 割・教科内容 2 割削減など、ゆとり教育を提唱。

この年から文部省主催の「英語教育指導者講習」（いわゆる「筑波研修」）が始まる。

1977（昭和 52）年

7 月 23 日　小学校・中学校の学習指導要領を告示、中学校の外国語が週 3 時間に。

1978（昭和 53）年

2 月 1 日　日本児童英語振興協会設立、翌年から全国統一児童英語技能検定試験を実施。

8 月 30 日　高校学習指導要領告示、検定英文法教科書が消える。

1979（昭和 54）年

1 月 13 日　国公立大学共通一次試験を初実施。

10 月 24 日　経済同友会教育問題委員会が「多様化への挑戦」を発表。小学校での英語教育実施、英語以外の外国語教育の推進等を提言に盛り込む。

1980（昭和 55）年
11 月　日本児童英語教育学会設立。
11 月 30 日　日本英語教育改善懇談会第 9 回大会で特別アピール「中学校の英語の
　　授業を週 3 時間にしてはならない」を採択。

1981（昭和 56）年
6 月 21 日、「中学校英語週三時間に反対する会」発足。代表幹事は隈部直光（大妻
　　女子大）、事務局は若林俊輔（東京外大）、発起人は 214 名。11 月と翌年 3 月に
　　「請願書」（【資料 14】）を衆参両院議長に提出。

1982（昭和 57）年
10 月 2 日　文部省が公立小中高校の教諭に外国籍の人を採用しないよう各教育委
　　員会に通知。

1984（昭和 59）年
8 月 8 日　総理府に臨時教育審議会を設置。（→翌 1985 年 6 月から 1987 年 8 月ま
　　でに 4 次の答申を提出）

1985（昭和 60）年
6 月 26 日　臨教審第一次答申。伝統文化の尊重、日本人としての自覚、6 年制中
　　等学校、単位制高等学校、大学入試共通テストの実施などを提言。

1986（昭和 61）年
4 月 23 日　臨教審第二次答申（【資料 15-1】）。初任者研修制度の創設、不適格教師
　　の排除、中・高の英語教育は「広くコミュニケーションを図るための国際通用語
　　習得の側面に重点を置く必要」と提案。「英語教育の開始時期についても検討を
　　進める」。（→ 1992 年度から公立小学校の研究開発学校で英語教育を開始）

1987（昭和 62）年
8 月　JET プログラム開始。貿易黒字削減のため外国人指導助手（AET、のちに
　　ALT）を招聘。
4 月 1 日　臨教審第三次答申（【資料 15-2】）。教科書検定制度の強化、大学教員の
　　任期制などを提言。
8 月 7 日　臨教審第四次（最終）答申（【資料 15-3】）。個性尊重、生涯学習、オーラ
　　ル・コミュニケーション重視。
12 月 24 日　教育課程審議会が「幼稚園、小学校、中学校及び高等学校の教育課程
　　の基準の改善について」を答申（【資料 16】）。

1989（平成元）年
3 月 15 日　中学・高校の学習指導要領を告示（中学は 1993 年度、高校は翌年度か
　　ら施行）。目標に「積極的にコミュニケーションを図ろうとする態度の育成」を
　　明記。

1990（平成 2）年
1 月 13 日　大学入試センター試験を初実施。

1991（平成 3）年

4 月　文部省初等中等教育局長の私的諮問機関「外国語教育の改善に関する調査研究協力者会議」が発足、小学校段階での英語教育についての議論を開始。（→ 1993 年 7 月に報告書を提出）

6 月 3 日　大学設置基準の一部を改正する文部省令。教養部の廃止、第二外国語の縮小が進む。

6 月　経済同友会が『『選択の教育』を目指して：転換期の教育改革」で新自由主義的な教育政策を提言。外国語教育に「コミュニケーション力」を求める。

12 月 12 日　第 3 次臨時行政改革推進審議会が「国際化対応・国民生活重視の行政改革に関する第 2 次答申」で、「小学校においても英会話など外国語会話の特別活動等を推進」「教科の新設について検討」と提言。

1992（平成 4）年

5 月 22 日　小学校で「国際理解教育の一環としての英語教育を実験的に導入」する方針を受け、大阪府の公立小学校 2 校が研究開発学校に指定された。以後、1996 年度までの指定校は計 47 校。

1993（平成 5）年

7 月 20 日　経済団体連合会が「新しい人間尊重の時代における構造変革と教育のあり方について」を発表。

7 月 30 日　外国語教育の改善に関する調査研究協力者会議が「中学校・高等学校における外国語教育改善の在り方について（報告）」【資料 17】を提出、小学校への英語導入は賛否両論を併記。

8 月 9 日　細川護熙内閣誕生。日本新党が中心の 38 年ぶりの非自民党連立政権。

1995（平成 7）年

4 月　経済同友会「学校から『合校』へ」で学校制度の抜本的改革を提唱。

5 月 17 日　日本経営者団体連盟「新時代の『日本的経営』：挑戦すべき方向とその具体策」で、労働者を①長期蓄積能力活用型グループ、②高度専門能力活用型グループ、③雇用柔軟型グループに 3 分割、②③は不安定短期雇用に。（→非正規雇用の急増で格差拡大）

6 月　日本児童英語教育学会がアピール「小学校から外国語教育を！」を採択。

1996（平成 8）年

5 月 17 日　中央教育審議会第 2 小委員会が「審議のまとめ」案の骨子を発表。小学校の英語は教科とせず、総合的な学習の時間に英会話に親しむ機会を設ける方向で合意。（→同年 7 月の第一次答申に反映）

7 月 19 日　中央教育審議会の第一次答申「21 世紀を展望した我が国の教育の在り方について：子供に［生きる力］と［ゆとり］を」【資料 18】を提出。（→翌年 6 月 1 日に二次答申【資料 19】提出）

1997（平成 9）年

1 月 24 日　文部省「教育改革プログラム」を橋本首相に提出。

附録 1　日本外国語教育政策史年表　377

2月　日本経営者団体連盟のグローバル社会の人づくり検討委員会が「グローバル
社会に貢献する人材の育成を」を発表。「今後はヒアリングやスピーキングとい
った、相手と直接コミュニケートすることに重点をシフトしていくべき」。全従
業員に TOEIC、TOEFL 受験の義務化、採用時の英語力重視などを主張。

3月 24日　経済同友会が『『学働遊合』のすすめ」で、グローバル化時代における
英語力の必要性を強調。

1998（平成 10）年

6月 10日　教育職員免許法と教育職員免許法施行規則を改正、教職に関する科目
の単位数を増加、教育実習の倍増など。

7月 29日　教育課程審議会「幼稚園、小学校、中学校、高等学校、盲学校、聾学
校及び養護学校の教育課程の基準の改善について」を答申（【資料 20】）。

12月 14日　小・中学校の学習指導要領告示（2002 年度施行）。ゆとり教育を打ち
出し、小学校の総合的な学習の時間で「外国語会話等」を実施可能に。中学校外
国語を週 4時間から 3時間に削減、「聞くことや話すことなどの実践的コミュニ
ケーション能力」の育成を明記。「原則として英語を履修」とし、ドイツ語・フ
ランス語の例示を削除。

12月 14日　文部省が私立中学校の入試に英語を出題しないよう各都道府県知事に
指示。

1999（平成 11）年

3月 29日　高校学習指導要領を告示（2003 年度から施行）。「オーラル・コミュニ
ケーション」を新設。

6月 30日　経済同友会が「志ある人々の集う国」で、大学入試センター試験受験
資格への外部検定試験の活用、小学校への英会話導入などを要望。

7月　社会経済生産性本部が「選択・責任・連帯の教育改革」を発表。

2000（平成 12）年

1月 18日　小渕恵三首相の私的諮問機関「21 世紀日本の構想」懇談会の最終報告
書「21 世紀日本の構想：日本のフロンティアは日本の中にある」（【資料 21】）で
「長期的には英語を第二公用語とすることも視野に入ってくる」と提言。

1月 21日　文部大臣の私的諮問機関「英語指導方法等改善の推進に関する懇談会」
発足。

3月 28日　経済団体連合会が「グローバル時代の人材育成について」（【資料 22】）
を発表。英会話重視、小学校英語教育、少人数習熟度別学級、教員採用試験への
TOEIC・TOEFL 等の活用、英語教員への研修、センター試験でリスニングテ
スト実施など、その後の英語教育政策への影響大。

3月 15日　小渕恵三首相が私的諮問機関として教育改革国民会議を設置、「戦後教
育の総点検」を求める。

11月 3日　「読売新聞社の教育緊急提言・新世紀の担い手育てるために」が「英語
を小学校 3年から必修にしよう」と主張。

11月 22日　大学審議会が「グローバル化時代に求められる高等教育の在り方につ
いて（答申）」（【資料 23】）で「外国語で討論したりプレゼンテーションを行った
りできる能力を育成する」ことを提言。

12月　自民党文教部会外国語教育に関する分科会提言。「英語によるコミュニケーション能力」を「今後の国の命運をも左右する重要な課題の一つ」と位置づけ、「小学校段階での教科としての英語教育の導入について検討を行うべき」と主張。
12月22日　教育改革国民会議が「教育を変える17の提言」（最終報告）を提出。

2001（平成13）年
1月6日　省庁再編に伴い、文部省と科学技術庁が合体して文部科学省が発足。内閣府を新設して官邸主導体制を強化し、教育政策にも大きな影響を与える。
1月17日　英語指導方法等改善の推進に関する懇談会が報告書。小学校での「教科としての英語教育の可能性等も含め、今後も積極的に検討を進める」、育成すべき英語力の二階層規定を答申。（→翌年の「戦略構想」に反映）

2002（平成14）年
1月21日　文部科学省が「英語教育改革に関する懇談会」を開催。6月までに5回の懇談会で計20人の有識者から意見を聴取。（→同年7月『英語が使える日本人』の育成のための戦略構想」）
6月25日　小泉内閣が「経済財政運営と構造改革の基本方針2002」を閣議決定。「経済活性化戦略」の一環として「文部科学省は、『英語が使える日本人』の育成を目指し、平成14年度中に英語教育の改善のための行動計画をとりまとめる」と明記。
7月12日　文科省「『英語が使える日本人』の育成のための戦略構想：英語力・国語力増進プラン」（【資料24】）発表。

2003（平成15）年
3月20日　中央教育審議会「新しい時代にふさわしい教育基本法と教育振興基本計画の在り方について」答申。「TOEFLなどの客観的な指標に基づく世界平均水準の英語力を目指す」。
3月31日　文科省『英語が使える日本人』の育成のための行動計画」を発表（2003～2007年度実施）
4月1日　完全学校週5日制開始。
4月1日　小学校英語指導者認定協議会（J-SHINE）発足。
10月1日　国立大学法人法施行、翌年4月1日から全国89の国立大学が法人化。国からの運営費交付金を毎年1%ずつ削減。
12月26日　文科省が学習指導要領は最低基準であり、「指導要領に示していない内容を加えて指導することができる」と通達。ゆとり教育を転換し「確かな学力」へ。

2004（平成16）年
4月19日　日本経団連「21世紀を生き抜く次世代育成のための提言：『多様性』『競争』『評価』を基本にさらなる改革の推進を」を発表。「トップ層の強化に向けた取り組みを期待したい」とエリート育成を要求。

2005（平成17）年
7月15日　大津由紀雄慶應義塾大学教授らが「小学校での英語教科化に反対する要望書」を中山成彬文科大臣に提出。

2006（平成 18）年

1 月 21 日　大学入試センター試験で初めて英語のリスニングを実施。

3 月 27 日　中教審外国語専門部会が小 5 から英語を必修にすべきとの報告書。

10 月 10 日　安倍晋三首相の私的諮問機関「教育再生会議」発足。

12 月 22 日　安倍内閣の下で新たな教育基本法が公布・施行。

2007（平成 19）年

10 月 30 日　中央教育審議会教育課程部会の中間報告で「ゆとり教育」の見直し、小 5 から英語活動を必修化。

2008（平成 20）年

1 月 17 日　中央教育審議会が「幼稚園、小学校、中学校、高等学校及び特別支援学校の学習指導要領等の改善について（答申）」を提出。「ゆとり教育」の見直しを打ち出し、小 5 から英語活動を必修化。

1 月 31 日　教育再生会議が最終報告「社会総がかりで教育再生を：教育再生の実効性の担保のために」発表。

3 月 28 日　文科省が幼稚園、小学校、中学校の学習指導要領を告示。小学校外国語活動の 5・6 年生での必修化、中学校外国語の週 4 時間化、4 技能による総合的コミュニケーション能力の育成、語彙の 3 割増、伝統文化の尊重、愛国心を含む道徳教育などを盛り込む。

5 月 20 日　教育再生懇談会が、政府の教育振興基本計画で、教育への公的支出額の数値目標を OECD 加盟国平均の GDP 比 5.0％まで拡大するよう求めた。（→政府は却下）。

5 月 26 日、教育再生懇談会が第 1 次報告書（【資料 25】）を提出。小 3 からの英語教育実施モデル校を 5,000 校程度設置、質の高い留学生を受け入れる重点大学を 30 校指定など。

6 月 27 日　「経済財政改革の基本方針 2008」を閣議決定。小学校低・中学年からの英語教育の早期必修化、外部検定試験等での到達目標の明確化など。

7 月 1 日　「教育振興基本計画」〔第 1 期 2008〜2012 年度〕を閣議決定。「小学校段階における外国語活動を含めた外国語教育の充実」を盛り込む。

10 月 20 日　大津由紀雄ほか外国語教育研究者らが教育再生懇談会に「英語教育のあり方に関する要望書」（【資料 26】）を提出

2009（平成 21）年

3 月 9 日　高校学習指導要領告示（2013 年度から施行）。科目から「リーディング」「ライティング」が消え、「授業は英語で行うことを基本とする」と規定。

4 月 1 日　文科省「英語教育改革総合プラン」（【資料 27】）実施。小学校外国語活動の条件整備等に重点が置かれたが、同年 9 月に発足した民主党政権により 2010 年度で廃止。

8 月 30 日　第 45 回衆議院議員総選挙で民主党が圧勝、政権交代（9 月に鳩山由紀夫内閣誕生）。

11 月 11 日　民主党政権の事業仕分けで「英語教育改革総合プラン」および小学校用の『英語ノート』の廃止決定。（→ 2010 年 9 月に一部の予算が復活し、*Hi, friends!* 発行）

2010（平成 22）年

11 月 5 日　文科省「外国語能力の向上に関する検討会」（吉田研作座長）を設置（2012 年 3 月 31 日まで）。

2011（平成 23）年

3 月 11 日　東日本大震災。津波等での甚大な被害、3 基の原発が炉心溶融事故。

4 月 1 日　小学校 1 年生が 35 人学級、5・6 年生の外国語活動が必修に。

4 月 21 日　文科省の国際交流政策懇談会（金澤一郎座長）が最終報告書「我が国がグローバル化時代をたくましく生き抜くことを目指して：国際社会をリードする人材の育成」（【資料 28】）を提出。

5 月 19 日　閣僚などによる「グローバル人材育成推進会議」が発足。（→翌年 6 月 4 日に「グローバル人材育成戦略」を発表。文科省は 2012 年度より「グローバル人材育成推進事業」を開始）

6 月 14 日　日本経済団体連合会が「グローバル人材の育成に向けた提言」を発表。「日本企業の事業活動のグローバル化を担い、グローバル・ビジネスで活躍する（本社の）日本人および外国人人材」の育成を求めた。

6 月 30 日　文科省の「外国語能力の向上に関する検討会」が「国際共通語としての英語力向上のための 5 つの提言と具体的施策」を発表。

2012（平成 24）年

4 月 1 日　小学校外国語活動用の *Hi, friends!* の使用開始（『英語ノート』の後継）。

6 月 4 日　政府の「グローバル人材育成推進会議」が審議のまとめ「グローバル人材育成戦略」を発表。

8 月 28 日　中央教育審議会が「新たな未来を築くための大学教育の質的転換に向けて：生涯学び続け、主体的に考える力を育成する大学へ（答申）」を発表。「学生が主体的に問題を発見し解を見いだしていく能動的学修（アクティブ・ラーニング）への転換が必要である」とした。

10 月 28 日　日本児童英語教育学会が「小学校外国語活動の教科化への緊急提言」。

11 月 30 日　日本学術会議大学教育の分科会が報告「大学教育の分野別質保証のための教育課程編成上の参照基準　言語・文学分野」（【資料 29】）を発表。

12 月 26 日　総選挙での民主党政権敗北を受け、第二次安倍晋三内閣が発足。

2013（平成 25）年

1 月 15 日　首相の私的諮問機関である「教育再生実行会議」の設置を閣議決定。

4 月 8 日　自民党教育再生実行本部が「成長戦略に資するグローバル人材育成部会提言」で「トップを伸ばす戦略的人材育成」のため「大学受験資格及び卒業要件として TOEFL 等の一定以上の成績を求める」などを提言。

4 月 22 日　経済同友会が「実用的な英語力を問う大学入試の実現を」（【資料 30】）で、大学入試に「国際的に通用する TOEFL を活用する」と提言。

4 月 25 日　中央教育審議会の教育振興基本計画部会が答申。小学校英語の早期化・教科化や中学校での英語による英語授業等は盛り込まず。

5 月 28 日　教育再生実行会議が「これからの大学教育等の在り方について（第三次提言）」で「小学校の英語学習の抜本的拡充（実施学年の早期化、指導時間増、教科化、専任教員配置等）」「中学校における英語による英語授業の実施」を提言。

6月5日　政府の日本経済再生本部産業競争力会議が「成長戦略（素案）」を発表。「小学校における英語教育実施学年の早期化、教科化、指導体制のあり方等や、中学校における英語による英語授業実施について検討する」とした。

6月6日　教育再生実行会議、高校在学中に複数回受けられる「到達度テスト」を導入する大学入試見直し案を発表。

6月13日　日本経済団体連合会が「世界を舞台に活躍できる人づくりのために：グローバル人材の育成に向けたフォローアップ提言」を発表。

6月14日　政府が「第2期教育振興基本計画」（【資料31】）を閣議決定。「小学校における英語教育実施学年の早期化、指導時間増、教科化、指導体制の在り方等や、中学校における英語による英語授業の実施について、検討を開始」とした。

12月13日　文科省「グローバル化に対応した英語教育改革実施計画」を発表。

2014（平成26）年

2月4日　文科省「英語教育の在り方に関する有識者会議」発足。（→9月26日に提言発表）

2月23日　日本言語政策学会および同多言語教育推進研究会が「グローバル人材育成のための外国語教育政策に関する提言：高等学校における複数外国語必修化に向けて」を発表。

6月25日　経済協力開発機構（OECD）が2013年度の国際教員指導環境調査の結果を公表。日本の中学校教員の勤務時間は週53.9時間で、34カ国・地域の平均38.3時間を大幅に上回り、群を抜いて最長。

9月26日　英語教育の在り方に関する有識者会議が「今後の英語教育の改善・充実方策について：グローバル化に対応した英語教育改革の5つの提言」を発表。

9月26日　文科省が「スーパーグローバル大学」に37校を選定。

11月20日　下村文科大臣が学習指導要領の改訂に向け中央教育審議会に諮問。小学校英語の早期化・教科化、アクティブ・ラーニングの導入などを盛り込んだ。

12月22日　中央教育審議会が大学入試改革に関する答申で、知識の活用力や課題解決力を測る「大学入学希望者学力評価テスト（仮称）」と、基礎学力を測る「高等学校基礎学力テスト（仮称）」の新設案。

2015（平成27）年

3月5日　「高大接続システム改革会議」発足、大学入試共通テスト・英語の4技能化を検討。

3月17日　文科省が高3生対象の初の英語4技能試験の結果を公表。ヨーロッパ言語共通参照枠（CEFR）のA2（英検準2級程度）に達した生徒は1～2割、B1（英検2級程度）は最大2%。

6月5日　文科省が「生徒の英語力向上推進プラン」（【資料32】）を発表。中学卒業時の英検3級程度以上と高校卒業時の英検準2級～2級程度以上の取得率を、2017年度に50%、2020年度に60%、2024年度に70%に設定。

2016（平成 28）年

4 月 19 日　日本経済団体連合会が「今後の教育改革に関する基本的考え方：第 3 期教育振興基本計画の策定に向けて」を発表。「グローバル社会で活躍できる人材や新たな価値を海外に発信できる人材」育成のため、英語力の目標設定と達成を要望。

11 月 4 日　日本学術会議の分科会が「ことばに対する能動的態度を育てる取り組み：初等中等教育における英語教育の発展のために」で政府の外国語教育政策を批判。

12 月 21 日　中央教育審議会が次期学習指導要領に向けた答申を提出。

2017（平成 29）年

3 月 31 日　文科省が幼稚園、小学校、中学校の学習指導要領を告示。「主体的・対話的で深い学び」、小学校外国語活動を 3・4 年生に下げ、5・6 年生の外国語を教科化。中学校では英語による英語授業、語彙を実質 2 倍増、言語活動の高度化などを盛り込む。

7 月 10 日　文科省が新「大学入学共通テスト」に関し、2023 年度までは民間の英語資格・検定試験と現行のマークシート式を併存させ、2024 年度から民間試験のみとする最終案を提示。

2018（平成 30）年

3 月 30 日　高等学校学習指導要領告示。外国語科目は「英語コミュニケーション I 〜 III」「論理・表現 I 〜 III」となり、高校修了までの語彙が従来の 3,000 語程度から 4,000〜5,000 語程度に大幅増、内容が高度化。

附録 2　日本外国語教育政策史資料

1　大学南校規則　普通科　1870 年
2　東京英語学校教則　1875 年
3　文部省高等学務局「尋常中学校教科細目調査報告」　1898 年
4　中学校教授要目　1902 年
5　第 2 回英語教授研究大会での文部省への答申　1925 年
6　日本経営者団体連盟「新制大学卒業者の英語の学力に対する産業界の希望」　1955 年
7　英語教育改善協議会（市河三喜会長）「中学校および高等学校における英語教育の改善について（答申）」　1960 年
8　OECD 教育調査団「日本の教育政策に関する調査報告書」　1971 年
9　日本経済調査協議会「新しい産業社会における人間形成」　1972 年
10　平泉渉「外国語教育の現状と改革の方向」　1974 年
11　中央教育審議会「教育・学術・文化における国際交流について（答申）」　1974 年
12　1974 年度日本英語教育改善懇談会「英語教育の改善に関するアピール」　1974 年
13　英語教育改善調査研究協力者会議「中学校及び高等学校における英語教育の改善について（報告）」　1975 年
14　中学校英語週三時間に反対する会「中学校英語週三時間の強制に反対する請願書」　1981 年
15　臨時教育審議会「臨時教育審議会　第二次・第三次・第四次答申」　1986〜1987 年
16　教育課程審議会「幼稚園、小学校、中学校及び高等学校の教育課程の基準の改善について（答申）」　1987 年
17　外国語教育の改善に関する調査研究協力者会議「中学校・高等学校における外国語教育改善の在り方について（報告）」　1993 年
18　中央教育審議会「21 世紀を展望した我が国の教育の在り方について（第一次答申）」　1996 年
19　中央教育審議会「21 世紀を展望した我が国の教育の在り方について（第二次答申）」　1997 年
20　教育課程審議会「幼稚園、小学校、中学校、高等学校、盲学校、聾学校及び養護学校の教育課程の基準の改善について（答申）」　1998 年
21　「21 世紀日本の構想」懇談会の最終報告書「21 世紀日本の構想」　2000 年
22　経済団体連合会「グローバル時代の人材育成について」　2000 年
23　大学審議会「グローバル化時代に求められる高等教育の在り方について（答申）」　2000 年
24　文部科学省「『英語が使える日本人』の育成のための戦略構想の策定について」　2002 年
25　教育再生懇談会「これまでの審議のまとめ：第一次報告」　2008 年
26　大津由紀雄他から教育再生懇談会に提出された「英語教育のあり方に関する要望書」　2008 年
27　文部科学省「英語教育改革総合プラン」　2009 年
28　国際交流政策懇談会の最終報告書「我が国がグローバル化時代をたくましく生き抜くことを目指して」　2011 年
29　日本学術会議分科会「報告　大学教育の分野別質保証のための教育課程編成上の参照基

384

　　　準　言語・文学分野」　2012 年
30　経済同友会「実用的な英語力を問う大学入試の実現を」　2013 年
31　第二次安倍晋三内閣「第 2 期教育振興基本計画」　2013 年
32　文部科学省「生徒の英語力向上推進プラン」　2015 年

凡例
一、旧漢字は人名を除き新字体に、カタカナは原則としてひらがなに改めた。
一、適宜、句読点、濁点及び半濁点、ルビを補い、一部の漢字をかな表記に改めた。
一、送り仮名は原則として現在常用されているものに改めた。
一、本文中の〔　〕は、江利川による補足・註釈である。

【資料 1】大学南校規則　普通科　明治 3 年閏 3 月（1870 年）

　　　初等
綴字
習字
単語　会話　ベランシュー　人名
数学加減乗除
　　　八等
文典　英　クワッケンボス　小
　　　仏　ノエルシヤプサル　小
会話
書取
数学分数比例
　　　七等
文典　英　クワッケンボス　大
　　　仏　ノエルシヤプサル　大
地理　英　ゴルドスミット
　　　仏　コルタシベル
翻訳　和文を英もしくは仏文に翻訳す
数学開平開立
　　　六等
万国史　英　ウィルソン
　　　　仏　ヂュルヰ　小
作文
代数
　　　五等
究理書　英　ク〔ワ〕ッケンボス

仏　ガノー
束牘〔手紙・書簡〕
幾何学

(出典)「大学南校規則」明治3年閏3月　東京大学総合図書館蔵

【資料2】東京英語学校教則（抄）　1875（明治8）年

　　　　下等語学
○第一年　　　　　第一期
　　第六級
教科書
ウヲルソン氏綴字書
チャンブル氏第一読本[1]
連語篇
スペンセル氏第三及び第四習字本
一　語学　　　　　　一週間九時
　　通常物名単語連語及び通常会話を教ふ。教師撰集したる単語適宜の連語及び通常
　　の会話を以て課とし、かつ更に単語連語を設てこれを授け、かつ前日の課程を復
　　習せしむ。時宜により連語篇を用ゆべし。
　　発音を明にし読声を正すが為めに毎日元音を練習せしめ、かつ人々の誤音を正す
　　に合同練習を設け、かつ音図を用ゆべし。
二　読方及び綴字[2]　　　　　　　一週間六時
　　在期中チャンブル氏第一読本を卒らしむ。発音を正し及び辞義文意を誤ることな
　　き様注意すべし。また発音を正すが為に合同読課を設く。
　　各読章の首に掲載せる単語その他章中より撰集せる単語を口綴（書て綴るにあら
　　ず）せしむ。綴字書中より抜粋したる綴字課を諳誦せしむ。（中略）
四　習字　　　　　　一週間六時
　　在期中第三第四習字本を卒らしむ。筆の持方及び体の位置を守らしめ習字本を清
　　潔に保たしむ。

○第一年　　　　　第二期
　　第五級
教科書
ウヲルソン氏綴字書
チャンブル氏第二読本
連語篇

スペンセル氏第五第六習字本
音図

一　語学　　　　　一週間九時
　　練習第一期の如し。この練習の目的は生徒をして広く語に通ぜしめ以て正き文書
　　を作るを得せしむるにあり。発音及び読声に注意すること前期の如し。
二　読方及び習字〔綴字の誤植〕　　　一週間六時
　　在期中チャンブル氏第二読本を卒らしむ。練習第一期の如し各読章の首に掲載せ
　　る単語及び章中より抜抄せる単語を口綴せしめ、かつ綴字書中より抜粋して毎日
　　綴字科を附与す。（中略）
四　習字
　　在期中第五第六習字本を用ゆ。筆勢縦横自由ならしむる様注意せしめ、かつ 首字 ^(カピタルス)
　　の用法を教ふ。

○第二年　　　　　第一期
　　　　第四級
教科書
チャンブル氏第三読本
連語篇
ロビンソン氏実地算術書
スペンセル氏第七及び第八習字本
地球儀
地図

一　語学　　　　　一週間六時
　　単語及び通常会話を練習すること前期の如し。教師稗史^(はいし)及び短き小説を講じ生徒
　　をして復たこれを口演せしめ、かつ短易の会話文を授けてこれを復書せしむ。
　　形、大さ、色、草木及び動物の事を口授す。これらの口授は生徒の能力を養成
　　し、かつこれを了解して活用せしむるを要旨とす。
二　読方及び書取　　　　　一週間六時
　　在期中チャンブル氏第三読本を卒らしむ。読声滑かにして、かつ明瞭ならしむる
　　様注意せしめ、かつ句点首字の用法に注意せしむべし。読本中の一部を綴字せし
　　む。
　　読章の尾に記載せる文章及び教師の抜抄せる文章を読み生徒をして石盤上に書取
　　らしめ、その誤脱及び首字等の誤用を点検す。一週間一回手冊〔ノート〕上に書
　　取らしめ以て後日在期中の進歩を示すに供す。
三　文法　　　　　一週間三時
　　語類を区別し、かつ学力に依て初めは簡易の文章を作り、終に高尚の文章を作る
　　の方を口授す。文法上の謬誤を正すことを練習せしむ。（中略）
六　習字　　　　　一週間三時

在期中第七及び第八習字本を用ゆ。善き書体を得せしむる様注意すべし。

○第二年 　　　　　第二期
第三級
教科書

チャンブル氏第四読本

連語篇

ロビンソン氏実地算術書

モーリー氏地理書

地図

一　語学　　　　　　一週間六時

単語及び通常会話の練習あるべし。稗史小説を暗誦せしむ。

草木、動物の名及びその体部、性質、利用等を口授す。

この口授課に基きて席上作文を設く。一週間一回題を設て作文せしめ、これを作文集の内に写して生徒の進歩を示すに供す。

二　読方及び書取　　　　　一週間六時

在期中チャンブル氏第四読本を卒らしむ。綴字及び書取、前期の如し。

三　文法　　　　　　一週間三時

名詞、形容詞、働詞、及び副詞の 変 体 を口授し、かつ作文の法を教ふ。而して文法上の誤を正すことを習はしむ。(中略)

六　習字　　　　　　一週間三時

善き書体を存し、及び書方迅速ならんを要旨とす。

○第三年 　　　　　第一期
第二級
教科書

ブラオン氏文法書

ロビンソン氏実地算術書

モーリー氏地理書

ウーストル氏歴史

一　語学　　　　　　一週間六時

単語及び連語を練習すること前期の如し。また精選の文書を暗誦せしむ。

製造品の商業およびその製造の方法を口授す。

席上作文前期の如し。毎週の作文は作文集に写し置くべし。

二　読方及び書取　　　　　一週間三時

読本は教科書の歴史を以てす。教師翌日の読課を予め講読す、かつ課程中その一部を綴字せしむべし。書取前期の如し。

三　文法　　　　　　一週間三時

教科書を用い次序を追てこれを教授し、かつ作文及び文章の謬誤を正す。（中略）

七　習字　　　　　　　一週間三時

公私の書簡の体裁を教へ、これを習字せしむ。

○第三年　　　　　　第二期

　　　第一級

教科書

ブラオン氏文法書

ロビンソン氏実地算術書

モーリー氏地理書

ウーストル氏歴史

一　語学　　　　　　一週間六時

単語及び連語練習前期の如し。精選の文章を暗誦せしむ。

築造に用ゆる材料緊要の金属、空気、水、呼吸等の事を口授す。

作文前期の如し。

二　読方及び書取　　　　　　一週間三時

教科書の歴史を用ゆること前期の如し。

書取あるべし。

三　文法　　　　　一週間三時

文章の解剖。文法規則及びその使用。作文を練習し及びその謬誤を正す。（中略）

七　習字　　　　　　一週間三時

習字前期の如し。

（出典）東京英語学校（1875）「東京英語学校教則」明治八年　文部省交付（国立国会図
　書館デジタルコレクション ID000000458840）

【資料3】文部省高等学務局「尋常中学校教科細目調査報告」（抄）　1898（明治31）年5月

　　　　　緒　言

　尋常中学校の学科及びその程度に関する明治十九年文部省令第十四号及び明治
二十七年文部省令第七号の規程は各学科の要目を挙示せるに止り、その細目に至ては
詳細の規定を欠くが為に、その結果各学校の間に於て自ら学科程度の不均一を生ずる
の虞少なからず。仍て一定の準則を定め中学教育の統一を計るが為に、曩に本省に於
て委員を設け、尋常中学校に於ける教科細目の調査を為さしめたるに、今般該委員長
よりその調査の結果を報告したり。該報告書に関しては、その是非得失に付き本省に
於て更に十分の査覈を経るにあらざれば、直にその全体を是認し、これを一般に施行
せしむること能はず。然れども各学科専門の委員に於て各自周密の調査を遂げたるも

附録2　日本外国語教育政策史資料　389

のなるが故に、これを尋常中学校に於ける教授上の参考に供せば、その裨益する所
蓋（けだし）鮮少ならざるを信ず。これ今般該報告書を印刷して各尋常中学校に配布する所以（ゆえん）
なり。
　　明治三十一年五月
　　　　　　　　　　　　　　　　　　　　　　　文部省高等学務局

尋常中学校英語科教授細目

　第一、教授要旨
尋常中学校英語科教授の目的は、生徒卒業の時に至り普通の英語を理会し、かつこれ
を使用する力を得しむるにあり。この目的を達せんが為めに発音、綴字、読方、訳
解、習字、書取、会話、作文、文法を授くるものとす。
　発音綴字
綴字は別に綴字教科書に拠らず直に読本に就きてこれを教授し、特に書取等により
丁寧に練習すべし。抑（そもそ）も英語は綴字法錯雑なるを以て大にこれに意を用ふるを要す。
初めアルファベットを教ふる時より各種のシレブルを授くる時に至るまで教師自から
常に発音に注意し、かつ生徒の発音の誤を矯正することを力（つと）むべし。
　読　方
英語の読方は他邦人がこれを学ぶこと頗る困難なるものなれば、読方を授くるに方（あた）り
教師は各語中のアクセントのみならず文中の抑揚緩急（inflection, modulation, & c.）及
び止声（grammatical pause and rhetorical pause）に注意し、生徒をして耳によりてその
工合を覚らしめ、文章の真意誦読によりて自ら見はるる（ママ）様これに熟せしむること極め
て必要なり。随（したが）って教師はその授けんとする文を自ら数回誦読し、生徒をしてこれを
聴かしめ、かつこれに倣ひて誦読せしむべし。
　訳　解
訳解は成るべく原文の意義を完全に表はす様注意すべきものなれば、直訳して妥当な
る邦語となるものはこれを直訳して可なるも、否ざるものはこれを意訳せざるを得
ず。又熟語及びイディオムの意義ならびに用法を授くるには生徒が平常見聞するところ
の事項に就き種々の用例を示すを要す。
稍々（やや）進歩したる生徒に対しては文法上の解釈をなして文意を分明ならしめ、又プリフ
ィクス〔接頭辞〕、サフィクス〔接尾辞〕、同意語等を説明し、又助働詞、前置詞等を
変更して意義の異同を弁明する等甚（はなはだ）肝要なり。
　習　字
初めて尋常中学校に入り英語を学ぶところの生徒は、本邦の習字上に於て既に多少運
筆の法に慣れたるものなれど、羅馬字（ローマじ）を習うには執筆運筆の法自ら異なるところあり
て、稍々（やや）困難なれば相当の注意を必要とす。但し習字本を用ふるも又読本等に就きて
これを習はしむるも適宜たるべしと雖も、書取作文等を課する時は宜しく書体運筆等
に注意すべし。

書　取

書取は耳を慣らし、かつ綴字法に熟せしむるを以て主なる目的となす。英語の如き綴字法の錯雑なる国語に於ては特にこれに注意すること必要なり。而して書取を課するには時宜により又生徒の学力に応じて、或は予め平常用ふる英語読本中の短文を指定して自修を命じ置き、或は未だ学ばざる書中の文を予修なくして書取らしむべし。書取を点検するには、教師或は自宅に於いてこれをなし、或は即時黒板上にてこれを為し、或は生徒をして相互に校正せしむる等時宜によるべし。

会　話

会話は初めは平常用ふる英語読本中の事項に就き、邦語を以て簡単なる会話体にこれを口述し、生徒をして英文に口訳せしめ、逐次繁雑なるものに及ぼし、漸く用語の自在を得るに及びては、英語読本中の事項は勿論、平常の事項に就きて、教師と生徒と互に英語を以て問答をなすべし。而して会話を課するには特別の時間を設くるを要せず。読方訳解等を課するに方り常に少許の時間を割きてこれに充つるを良とす。

作　文

英語の如き言文一致の国語に於ては、作文は会話と共に進歩するものなり。故に初めは会話と作文とは教授上差別するを要せず。然れども漸く長文を属するに至りては、修辞上自ら区別すべきことあり。

この科中には純粋の作文のみならず邦文英訳をも包含す。特に一学級の生徒の数多き場合には、主に邦文英訳を課すること教授上便利多しとす。これを課するには初めは単独なる文句（sentence）より、漸く単独なれども互に相関係ある数文句に進み、遂に普通の文章を訳するを得るに至らしむべし。

作文を添削するには、教師或は即時黒板上にて為し、或は自宅に於て各生徒の文を検して、他日教室に於てその主なる誤謬を衆生徒に示し、或は単に誤謬の箇所を指摘して、各生徒に自らこれを訂正せしむる等、適宜最も便利なる方法を用ふべし。

文　法

文法は初めは別に一科として之れを課せず、会話作文訳解を教ふるに方り言辞の実際の用法に就きて少許づつ教ふべきものとす。而して生徒の学力或る程度に達したる後は一定の教科書に拠り纏めて之れを教ふるを良とす。但し法則は単にこれを記憶せしむるに止めず、種々の用例に照してこれを活用せしむるを要す。かつ既に文法書を修了せし後と雖も訳解作文等を課するに方り常に文法に注意せしめ実際の復習をなさしむべし。

以上諸科目は便宜の為め別々にこれを掲載したれども、各々孤立すべきものにあらずして、訳解を授くるに方りても読方文法等に注意し、読方を授くるに方りても会話作文等に注意し、作文を授くるに方りても綴字会話等に注意する等、相関連すべきものとす。

第二、学科課程

各学年に配当して教授すべき科目及び其の課程左の如し

　　　　　　第一学年　　　一週六時

読方、訳解、文法、会話、作文、綴字、習字、書取

教科書は文部省会話読本、ナショナル読本、ロングマン読本、スウィントン読本、ローヤル読本等の各々第一第二巻の程度

第二学年　　一週七時

読方、訳解、文法、会話、作文、書取

教科書はナショナル読本、ロングマン読本、スウィントン読本、ローヤル読本等の各々第二第三巻の程度

第三学年　　一週七時

科目同上

教科書は前学年級読本第三第四巻の程度

第四学年　　一週七時

科目同上

教科書は前学年級読本第四巻の程度、文法教科書はスウィントン小文典の程度

第五学年　一週七時

科目同上

教科書は全学年級読本第五巻の程度

第三、学力程度

左に掲ぐるものは、生徒各学年間修業の後、その学力進歩の度を定むるものなり。但し勿論その大略を示すに過ぎざるを以て、文法上の要点の如きもこれを教ふるの遅速如何（いかん）は自から斟酌することあるべし。

第一学年

一　教師は先ず左の如き文章を二三回通読し、生徒をしてこれを書取らしむるべし。

A little girl's brother is sick in bed. Her uncle gives her some apples to take to him. How will she take them to him? She will take them in her big sleeves. The good girl loves her brother and he too loves her.

二　教師は生徒をして右の文章を朗読せしむべし。而して同文中に在る girl, sick, uncle, some, brother, apples, sleeves, loves 等の読方発音を問ふべし。

三　教師は生徒をして右の文章を邦語に翻訳せしむべし。

四　教師は右の文章と同様の邦文を作り、生徒をしてこれを英文に翻訳せしむべし。

五　教師は右文章中 parts of speech, subject, predicate〔品詞、主語、述語〕等の事を問うべし。

第二学年

一　教師は先ず左の如き文章を二三回通読し、生徒をしてこれを書取らしむべし。

When the good girl came home, she ran into the house. Why did she run? Because she wanted to show the apples to her poor sick brother. But she came very softly into her brother's room, as she did not want to disturb him.

二　教師は生徒をして右の文章を朗読せしむべし。而して同文中に在る home, ran, run, came, want, softly 等の読方発音を問ふべし。

三　教師は生徒をして右の文章を邦語に翻訳せしむべし。

四　教師は右の文章と同様の邦文を作り、生徒をしてこれを英文に翻訳せしむべし。

五　教師は右の文章中第一第二の文中の subject, predicate の関係 simple sentence と complex sentence〔単文と複文〕との差別及び左の件々を問ふべし。

ran と did run 及び wanted と did not want との差別また打消体及び疑問体の文章等。

第三学年

一　教師は先ず左の如き文章を二三回通読し、生徒をしてこれを書取らしむべし。

> The poor invalid had heard the hurried footsteps of his sister at the door and opened his eyes. When she came into the room, he looked at her, as much as to say, "What's up now?" When his eyes fell on the tempting red apples, he felt glad, and his face lighted up.

二　教師は生徒をして右の文章を朗読せしむべし。而して同文中に在る invalid, hurried, sister, opened, came, up, face, lighted, 等の読方発音を問ふべし。

三　教師は生徒をして右の文章を邦語に翻訳せしむべし。

四　教師は右の文章と同様の邦文を作り、これを英文に翻訳せしむべし。

五　教師は右の文章中 complex sentence と compound sentence〔複文と重文〕の差異如何及びその他左の件々を問ふべし。

一　as much as to say, what's up now? 等の idioms.

二　heard, opened, looked, came 等の他働詞、自働詞

三　形容詞及び副詞の比較法

第四学年

一　教師は先ず左の如き文章を二三回通読し、生徒をしてこれを書取らしむべし。

> He took one of them in his feverish hand. It felt so nice and cool. He said to his sister, "Are all these from uncle's orchard? How nice it will be when our apple-trees are grown large enough to bear such fine fruit!" "Yes, " she said, "uncle's trees have done splendidly this year. If only ours were a little older, ──.

二　教師は生徒をして右の文章を朗読せしむべし。而して同文中に在る one of, in his, feverish, grow, when, our, fruit, splendidly 等の読方、発音、緩急、抑揚を問ふべし。

三　教師は生徒をして右の文章を邦語に翻訳せしむべし。

四　教師は右の文章と同様の邦文を作り、生徒をしてこれを英文に翻訳せしむべし。

五　教師は働詞の変化法（Conjugation: ─Indicative, Subjunctive, Imperative Moods〔活用：─直説法、仮定法、命令法〕）及び左の件々を問ふべし。

（一）Passive Voice〔受動態〕の用法

（二）Shall 及び Will の用法及び差別

（三）felt so nice における felt の如き働詞の用法

第五学年

一　教師は先ず左の如き文章を二三回通読し、生徒をしてこれを書取らしむべし。

He then asked his mother if he might eat one of them. But she shook her head, looked wise and said: "No, my dear, I think you had better not"; for the doctor had forbidden her to give him anything solid as yet. The boy felt he should do as he was told; and the consequence was, he soon got so well that he could eat whatever he liked.

二　教師は生徒をして右の文章を朗読せしむべし。而して同文中に在る one of, think, consequence その他の語、句の読方、発音、緩急、抑揚を問ふべし。

三　教師は生徒をして右の文章を邦語に翻訳せしむべし。

四　教師は右と同様の邦文を作り、生徒をしてこれを英文に翻訳せしむべし。

五　教師は働詞の infinitive, participle〔不定詞、分詞〕, might, could, would, should の用法、差別及び direct narration を indirect narration に〔直接話法を間接話法に〕変し、又これを反対にすること及び had better not の如き idiom を問ふべし。

第四、発音要項

一　教師は常に生徒をして左に掲載したる母音及び diphthong〔二重母音〕の発音を練習せしむべし。

Vowels.

1. Eel; be, thee, three, seat, etc.

2. Ale; name, slate, cake, came, etc.

3. Air; there, where, fair, mare, etc.

4. Arm; far, are, star, father, etc.

5. Urn; first, learn, bird, world, etc.

6. Awe; law, raw, talk, bought, etc.

7. Owe; no, home, stove go, etc.

8. Ooze; room, moon, cool. root, etc.

9. It; is, in, if, ill, etc.

10. End; red, hen, net, web, etc.

11. And; cat, at, hat, rat, etc.

12. Ant; last, pass, ask, aft, etc

13. Uncle; gun, one, son, does, etc.

14. Of; not, what, doll, odd, etc.

15. Or; horse, storm, form, etc.

16. Foot; book, took, hook, nook, etc.

Diphthongs.

1. how, out, house 等に於ける ou.

2. boy, toy, coy 等に於ける oi.

3. by, I, like 等に於ける i.

4. muse, pure, tune 等に於ける u.

（1）　長音の a 及び o は diphthong の性質を有す。即ち a は i の音にて終り、o は o͞o

の音にて終る故に、name の音はネームに非らずして nā（ネイ）m なり。cake の音はケークに非らずして kā（ケイ）k なり。又 no の音は nō（ノウ）にしてノーに非らず。home は hō（ホウ）m にしてホームに非らず。

(2) up における u の音と ask に於ける a の音とを混同すべからず。例えば gun はガンと読むべからず。又 urn に於ける u の音と far に於ける a の音とを混同すべからず。例えば bird はバードと読むべからず。

(3) all に於ける a と old に於ける o とを区別すべし。awe はオーの如く、owe はオウの如く、gnaw はノーの如く know はノウの如く発音すべし。

(4) son, done, up, cup, cut, sun に於ける o 及び u と top, what, god, not, sob, wont に於ける a 及び o とを区別すべし。

二 教師は生徒をして左に掲げたる子音及び子音と母音との結合の発音を練習せしむべし。

　　f, v; si, zi; th（thin）, th（then）; sh, zh; ti, tū, too; di, dū, doo; l; n（final）, etc.

尋常中学校教科細目調査委員

理学博士	矢田部良吉
	神田　乃武
	小嶋　憲之
	長谷川方文

（出典）文部省高等学務局（1898）『尋常中学校教科細目調査報告』帝国教育会（国立国会図書館デジタルコレクション ID 000000457032）

【資料4】中学校教授要目（抄）　1902（明治 35）年 2 月 6 日　文部省訓令第 3 号

　　　外　国　語
此要目は英語に就きて之を定む。独語、仏語に就きては之に準ずべし
各学年の教授事項は之を分割することなく同一教授時間に於て相関連して之を授くべし。但特に示したる場合に於ては授業時間を分つことを得と雖も、尚其の相互の連絡に留意せんことを要す
　　　第一学年　　毎週六時
発音、綴字
　初は発音を正し単語に就きて綴字を授け其の概要に通じたる後は読方、会話と附帯して之を練習せしむべし
読方、訳解、会話、書取
　平易なる文章

文部省会話読本、ナシヨナル読本、ロングマンス読本、スウイントン読本等の第
　　一巻又は第二巻の初の程度に依るべし
　　読本を授くる際随時常用の名詞及代名詞の数、性及人称、形容詞及副詞の比較、
　　常用の動詞の直説法変化、主要なる不規則動詞、頭文字の用法等を知らしむべし
習字
本学年に於ては専ら習字を授くる為毎週一時を分つことを得
　　　　第二学年　　　毎週六時
読方、訳解、会話、作文、書取
　平易なる文章
　　前に挙げたる読本の第二巻又は第三巻の初の程度に依るべし又日常の応対に必要
　　なる用語を授けて其の応用を練習せしむべし
　　読本を授くる際随時文法に関して前学年の事項の外文章の構造、名詞及代名詞の
　　格、句読点の用法等を知らしむべし
　　　　第三学年　　　毎週七時
読方、訳解、会話、作文、書取
　平易なる文章
　　前に挙げたる読本の第三巻又は第四巻の初の程度に依るべし
文法
　名詞の変化　代名詞の種類及其の変化　動詞の種類及其の変化　形容詞及副詞の比
　較　冠詞の種類　文章の解剖
本学年に於ては専ら文法を授くる為毎週一時を分つことを得
　　　　第四学年　　　毎週七時
読方、訳解、書取
　普通の文章
　　前に挙げたる読本の第四巻の程度に依るべし
会話、作文
　平易なる対話　平易なる翻訳　簡単なる記事文、書翰
文法
　代名詞の用法　時及法に関する動詞の用法　前置詞の用法　冠詞の用法　文章論
本学年に於ては専ら文法を授くる為毎週一時を、専ら会話、作文を授くる為毎週二時
以内を分つことを得
　　　　第五学年　　　毎週七時
読方、訳解、書取
　普通の文章
　　前に挙げたる読本の第五巻又はロングマンス読本の第六巻の程度に依るべし
会話、作文
　前学年に準じて稍々其の程度を進むべし
前記の事項の教授に附帯して文法を復習し又接頭語、接尾語、同意語等の説明を与ふ

べし

本学年に於ては専ら会話、作文を授くる為毎週二時以内を分つことを得

　教授上の注意

一　英語を授くるには習熟を主とすべし。生徒の学力を顧みずして徒《いらずら》に課程を進むることあるべからず

二　第二学年以降に於ては発音、綴字、習字の目を挙げずと雖も読方、会話、作文及書取に附帯して便宜之を練習せしむべし

三　発音は特に英語教授の初期に於て厳に之を正し、又国語に存ぜざる発音に留意して之に習熟せしむべし

四　英語の意義を了解せしむるには之を訳解し又は実物、絵画等に依り之を直指すべし。稍々進みたる生徒に対しては英語を用ひて説明することあるべし

五　訳解は正しき国語を以てし成るべく精密に原文の意義に適応せしむべし

　訳解を授くる際、東西の人情、風俗、制度等の異同を知らしむべし

六　読方は既に意義を了解せる文章に就きて反復練習せしめ、又時々暗誦を課し発音、抑揚、緩急及止声に留意し、生徒をして誦読に依りて文章の真意自ら見はるゝ様之に習熟せしむべし

七　書取は読本中の文章又は生徒の容易に了解し得べき文章に就きて之を授け、生徒の耳を慣らし且つ綴字、運筆に習熟せしむべし

八　会話は読本中の文章又は事項に因みて之を授け、進みては日常の事項に就きて対話をなさしめ、生徒をして文字を離れて英語を了解し又自己の思想を表はすことを習はしむべし

九　文法を授くるには生徒をして煩雑なる規則の記憶に陥らしむことなく応用自在ならしめんことを期すべし

十　適当の機会に於て辞書の用法を授け漸次対訳にあらざる辞書の使用に慣れしむべし

(出典)『官報』第 5575 号　明治 35（1902）年 2 月 6 日（国立国会図書館デジタルコレクション ID 000000078538）

【資料 5】第 2 回英語教授研究大会での文部省への答申　1925（大正 14）年 10 月

　一、中等学校に於ける英語教授の目標は、学ぶ者をして現代英語を理解し、之を活用せしむるに在り。而して此の目的を達せんとするには、大体に於て、英語教授研究所の発表したる宣言に掲げたる趣旨に基き、教授上特に左の諸点に重きを置くを要す。

　(一) 発音に注意すること。

　(二) 同一の語句を反覆練習し、自づと口を衝いて出づるに至らしむること。

　(三) 語の音と意味とを融合せしむること。

（四）第二の方法によりて修得せる語句の型によりて、新に言語材料を構成せしむること。

二、前述の方法に依り、序を逐うて練習を進むるときは、自ら英語を以て思索を作す習慣を養成し、容易に英語を話し、且英文を綴る能力を発達せしむるを得べし。是れ学理に照し実験に徴して、毫も疑を容るゝの余地なし。

三、前来陳述の点に関し、更に考慮すべき重要なることあり、そは此の方法に依りて英語を教授するときは、独り英語を話し、英文を作る能力を発達せしむるのみならず、同時に又必然的に、英文の読書力を養成するの〔効果あるの〕³一事なり。蓋し確実なる読書力は、会話・作文の基礎の上にのみ築かるゝものとす、然るに従来我が中等学校に於ては、兎角解釈を偏重するの弊あり、之を矯正することは目下の急務なりと思惟す。

四、更に尚緊急を要するは、高等学校及専門学校入学試験の改善なりとす。従来此等各学校の入学試験に於て徒らに英文解釈に重きを置き英語活用の伎倆に対して、何等の考慮を加へざるの傾向あり。是中等学校に於ける英語教授改善の前途を塞ぐ一大障碍にして、之を除去するにあらざれば教授法の改善は望むべからず。堪能なる教師も、其の手腕を揮ふこと能はずして、文部当局の期待の終に実現せられざるべきは、実相を知る者の痛歎して措かざる所なりとす。故に此の弊を矯正するため、此の種各学校入学試験には、聴取試験及口頭試験の方法を附加すること極めて必要なりと思惟す。要するに、此の問題は中等学校に於ける英語教授法改善に関する先決問題なりとす。

五、以上記述したる所は、中等学校英語教授改善に関する要旨にして、此の外改善の効果を全うするため、必要の施設猶少からざるは論なしと雖も、茲には其の比較的緊要なるものを左に列挙す。

（一）学級の生徒定員を三十名以下に限ること、但し其の実行困難なる場合は、成るべく之に近き数に減ずること。

（二）上級用教科書には、外国発行の書籍と雖も、適当と認めたるものは採定することを得しむること。

（三）教員の学力増進を目的とする常設講習会を文部省内に設置すること。

（四）巡回指導の任に当る外人教師の傭聘を各府県に対して奨励すること。

（出典）櫻井役（1936）『日本英語教育史稿』敏文館、228–229頁。（赤祖父茂徳編（1938）『英語教授法書誌』英語教授研究所、21–23頁も参照）

【資料6】日本経営者団体連盟「新制大学卒業者の英語の学力に対する産業界の希望」 1955（昭和30）年10月12日

わが国経済が自立し、国際競争にうちかつためにはコスト引下げによる貿易の振興

が強く要請せられている。

このため各企業では経営の合理化、生産性の向上などあらゆる努力を傾けているが、これら日進月歩の技術を向上せしめるためには絶えず世界の情勢に眼を注ぎ、諸外国の現況、文献等の研究調査、視察等による新知識の吸収について、各企業とも大いに力を注いでいるところである。またわが国の国際的立場の回復と共に国際会議への会社関係者の出席の機会も益々増加しているので、語学に対する必要性は企業にとって益々増大しつつある。

企業においては大学卒業者は役柄上当然これらの仕事を担当せられており、また将来は管理監督的立場につくべきものであるから語学に対する基礎的素養下地をもっていることは是非とも必要であって、最近各企業とも特にこれを重視し、入社試験に語学を課しているところは、日経連調査によれば、二百二十一社中76%に上る多数となっている。

しかるに産業界においてこの入社試験を通じてみた新制大学の語学力に対する感想では、学力は逐年向上しているが、いまだ一般的には劣っており、また個人差においてもこれら大学に一層著しいものがあると指摘している。

ある一流会社の語学力試験の結果では、三年前旧制、新制同時に行なった際その平均が旧制80点に対し、新制60点でその差に著しいものがあったが、昨年度においては新制の平均が70点程度になったと聞いている。

しかし産業界が前述の如く大学卒業者に要請している程度の学力には至っておらず、その上新制大学の語学力が一般的にいって就職のための勉強であって、常識面に片寄り、基礎的な掘下げ、原書などを読みこなす研究態度、勉強方法に欠けているなどの点があげられている。

従ってこれらの点から産業界において大学の語学力に対して希望することは

(1) 新制大学の語学力低下に鑑み、これが向上に格段の努力を払われたい。特に基礎学力の充実に重点を置かれたい。

(2) 大学教育においでは語学と専門知識とを結びつけた教育をしてほしい（たとえば原書による専門教育の実施）

(3) 就職後一応の外国文献などを読みこなす程度の語学の素養、下地を与えてほしく、特に技術系に対してはこれを強く希望する。

特に学校差、個人差が甚だしく、学校差においては私立大学及び地方大学が劣り、また個人差においてもこれら大学に一層著しいものがある。

(4) 貿易会社は勿論のことであるが、その他の方面の会社でも国際的接触の機会は益々多くなる一方であるから、会話についてもできるだけ身につけるような機会を与えてほしい。

(5) 語学は日常遠ざかっていることによって特に忘れ易いから就職後においても絶えず勉強、研究するという習慣、態度を大学時代につけてほしい。

(6) 語学教育は大学のみによって解決できるものではなく、中学、高校、大学と一貫性をもたせた教育が肝要であり、現在の中、高等学校における語学教育に対

しては再検討をする必要がある。　　　以上

(昭和 30 年 10 月 12 日)

(出典) 皆川三郎 (1956)「英語教育に対する社会の要望について」語学教育研究所編
『語学教育』第 231 号、1956 (昭和 31) 年 1 月 30 日発行、15–16 頁

【資料 7】英語教育改善協議会 (市河三喜会長)「中学校および高等学校における英語教育の改善について (答申)」　1960 (昭和 35) 年 12 月 15 日

　昭和 35 年 4 月 25 日、文初中第 206 号をもって諮問された「中学校および高等学校における英語教育の改善について」について、本協議会は慎重に審議をかさねてきましたが、このたび、別紙のとおり結論を得ましたので、ここに答申いたします。

1. 中学校および高等学校における英語教育の目的および意義
　今日の世界は、科学技術の急速かつ驚異的な発達がみられるとともに、政治、経済はもとより、産業、科学、文化、日常生活など、社会のあらゆる面において、国際交流と国際協力が緊密かつ活発になりつつあり、この傾向は今後ますます強まるものと考えられる。

　このような国際社会において真に尊敬され信頼されるに足る国民を育成することは、現在のわが国の教育に対する基本的要求であるといわなければならない。このような基本的要求にこたえる上において、外国語教育はきわめて重要な使命をになうものである。

　わが国の中学校および高等学校における英語教育の目標は、それぞれの学習指導要領に示されているとおりであるが、その目標をつらぬく基本的な考え方は、事実上の国際語である英語の学習を通して、わが国の若い世代に国際理解、国際交流、国際協力などの精神を養うとともに、そのための基礎的技能を修得させることにあるといってよい。

　したがって、英語教育の目的なり意義は、国際的視野に立つ広い心をもった人間を形成するとともに、英語の理解能力を養い、特に英語による表現能力を獲得させることにあるというべきである。

2. 英語の教材について
　上記 1 の中学校および高等学校における英語教育の目的ならびに学習指導要領に示された目標を達成するためには、教材に負うところがきわめて大きいので教材に関して次のことに留意することが必要である。
　(1) 教材については、現代の生きた英語を主体とするようにすること。また、この
　　　趣旨にのっとって文部省においては特色ある教科書が用意されるような配慮を

払うとともに、現揚における創意くふうが発揮されるようじゅうぶんな指導を行なわれたいこと。

(2) 英語を聞いたり話したりする能力を高めるため、視聴覚教材を精選して活用するようにすること。このためには、各学校における視聴覚教材の施設設備の整備充実について格段の措置を講ぜられたいこと。

3. 英語教員養成の改善について

中学校および高等学校における英語教育の改善は、教職課程を置く大学における英語教員養成の改善にまつことがきわめて大きいのにかんがみ、根本的には教員養成制度全般の立場から検討する必要があるが、本協議会としては、現行制度のわく内において、次のように改善する必要を認める。

英語教員の養成については、従来よりもいっそう指導能力を高める必要があり、特に英語の表現能力の充実を図らなければならない。

この際、英語教員免許状取得の最低要件について、従来の教科に関する専門科目のうち、「英文学」8単位を6単位とし、「英語学（作文及び会話を含む。）」8単位を「英語学」6単位に改め、さらに「会話及び作文」を独立させて4単位とするよう改正されたい。

また、上記の単位数以上の単位数を修得させる場合は、英語学、会話および作文に重点をおくようにすること。

なお、上記の各科目の実施にあたっては、下記の事項に留意するようにすること。

(1) 英語および英文学の指導にあたっては、できるだけ英語を用いるように努めるとともに、演習等をじゅうぶんに行なって表現能力の育成に資すること。
なお、英語学には、発音、文法等を必ず含めるようにすること。

(2) 会話については、聞いたり話したりする練習をじゅうぶんに行なって実際的能力の養成を期すること。

(3) 作文については、自由作文、和文英訳その他各種の練習を行って円滑な表現能力を養うようにすること。

上記のことを効果的に実施するため、教職課程を置く大学に対し、外国人教師の招へいや視聴覚教材等の設備の充実などについて配慮されることを希望する。

4. 英語教員の現職教育について

この答申の趣旨を達成するためには、特に英語を聞くこと、話すことの指導を根本的に改善する必要を認める。よって、この際その実効をあげるため、中学校および高等学校の英語教員の聞く能力および話す能力を強化する現職教育を、全国的に早急かつ継続的に実施し、それに必要な財政的措置を講ぜられたい。

付　帯　意　見

大学または高等学校の入学者の選抜については、その提出問題によっては、高等学

校または中学校における英語教育の健全な発達を阻害するおそれもあるので、今後英語を聞き、話し、書くなどの能力の判定が容易にできるような問題を出題するように配慮することが望ましい。

(出典)『英語教育』第 9 巻第 11 号(1961 年 2 月号)、63 頁、大修館書店(語学教育研究所編(1962)『英語教授法事典』234–235 頁も参照)

【資料8】OECD 教育調査団「日本の教育政策に関する調査報告書」(抄)　1971(昭和46)年 11 月に英語・フランス語版原文発表、1972 年 9 月邦訳版発行。
　　　＊下線は邦訳版による。

第八章　世界参加のための教育
第一節　外国語教育[*1]

　国際参加をはかるうえで、<u>第一に</u>、そしてもっとも明白な条件としてあげられるのは<u>ことば</u>である。日本は、外国語教育で歴史の現段階に必要なだけの成果を十分にあげていないと、われわれには思われる。世界第三の経済単位としての日本は、欧米をのぞけば唯一の大工業国家である。低開発国と先進工業国のいずれに対しても、また経済だけでなく文化や教育の分野においても、日本はきわめて大きな、かつ有益な影響をおよぼしうる地位を占めている。しかしこの可能性を実現させるには、日本の一般大衆の外国語能力を現在の水準からさらに引上げることが必要とされる。外国語は外部世界とのコミュニケーションにとって、欠くことのできない手段だからである。日本では中等教育の段階で、非常に多くの時間と努力を外国語教育にさいている。だが実際の成果は、期待される結果にくらべれば、はるかにこれを下まわっている。この原因の一つは、多分、外国語の教え方が文学や外国文化一般を教えることとあまりにも密接に結びつきすぎていて、そのため実用的なことばの習得に十分な関心が向けられていなかった点にある。

　この問題が日本全体にとって重要性をもつことを考えれば、中央教育審議会の第二五特別委員会が、すべての教育段階のすべての学生のための<u>ランゲージ・ラボラトリーや外国語教育センター</u>を強調しているのは、たいへん当をえているものである[注1]。こうしたことのほかに、組織的な実験を重ねて、より効率的な教育方法を開発するよう努力をはらうことも必要であろう。また現在のように中学一年からというのではなく、もっと早い段階で外国語教育を導入することも、真剣に検討すべきだ[注2]。それをはじめる年齢が早いほど、その学習効果も高いことは、数多くの証拠が示している。一つの外国語を完全にマスターするまでは、他の外国語の学習を押えるよう強く勧告したい。二つ以上の外国語を中途半端に学ぶよりも、一つの外国語を完全にマスターする方が望ましいのは、間違いないからである。しかしいうまでもないことだが、学生が選択し、効率的な訓練を受ける世界の言語は、できるだけたくさん

の種類がなければならない。

　過去においても、また現在でもかなりの程度まで、日本の外国語教育は、学生に他国の文化が生んだ偉大な文学作品を直接学ばせる手段と考えられてきた。読解力が重視され、自分を表現するために話し、書く能力には重きをおかれなかった。これはおそらく、会話のさいに控え目な態度をとり、「沈黙は金」であると信ずる日本的傾向とも、両立するものであったろう。しかし外国人との専門的、個人的な接触が日常化し、ごく普通の専門職業人でも自分の専門分野に関する最新の文献を読まなければならないし、また国際的な科学や学問に対する日本人の貢献が急速に増大しつつある現在では、実際に役立つ外国語の習得に重点がおかれるべきであろう。学生は、楽しみや職業上の目的のために外国語を読み、また少なくとも一つの外国語を自由に書いたり、話したりできなければならない。日本人は単に学ぶだけでなく教え、さらに他国民と経験をともにできるようにならねばならない。そのためには、外国語教師の再訓練が必要となるだろう。どのような外国語教育の拡充計画であれ、その中核をなすものは教師であるから、その再訓練には高い優先順位があたえられるべきである。

〈原注〉
＊1　初等段階の外国語教育については、第一章で論じた。
〈訳注〉
注1　昭和四十五年十一月五日に出された第二五特別委員会の中間報告「初等・中等教育の改革に関する基本構想」は、教育機器の積極的導入・活用の必要性を指摘しているが、とくに外国語教育にふれる部分はなく、またランゲージ・ラボなどについての言及もみられない。
注2　主要諸国での外国語教育の始期は、日本の第七学年（中学一年）に対して、アメリカ第四学年、イギリス第七学年、フランス第六学年、西ドイツ第五学年、ソ連第五学年となっており、わが国の始期はもっともおそい。（文部省「わが国の教育水準」昭和四五年度、七八〜九ページ参照）。

（出典）OECD教育調査団編著・深代惇郎訳（1972）『日本の教育政策』朝日新聞社、131–134頁

【資料9】日本経済調査協議会「新しい産業社会における人間形成：長期的観点からみた教育のあり方」（抄）　1972（昭和47）年3月

要約と提言
外国語教育の抜本的改革
　世界の国々や異なる文化圏についての理解を深め、これからの複雑な国際社会の動きに対処してゆく感覚を身につけるためにも、また研究を続け知識をより深く追求し

てゆくためにも、外国語教育は必要欠くべからざるものである。遺憾ながら、これまでわが国では外国語教育は主として先進国文化のとり入れの手段として考えられ、「読み」かつ「訳す」能力を重視してきた結果、外国語教育における総合的な目的からみて大きな歪みを生じてきていることは事実である。このため「聞き」「話し」「書く」能力もつけ加えて総合的な語学教育を再検討するとともに、欧米語偏重の是正、「教養語学」のほかに「専門語学」やとくに「実用語学」の開拓、社会教育分野における語学カリキュラムや地域研究カリキュラムの充実などあらゆる面で改革がはかられねばならない。これらの改革実施にあたっては、とくに次の諸点に留意すべきである。

①　初等教育から高等教育にいたるあらゆる段階で教師自身の資質向上をはかるとともに、外国人教師の採用ならびに外国人と日本人の教師の相互交換の制度などを積極的に推進すること。

②　LL装置（テープレコーダーによる語学実習機器）などの効率的な学習機器の開発を考慮し、教授法の開拓を促進させるのみならず、その面の技術者と語学教師との協同体制をつくること。

③　語学教育や地域研究の新しいカリキュラムや教授法については、単に語学教師のみならずあらゆる分野の研究者が一体となってその開拓を推進する体制の整備を行なうこと。

④　早期外国語学習の是非については、論議のわかれるところでもあり、慎重に取り扱うべきであるが、かりに早い年齢ほど効果的であるとすれば、語学教育をいかに低年齢段階におろしてゆくかなどについて大いに研究され、かつ実施すべきこと。

（出典）日本経済調査協議会編（1972）『新しい産業社会における人間形成：長期的観点からみた教育のあり方』東洋経済新報社、22–23頁　＊完全版は254–257頁）

【資料10】平泉渉「外国語教育の現状と改革の方向：一つの試案」 1974（昭和49）年4月18日

外国語教育の現状と改革の方向
── 一つの試案 ──
（四九・四・一八）
自由民主党政務調査会
国際文化交流特別委員会副委員長
参議院議員　平　泉　　渉

　わが国における外国語教育は、中等教育・高等教育が国民のごく限られた部分に対

するものでしかなかった当時から、すでにその効率の低さが指摘されてきた。旧制中学・旧制高校を通じて、平均八年以上にわたる、毎週数時間以上の学習にもかかわらず、旧制大学高専卒業者の外国語能力は、概して、実際における活用の域に達しなかった。

　今や、事実上全国民が中等教育の課程に進む段階を迎えて、問題は一層重大なものとなりつつある。それは第一に、問題が全国民にとっての問題になったことであり、第二に、その効率のわるさが更に一段と悪化しているようにみえることである。

　国際化の進むわが国の現状を考え、また、全国民の子弟と担当教職者とが、外国語の学習と教育とのために払っている巨大な、しかもむくわれない努力をみるとき、この問題は今やわが文教政策上の最も重要な課題の一つとなっているといわねばならぬ。

一、高度の英語の学習が事実上全国民に対して義務的に課せられている

　国民子弟の九割以上が進学する高校入試において、英語が課せられない例はほとんどない。また国民子弟の約四分の一が進学する大学入試においても英語が課されない例は極めて少ない。

　これらの結果として、事実上、国民子弟の全部に対して、六年間にわたり、平均して週数時間に及ぶ英語の授業が行われている。そして最終学年である高校三年における教科の内容ははなはだ高度なものである。

二、その成果は全くあがっていない

　ひとり会話能力が欠如しているというのではない。それはむしろ外国語の専門家としての特別の課程を進むものについてはじめていい得ることであって、国民子弟の圧倒的大部分についてみれば、その成果は到底そのような域にすら達していない。卒業の翌日から、その「学習した」外国語は、ほとんど読めず、書けず、わからないというのが、いつわらざる実状である。

三、その理由は何か

1　理由は第一に学習意欲の欠如にある。わが国では外国語の能力のないことは事実としては全く不便を来さない。現実の社会では誰もそのような能力を求めていない。

　　英語は単に高校進学、大学進学のために必要な、受験用の「必要悪」であるにすぎない。

2　第二の理由としては「受験英語」の程度が高すぎることである。一般生徒を対象として、現状の教育法をもって、現行の大学入試の程度にまで、「学力」を高めることは生徒に対してはなはだしい無理を強要することにほかならない。学習意欲はますます失われる。

3　第三の理由は英語という、全くわが国語とは語系の異なる、困難な対象に対

して、欧米におけると同様な不効率な教授法が用いられていることである。

四、検討すべき問題点

1 外国語教育を事実上国民子弟のすべてに対して義務的に課することは妥当か。
2 外国語としてほぼ独占的に英語を選んでいる現状は妥当か。
3 成果を高める方法はないか。

五、改革方向の試案

1 外国語は教科としては社会科、理科のような国民生活上必要な「知識」と性質を異にする。
　　また数学のように基本的な思考方式を訓練する知的訓練とも異なる。
　　それは膨大な時間をかけて修得される暗記の記号体系であって、義務教育の対象とすることは本来むりである。
2 義務教育である中学の課程においては、むしろ「世界の言語と文化」というごとき教科を設け、ひろくアジア、アフリカ、ヨーロッパ、アメリカの言語と文化とについての基本的な「常識」を授ける。同時に、実用上の知識として、英語を現在の中学一年修了程度まで、外国語の一つの「常識」として教授する。（この程度の知識ですら、現在の高校卒業生の大部分は身につけるに至っていない。）
3 高校においては、国民子弟のほぼ全員がそこに進学し、事実上義務教育化している現状にかんがみ、外国語教育を行う課程とそうでないものとを分離する。（高校単位でもよい。）
4 中等教育における外国語教育の対象を主として英語とすることは妥当である。
5 高校の外国語学習課程は厳格に志願者に対してのみ課するものとし、毎日少なくとも二時間以上の訓練と、毎年少なくとも一カ月にわたる完全集中訓練とを行う。
6 大学の入試には外国語を課さない。
7 外国語能力に関する全国規模の能力検定制度を実施し、「技能士」の称号を設ける。

六、外国語教育の目的

　　わが国の国際的地位、国情にかんがみ、わが国民の約五％が、外国語、主として英語の実際的能力をもつことがのぞましい。
　　この目標が実現することは将来においてわが国が約六百万人の英語の実用能力者を保持することを意味する。その意義は、はかりしれない。

（出典）平泉渉・渡部昇一（1975）『英語教育大論争』文藝春秋、7–12 頁

【資料 11】中央教育審議会「教育・学術・文化における国際交流について（答申）」（抄）　1974（昭和 49）年 5 月 27 日

前文

　我が国は、過去一世紀の間、欧米諸国の文明を積極的に取り入れつつ、近代国家形成のために努力してきた。この間における我が国の目覚ましい発展は、国民の英知と不変の熱意によるものであり、特に現今の我が国は、欧米諸国と並んで国際社会に対して、大きな影響力を持つに至り、また、我が国に対する国際社会からの期待も大きなものとなっている。

　しかしながら、このような近代国家の形成の過程を顧みると、我が国は欧米諸国の知識・技術を個別的に吸収することに急であって、諸外国に対する総合的な理解や我が国に対する諸外国の理解を深める努力に欠けるところがあった。

　このような我が国の発展過程における特異な経緯は、地理的特殊事情により、異質文化との日常的接触が困難であったこともあり、往々にして、国民一般の国際理解や国際協調の精神の欠如をもたらし、独善的にして閉鎖的な行動様式を生み、特に、近年における海外活動の拡大に伴い、我が国に対するいたずらな誤解と不信を招く背景ともなっている。

　一方、現在の国際社会は、東西間の緊張緩和、南北間の格差解消、資源問題等多くの世界的課題に直面し、国際的協力と協調の必要性が従来以上に強調されており、このような国際社会からの要請にこたえる意味からも、目前の利害にとらわれることなく、各国国民との友好関係の増進を積極的に志向する国際性豊かな日本人の育成を図るとともに、進んで諸外国との相互理解を深め、相互の発展向上に努めることを我が国に課せられた極めて重要な課題として認識する必要がある。

　この際、政府間の政治的及び経済的取決めのみに基づく平和は永続するものではなく、真の平和は、人類の知的精神的連帯の上に築かれるというユネスコ憲章の前文を想起し、人類の知的精神的連帯を深める基盤ともいうべき教育・学術・文化の国際交流の重要性を正しく評価すべきである。その意味で従来我が国の国際交流諸活動がしばしば政治・経済の交流を中心として展開されてきたことを、深く反省しなければならない。

　このような反省の上に立って、まずもって、国際理解と協調の精神を持ち、国際社会において信頼と尊敬を受けるに足る日本人の育成に積極的に取り組むとともに、相互の連帯と発展向上の基盤となるべき教育・学術・文化の国際交流活動を、国内におけるこれらの振興施策を踏まえて抜本的に改善し拡大しなければならない。

附録2 日本外国語教育政策史資料　407

第1　教育・学術・文化における国際交流の目標及び基本的考え方（略）
第2　教育・学術・文化における国際交流振興のための重点施策

1.　国際社会に生きる日本人の育成

　我が国が、国際社会の一員として、積極的にその義務と責任を果たすためには、国民一人一人が日本及び諸外国の文化・伝統について深い理解を持ち、国際社会において信頼と尊敬を受ける能力と態度を身につけた日本人として育成されることが基本的な課題である。今後は、このような認識に立って、これらの能力を備え、知・徳・体の調和のとれた日本人の育成を目指し、学校教育、社会教育及び家庭教育の全般を通じて改善充実を図る必要がある。特にその場合、国際理解教育、外国語教育等の一層の充実を図り、国際協調の精神を培い、国際理解を深めるよう配慮すべきである。

1　国際理解教育の推進

　学校教育や社会教育における国際理解教育については、ともすれば観念的な知識としての理解にとどまってしまう点も指摘されている。したがって、今後この教育の推進に当たっては、具体的な実践にまでつながるような工夫をする必要がある。

(1)小・中・高等学校における国際理解教育の振興のために教育内容・方法を改善するとともに、国際理解のための実践的活動を行う場の拡大についても考慮すること。
(2)青少年及び勤労者を含む一般成人に対する国際性の啓培を推進するために、社会教育の分野において、国際理解を深め、国際協調の精神をかん養する教育活動を促進する具体的な施策を計画すること。
(3)小・中・高等学校の教員及び学校教育・社会教育・文化活動の指導者に国際性を持たせるために、現行の海外派遣事業を更に拡充すること。
(4)海外勤務者の子女の教育については、国際性を培い、国際理解を深めるという観点からも留意すべきものでもあるので、その改善充実について特に配慮すること。

2　外国語教育の改善

　我が国民のコミュニケーションの手段としての外国語能力は一般的に見て極めて貧弱である。このことは、国際交流活動を進める上での大きな障害となっている。したがって、この面における外国語能力の向上を図ることは、今後の国際交流推進のために極めて大きな課題である。

(1)中学校・高等学校における外国語教育については、コミュニケーションの手段としての外国語能力の基礎を培うための教育内容・方法及び教育環境について一層の改善を図ること。
(2)高等教育機関においても、外国語能力の向上を図るため、一般教育としての外国

語教育の在り方について検討すること。

(3) 優秀な外国人を採用し、外国語教育において活用することを実態に即して一層推進すること。

(4) 外国語教員の指導力の向上を図るため、語学研修のための海外留学について積極的な施策を講ずること。

3 大学の国際化

大学は歴史的に見て、国際的な性格と役割を有するものである。各大学は自ら国際的使命を自覚し、学内におけるその本来の教育研究環境を確保し、日常的活動の一環として、国際交流活動を積極的に推進すべきである。特に、国際性の啓培や国際理解の促進を目的とした教育研究活動や、教員・学生の国際交流活動を推進するとともに、その体制を整備する必要がある。

(1) 従来断片的であった外国に対する理解及び研究を総合的な観点から促進するため、地域研究や比較研究等を一層推進すること。また、教育面においてその成果を反映させるためにも、関係諸分野における教育・研究体制の整備を図ること。

(2) 留学生交流担当組織の拡充を図るとともに、留学生の受入れ及び派遣等大学の学生国際交流活動を積極的に勧奨し、援助すること。

(3) 外国人教員の採用を容易にし、積極的に受け入れる必要がある。そのために、現行の処遇、任用等に関し、具体的な改善策を至急検討すること。

(4) 大学における国際的な研究協力を積極的に推進するために必要な援助措置を講ずること。

(5) 以上のような諸課題を含め、国際化を促進するための特別計画を持つ大学に対して積極的な財政援助を行うこと。

(中略)

教育・学術・文化における国際交流振興のための具体的施策 (答申附属書)

第1 教育の国際交流

1. 国際社会に生きる日本人の育成 (抄)

2 外国語教育の改善

(1) 学校教育における外国語教育の改善を図るため、少人数グループによる指導や教育機器の一層の活用など、学生・生徒の実態に即した様々な教育方法を積極的に取り入れること。

(2) 高等学校及び中学校において、コミュニケーションの手段としての外国語教育の改善・充実を図るため、外国人を積極的に採用し、指導主事及び外国語担当教員の補助者として、授業、研修等に参加させること。

(3) 外国語担当教員の指導力を向上させるため、短期、長期の海外研修計画を積極的

附録 2　日本外国語教育政策史資料　409

に勧奨し、これに対し財政援助を行うこと。
(4) 大学や各種学校等において、英語以外に多様な外国語教育を行う機会を拡充する施策について検討すること。
(5) 高等教育機関における語学教育の改善を図るため、語学教育研究の組織の整備、語学担当教員の海外派遣、外人講師の積極的な採用、教育機器の整備等を推進するとともに、語学能力の認定試験制度を取り入れるなどの方策についても検討すること。

(出典) 文部科学省のホームページ (2014 年 8 月 28 日検索)
　http://www.mext.go.jp/b_menu/shingi/old_chukyo/old_chukyo_index/toushin/1309532.htm

【資料 12】 1974 年度日本英語教育改善懇談会「英語教育の改善に関するアピール」 1974 (昭和 49) 年 12 月 1 日

　1974 年度日本英語教育改善懇談会は、英語教育の現状に対する認識および将来への展望に基づき、早急に改善策を講ずべき諸問題を討議した結果、「学習指導要領」、「授業時教とクラスサイズ」、「教員の研修」について、次のとおり意見の一致をみた。懇談会は、これを英語教育改善に関する第 1 回のアピールとする。

1.　学習指導要領について
　(1) 学習指導要領は、教員のための指針であって、教員や教科書その他の教材などを規制するものであってはならない。
　上記の趣旨から、学習指導要領のうち英語に関する部分について、次のことを要望する。
　ア．指導内容については、基本的な事項を示すにとどめること。
　イ．中学校学習指導要領の学年別指定をすべて廃止すること。
　ウ．語いについて、語数および中学の語・連語の指定を廃止すること。
　(2) 上記 1 に関連し、教科書について、次のことを要望する。
　ア．中学および高校の教科書について、定価やページ数の枠、および活字の大きさや色刷りの制限を緩和すること。
　イ．中学の教科書の広域採択制度を廃止すること。
　ウ．中学の教科書採択に際して、いわゆる「学年進行」を認めること。

2.　授業時数とクラスサイズについて
　(1) クラスサイズについて、次のことを要望する。
　ア．効果的な語学教育の見地から、1 学級の生徒数は 20 名を上限とすること。

ただし、現状に即して考えれば、1学級の生徒数を漸減する措置を続けて、多くとも35名をこえることのないようにすること。

イ．当面、各都道府県において、実験的に中学の初学年などで、現行の学級の2分の1程度の生徒数で語学教育ができるような措置を講ずること。

(2) 授業時数について、次のことを要望する。

ア．中学の授業時間数は、現行の週あたり「標準3時間」を「最低4時間」とすること。

イ．英語科教員の担当時間数は、中学・高校を通じ、週あたり15時間をこえないこと。

3. 教員の研修について

(1) 中学・高校の英語科教員は、研修の必要度が特に高い。国および地方教育委員会は、現職教員のさまざまな自主的研修を可能にするため、次のような制度的・財政的裏づけを実現するよう要望する。

ア．教員の自己研修を容易にするため、教員定員の増加・研究日制度の確立・研究費の増額・補充教員の配置などの方策を強化すること。

イ．現職教育を行なう民間諸機関・団体の活動を積極的に援助し協力すること。

ウ．研修の一環として、教員が大学を利用しやすいようにすること。

エ．英語科教員には特に海外研修の機会を広く与える制度を強化すること。

オ．国および地方教育委員会・教育センターなどの主催する研修についても一層の充実を計ること。

〔組織代表の個人39名と学会・研究会9団体の名前は省略〕

(出典)『英語教育』1975(昭和50)年4月号、29頁、大修館書店

【資料13】英語教育改善調査研究協力者会議「中学校及び高等学校における英語教育の改善について（報告）」 1975(昭和50)年6月19日

本協力者会議においては、中学校及び高等学校における英語教育の改善について、昭和49年11月以来、慎重に審議を重ねてきましたが、このたび、下記のとおり結論を得ましたので、ここに報告いたします。

記

1 中学校及び高等学校における英語教育改善の基本方向

最近における国際交流の急速な進展の中にあって、我が国が今後諸外国との相互理

解を深めていくためには、国民のできるだけ多くの者が、国際語の一つである英語を理解し使用する能力をもつことが必要であるとされてきている。

これからの英語教育は、このことを配慮しつつ広く振興されることが望ましいが、学校における英語教育の改善に当たっては、学校教育が人間として調和のとれた育成を目指すことを基本としていることから、学校教育全体の改善方向を踏まえ、他教科との密接な関連の下に取り進めることが必要である。

特に中学校及び高等学校における英語教育は、生徒が将来必要に応じて英語その他の外国語をより深く学習できるための基礎を偏りなく習熟させるとともに、併せて広い視野と豊かな教養とを培う基礎ともなり得るよう一層の改善を図っていくべきである。

また、その教育内容や方法については、当初はできるだけ多くの生徒が学習する機会をもち、漸次生徒の能力・適性・進路等に応じて適切な学習ができるよう工夫するとともに、聞くこと、語すことの指導にも十分な配慮を加える必要がある。

2　英語教育改善のための方策

上記1に述べた方向に沿って英語教育の成果を高めていくためには、種々の面にわたっての具体的な改善方策を総合的に講ずる必要があるが、英語教育の在り方を含む教育内容の改善については、現在教育課程審議会において別途に検討が進められているので、本協力者会議では、主として条件整備の面に関して当面実施が急がれる施策を中心に以下のように取りまとめた。

(1) 英語担当教員の研修

英語教育の充実は、教員の英語能力と指導力の向上に負うところが大きいことから、特に次のような施策を講ずることにより教員研修の一層の充実を図ること。なお、研修内容の設定に際しては、英語を読み、書く能力とともに、聞き、話す能力も十分高められるよう留意すること。

　ア　指導的立場にある教員を対象とする1か月程度の研修を実施すること。

　イ　各都道府県が教員の英語能力と指導力向上を図るための研修を年次計画により実施できるよう援助すること。

　ウ　各学校における校内研修が一層推進できる方途について指導助言すること。

　エ　教員の内地留学を、特に大学院段階において、推進するとともに、英語教育関係団体の実施する教員研修への参加についても奨励を図ること。

　オ　教員の英語能力と指導力を高めるための海外研修を国内研修との関連を保ちながら拡充強化すること。

(2) 視聴覚教材及び教育機器の整備

英語学習において視聴覚教材や教育機器の果たす役割は大きいものがあるので、学校において、その効果的利用を図るための研究や工夫が進められるようにするととも

に、学校規模に即してテープ式録音機、ランゲージラボラトリー、ビデオテープレコーダー、オーバーヘッド投映機などの整備を計画的に推進すること。

(3) 指導上の工夫改善
　英語が日本語と言語系統を全く異にしていることや、生徒の能力に著しい差を生ずる教科の一つであることなどから、指導に際しては、外国における指導法の単なる模倣に陥ることなく、生徒の能力・適性・興味関心等に応じた学習形態の工夫や指導法の開発が、学校において進められるような方途を講ずること。なお、この場合次の点についても十分配慮すること。
　　ア　学習指導要領の内容を改善して、生徒の実態に即してより弾力的に英語の指導
　　　　ができるようにすること。
　　イ　教科書の内容については、題材や語いの選定に偏りがないようにするととも
　　　　に、英語を聞き、話し、読み、書く能力の基礎を一層定着させるための精選を図
　　　　ること。
　　ウ　生徒の自発的興味関心に基づいて英語の能力を伸ばせるよう、英会話クラブ、
　　　　スピーチクラブ、英語劇クラブ、ペンパルクラブなど英語に関するクラブ活動の
　　　　振興を図ること。

(4) 高等学校における英語科の設置
　英語に対する素質・能力・志望等を有する生徒に対してより一層深く英語教育を施していくため、専門教育を主とする学科としての英語科をもつ高等学校が各都道府県に設置されるよう奨励するとともに、必要な条件整備を図っていくための次のような措置を検討すること。
　　ア　英語科の教育課程において実習的な教育内容の占める時間数その他を勘案し
　　　　て、教職員定数について特別の措置を講ずること。
　　イ　英語の指導、特に聞くこと、話すことの指導の効果を一層高めるため、必要に
　　　　応じて外国人による指導を受けることができるような措置を講ずること。
　　　　なお、上記の外国人が、英語担当教員の研修会において活用されるようなこと
　　　　についても配慮すること。
　　ウ　設備等については、専門教育を主とする学科としてふさわしいものが十分整備
　　　　できるような措置を講ずること。

附帯意見（大学において配慮すべき改善事項）

(1) 教員養成における改善
　英語担当教員を養成する大学の課程における教育の内容や方法について、英語を聞き、話し、読み、書く能力が高く、かつ指導力の優れた教員が養成できるよう配慮がなされ、このため、英会話及び英作文に係わる授業科目について時間数を増加することなど授業科目の内容や指導方法について一層の改善が図られることが望ましい。

附録 2　日本外国語教育政策史資料　413

(2) 大学入学者選抜における改善

　大学入学者選抜学力検査における英語の出題内容が、高等学校の英語教育に大きな影響を与えることにかんがみ、その出題に当たっては、単に選抜上の観点だけでなく、高等学校における英語教育の正常な発展を図るという観点からも配慮されることが望ましい。

(出典)『英語教育』1975（昭和 50）年 8 月号、50–51 頁、大修館書店（和田稔編著（1987）『国際化時代における英語教育：Mombusho English Fellows の足跡』山口書店、10–13 頁参照）

【資料 14】中学校英語週三時間に反対する会「中学校英語週三時間の強制に反対する請願書」 1981（昭和 56）年 11 月と 1982（昭和 57）年 3 月　衆参両院議長に提出

〔請願の趣旨〕

一、国際化時代といわれている今日、世界に生きる日本人の国民教育としての英語教育の重要性は改めて言うまでもありません。ところが今年度から全国の公立中学校では英語の授業時数が一律に、しかも強制的に、週三時間に減らされました。これは時代の流れに逆行するものです。

二、外国語学習ではじっくりと時間をかけ、丁寧にくり返すことが必要です。現在でも「落ちこぼれ」や「勉強嫌い」が問題となっていますが、週三時間になり、この傾向が一層助長されております。教師にも、生徒にも無理が生じ、学習効果は著しく低下します。

三、週三時間では英語を丁寧に教えられなくなり、その結果塾や家庭教師に頼る生徒の数が増えています。生徒の英語の学力の差は、授業の中だけでなく、家庭の経済状況によっても拡大されることになり、これでは国民教育としての英語教育が、一部の恵まれた家庭の生徒たちだけのものになってしまいます。これはまさに重大な社会問題です。

四、以上の趣旨から文部省や教育委員会が公立中学校に英語週三時間を強制することに反対し、各中学校の自主性により英語を週四時間以上でも教えられる道が開かれるよう請願します。

〔請願事項〕

一、文部省は、各都道府県教育委員会に対し、公立中学校の英語の授業時教の上限を週三時間とすることを一律に強制することのないようにすること。

一、各都道府県教育委員会は、所管の地方教育委員会及び各公立中学校に対して、各公立中学校が教育課程を編成する際には、各校の自主性を尊重する立場を明確にして、英語の授業時数の上限を週三時間とすることを一律に強制したり、一律に強制

させるように指導したりしないこと。

（出典）若林俊輔・隈部直光（1982）『亡国への学校英語』英潮社新社、43–44頁

【資料 15】臨時教育審議会「臨時教育審議会　第二次・第三次・第四次答申」（抄）
　　　　　　1986（昭和 61）～1987（昭和 62）年

1.　「臨時教育審議会第二次答申」（抄）　1986（昭和 61）年 4 月 23 日

（3）外国語教育の見直し

> 　現在の外国語教育、とくに英語の教育は、長期間の学習にもかかわらず極め
> て非効率であり、改善する必要がある。
> ア　各学校段階における英語教育の目的の明確化、学習者の多様な能力・進路
> 　　に適応した教育内容や方法の見直しを行う。
> イ　大学入試において、英語の多様な力がそれぞれに正当に評価されるよう検
> 　　討するとともに、第三者機関で行われる検定試験などの結果の利用も考慮す
> 　　る。
> ウ　日本人の外国語教員の養成や研修を見直すとともに、外国人や外国の大学
> 　　で修学した者の活用を図る。また、英語だけでなくより多様な外国語教育を
> 　　積極的に展開する。

① 　これからの国際化の進展を考えると、日本にとって、これまでのような受信専用
でなく、自らの立場をはっきりと主張し、意思を伝達し、相互理解を深める必要性
が一層強まってくる。その手段としての外国語、とくに英語教育の重要性はますま
す高まってくるものと考える。しかし、現在の外国語教育については、長時間かつ
相当の精力を費やしているにもかかわらず、多くの学習者にとって身に付いたもの
となっていないなど種々の問題がある。
② 　まず、中学校、高等学校等における英語教育が文法知識の修得と読解力の養成に
重点が置かれ過ぎていることや、大学においては実践的な能力を付与することに欠
けていることを改善すべきである。今後、各学校段階における英語教育の目的の明
確化を図り、学習者の多様な能力・進路に適応するよう教育内容等を見直すととも
に、英語教育の開始時期についても検討を進める。その際、一定期間集中的な学習
を課すなど教育方法の改善についても検討する。
③ 　また、大学入試における英語について、例えば高等学校段階で学習した聞く、話
す、読む、書くなどの多様な力がそれぞれに正当に評価されるようにするなどの検
討を行うとともに、大学入試において、TOEFL などの第三者機関による検定試験

の結果の利用も考慮する。

④　日本人の外国語教員の養成や研修を見直すとともに、外国人や外国の大学で修学した者の活用を図る。さらに、今後の国際化の広がりを考えると、英語だけでは十分でなく、近隣諸国の言語をはじめとするより多様な外国語教育を積極的に展開する必要がある。

　　関連して、国語力のある者が外国語の能力も伸びるとの見方もあることから、外国語教育の問題を考えるに当たって国語力を重視する必要がある。

2.　臨時教育審議会第三次答申（抄）　1987（昭和62）年4月1日

③　コミュニケーションに役立つ言語教育—国際通用語としての英語および日本語

> ア　外国語とくに英語の教育においては、広くコミュニケーションを図るための国際通用語（リンガ・フランカ）習得の側面に重点を置く必要があり、中学校、高等学校、大学を通じた英語教育の在り方について、基本的な見直しを行う。
> イ　外国人に対する日本語教育については、国際通用語としての日本語の研究および教育方法・教材の開発が緊要である。また、日本語教員の養成を急ぐとともに、海外における日本語の普及に努める。

（ア）　第二次答申において指摘したように、現在の英語教育は極めて非効率であり、その在り方について基本的に見直す必要がある。

　今後の英語教育においては、広くコミュニケーションを図るための国際通用語としての英語の習得に重点を置くこととし、教育内容をより平易化するとともに、自らの意思を積極的に伝える観点から教育内容や方法の見直しを図る。

　このような問題や第二次答申の趣旨を踏まえ、かつ、とくに各学校段階間の連携を強化する観点から、中学校、高等学校、大学を通じた英語教育の在り方について、縦断的な場を設け、総合的な調査、検討を行う必要がある。

（イ）　国際通用語としての英語に対し、いわば民族言語としての英語の教育もおろそかにされてはならない。さらに、英語以外の多様な外国語の学習の重要性が強調されなければならない。すなわち、大学における第二外国語は、仏語、独語、スペイン語等のほか、例えば、近隣アジア諸国の言語も積極的にその対象とする必要があり、そのためにも、大学間の単位互換の推進を図るとともに、外部の第三者機関による検定試験の結果、専修学校等における履修やサマースクールでの成果等について大学の単位の認定に当たり一定の評価を与え得る方策について検討する。関連して、とくに英・仏・独語以外の言語については、学習の基礎となる辞書の編さんすら十分ではなく、行政的対応を含めその充実を図る必要がある。

　また、帰国子女等への対応を含め、高等学校段階において選択教科として幅広い外

国語教育の推進を図るとともに、大学入試においても外国語科目の多様化に配慮する。

（ウ）　日本語教育に対する需要は、量的に増大し、また質的にも多様化しており、積極的な対応策を講じていくことが緊要な課題である。日本語をコミュニケーションの手段として習得しようとする外国人のための日本語（国際通用語としての日本語）と日本古典の研究などの一環としての日本語との区分を明確にし、国際通用語としての日本語の研究および教育方法・教材の開発体制の整備を推進していくことが必要である。とくに、優れた日本語教員の養成のため大学の学部、大学院における日本語教育コースを確立するとともに、現地の要請・需要に応じて、大学間交流などを通じた外国の大学への日本語教員の協力派遣、資材供与等、海外における日本語の普及に努める必要がある。

　一方、日本人にとっての国語としての日本語については、正しく美しい日本語を読み、書き、語る能力を身に付けることが、日本の古典・文化の継承と発展に不可欠であり、日本人に対しての厳しい国語教育の重要性が強く指摘されなければならない。

3.　「**臨時教育審議会第四次（最終）答申**」（抄）　1987（昭和 62）年 8 月 7 日

3　外国語教育の見直し

ア　外国語とくに英語の教育においては、広くコミュニケーションを図るための国際通用語習得の側面に重点を置く必要があり、中学校、高等学校、大学を通じた英語教育の在り方について、基本的に見直し、各学校段階における英語教育の目的の明確化、学習者の多様な能力・進路に適応した教育内容や方法の見直しを行う。

イ　大学入試において、英語の多様な力がそれぞれに正当に評価されるよう検討するとともに、第三者機関で行われる検定試験などの結果の利用も考慮する。

ウ　日本人の外国語教員の養成や研修を見直すとともに、外国人や外国の大学で修学した者の活用を図る。また、より多様な外国語教育を積極的に展開する。

（出典）文部省大臣官房編（1987）『文部時報』第 1327 号（8 月臨時増刊号：臨教審答申総集編）

【資料 16】 教育課程審議会「**幼稚園、小学校、中学校及び高等学校の教育課程の基準の改善について（答申）**」（抄）　1987（昭和 62）年 12 月 24 日

外国語

ア 改善の基本方針

　中学校及び高等学校を通じて、国際化の進展に対応し、国際社会の中に生きるために必要な資質を養うという観点から、特にコミュニケーション能力の育成や国際理解の基礎を培うことを重視する。このため、読むこと及び書くことの言語活動の指導がおろそかにならないように十分配慮しつつ、聞くこと及び話すことの言語活動の指導が一層充実するよう内容を改善する。また、生徒の学習の段階に応じて指導が一層適切なものになるよう指導内容をより重点化・明確化するとともに、生徒の実態等に応じ多様な指導ができるようにする。さらに、これらを通じ、外国語の習得に対する生徒の積極的な態度を養い、外国語の実践的な能力を身に付けさせるとともに、外国についての関心と理解を高めるよう配慮する。

　その際、中学校においては、初めて外国語を学習することにかんがみ、生徒の外国語に対する興味・関心を高め基礎的・基本的な内容の定着が一層図られるようにするとともに、発展的、段階的な指導や多様な教育活動が展開されるよう内容を改善する。また、高等学校においては、生徒の能力・適性、進路等に応じて適切な選択が可能となるよう科目の構成や履修の仕方を改める。

イ 改善の具体的事項

（中学校）

（ア）「言語活動」については、現行の3領域のうち、「聞くこと、話すこと」をそれぞれ独立させて、「聞くこと」、「話すこと」、「読むこと」及び「書くこと」の4領域で構成することとし、聞くこと及び話すことの指導が一層充実するよう内容を改善する。また、各学年において指導の発展性、段階性がより明確になるように内容を示すこととする。その際、例えば、第1学年の入門期の指導においては音声による指導を重点的に行うようにするなど、実際の指導において生徒の学習の段階に応じた適切な指導ができるよう配慮する。

（イ）「言語材料」については、生徒の実態に応じ多様で豊かな言語活動を行うことができるようその取扱いの一層の弾力化を図る。その際、文型、文法等の学年による配当の枠を外すことを考慮し、実際の指導の場面において取り上げる言語活動の内容に即し、多様な表現活動が展開できるよう配慮する。

（ウ）題材については、生徒の心身の発達段階に即して、諸外国の人々の生活や日本人の生活に関するものなどを含め、生徒の興味・関心を喚起し、国際理解に役立つものを広く取り上げるよう配慮する。

（エ）聞くこと及び話すことの指導に当たっては、特に音声による指導を重視し、ネイティブ・スピーカーの活用や教育機器の利用などが一層進められるよう配慮する。

（オ）各学年における授業時数の弾力的運用については、教科の内容を一層定着させるため、基礎的・基本的事項の補充や深化を行ったり、日常生活に関する会話やヒアリングの充実など言語活動をより深め、豊かにするための多様な教育活動が展開

できるようにする。

（カ）英語以外の外国語については、改善の基本方針に即してその特性や履修の実態
　　等に配慮して改善する。

（出典）国立教育政策研究所（2005）『教育課程の改善の方針、各教科等の目標、評価の
　　観点等の変遷：教育課程審議会答申、学習指導要領、指導要録（昭和 22 年〜平成
　　15 年）』（PDF 版）国立教育政策研究所

【資料 17】外国語教育の改善に関する調査研究協力者会議「中学校・高等学校におけ る外国語教育改善の在り方について（報告）」（抄）　1993（平成 5）年 7 月 30 日

8.　外国語の学習の開始年齢の問題について

1.　児童は、外国語に対する新鮮な興味と率直な表現力を有し、音声面における柔軟
　　な吸収力を持っているため、外国語の習得に極めて適している。そのため、小学校
　　段階から外国語教育を開始すれば、その能力を中学校、高等学校へと発展すること
　　により、日本人の外国語の能力は著しく向上するとの考え方がある。
　　　また、小学校段階では日本語を基礎としたコミュニケーション能力の育成をまず
　　重視すべきであるとの考え方や、児童の学習負担という見地からも慎重な検討が必
　　要であるとの考え方もある。

2.　小学校で外国語を教科として指導するとなると、上記の問題のほか小学校教育の
　　基本的な在り方や目標についてどう考えるのかという問題、教員の確保の問題、教
　　科としての目標、内容、評価をどうするのかという問題、他の教科との関係の問題
　　等検討すべき多くの問題があることが指摘されている。
　　　このような観点を踏まえ、何より実践的な研究を一層積み上げることが肝要であ
　　り、研究開発学校等の制度を活用して研究実践を充実することが適当である。
　　　その際、研究を内容的に深め、授業時間内での取り組み、部活動等課外活動とし
　　ての取り組みなど様々な幅広い試みができるような実践研究を行うことが必要であ
　　る。

（出典）文部科学省のホームページ（2014 年 8 月 28 日検索）
　　http://www.mext.go.jp/b_menu/shingi/chukyo/chukyo3/015/siryo/attach/1400408.htm

【資料 18】中央教育審議会「21 世紀を展望した我が国の教育の在り方について（第一 次答申）：子供に［生きる力］と［ゆとり］を」（抄）　1996（平成 8）年 7 月 19 日

附録2　日本外国語教育政策史資料　419

第3部第2章　［3］外国語教育の改善
（中学校・高等学校における外国語教育の改善）

　今後の国際化の進展を考えると、相手の立場を尊重しつつ、自分の考えや意見を表現し、相互理解を深めていく必要性は、これから一層強まっていくものと考えられる。特に我が国にとって、今後、国際交流、さらには国際貢献を積極的に行っていく上で、その必要性は極めて高く、その手段としての外国語の重要性はますます高まっていくであろう。こうした観点から、中学校・高等学校における外国語教育については、これまで学習指導要領の改訂のたびに「コミュニケーションの手段」としての外国語という観点から改善が図られてきたところであるが、リスニングやスピーキングなどのコミュニケーション能力の育成をさらに重視する方向で改善を図っていく必要がある。しかし、その改善の実をあげるためには、カリキュラムの改善だけでなく、指導方法の改善、教員の指導力の向上、入学者選抜の在り方の改善など、様々な取組を行っていかなければならない。

　指導方法の改善に関しては、ティーム・ティーチング、グループ学習、小人数学習や個別学習など個に応じた指導の一層の充実を図っていくことが必要である。そのためには、教員配置の改善を一層進めるとともに、LLやオーディオ・ビジュアル機器等の整備など、施設・設備面の改善が大切であるし、また、インターネットなどを活用した指導方法の開発等も重要なことと考えられる。

　教員の指導力の向上に関しては、養成、採用、研修の各段階において改善を図っていかなければならない。外国語担当教員の養成については、カリキュラムを一層改善するとともに、海外での外国語学習経験の重要性にかんがみ、教員養成課程の学生のための各種留学制度を一層充実させる必要がある。

　外国語担当教員の採用に当たっては、外国語によるコミュニケーション能力に関する評価を一層重視するとともに、採用後は、海外研修を充実し、できるだけ多くの外国語担当教員が海外での研修の機会を持てるようにすることが望まれる。

　また、コミュニケーション能力を育成するための指導体制を充実させる観点から、現在、我が国の外国語教育の改善や国際理解教育の充実に成果をあげている外国語指導助手（ALT）の招致人数の拡大や多様な国からの招致を図るとともに、外国人留学生や海外生活経験者などの積極的な活用も検討されるべきである。

　我が国の外国語教育、とりわけコミュニケーション能力の育成を重視した外国語教育の改善について考えるとき、大学・高等学校の入学者選抜の在り方も視野に入れなければならない。近年、リスニング試験の導入などいろいろな工夫・改善がなされてきているが、コミュニケーション能力の育成という観点に立って、その能力を適切に評価するよう、選抜方法の一層の改善を図っていく必要がある。

　また、各学校が、生徒や学校の実態を踏まえて、創意工夫を生かしつつ柔軟に外国語教育を進めていくことが必要である。このため、中学校においては、外国語の授業時数の選択幅の拡大や授業時間の設定の仕方に様々な工夫ができるよう、教育課程の弾力化を図るとともに、高等学校においては、英語検定等の技能審査の成果や専修学

校での学習を単位認定する制度を拡充し、それらの一層の活用を図るなどの改善を図っていくべきであると考える。

　中学校・高等学校の外国語教育は、現在、圧倒的に英語教育となっているが、これからの国際化の進展を考えるとき、生徒が様々な言語に触れることは極めて意義のあることであり、今後は学校の実態や生徒の興味・関心等に応じて、多くの外国語に触れることができるような配慮をしていくことも必要であろう。

　なお、外国語教育の改善に当たっては、その基礎として、言語能力を適切に身に付けていることが必要であり、その意味で、国語教育の重要性を再認識する必要があることを指摘しておきたい。

（小学校における外国語教育の扱い）

　小学校段階において、外国語教育にどのように取り組むかは非常に重要な検討課題である。

　本審議会においても、研究開発学校での研究成果などを参考にし、また専門家からのヒアリングを行うなどして、種々検討を行った。その結果、小学校における外国語教育については、教科として一律に実施する方法は採らないが、国際理解教育の一環として、「総合的な学習の時間」を活用したり、特別活動などの時間において、学校や地域の実態等に応じて、子供たちに外国語、例えば英会話等に触れる機会や、外国の生活・文化などに慣れ親しむ機会を持たせることができるようにすることが適当であると考えた。

　小学校段階から外国語教育を教科として一律に実施することについては、外国語の発音を身に付ける点において、また中学校以後の外国語教育の効果を高める点などにおいて、メリットがあるものの、小学校の児童の学習負担の増大の問題、小学校での教育内容の厳選・授業時数の縮減を実施していくこととの関連の問題、小学校段階では国語の能力の育成が重要であり、外国語教育については中学校以降の改善で対応することが大切と考えたことなどから、上記の結論に至ったところである。

　小学校において、子供たちに外国語や外国の生活・文化などに慣れ親しむ活動を行うに当たっては、ネイティブ・スピーカーや地域における海外生活経験者などの活用を図ることが望まれる。また、こうした活動で大切なことは、ネイティブ・スピーカー等との触れ合いを通じて、子供たちが異なった言語や文化などに興味や関心を持つということであり、例えば、文法や単語の知識等を教え込むような方法は避けるよう留意する必要があると考える。

　さらに、各学校でのこうした教育活動を推進するため、研究開発学校における研究などにより、活動の在り方、指導方法などの研究開発を進めていくことも必要である。

（出典）文部科学省のホームページ（2014 年 9 月 26 日検索）

　http://www.mext.go.jp/b_menu/shingi/old_chukyo/old_chukyo_index/toushin/attach/

1309613.htm

【資料 19】中央教育審議会「21 世紀を展望した我が国の教育の在り方について（第二次答申）」（抄）　1997（平成 9）年 6 月 1 日

第 2 章第 2 節　（3）大学入学者選抜の改善等の具体的な取組
（A）入学者選抜の改善の在り方
［3］初等中等教育の改善の方向を尊重した入学者選抜の改善（抄）

　外国語、特に英語については、コミュニケーション能力の育成などを目指す改善の方向を踏まえ、入学者選抜においてリスニングを取り入れたり、履修科目等指定制を活用したり、あるいは英語検定などを活用することをもっと考えるべきである。大学入試センター試験をはじめ、各大学等における試験の問題の改善が図られつつあるが、一部の大学における英語の出題内容等の在り方が、文法や構文等に関する内容に重きが置かれていることなどにより、高等学校以下の英語教育の改善を阻害している一つの要因となっているとの指摘もあり、英語教育だけでなく、試験の問題についても一層の改善の努力が求められる。また、英語については、他の科目と比べると、学力試験において必須科目として課されることが多いという傾向が見られる。そのこと自体は、国際化に対応した教育を進めていく上で否定できないが、各大学・学部が、自らの教育理念や目的に応じながら、履修科目等指定制や英語検定の活用などを進める一方、例えば、入学定員の一部について英語を受験科目として課さないということも柔軟に考えていってよい。

（出典）文部科学省のホームページ（2014 年 9 月 26 日検索）
　http://www.mext.go.jp/b_menu/shingi/old_chukyo/old_chukyo_index/toushin/
　1309655.htm

【資料 20】教育課程審議会「幼稚園、小学校、中学校、高等学校、盲学校、聾学校及び養護学校の教育課程の基準の改善について（答申）」（抄）　1998（平成 10）年 7 月 29 日

11）外国語
ア　改善の基本方針
（ア）これからの国際社会に生きる日本人として、世界の人々と協調し、国際交流などを積極的に行っていけるような資質・能力の基礎を養う観点から、外国語による実践的コミュニケーション能力の育成にかかわる指導を一層充実する。その際、外

国語の学習を通して、積極的にコミュニケーションを図ろうとする態度と、視野を広げ異文化を理解し尊重する態度の育成を図る。

(イ)実践的コミュニケーション能力の育成を図るため、言語の実際の使用場面に配慮した指導の充実を図る。

(ウ)国際化の進展に対応し、外国語を使って日常的な会話や簡単な情報の交換ができるような基礎的・実践的なコミュニケーション能力を身に付けることがどの生徒にも必要になってきているとの認識に立って、中学校及び高等学校の外国語科を必修とすることとする。その際、中学校においては、英語が国際的に広くコミュニケーションの手段として使われている実態などを踏まえ、英語を履修させることを原則とする。

イ　改善の具体的事項

（中学校）

　基礎的・実践的コミュニケーション能力を育成することを重視して、次のような改善を図る。

(ア)学習段階を考慮して、「聞くこと」、「話すこと」、「読むこと」及び「書くこと」の四つの領域の言語活動の有機的な関連を図った指導を展開しながら、音声によるコミュニケーション能力を重視し、実際に聞いたり話したりするコミュニケーション活動を多く取り入れることとする。

(イ)ゆとりある弾力的な指導を一層可能にするため、現在は学年ごとに示している四つの領域の言語活動の内容を、3年間を通して一括して示すこととする。また、例えば、あいさつや依頼をすることなど日常的な言語の使用場面や言語のはたらきを例示し、それらを有機的に組み合わせることにより実際に言語を使用する幅広い言語活動が展開できるようにする。

(ウ)言語活動を行う上で必要となる音声、文や文型、文法事項、語及び連語などの言語材料については、基本的な事項に整理するとともに、文法事項や語数など内容の一部を削除する方向で見直す。

(エ)教材については、国際理解に役立つものを重視して取り上げるようにするとともに、コミュニケーション能力の育成を図る観点から、実際に使用する経験を重ねながら言語の習熟を図ることを重視して、言語を使用する場面や言語のはたらきに配慮したものを取り上げるものとする。

(オ)指導に当たっては、個別指導、小集団による活動、視聴覚教材の使用など生徒の能力や適性などに配慮した様々な工夫を図るとともに、ネイティブ・スピーカーなどの協力を得て行う授業を積極的に取り入れることや、インターネット等の情報通信ネットワークや教育機器などを指導上有効に生かすことに配慮する。

（高等学校）

　中学校の学習を踏まえながら、四つの領域の言語活動の有機的な関連を図った指導

を展開する中で、実践的コミュニケーション能力を育成するとともに、生徒の個に応じた指導を一層充実する観点に立って、次のような改善を図る。

(ア) 英語の各科目は「オーラル・コミュニケーションⅠ」、「オーラル・コミュニケーションⅡ」、「英語Ⅰ」、「英語Ⅱ」、「リーディング」及び「ライティング」とする。

(イ)「オーラル・コミュニケーションⅠ」は、中学校の学習を踏まえ、「聞くこと」及び「話すこと」の音声によるコミュニケーション活動の指導を重点的に行うことをねらいとして内容を構成する。その際、例えば、情報や自分の考えなどを整理して発表したり、話し合うなどの発表能力や表現能力を育成するために、簡単なロール・プレイ、スピーチ、ディスカッションなどやそれらの基礎になる活動を含めるようにする。

(ウ)「オーラル・コミュニケーションⅡ」は、「オーラル・コミュニケーションⅠ」の基礎の上に、さらに「聞くこと」及び「話すこと」の音声によるコミュニケーション活動の指導を発展的に行うことをねらいとして内容を構成する。

(エ)「英語Ⅰ」は、中学校での学習事項の一層の習熟を図り、「聞くこと」、「話すこと」、「読むこと」及び「書くこと」の四つの領域を総合的、有機的に関連付けたコミュニケーション活動の指導を行うことをねらいとして内容を構成する。

(オ)「英語Ⅱ」は、「英語Ⅰ」の基礎の上に、コミュニケーション活動の指導を発展的に行うことをねらいとして内容を構成する。

(カ)「リーディング」は、英語を読んで情報や書き手の意図などを場面や目的に応じて素早くとらえたり的確に把握するなど、文字によるコミュニケーション能力を高めるような指導を行うことをねらいとして内容を構成する。

(キ)「ライティング」は、英語を書いて情報や自分の考えなどを場面や目的に応じて的確に相手に伝えるなど、文字によるコミュニケーション能力を高めるような指導を行うことをねらいとして内容を構成する。

(ク) 言語活動、言語材料、教材、指導上の工夫及び配慮事項については、各科目のねらいに配慮しつつ、中学校と同様の趣旨で改善を図る。

(ケ)「オーラル・コミュニケーションⅡ」は「オーラル・コミュニケーションⅠ」を履修した後に、「英語Ⅱ」は「英語Ⅰ」を履修した後に履修させるようにする。また、「リーディング」及び「ライティング」は、「オーラル・コミュニケーションⅠ」又は「英語Ⅰ」を履修した後に履修させるようにする。

(コ) 英語以外の外国語については、その科目の構成、内容、指導方法等を弾力的に扱うことができるようにし、地域の実情や学校の実態に応じ、その履修が一層推進されるよう配慮する。

(出典) 文部科学省のホームページ (2014 年 8 月 28 日検索)
　　　　http://www.mext.go.jp/b_menu/shingi/old_chukyo/old_katei1998_index/
　　　　toushin/1310294.htm

【資料 21】「21 世紀日本の構想」懇談会の最終報告書「21 世紀日本の構想：日本の
　　　　　フロンティアは日本の中にある」（抄）　2000（平成 12）年 1 月 18 日

第 1 章　日本のフロンティアは日本の中にある（総論）
Ⅳ.　21 世紀日本のフロンティア
1.　先駆性を活かす
（2）グローバル・リテラシーを確立する

　グローバル化と情報化が急速に進行する中では、先駆性は世界に通用するレベルで
なければいけない。そのためには、情報技術を使いこなすことに加え、英語の実用能
力を日本人が身につけることが不可欠である。

　ここで言う英語は、単なる外国語の一つではない。それは、国際共通語としての英
語である。グローバルに情報を入手し、意思を表明し、取引をし、共同作業するため
に必須とされる最低限の道具である。もちろん、私たちの母語である日本語は日本の
文化と伝統を継承する基であるし、他の言語を学ぶことも大いに推奨されるべきであ
る。しかし、国際共通語としての英語を身につけることは、世界を知り、世界にアク
セスするもっとも基本的な能力を身につけることである。

　それには、社会人になるまでに日本人全員が実用英語を使いこなせるようにすると
いった具体的な到達目標を設定する必要がある。その上で、学年にとらわれない修得
レベル別のクラス編成、英語教員の力量の客観的な評価や研修の充実、外国人教員の
思い切った拡充、英語授業の外国語学校への委託などを考えるべきである。それとと
もに、国、地方自治体などの公的機関の刊行物やホームページなどは和英両語での作
成を義務付けることを考えるべきだ。

　長期的には英語を第二公用語とすることも視野に入ってくるが、国民的論議を必要
とする。まずは、英語を国民の実用語とするために全力を尽くさなければならない。

　これは単なる外国語教育問題ではない。日本の戦略課題としてとらえるべき問題で
ある。

（出典）首相官邸のホームページ（2015 年 11 月 3 日検索）
　　　　http://www.kantei.go.jp/jp/21century/houkokusyo/index1.html

【資料 22】経済団体連合会「グローバル時代の人材育成について」（抄）　2000（平成
　　　　　12）年 3 月 28 日

Ⅲ.　当面の課題
2.　英語等のコミュニケーション能力の強化　＊下線は原文
グローバル化の進展、インターネットの普及等に伴い、国際会議やビジネス等の場に
おいて、<u>英語は国際共通語</u>となった。とりわけ、英会話力をはじめとするコミュニケ

ーション能力が求められている。経団連が 1999 年 11 月に会員企業を対象に行なった アンケート調査でも、産業競争力の観点から、「英語力の不足」を懸念する回答が 最も多く、企業は社員の英語教育にかなりの時間と費用の負担を強いられているという 指摘が数多く出された。

しかしながら、わが国の英語教育は、読み書き中心であることから、聞く、話すといった英会話力がなかなか向上しない。実用的な英語力の強化のためには、できるだけ 幼少の時期から英語教育を開始し、耳から英語に慣れていくことが重要である。また、英語を母国語とする外国人教員の積極的採用、招聘などが不可欠である。コミュニケーション能力の問題は、英語に止まらない。国語である日本語についても、自分 の考え方を相手にわかりやすく的確に伝える表現力等を涵養する必要がある。このため、以下のような具体的方策が必要である。

1. 小・中・高校における英語力の育成

1. 技能としての英語力の重要性

英語力は、グローバル化の進展のなかで、いまや読み書き算盤に匹敵するひとつの技能である。まず、技能としての英語力が必要であるという認識を持つことが重要である。即ち、難解な英語の文章を解読する能力を身につける前に、日常で使用する基本的な英語表現を反復練習等によって身につけ、実用的な英語力を習得することに力点を置くべきである。

このため、小・中・高校においては、英会話を重視した英語教育に一層の力を入れるべきである。その際、小人数指導、習熟度別学級、情報機器のハード、ソフト等を利用した教材、インターネットによる海外の学校との交流などを利用して、学習効果をあげるよう創意工夫をすべきである。できるだけ幼少の時期から英語を聞き、発声することが英会話力を身につけるために有効であることから、小学校においては、2002 年度から始まる新学習指導要領によって設置される「総合的な学習の時間」を活用して、英語に触れる機会をできるだけ創るべきである。

2. 総合的な語学学習の必要性

小・中・高校においては、英語の技能の習得とともに、英語を利用した総合的 学習を行ない、総合力を育成することが重要である。小・中・高校のすべての 教育段階に設置される「総合的な学習の時間」を活用して、生徒が生きた英語 に直接触れる機会をできるだけ多く創るとともに、英語によるディベート、英 語劇、外国人との交流など、授業に対して創意工夫を凝らす必要がある。その 際、日本人教員と外国人教員によるティーム・ティーチング、帰国子女との英 会話等も効果的である。

2. 日本人ならびに外国人の英語教員の拡充・強化

英語教育を強化するためには、<u>英語教員の拡充・強化</u>が必要である。このため、中学、高校、大学において、英会話力を含む高い英語力を持ち、英語教授方法にも優れた日本人、ならびに英語を母国語とする外国人の教員を積極的に採用していくことが重要である。また、できるだけ幼少の時期から英語教育を開始することが効果も高いことから、少なくとも<u>小学校段階からの英語教育の開始</u>、このための<u>教員・指導員の養成・確保</u>にも努めるべきである。

1. 優れた日本人教員の採用、研修強化

1) 英語教員採用試験における TOEFL、TOEIC 等の活用

英語教員の採用試験においては、<u>TOEFL (Test of English as a Foreign Language) や TOEIC (Test of English for International Communication) 等を積極的に活用</u>する必要がある。また、臨時免許状、特別免許状、特別非常勤講師等の制度を活用して、海外勤務により実用的な英語に熟達した<u>民間人の採用</u>も図るべきである。

2) 英語教員への研修機会の拡大とインセンティブの付与

英語教員については、英語力、教育技術の向上のため、一定の期間ごとに<u>内外における研修機会</u>を与えるとともに、技能が格段に向上した者に対して、<u>給与面で処遇</u>すべきである。また、教員自らも、長期休暇等を利用して、常に英語力、教育技術の向上に努めるべきである。

2. 外国人教員の積極的採用、確保

1) 外国人教員の積極的採用、招聘

中学、高校、大学において、学生が生きた英語に触れ、実用的な英語力を身につけるため、<u>英語を母国語とする外国人教員の積極的採用、招聘</u>に努めるべきである。また、臨時免許状、特別免許状、特別非常勤講師等の制度も活用する必要がある。

2) 外国人指導員の拡充

外国人教員の採用に加え、ティーム・ティーチングにより教員の英語授業を補助する英語指導員についても大幅に拡大すべきである。このため、地方自治体は <u>JET (Japan Exchange and Teaching Program) をより一層活用</u>し、中学、高校の英語教育における<u>外国人指導員の大幅な拡充</u>に努めることが効果的である。併せて、<u>小学校の英語教育にも JET プログラムを拡大</u>すべきである。現在 5,000 人程度の外国人指導員が招聘されているが、まず<u>すべての中学、高校（約 16,000 校）に 1 名を招聘</u>することを目指すべきである。

また、優秀な外国人指導員については、教員と同等の資格があるものと

みなして、単独で英語授業を行なえる等の措置を講ずるべきである。さらに、JET で来日した外国人指導員については、研修の充実を図り、教育能力の向上、日本、日本語に対する知見の拡大を図るとともに、優れた教員となる資質を持つ者は、任期終了後に外国人教員として採用していくべきである。

3. 大学入試と大学・大学院教育の改善

1. 大学入試センター試験における英語のリスニングテストの実施
大学入試センター試験において、英語のリスニングテストをできるだけ早く実施すべきである。リスニングテストの実施は、中学、高校において会話重視の英語教育を行なう大きなインセンティブになると考えられる。また、各大学が個別に実施する入学試験においても、英語のコミュニケーション能力を重視することが重要である。

2. 大学、大学院生の英語力の強化
大学、大学院の専門科目等においても、英語テキストの使用、英語による講義などを積極的に行なうことによって、学生の英語力の向上を図るべきである。教材についても、現代的、時事的なテーマを活用する等の創意工夫が必要である。

3. 英語教員養成コースの充実
英語教員養成のためには、外国人教員から生の英語を聴くことができる教科を多く設けるとともに、中学、高校と大学、大学院との連携を密接にして、教育実習期間の延長を図り、英語の実践的な教授方法を磨くべきである。教育実習期間は、中学について、現行の 2 週間程度が 4 週間に延長されることになっているが、高校についても同様の措置を講ずるべきである。

4. 海外留学・研修制度の導入
1 年間程度の海外留学、数週間程度の海外研修等の制度の導入、充実・強化を図り、英語力、コミュニケーション能力、異文化理解力の向上・強化を図る必要がある。

4. 企業の採用・昇進における英語重視姿勢の明確化
―TOEFL、TOEIC 等の採用・昇進における活用―

企業にとっても、英語力は、特殊な能力としてではなく、すべての社員がある程度の水準まで保持しなければならないものとして考えていくことが重要である。このため、企業の採用において、英語力の重視の姿勢を打ち出す必要がある。その際、採用基準として、TOEFL、TOEIC 等を活用することも考えられる。また、従業員の昇進にあたっても、英語力を考慮すべきである。

5. 国語によるコミュニケーション能力の強化

コミュニケーション能力は、英語だけでなく、日本語についても、実社会において活躍するために、あらゆる場面において求められる重要な資質である。学校教育の各段階において生徒にディベートや発表等、表現力のトレーニングを積極的に行ない、「聞く、書く、話す」といった総合的なコミュニケーション能力の強化を図る必要がある。

(出典) 日本経済団体連合会のホームページ (2015 年 12 月 2 日検索)
　　　　http://www.keidanren.or.jp/japanese/policy/2000/013/index.html

【資料 23】大学審議会「グローバル化時代に求められる高等教育の在り方について（答申）」(抄)　2000 (平成 12) 年 11 月 22 日

1　グローバル化時代を担う人材の質の向上に向けた教育の充実
（外国語によるコミュニケーション能力の育成）

　グローバル化が進展する状況においては、外国語を駆使する能力が不可欠である。とりわけ英語は、現状において国際共通語として最も中心的な役割を果たしており、英語力は後述の情報リテラシーと併せてグローバルな知識や情報を吸収、発信し、対話、討論するための基本的な能力である。

　各大学においては、英語をはじめとする外国語によるコミュニケーション能力を重視して、外国語を聞く力や話す力の一層の向上を図るとともに、外国語で討論したりプレゼンテーションを行ったりできる能力を育成するための教育内容・方法の工夫改善が必要である。

　また、TOEFL、TOEIC 等国際的通用性の高い試験の成績に応じて単位の認定を行ったり、これらの試験の成績を各大学の教育目標に応じて入学者選抜に利用することなども考えられる。

　今後は、特に国際共通語としての重要度等が高まる言語あるいは近隣のアジア諸国の言語の教育について積極的に改善に取り組むことが必要である。

4　学生、教員等の国際的流動性の向上
（学生の海外派遣の充実）

　国際社会で活躍できる人材を育成するためには、学生に、外国語の習得だけではなく、異なる文化的背景を有する人々と共に学び生活することなどを通じて、相手の立場を理解しようとする感覚を身に付けさせるとともに、国境を越えた適応能力を獲得させることが大切である。このためには、できる限り若いうちに異文化体験を得させることが重要であり、短期留学による日本人学生の海外派遣を一層拡充、支援した

り、海外でのインターンシップの推進や、フィールドワーク等の単位化を促進したり
するなどの方策を充実することが必要である。

(出典) 文部科学省のホームページ (2016 年 1 月 10 日検索)
  http://www.mext.go.jp/b_menu/shingi/old_chukyo/old_daigaku_index/toushin/
  1315960.htm

【資料 24】文部科学省「『英語が使える日本人』の育成のための戦略構想の策定について」(抄)　2002 (平成 14) 年 7 月 12 日

1.　趣旨：
　経済・社会等のグローバル化が進展する中、子ども達が 21 世紀を生き抜くために
は、国際的共通語となっている「英語」のコミュニケーション能力を身に付けること
が必要であり、このことは、子ども達の将来のためにも、我が国の一層の発展のため
にも非常に重要な課題となっている。
　その一方、現状では、日本人の多くが、英語力が十分でないために、外国人との交
流において制限を受けたり、適切な評価が得られないといった事態も生じている。同
時に、しっかりした国語力に基づき、自らの意見を表現する能力も十分とは言えな
い。
　このため、日本人に対する英語教育を抜本的に改善する目的で、具体的なアクショ
ンプランとして「『英語が使える日本人』の育成のための戦略構想」を作成すること
とした。あわせて、国語力の涵養も図ることとした。

2.　経緯：
　(1) これまで、文部科学省では、英語教育の重要性に鑑み様々な有識者より意見を
　　　聴取してきた。具体的には、昨年 1 月、「英語指導方法等改善の推進に関する
　　　懇談会」の報告を受けた。また、本年 1 月から 5 月にかけて、5 回にわたり、
　　　「英語教育改革に関する懇談会」を開催し、計 20 人の有識者から意見を聴取し
　　　た。これらを踏まえて、別添のとおり、「『英語が使える日本人』の育成のため
　　　の戦略構想」をとりまとめた。
　(2) また、「経済財政運営と構造改革に関する基本方針 2002」(平成 14 年 6 月 25
　　　日、閣議決定) においても、人間力戦略の一環として、文部科学省において平
　　　成 14 年度中に英語教育改善のための行動計画をとりまとめることとなってい
　　　る。

3.　今後の進め方：
　この戦略構想に基づき、今後、直ちに実施可能なものは実施に移し、予算の必要な

ものは平成 15 年度概算要求を行う。そして、平成 15 年度政府予算案ができた段階で、本戦略構想を見直し、行動計画として決定する。

「英語が使える日本人」の育成のための戦略構想
―英語力・国語力増進プラン―

(注)○：現行施策、☆：新規・拡充施策。

戦略構想の達成目標	検討課題
◎国民全体に求められる英語力→中学・高校での達成目標を設定。 ・中学校卒業段階：挨拶や応対等の平易な会話（同程度の読む・書く・聞く）ができる（卒業者の平均が英検 3 級程度。）。 ・高等学校卒業段階：日常の話題に関する通常の会話（同程度の読む・書く・聞く）ができる（高校卒業者の平均が英検準 2 級〜2 級程度。）。 ◎国際社会に活躍する人材等に求められる英語力→各大学が、仕事で英語が使える人材を育成する観点から、達成目標を設定。	☆「英語教育に関する研究グループの組織」1 年間を目処に結論を出す。 ①各段階で求められる英語力等に関する指標について裏付けのための研究。 ②外部試験結果を指標に関連づけることの妥当性に関する研究。 ③外部試験結果を入試等で活用すること等の方策に関する研究。

主な政策課題	主要な施策とその目標
I. 学習者のモティベーション（動機付け）の高揚 ①英語を使う機会の拡充	○民間語学教育施設との連携強化等学校と地域が一体となった英語教育の推進。 ☆「外国人とのふれあい推進事業」：学校を中心とした英会話サロン、スピーチコンテスト及び留学生との交流活動等の事業を推進（自治体への補助事業）。 ☆「高校生の留学促進施策」：高校生の留学機会の拡大（年間 1 万人の高校生（私費留学生を含む）が海外留学することを目標。また、短期の国際交流事業等への参加も促進。 ☆「大学生等の海外留学促進施策」：海外への留学を希望する学生のための海外派遣奨学金の充実。

②入試等の改善	☆「高校入試」：外部試験結果の入試での活用促進。 ☆「大学入試」： ①大学入試センター試験でのリスニングテストの導入（平成18年度実施を目標）。 ②各大学の個別試験における外国語試験の改善・充実。 ③外部試験結果の入試での活用促進。 ☆「企業等の採用試験」：使える英語力の所持を重視するよう要請。文部科学省においても、職員の採用、昇任等の際に英語力の所持も重視。	④英語教育に関する研究や基礎的データの集約。 ⑤学校種を通じて一貫した教育内容の研究。 ⑥大学の英語教育の在り方に関する研究。
II. 教育内容等の改善	〈中学校・高等学校〉 ○新学習指導要領の推進（→4技能の有機的な関連を図り基礎的・実践的コミュニケーション能力を重視）。 ○中学・高校において、生徒の意欲・習熟の程度に応じた選択教科の活用又は補充学習の実施等、個に応じた指導の徹底。 ☆「スーパー・イングリッシュ・ランゲージ・ハイスクール」：高等学校等（3年間で計100校指定）における先進的な英語教育の実践研究。 ☆「外国語教育改善実施状況調査」：少人数指導や習熟度別指導等に関する実施状況及び先進的指導事例を調査。調査結果を公表するとともに、関連施策の進度の基準とする。 ☆「外国語教育に関する先進的指導事例集の作成」：教育課程研究センターにて上記調査結果をもとに、先進的授業事例に関する指導事例集を作成。	

	〈大学〉 ○優れた英語教育カリキュラムの開発・実践等を行う大学や、特に全課程を英語で授業する大学(又は学部)を重点的に支援。 ☆「英語による特別コースへの参加の促進」：留学生を対象として実施されている英語による特別コースへの日本人学生の参加の促進。	
III.英語教員の資質向上及び指導体制の充実	○国内研修(指導者講座)：毎年2千名(4週間)。 ○国外研修：短期118人、長期28人。	⑦英語教員が備えておくべき英語力の目標値について裏付けのための研究。
①英語教員の資質向上	☆目標設定：英語教員が備えておくべき英語力の目標値の設定(英検準1級、TOEFL550点、TOEIC730点程度)。 ①英語教員の採用の際に目標とされる英語力の所持を条件の1つとする事を要請。 ②教員の評価に当たり英語力の所持を考慮する事を要請。 ☆研修：「英語教員の資質向上のための研修計画」： ①平成15年度から5カ年計画で中学・高校の全英語教員6万人に対し、集中的に研修を実施(都道府県等への補助事業)。 ②大学院修学休業制度を活用した1年以上の海外研修希望の英語教員の支援(年に計100名、各都道府県2名ずつ)。	⑧効率的な英語の指導方法の研究及び有効な教員養成・研修プログラムの作成等。

②指導体制の充実	○ ALT の配置（JET プログラムにより 5,583 人、地方単独事業により 2,784 人（計約 8,400 人）。）。 ☆目標設定：中学・高校の英語の授業に週 1 回以上は外国人が参加することを目標。これに必要な ALT 等の配置を促進（全体で 11,500 人を目標。）。 ☆JET プログラムによる ALT の有効活用：国際理解教育や小学校の外国語活動への活用又は特別非常勤講師への任用などを通じて一層 ALT の有効活用を促進。 ☆外国人（ネイティブ）の正規の教員への採用の促進：上記目標の達成のため、当面 3 年間で中学について加配措置により 300 人、将来的に中学・高校について加配措置等により 1,000 人の配置を目標。 ☆英語に堪能な地域社会の人材の活用促進：一定以上の英語力を所持している社会人等について、学校いきいきプランや特別非常勤講師制度等により英語教育への活用を促進する。	
Ⅳ.小学校の英会話活動の充実	☆「小学校の英会話活動支援方策」：総合的な学習の時間などにおいて英会話活動を行っている小学校について、その回数の 3 分の 1 程度は、外国人教員、英語に堪能な者又は中学校等の英語教員による指導が行えるよう支援。	☆「小学校の英語教育に関する研究協力者会議の組織」：3 年間を目処に結論を出す。 ①現行の小学校の英会話活動の実情把握及び分析。 ②次の学習指導要領改訂の議論に向け、小学校の英語教育の在り方を検討する上で必要となる研究やデータ等の整理・問題点の検討。

| V. 国語力の増進
適切に表現し正確に理解する能力の育成 | ○新学習指導要領の推進（→表現力、理解力等を育て、伝え合う力を高める。）。
○児童生徒の意欲・習熟の程度に応じた補充学習の実施等、個に応じた指導の徹底。
○子どもの読書活動の推進：「朝の読書」の推進などにより、子どもの読書に親しむ態度を育成し、読書習慣を身に付けさせる。

☆「これからの時代に求められる国語力」：文化審議会において「これからの時代に求められる国語力」を本年度中にとりまとめる。

☆「教員の国語指導力の向上」：小学校の教員等に対し、国語に関する知識や運用能力を向上するための研修を実施。

☆「国語教育改善推進事業」：児童生徒の国語力を総合的に高めるためモデル地域を指定。 | |

（出典）文部科学省のホームページ（2016年1月20日検索）

　　　http://www.mext.go.jp/b_menu/shingi/chousa/shotou/020/sesaku/020702.htm#plan

【資料25】教育再生懇談会「これまでの審議のまとめ：第一次報告」（抄）　2008（平成20）年5月26日

4　英語教育を抜本的に見直す

　国際的に通用する人材を育成し、我が国の国際競争力を高めるため、上記の留学生交流の推進と併せ、以下のように、我が国の英語教育を抜本的に強化することが必要である。

<u>（1）小・中・高・大の各段階の到達目標を立て、国語教育等と矛盾しない形で、全ての段階で英語教育を強化する</u>

○アジア各国では、我が国の中学校相当の英語教育を既に小学校で行っている。真の国際人になるには、英語力だけでなく、日本のことをよく学び、国語力をしっかり身に付けることが大前提になるのは当然であるが、我が国においても、国は、小学

校から大学までの各段階における到達目標を、TOEIC、TOEFL、英検を活用する
などして明確に設定し、英語教育を強化する。例えば、中国、韓国等の英語教科書
の語彙数が日本の 2 倍以上あることも踏まえ、英語教科書の質、語彙数、テキス
ト分量を抜本的に向上させる。
○小学校について、国は、少なくとも 3 年生からの早期必修化を目指し、3 年生から
35 時間以上英語教育を行うモデル校を大規模に（例えば 5000 校）設け支援する。
○現在、高等学校の英語教員でも英検準 1 級相当以上の者が 5 割にとどまることか
ら、更に高いレベルを目指し、教育委員会は、TOEIC、TOEFL のスコアや英検
合格を条件として課すなど、小学校教員、中・高等学校の英語教員の採用を見直
す。
○国、教育委員会は、教員の研修や ALT の確保等の条件を整備し、特に小学校の英
語教育導入に向け、外国語活動の専任教員の導入、外国人講師や英語に堪能な社会
人の活用等、英語指導を行う人材確保に努めつつ、国は、早急に学習指導要領の見
直しの検討に着手し、実行に移す。

（2）高校生、大学生の海外留学の推進などを通じ、英語教育を強化し、日本の伝統・文化を英語で説明できる日本人を育成する

○中・高等学校、大学での英語教育の強化のため、国は、青少年施設等における中・
高校生の英語キャンプの実施、高校生（例えば 10 万人）の英語圏への海外留学（1
か月～1 年）の推進、大学生（例えば 6 万人）の交換留学（6 か月～1 年）の推進など
に取り組む。また、スーパー・イングリッシュ・ランゲージ・ハイクール（SEL-
Hi）に代わる英語教育の先進校作りの事業を実施する。
○国は、日本の伝統・文化を英語で説明した教材が小・中・高・大の各段階で用意さ
れるよう支援し、日本の良さを世界に発信できる若者を育成する。
○以上のことを含め、国は、「『英語が使える日本人』の育成のための行動計画」（平
成 15 年）を改訂する。さらに、メディアは、日本人向け英語放送の充実に取り組
む。

（出典）首相官邸のホームページ（2014 年 8 月 5 日検索）
　　　　http://www.kantei.go.jp/jp/singi/kyouiku_kondan/houkoku/matome.pdf

【資料 26】大津由紀雄他から教育再生懇談会に提出された「英語教育のあり方に関する要望書」 2008（平成 20）年 9 月 30 日作成、10 月 20 日提出

2008 年 10 月 20 日
　教育再生懇談会の第一次報告が出されましたが、そのなかで、「『英語が使える日本
人』の育成のための行動計画」の成果検討もほとんどないまま、その改訂が提案され

ています。その基本姿勢は、「国際的に通用する人材を育成し、我が国の国際競争力を高めるため」(上記報告)という観点から、英語教育の見直しをはかるというものです。

　わたくしたちはその姿勢に強い疑問を抱き、さる9月5日慶應義塾大学三田キャンパスにおいて、「英語教育の新時代──『「英語が使える日本人」の育成のための戦略構想』を超えて」と題するシンポジウムを開催し、2ヶ月弱の準備期間にもかかわらず、520名の参加を得ることができました。

　その準備の過程で、わたくしたちはわたくしたちの考えを教育再生懇談会および文部科学省に対する要望書の形でまとめることを思い至り、本日、教育再生懇談会安西祐一郎座長にその要望書を手渡しました。

大津由紀雄（代表、慶應義塾大学）

江利川春雄（和歌山大学）

古石篤子　（慶應義塾大学）

斎藤兆史　（東京大学）

津田幸男　（筑波大学）

三浦孝　　（静岡大学）

山田雄一郎（広島修道大学）

英語教育のあり方に関する要望書

2008年9月30日

教育再生懇談会御中

　貴懇談会の「これまでの審議のまとめ──第一次報告──」(2008年5月26日)(以下、「第一次報告」)に盛り込まれている、英語教育のあり方に関する提言についてぜひとも再考をいただきたく、以下に、わたくしたちの要望をまとめました。

　わたくしたちも、現在の「英語教育を抜本的に強化する」ことが急務であるという点では貴懇談会の見解を理解できますが、以下の点で、根本的に異なった考えを持っています。

　第一次報告は、2002年に策定された「『英語が使える日本人』の育成のための戦略構想」(以下、「戦略構想」)および、それに基づき、2003年に策定された「『英語が使える日本人』の育成のための行動計画」(以下、「行動計画」)を「改訂」し、今後の英語教育政策の基本に据えるとしています。その視点は「行動計画」の「趣旨」の冒頭に、「経済・社会等のグローバル化が進展する中、子ども達が21世紀を生き抜くためには、国際的共通語となっている『英語』のコミュニケーション能力を身に付けることが必要である」と端的に表現されています。

わたくしたちはこの現状認識そのものが間違っていると考えています。わたくしたちは教育という営みのもっとも重要な部分は、子どもたちの持つ潜在的可能性を十分に開花させ、そこから生まれる力によって、子どもたちが自由で、創造的な生活を送ることができるよう支援するところにあると考えています。その視点に立つとき、経済界の要請を優先した競争主義的な教育の捉え方はあまりにも一面的であり、教育そのものを歪めてしまう可能性があると危惧せざるを得ません。したがって、「行動計画」に沿って学校英語教育を進めようとすることには同意できません。

　わたくしたちは、「第一次報告」に見られる「国は、『英語が使える日本人』の育成のための行動計画」（平成15年）を改訂する」という文言の削除を求めると同時に、以下の提言をいたします。

1　「戦略構想」・「行動計画」の批判的検証を

　「英語教育を抜本的に見直す」にあたっては、安易に「行動計画」の改訂を目指すのではなく、まずは、これまでに実施された「行動計画」の成果（正の成果も、負の成果も）を批判的に検証する。その上で、「行動計画」の視点から学校英語教育のあり方を規定することが妥当であるかどうかを検討する。

　この作業にあたっては、第一次報告をまとめる際にみられたような、限られた資料や意見だけを参考とするのではなく、対立する意見も含め、さまざまな意見を考慮しなければならない。その際、「行動計画」の実施により引き起こされている、学習指導要領との不整合、外国語の不得手な生徒への無配慮、外部試験への依存、大学外国語教育の貧困化などの問題点についてはその拠ってくるところを十分に検討し、改めるべきは改めるという謙虚な姿勢で対すべきである。また、学校教員の声を政策に反映させ、各地で成果を上げている協同学習などの新しい指導法の導入も検討すべきである。

2　数値中心の目標設定の廃止を

　「戦略構想」・「行動計画」にも、第一次報告にもみられる、数値などによる到達目標の設定は廃すべきである。学校英語教育においてそのような目標を設定すれば、その目標自体が独り歩きし、英語教育が到達目標達成のための作業に終始する危険がある。その兆候は、すでに大学外国語教育の貧困化の形のみならず、初等・中等教育における過度の形式主義的管理による生徒・教師の疲弊の形で現れている。経済界的発想の数値目標を導入するここ10年あまりの試みは、人間を育てる教育の論理からほど遠く隔たったものである。

3　英語教育と国語教育の共通基盤を明確に

　「戦略構想」・「行動計画」にも、第一次報告にも、英語教育と国語教育の関連が盛り込まれているが、両者をつなぐ共通の基盤がなんであるのかが明らかにされていない。また、そこで使用されている「言葉」「言語」などの術語の意味も明確にされて

いない。日本語の力が英語の学習にさまざま形で関与すると考えられる以上、ことばの専門家の協力のもとに、この問題についての十全の検討と準備が必要である。

4　英語一辺倒からの脱却を

　現在、日本の外国語教育は、英語一辺倒になっている。異なる言語の話し手や多様な世界観・価値観をもつ人々との様々なレベルでの交流がこれまでになく身近になってきている現代社会において、多極的にものごとを見て複合的に判断できる人間を育成するためには、日本語の方言や古典、手話、そして、国内外に存在する異質の言語・文化にも目を向け、子どもたちが母語・母文化とは異質の体系に触れる機会をできるだけ多く保障する必要がある。

　また、世界の多くの国で実施されている中等教育における第二外国語教育の機会もわが国では限られており、高等教育レベルにおいてさえ、世界でも類をみないほどに貧困なものとなってしまった。外国語教育を英語教育だけに限定する偏りはただちに是正しなければならない。

5　教育条件の改善を緊急に

　英語教育の抜本的強化のためには、予算と人員の増加及びクラスサイズの縮小が必要不可欠である。日本の教育への公的支出は GDP 比で OECD 加盟 28 ヵ国中最低であり、40 人学級制も放置され、多忙化等による教員の精神疾患はこの 10 年間で 3 倍に達している。教師に新たな課題が次々と課される一方で、教師に研修をする機会も時間も予算も十分には与えられていないままであり、このままでは優れて良心的な教師たちが教育界から離れてゆく事態が進行しかねない。こうした教育条件を抜本的に改善することこそが緊急の課題である。

以上

（出典）首相官邸のホームページ掲載の「第 6 回教育再生懇談会議事次第　平成 20 年
　　12 月 18 日（木）　資料 6」（2014 年 8 月 24 日検索）
　　http://www.kantei.go.jp/jp/singi/kyouiku_kondan/kaisai/dai6/kyokasyo-teigen.pdf

【資料 27】文部科学省「英語教育改革総合プラン」（抄）　2009（平成 21）年 4 月 1 日
　　　　　　実施

事業の概要等

1.　事業目的

　経済・社会のグローバル化が進展する中、子ども達が 21 世紀を生き抜くためには、国際的共通語となっている「英語」のコミュニケーション能力を身に付けることが必要であり、このことは、子ども達の将来のためにも、我が国の一層の発展のため

にも非常に重要な課題となっている。

　このため、教育振興基本計画において「小学校段階における外国語活動を含めた外国語教育の充実」を目指す学習指導要領の着実な実施を盛り込んでおり、特に小学校の外国語活動の円滑的な実施に向けた条件整備を重点的に実施する。また、外国語に関する能力の測定法の開発や外国語教育の低年齢化、授業時数増、小中連携のあり方に関する調査研究など英語教育の充実に資する施策を総合的に実施する。

2.　事業に至る経緯・今までの実績

　教育振興基本計画において「確かな学力」を確立するため、小学校段階における外国語活動を含めた外国語教育の充実を目指す小・中学校の学習指導要領について着実な実施が掲げられており、授業時数や指導内容を増加する新学習指導要領の円滑な実施を図るため、教育を支える条件整備について実施することとされている。また、「経済財政改革の基本方針 2008」の国の基本的な政策方針においては、全国的な英語教育の一層の充実が指摘されている。

　これまでの実績としては、『英語が使える日本人』の育成のための行動計画」（平成 15 年度〜19 年度を実施している。その結果、平成 19 年度、小学校における英語活動の実施状況や、中学校・高等学校の英語教員の英語力及び高等学校 3 年生の英語力等については前年度の調査結果を上回った。他方、中学校 3 年生の英語力に関する項目については、前年度の調査結果を若干下回ることとなった。行動計画の成果を踏まえ、総合的なコミュニケーション能力を育成するという観点から、英語教育の改善を図っていく必要があると考えているため、引き続き英語教育の改善のため、本プランを実施することとした。

　「『英語が使える日本人』の育成のための行動計画」においては、生徒の英語力を図る指標として英検を利用していたが、これが必ずしも学校教育において習得した英語力を評価するには適切な指標と言えないことから、より適切な指標を開発するため、本プランには、大学・研究所等に委託することにより新たな英語力の測定法の研究を盛り込んでいる。

3.　事業概要

　本事業は「新学習指導要領の着実な実施に向けた条件整備」と「英語教育改善のための総合的な教育システムの構築」の 2 つの柱から成り立っている。

　「新学習指導要領の着実な実施に向けた条件整備」の内容は、特に小学校の外国語活動の円滑的な実施のための英語ノートの印刷・配付等の条件整備であり、「英語教育改善のための総合的な教育システムの構築」の内容は、英語教育の低年齢化等に関する調査研究等である。

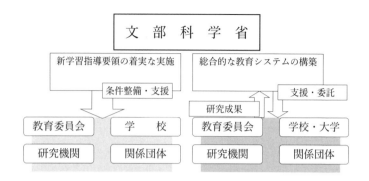

4. 指標と目標
達成目標 2–1–5
　新学習指導要領の着実な実施に向けた条件整備及び英語教育改善のための総合的な教育システムの構築により、英語教育の充実を図る。
指標
　児童・生徒の英語学習に対する興味・関心及び理解・習熟度
目標
　児童・生徒の英語学習に対する興味・関心について 80 パーセント以上の肯定的な回答を目指す。また、理解・習熟度について 60 パーセント以上を目指す。
効果の把握手法
　本事業の効果は、指定された学校において、英語学習に対する興味・関心及び理解・習熟度について調査を実施し、教員や生徒の意識の変化等について検証する。

(出典) 文部科学省のホームページ (2014 年 8 月 20 日検索)
　　　http://www.mext.go.jp/a_menu/hyouka/kekka/08100105/022.htm

【資料 28】国際交流政策懇談会の最終報告書「我が国がグローバル化時代をたくましく生き抜くことを目指して：国際社会をリードする人材の育成」(抄) 2011 (平成 23) 年 3 月作成、4 月 21 日発表

＊「提言のポイント」からの抜粋

提言 1．若者の内向き志向の打破
(1) 大学の国際化
○英語による授業の飛躍的な増大を目指す等カリキュラム改革
○外国人教員の採用の拡大や国際社会で活躍した人材の活用

○大学が行う国際教育協力活動等を通じて国際社会で活躍する人材を総合的、体系的に養成するための計画を関係省庁等と連携して策定
○青年海外協力隊の活動を評価して学位取得が可能となるプログラムの開発
　（参考：広島大学大学院「ザンビア・プロジェクト」）
○入試における TOEFL 等の公的英語能力試験結果の活用
○一定の語学力の習得を大学の卒業要件とすることを検討

＊本文からの抜粋

　グローバル化した国際社会をリードする人材に求められる能力は、日本人としての素養、外国語で論理的にコミュニケーションをとれる能力、異文化を理解する寛容な精神、新しい価値を生み出せる創造力であると考えられる。国際社会で活躍する人材に求められる能力というと、とかく語学力が挙げられることが多いが、まずは国際社会で自らの考えや立脚点を臆することなく主張できる能力が必要であり、その際、我が国固有の文化や歴史に関する正しい知識を身につけ、自らのアイデンティティに係る自信と謙虚さを持つことが重要である。（中略）

（語学力の向上）
　内向き志向の要因の一つとして、語学力不足の問題が挙げられているが、今や国際社会の共通語となっている英語については、母国語である日本語に加え、少なくとも意思疎通ができるレベルに習得させなければならない。ASEAN 諸国、中国、韓国いずれも英語教育には力を注いでおり、その成果はめざましい。
　現在、我が国も、英語をはじめとする外国語教育の充実に向けて、学習指導要領を改訂したところであり、平成 23 年度からは、小学校の第 5・6 学年で新たに「外国語活動」が導入され、「聞く」「話す」を中心とした活動によりコミュニケーション能力の素地を養うこととなっている。
　しかし、語学力の習得のためには、より早期の段階から外国語に触れることが脳の発達という観点からも重要であり、例えば、幼児向けの外国語のテレビ番組やアニメの英語版の放送等によって子どもたちが身近に外国語を楽しめる環境を提供することが効果的である。また、帰国子女がせっかく外国語に親しんだ状態が帰国後に失われないように、意識的に外国語に触れられる環境を用意していくことが重要である。
　現在、文部科学省では、「外国語能力の向上に関する検討会」を開催し、英語教育に関する目標設定の在り方や英語教員の英語力・指導力の強化、授業改善のための体制整備等について、有識者との意見交換を行っているところである。このような取組を通じて、初等中等教育から高等教育まで一貫した方針に基づく英語教育の更なる改革が図られることを期待する。（中略）

（大学の国際化）

「知の国際化」を担う中心的な場が大学であることは言うまでもない。大学の国際化に向けた取組は、これまで中央教育審議会においても議論されており、大学国際化戦略事業、そして現在のグローバル30にも見られるように、様々な形態で実施されてきているが、これらの取組は決して十分とは言えない。我が国の大学を国際化していくためには、英語による授業数を学部段階から飛躍的に増やす等の大胆なカリキュラムの見直しや、外国人教員も含め、国際水準の授業を英語で行える教員を増加させる等の抜本的な取組が必要である。また、提供される教育の質の保証がなされることを前提に、教員のみならず、企業等で国際的に活躍している者が学生に講義を行うという方策も、国際感覚に優れた人材を育成する上では効果的であると考えられる。

(出典) 文部科学省のホームページ (2015年8月2日検索)
　　　　 http://www.mext.go.jp/b_menu/houdou/23/04/__icsFiles/afieldfile/2011/04/21/
　　　　 1305175_01_4.pdf

【資料29】日本学術会議　大学教育の分野別質保証推進委員会　言語・文学分野の参照基準検討分科会「報告　大学教育の分野別質保証のための教育課程編成上の参照基準　言語・文学分野」(抄)　2012 (平成24)年11月30日

4　学修方法および学修成果の評価方法に関する基本的な考え方
(1)学修方法

　② **国際共通語と外国語**　＊注釈は削除
　　第一言語以外の個別言語については、国際共通語(現状では英語)か外国語かの違いに応じて、学びの動機と目標が異なる。この点を踏まえて、それぞれにふさわしい学修方法が構想されなければならない。

　ア　**国際共通語としての英語教育**
　　グローバルな場では英語母語話者だけでなく、多様な言語を母語とする世界各地の人々と接触することが日常的になっている。そのための媒介言語であることを考慮すると、英語教育においては以下の点を踏まえる必要がある。
　　(a)英語という共通語と英米文化理解を区別すること。文化的負荷を可能な限り軽減しないと非母語話者同士のコミュニケーションは成立しないことを認識する必要がある。
　　(b)国際共通語としての英語は母語に根ざしているわけではないので、母語の習得過程を学修のモデルとして強調せず、英語母語話者の規範から自由になり、相互に「わかりやすい」(intelligible)英語を使うこと。
　　(c)グローバル時代のコミュニケーションにおいては、インターネットなど情報

通信技術の発展やソーシャルネットワークの世界的拡大も相俟って、書記言語が音声言語と並んで重要な役割を果たしている。それゆえ音声言語の運用能力と並んで、リテラシーの学修を重視すること。また、話し言葉であれ論文やビジネス文書などの書き言葉であれ、特定の文化や習慣を前提としなくても理解できるような論理構成を学ぶことは、グローバル・コミュニケーションにおいて重要である。

イ 外国語

　国際共通語としての英語の修得は、制度的・文化的多様性を平準化して、単一の尺度で物事を進めようとするグローバル化への対応である。一方、国際化は、制度・慣習・言語・文化等を異にする国（地域）同士あるいは人間同士の相互理解、差異を認めた上での相互尊重の上に成り立つ。外国語の学びは、そのような世界の多様性の認識の鍵である。同時にそれは、無意識に使用される第一言語を意識化し、それをコントロールし運用するためにも有用である。この点を踏まえて、次のような原則が立てられる。

(a) 言語の背景をなす文化と歴史を重視し、言語が内包する文化、社会、歴史を言語と切り離さずに学ぶこと。
(b) 音声言語の運用能力と訓練と並んで、リテラシーとりわけ文章の読解力の養成を重視すること。
(c) 英語は国際共通語であるばかりでなく、ひとつの外国語でもあるので、外国語教育においても学修の対象となる。しかし英語はグローバルな立場との癒着を避けることが難しいので、英語を外国語として学ぶ場合は、それ以外の第二言語も合わせて学ぶことが望ましい。

　グローバル化と国際化の双方が進展している現代世界において、第一言語としての日本語の中に閉じこもっていることはできない。欧州評議会は、母語の他に二つの言語を学ぶ「複言語主義（plurilingualism）」を提唱しており、自国の少数言語を学ぶことも奨励している。日本の場合はグローバル化に対応する英語の他に、少なくとももうひとつ外国語を学ぶことが、異文化の理解を深めるにとどまらず、多様な世界観を獲得するためにも不可欠である。

(出典) 日本学術会議のホームページ（2016 年 9 月 10 日検索）
　　　http://www.scj.go.jp/ja/info/kohyo/pdf/kohyo-22-h166-3.pdf

【資料 30】 経済同友会「実用的な英語力を問う大学入試の実現を：初等・中等教育の英語教育改革との接続と国際標準化」（抄）　2013（平成 25）年 4 月 22 日

I. はじめに

　日本企業はグローバルな競争で戦える人材獲得に悩まされ、日本人の海外経験の少なさ、内向きさが指摘されている。要因の一つは、日本人の低い語学力（英語）にある。英語はあくまでもコミュニケーションのツールであるが、意思疎通を図り相互信頼を得るための有効なツールでもある。今や世界の4人に1人（約17億人、うちネイティブスピーカーは4億人に満たない）が英語を話し、ビジネスに与える影響が一番大きい（2位中国語、日本語は8位）。以前は、基礎的能力を「読み・書き・算盤」と言っていたが、現在は「読み・書き・IT・英語」である。

　日本の教育現場では、長い期間かけて教えているにもかかわらず、実用的な英語力向上に結び付いていない。行政も日本の英語教育改革の必要性を認識し、取組みを開始している。しかしながら、保護者や子供たちの関心は、より良い就職、そのためのより良い教育として考えられている大学への進学であり、大学入試を突破するための文法や訳読を中心とした受験英語に重点を置いてしまう。よって、今回は最も子供たちに影響力の大きい大学入試改革に焦点を当て、日本の大学の英語入試（一般入試）において、実用的な英語力を問い国際的に通用する外部資格試験（TOEFL）の大規模な導入を訴えたい。

II. 提言
実用的な英語力を問う大学入試の実現を　＊注釈は割愛

　日本の大学の英語入試（一般入試）において、実用的な英語力を問い国際的に通用する外部資格試験（TOEFL）を大規模に導入する。
【文部科学省支援、一部大学関係者　2016年まで】

【具体的なアクション】
1. <u>大学の英語入試（一般入試）において、実生活でのコミュニケーションに必要な、「聞く」「話す」「読む」「書く」の4つの技能を総合的に測定する外部資格試験を導入する</u>

2. <u>外部資格試験は国際的に通用するTOEFL（Test of English as a Foreign Language）を活用する</u>

3. <u>行政は責任者、達成時期、目標数値を明確にし、大学の英語入試（一般入試）改革を後押しする</u>

（出典）経済同友会のホームページ（2015年5月10日検索）
　　　https://www.doyukai.or.jp/policyproposals/articles/2013/pdf/130422a_01.pdf

附録 2 日本外国語教育政策史資料 445

【資料 31】 第二次安倍晋三内閣「第 2 期教育振興基本計画」(抄) 2013(平成 25)年
6 月 14 日閣議決定

基本的方向性 2. 未来への飛躍を実現する人材の養成
成果目標 5 (社会全体の変化や新たな価値を主導・創造する人材等の養成)
「社会を生き抜く力」に加えて、卓越した能力(※)を備え、社会全体の変化や新た
な価値を主導・創造するような人材、社会の各分野を牽引するリーダー、グローバル
社会にあって様々な人々と協働できる人材、とりわけ国際交渉など国際舞台で先導的
に活躍できる人材を養成する。
これに向けて、実践的な英語力をはじめとする語学力の向上、海外留学者数の飛躍
的な増加、世界水準の教育研究拠点の倍増などを目指す。
(※能力の例:国際交渉できる豊かな語学力・コミュニケーション能力や主体性、チャレンジ
精神、異文化理解、日本人としてのアイデンティティ、創造性など)
(中略)

【成果指標】
〈グローバル人材関係〉
①国際共通語としての英語力の向上
  ・学習指導要領に基づき達成される英語力の目標(中学校卒業段階:英検 3 級
    程度以上、高等学校卒業段階:英検準 2 級程度〜2 級程度以上)を達成した
    中高校生の割合 50%
  ・卒業時の英語力の到達目標(例:TOEFL iBT80 点)を設定する大学の数及
    びそれを満たす学生の増加、卒業時における単位取得を伴う海外留学経験
    者数を設定する大学の増加
②英語教員に求められる英語力の目標(英検準 1 級、TOEFL iBT80 点、
  TOEIC 730 点程度以上)を達成した英語教員の割合(中学校:50%、高等学
  校:75%)
③日本の生徒・学生等の海外留学者数、外国人留学生数の増加(2020 年を目途
  に日本人の海外留学生数を倍増など)
④大学における外国人教員等(国外の大学での学位取得、通算 1 年以上国外で教
  育研究に従事した日本人教員を含む)の全教員に占める比率の増加
⑤大学における外国語による授業の実施率の増加
⑥大学の入学時期の弾力化状況の改善(4 月以外で入学した学生数の増加)

446

<u>基本施策 16　外国語教育、双方向の留学生交流・国際交流、大学等の国際化など、</u>
　　<u>グローバル人材育成に向けた取組の強化</u>

【主な取組】

16-1　英語をはじめとする外国語教育の強化
・　新学習指導要領の着実な実施を促進するため、外国語教育の教材整備、英語教育
に関する優れた取組を行う拠点校の形成、外部検定試験を活用した生徒の英語力の
把握検証などによる、戦略的な英語教育改善の取組の支援を行う。また、英語教育
ポータルサイトや映像教材による情報提供を行い、生徒の英語学習へのモチベーシ
ョン向上や英語を使う機会の拡充を目指す。大学入試においても、高等学校段階で
育成される英語力を適切に評価するため、TOEFL 等外部検定試験の一層の活用を
目指す。
・　また、小学校における英語教育実施学年の早期化、指導時間増、教科化、指導体
制の在り方等や、中学校における英語による英語授業の実施について、検討を開始
し、逐次必要な見直しを行う。
・　教員の指導力・英語力の向上を図るため、採用や自己研鑽等での外部検定試験の
活用を促すとともに、海外派遣を含めた教員研修等を実施する。また、国際バカロ
レアの普及のためのフォーラムや教員養成のためのワークショップを開催するとと
もに、ディプロマプログラム（DP）（※）の一部科目を日本語で行う日本語デュアル
ランゲージディプロマプログラム（日本語 DP）の開発を行う。

　　※国際的な大学入学資格を得ることができる、16～19 歳を対象としたプログラム。

（出典）文部科学省のホームページ（2016 年 11 月 4 日検索）
　　　　http://www.mext.go.jp/a_menu/keikaku/detail/1336379.htm

【資料 32】文部科学省「生徒の英語力向上推進プラン」（抄）　2015（平成 27）年 6 月
　　　　　 5 日　※参考資料は割愛

1.　背景
○　文部科学省では、生徒の英語力向上を目指して、「グローバル化に対応した英語
教育改革実施計画（平成 25 年 12 月公表）」により、小・中・高校を通じた先進的
な取組や教員研修などの支援を進めてきたところ（参考 1）。
○　しかしながら、先般公表した
①高校 3 年生を対象とした平成 26 年度「英語教育改善のための英語力調査」の結
果によると、「聞く」「話す」「読む」「書く」の 4 技能全てにおいて課題があり
（参考 2）、
②平成 23 年度以降、毎年実施してきた「英語教育実施状況調査」の<u>中学・高校の</u>

生徒の英語力に関するアンケート結果も十分な改善が見られていない(参考3)。
○　このような状況も踏まえ、同実施計画で掲げた生徒の着実な英語力向上を図るため、「生徒の英語力向上推進プラン」を策定する。

2.　改革の考え方

◆生徒の着実な英語力向上を目指し、国及び県で明確な達成目標
　　　　　　　　　　　　　　　　　　　(GOAL2020(平成32年度))を設定
◆その達成状況を毎年公表して、計画的に改善を推進
第2期教育振興基本計画中の成果目標(平成25年〜29年)
　※中学卒業段階に英検3級程度以上50%　※高校卒業段階に英検準2級〜2級程度
　50%

○本プランでは、
　①生徒の英語力に係る国の目標を踏まえた都道府県ごとの目標設定・公表を要請
　　※第2期教育振興基本計画中(〜平成29年度)の目標設定・公表を平成27年度末を目途
　　　に実施)
　②「英語教育実施状況調査」に基づく都道府県別の生徒の英語力の結果の公表
　　※平成28年度から実施
　　　平成26年度：中学卒業段階約35%(うち、取得者18.4%、取得者相当16.3%)
　　　　　　　　　高校卒業段階約32%(うち、取得者11.1%、取得者相当20.8%)

　③義務教育段階の中学校については、英語4技能を測定する「全国的な学力調
　　査」を国が新たに実施することで英語力を把握する。
　　・各学校における指導改善を促し、生徒の着実な英語力向上を図る。
　　　国及び都道府県における英語教育改善のためのPDCAサイクルを構築。
　　・中3生を対象とし、例えば複数年に一度程度での実施を検討。

　④中・高・大学での英語力評価及び入学者選抜における英語の4技能を測定する
　　民間の資格・検定試験の活用を、引き続き促進。

(出典) 文部科学省のホームページ (2017年9月13日検索)
　　　　http://www.mext.go.jp/a_menu/kokusai/gaikokugo/1358906.htm

注

1 Chambers, W. & R. (1871). *The first standard reading book*(*Chambers's narrative series of standard reading books, book 1*) であると思われる。

2 なぜか「書取」に関する規定が記載されていない。

3 赤祖父茂徳 (1938)『英語教授法書誌』22頁では「養成するの効果あるの一事」となっている。標題も「答申」ではなく「答申案」となっている。その他、強調の圏点がなく、句読点なども『日本英語教育史稿』とは異同がある。

あとがき

　21 世紀に入ったころから矢継ぎ早に出される外国語（英語）教育政策。その多くが「抜本的改革」を謳ってはいるが、成果よりも、むしろ現場教員の疲弊が極限まで進んでいるように見える。

　そうした現状に疑問を抱き、外国語教育政策に関して筆者が最初にまとまった意見を述べたのが『英語教育のポリティクス：競争から協同へ』（三友社出版、2009）だった。しかし、この本は 2000（平成 12）年前後からの新自由主義的な外国語教育政策を批判的に検討することが中心だった。そのため、問題の本質を深くえぐるには、日本における外国語教育史をもっと通時的・包括的に捉える必要があると感じていた。

　そうした折に、ひつじ書房の松本功社長から「英語教育政策史について本を書いてもらいたい」との依頼を受けた。東日本大震災と原発炉心溶融事故が起こった直後の 2011（平成 23）年 6 月のことだった。

　当初は 2 年程度で脱稿する予定だったが、実に 7 年近くもの時間を要してしまった。その要因は、何よりも私自身の力不足と怠慢にあるのだが、それに加えて、政府の英語教育改革に対する対応を余儀なくされたからでもあった。高校の卒業要件や大学入試に留学用の TOEFL を課す、小学校の英語を教科化する、英語の授業を英語で行わせる、などといった政府の方針に対して、英語教育の専門的な立場から意見表明をせざるを得なくなったのである。

　そのため、同じ志を持つ大津由紀雄（明海大）、鳥飼玖美子（立教大）、斎藤兆史（東大）と 2013（平成 25）年 4 月に「4 人組」を結成し、講演会の開催

や各種メディアを通じての意見表明を続けるとともに、ひつじ書房から『英語教育、迫り来る破綻』(2013)、『学校英語教育は何のため？』(2014)、『「グローバル人材育成」の英語教育を問う』(2016)、『英語だけの外国語教育は失敗する：複言語主義のすすめ』(2017) の 4 冊のブックレットを上梓した。

　また、2015 (平成 27) 年の戦後 70 年に際して、政府は集団的自衛権の行使容認に踏み切る動きを加速させた。それに対応して、私は英語教育と戦争との関係を問い直す『英語教科書は〈戦争〉をどう教えてきたか』(研究社、2015) と『英語と日本軍』(NHK 出版、2016) を刊行した。

　かくして、外国語教育政策の歴史的な研究よりも、目前に迫った現実の政策への対応に追われたのである。その結果、本書の完成は大幅に遅れてしまったが、他方で、その間の一連の仕事は近年の外国語教育政策の実態と本質をより深く考える契機にもなり、それらの知見は本書にも活かすことができた。なお、本書は基本的に書き下ろしだが、これまで私が発表した論考の一部も素材として利用している。

　残された課題も少なくない。特に、朝鮮半島、台湾、「満州」(中国東北部) などの「外地」と呼ばれた地域における外国語教育政策、地方自治体独自の政策、外国語教員の養成・登用などについては十分には盛り込めなかった。また、英語以外の言語の教育政策史についても、簡単にしか触れることができなかった。さらに研究を続けていきたい。

　最後に、本書の刊行に際して支援を惜しまれなかった松本功・ひつじ書房社長と編集部に厚く御礼申し上げたい。

　本書が今後の外国語教育政策の正常化に寄与し、子どもの人間的な発達と、諸民族の平和友好のための外国語教育の実現に多少なりとも貢献できるならば、それに優る喜びはない。建設的な批正を願ってやまない。

2018 年 4 月

江利川 春雄

参考文献

【英文】

Cook, G. (2010) *Translation in Language Teaching: An Argument for Reassessment.* Oxford: Oxford University Press. (ガイ・クック著、斎藤兆史・北和丈訳 (2012)『英語教育と「訳」の効用』研究社)

Henrichsen, L. E. (1989) *Diffusion of Innovations in English Language Teaching: The ELEC Effort in Japan, 1956–68.* New York: Greenwood Press.

Kubota, R. (2013) 'Language is Only a Tool': Japanese Expatriates Working in China and Implications for Language Teaching. *Multilingual Education.* 3: 4.

Scovel T. (2000) A Critical Review of the Critical Period Research. *Annual Review of Applied Linguistics*, Vol. 20.

Yonaha, K. (2016) Elementary School English Education in Okinawa under US Occupation 1945～1953: With a Focus on Mimeographed Elementary School English Textbooks (米国占領下の沖縄における小学校英語教育 1945 年～1953 年：ガリ版刷り小学校英語教科書に焦点をあてて). 『名桜大学総合研究』第 25 号

【あ】

愛知第一師範学校『自昭和二十一年二月　諸報告関係書綴』(未刊行)

青山師範学校編 (1936)『創立六十年青山師範学校沿革史』青山師範学校

赤祖父茂徳 (1938)『英語教授法書誌』英語教授研究所

秋山庵然・古賀範理 (1994)「日本の中等教育における英語科教育の制度的変遷」『日本体育大学紀要』第 24 巻 1 号

麻生千明 (1996)「明治 20 年代における高等小学校英語科の実施状況と存廃をめぐる論説動向」『弘前学院大学・弘前学院短期大学紀要』第 32 号

天野郁夫 (2017)『帝国大学：近代日本のエリート育成装置』中央公論新社 (中公新書)

荒木伊兵衛 (1931)『日本英語学書志』創元社

阿部公彦 (2017)『史上最悪の英語政策：ウソだらけの「4 技能」看板』ひつじ書房

飯田宏 (1967)『静岡県英学史』講談社

飯吉弘子 (2008)『戦後日本産業界の大学教育要求：経済団体の教育言説と現代の教養論』東信堂

五十嵐新次郎 (1960)「外国語」日本教職員組合編『国民のための教育課程：自主編成の展望』日本教職員組合

池田哲郎 (1979)『日本英学風土記』篠崎書林

石井勇三郎 (1996)「明治初期における外国教師の教授する官立の中等学校」『東京女

子体育大学紀要』第 31 号

石井勇三郎 (1997)「東京大学予備門と英語」『東京女子体育大学紀要』第 32 号

石川慎一郎 (2017)「海外論文紹介　CEFR のスケールは学習者の L2 産出の区分に有効か」『英語教育』7 月号、大修館書店 (Katrin Wisniewski (2017) The Empirical Validity of the Common European Framework of Reference Scales: An Exemplary Study for the Vocabulary and Fluency Scales in a Language Testing Context. *Applied Linguitics 2017*: 1–28. の紹介)

石川謙 (1951)『学校の発達：特に徳川幕府直轄の学校における組織形態の発達』岩崎書店

石川県教育史編さん委員会編 (1975)『石川県教育史』第 2 巻、石川県教育委員会

石原知英 (2007)「指導要領の変遷から見る学校英語教育の目的論の展開」『中国地区英語教育学会研究紀要』第 37 号

磯辺彌一郎〔推定〕(1895)「高等小学と英語」『中外英字新聞研究録』第 6 号 (1895 年 4 月 10 日)

井田好治 (1985)「『東京開成学校一覧 明治九年』中の英語教育」『英学史研究』第 18 号

市川昭午 (1995)『臨教審以後の教育政策』教育開発研究所

稲村松雄 (1966)「中学英語科指導要領改訂私案おぼえ書き」『語学教育』第 277 号

井上毅伝記編纂委員会編 (1966)『井上毅伝　史料篇第一』國學院大学図書館

井上久雄 (1969)『近代日本教育法の成立』風間書房

伊村元道・若林俊輔 (1980)『英語教育の歩み：変遷と明日への提言』中教出版

伊村元道 (1997)『パーマーと日本の英語教育』大修館書店

伊村元道 (2003)『日本の英語教育 200 年』大修館書店

伊村元道 (2007)「英語教育半世紀：一英語教師の足跡から」『日本英語教育史研究』第 22 号

岩生成一 (1953)「近世日支貿易に関する数量的考察」『史学雑誌』62 編 11 号

岩手県立盛岡第一高等学校創立百周年記念事業推進委員会 (1981)『白堊校百年史』岩手県立盛岡第一高等学校創立百周年記念事業推進委員会

内野信幸・大浦暁生 (2001)「新 4 目的成立の意義と展望」『新英語教育』2001 年 6 月号

英語教育協議会／ELEC 史編纂委員会編 (2013)『英語教育協議会の歩み　日本の英語教育と ELEC』英語教育協議会 (ELEC)

英語教授研究所編 (1928)「第五回英語教授研究大会記録」*The Bulletin* 第 48 号付録、英語教授研究所

江利川春雄 (1993)「1993 年度版英語教科書にみる国際コミュニケーション教材の特徴」『中部地区英語教育学会紀要』第 23 号

江利川春雄 (2006)『近代日本の英語科教育史：職業系諸学校による英語教育の大衆化過程』東信堂

江利川春雄（2008）『日本人は英語をどう学んできたか：英語教育の社会文化史』研究社

江利川春雄（2009）『英語教育のポリティクス：競争から協同へ』三友社出版

江利川春雄（2010～2014）「明治期の小学校英語教授法研究：杢田與惣之助『英語教授法綱要』の翻刻と考察（1～5）」『和歌山大学教育学部紀要・人文科学』第60～64号

江利川春雄（2011）『受験英語と日本人：入試問題と参考書からみる英語学習史』研究社

江利川春雄編著（2012）『協同学習を取り入れた英語授業のすすめ』大修館書店

江利川春雄（2013）「日本の英語教育がずっと大事にしてきたこと」『新英語教育』2月号、三友社出版

江利川春雄（2015a）「『グローバル人材育成』論を超え、協同と共生の外国語教育へ」『現代思想』4月号、青土社

江利川春雄（2015b）『英語教科書は〈戦争〉をどう教えてきたか』研究社

江利川春雄（2015c）「何のための小学校英語の早期化・教科化なのか」『教育と医学』第63巻第12号

江利川春雄（2016）『英語と日本軍：知られざる外国語教育史』NHK出版

江利川春雄（2017）「小学校英語教育の是非をめぐる戦前期の論争」日本英語教育史学会第33回全国大会口頭発表資料

大石嘉一郎ほか編（1975）『日本資本主義発達史の基礎知識』有斐閣

OECD教育調査団編著・深代惇郎訳（1972）『日本の教育政策』朝日新聞社

大内義徳（1995）「戦後の沖縄における英語教育」『日本英語教育史研究』第10号

大阪英語学校（1876）「第七学年二期一覧表　明治八年七月」（国立国会図書館デジタルコレクション ID 000000457062）

大阪府（2013）「平成25年度　教育委員会重点政策推進方針　進捗状況チェック（自己点検）」（電子版）http://www.pref.osaka.lg.jp/kikaku/bukyokuunei/25c_14.html 2016年8月26日検索

大阪外国語学校（1924）『中学校に於ける外国語に就いて』大阪外国語学校

大阪女子大学附属図書館編（1962）『大阪女子大学蔵　日本英学資料解題』大阪女子大学

大阪女子大学附属図書館編（1991）『大阪女子大学蔵　蘭学英学資料選』大阪女子大学

大阪府立大手前高等学校百年史編集委員会（1987）『大手前百年史』金蘭会

大島正二（2006）『漢字伝来』岩波書店（岩波新書）

大谷泰照（2012）『時評　日本の異言語教育：歴史の教訓に学ぶ』英宝社

大谷泰照（2015）「『大学の国際化』と『グローバル人材の育成』：グローバル化を説く側のグローバル化」井村誠・拝田清編『日本の言語教育を問い直す：8つの異論をめぐって（森住衛教授退職記念論集）』三省堂

大谷泰照ほか編著（2004）『世界の外国語教育政策：日本の外国語教育の再構築にむけ

て』東信堂

大谷泰照編集代表 (2010)『EU の言語教育政策：日本の外国語教育への示唆』くろし
　　お出版

大槻如電原著・佐藤榮七増訂 (1965)『日本洋學編年史』錦正社

大津由紀雄編著 (2004)『小学校での英語教育は必要か』慶應義塾大学出版

大津由紀雄・江利川春雄・斎藤兆史・鳥飼玖美子 (2013)『英語教育、迫り来る破綻』
　　ひつじ書房

大村喜吉・高梨健吉・出来成訓編 (1980)『英語教育史資料』(全 5 巻)、東京法令出版

岡篤郎 (1928)『産業教化地方改善　補習学校経営原論』東洋図書

岡倉由三郎 (1911)『英語教育』博文館〔増補版、研究社、1937〕

小笠原林樹 (1993)「英文法教科書が自由化に至った事情」『現代英語教育』11 月号
　　研究社

岡田袈裟男 (2006)『江戸異言語接触　蘭語・唐話と近代日本語』笠間書院

岡田孝平 (1944)「新制中等学校に於ける課程運営の方針」日本放送協会編『文部省
　　新制中等学校教授要目取扱解説』日本放送出版協会

岡田美津 (1936)『女子英語教育論』(英語教育叢書)、研究社

岡戸浩子 (2002)『「グローカル化」時代の言語教育政策：「多様化」の試みとこれから
　　の日本』くろしお出版

岡戸浩子 (2007)「第 1 章　日本における外国語施策の歴史と動向」山本忠行・河原俊
　　昭編著『世界の言語政策　第 2 集』くろしお出版

岡山大学二十年史編さん委員会編 (1969)『岡山大学二十年史』岡山大学

小川忠 (2012)『戦後米国の沖縄文化戦略：琉球大学とミシガン・ミッション』岩波書
　　店

奥野久 (2007)『日本の言語政策と英語教育：「英語が使える日本人」は育成されるの
　　か？』三友社出版

小篠敏明 (1995)『Harold E. Palmer の英語教授法に関する研究：日本における展開を
　　中心として』第一学習社

小篠敏明・江利川春雄編著 (2004)『英語教科書の歴史的研究』辞游社

【か】

開発社 (1913)『教育時論』第 1028 号　開発社

開発社 (1914)『教育時論』第 1045 号　開発社

開隆堂出版 (1992)『JACK AND BETTY あの日あの頃』開隆堂出版 (復刻版 *Revised
　　Jack and Betty* 附録ブックレット)

蠣瀬彦蔵 (1940)「高等小学校用新文部省英語読本編纂趣旨」『文部時報』第 8 巻第 8
　　号

影浦攻 (1992)「言語教育政策・計画：わが国の外国語教育政策」『ECOLA：英語科
　　教育実践講座』第 16 巻、ニチブン

片桐一男 (1985)『阿蘭陀通詞の研究』吉川弘文館

勝俣銓吉郎(1936)『日本英学小史』(英語教育叢書)、研究社

加藤榮一(1990)「阿蘭陀通詞以前：異文化の接触と言語」『歴史評論』5月号(481号)

苅谷剛彦(2007)「教育再生会議を問う／検証なく行政責任棚上げ」『朝日新聞』2007年7月22日「耕論」欄

川澄哲夫編(1978〜98)『資料日本英学史』(全2巻3冊)、大修館書店

河村和也(2010)「新制高等学校の入試への英語の導入(1)：その経緯と背景に関する基本問題」『日本英語教育史研究』第25号

川村邦夫(2014)『旧満州で日本人小学生が学んだ中国語：20年間正課授業として行われた教育とその背景』丸善プラネット

菅正隆(2002)「民間は善で、教員は悪か？：政治と企業に翻弄される英語教育」『英語教育』12月号、大修館書店

記念事業実行委員会(1988)『撫子八十年：東京都豊島師範学校創立八十周年・東京第二師範学校女子部開校四十五周年記念』撫子会

宜野座嗣剛(1984)『戦後沖縄教育史』沖縄時事出版

木村直樹(2012)『〈通訳〉たちの幕末維新』吉川弘文館

旧制高等学校資料保存会編(1980)『資料集成　旧制高等学校全書　第2巻　制度編』昭和出版

旧制高等学校資料保存会編(1980)『資料集成　旧制高等学校全書　第3巻　教育編』昭和出版

教育史編纂会編(1938・39)『明治以降教育制度発達史』(全12巻)、龍吟社

教科書研究センター編(1984)『旧制中等学校教科内容の変遷』ぎょうせい

ぎょうせい編(1985)『臨教審と教育改革　第1集　自由化から個性主義へ』ぎょうせい

近代日本教育制度史編纂会編(1957)『近代日本教育制度史料』第19巻、大日本雄弁会講談社

久保野雅史(2016)「高校文法教科書はなぜ9年で消えたのか」神奈川大学教職課程研究室『神奈川大学　心理・教育研究論集』第40号

隈部直光(1982)「1981年度回顧と展望」語学教育研究所編『英語教育年鑑1982年度版』開拓社

倉沢愛子ほか編(2005・2006)『岩波講座アジア・太平洋戦争』(全8巻)、岩波書店

倉橋藤治郎(1944)『実業教育論』工業図書

黒澤一晃(1999)「戦時下の英語教育：神戸での一体験」『日本英語教育史研究』第14号

黒田巍(1948)「文部省主催　新制高等学校英語科指導者講習会」『語学教育』第204号

現代英語教育編集部(1992)「英語教育界の流行語(1)」『現代英語教育』11月号、研究社

小池生夫(1995)「わが国の戦後半世紀の外国語教育政策の形成過程」『慶応義塾大学

言語文化研究所紀要』第 27 号

小池生夫（2012）「英語教育政策における CEFR-J の先見性の意義」新しい英語能力到達度指標 CEFR-J 公開シンポジウム基調講演
http://cefr-j.org/CEFR-JSymposiumProceedings.pdf　2014 年 9 月 2 日検索

小泉仁（2001？）「第 6 章　学習指導要領における英語教育観の変遷」（電子版）http://www.cuc.ac.jp/~shien/terg/koizumi%5B1%5D.html　2016 年 8 月 2 日検索

校史編集委員会編（1972）『京一中洛北高校百年史』同記念事業委員会

語学教育研究所編（1962）『英語教授法事典』開拓社

語学教育研究所 ［比屋根安雄］（1962）「財団法人　語学教育研究所　歴史と事業」『英語教授法事典』開拓社

古賀十二郎（1947）『徳川時代に於ける長崎の英語研究』九州書房

古賀十二郎（1966）『長崎洋学史・上巻』長崎文献社

古賀範理（2002）「日本における外国語教育政策の現状と問題点」『久留米大学外国語教育研究所紀要』第 9 号

「国際高等教育院」構想に反対する人間・環境学研究科教員有志の会（2013）「『外国人 100 名雇用』計画に対する反対声明」http://forliberty.s501.xrea.com/static/archives/587/　2013 年 3 月 29 日検索

国民英学会出版局編『中外英字新聞』第 15 巻第 12 号、国民英学会出版局

国民教育奨励会編（1922）『教育五十年史』民友社

国立教育研究所第一研究部教育史料調査室編（1979）『学事諮問会と文部省示諭』国立教育研究所

国立教育政策研究所（2005）『教育課程の改善の方針、各教科等の目標、評価の観点等の変遷：教育課程審議会答申、学習指導要領、指導要録（昭和 22 年〜平成 15 年）』（PDF 版）国立教育政策研究所

小島ますみ（2017）「公立小学校における英語教育の早期化、教科化に関する一考察」『岐阜市立女子短期大学研究紀要』第 66 輯

子どもと教科書全国ネット 21 編（2016）『大問題！　子ども不在の新学習指導要領：学校が人間を育てる場でなくなる?!』合同出版

小松恒夫（1957）「落とされた "福原英語" 教科書　"F項" パージ始末記」『週刊朝日』5 月 26 日号

近藤達夫編（1990）『わが国における外国語研究・教育の史的考察（下）：歴史と展望』大阪外国語大学

【さ】

斉田智里（2014）『英語学力の経年変化に関する研究：項目応答理論を用いた事後的等化法による共通尺度化』風間書房

斎藤浩一（2011）「明治期英文法排撃論と実業界」『日本英語教育史研究』第 26 号

斎藤貴男（2004）『教育改革と新自由主義』こどもの未来社

櫻井役（1935）『英語教育に関する文部法規』（英語教育叢書）研究社〔復刻版：江利川

春雄監修・解題『英語教育史重要文献集成』第 4 巻、ゆまに書房、2017〕

櫻井役 (1936)『日本英語教育史稿』敵文館〔文化評論出版の翻刻版 1970〕

櫻井役 (1942)『中学教育史稿』受験研究社増進堂〔臨川書店の復刻版 1975〕

櫻井役 (1943)『女子教育史』増進堂〔日本図書センターの復刻版 1981〕

櫻井役 (1944)「新制中等学校外国語科の教育」日本放送協会編『文部省　新制中等学校教授要目取扱解説』日本放送出版協会〔復刻版：江利川春雄監修・解題『英語教育史重要文献集成』第 3 巻、ゆまに書房、2017〕

櫻井役 (1954)「英学回顧：戦争と英語教育」『英学月報』1954 年 8 月号

佐々木輝雄 (1980)「新教育課程と外国語教育」『全英連会誌』第 18 号、全国英語教育研究団体連合会

佐々木輝雄 (1989)『新旧学習指導要領の対比と考察：中学校外国語（英語）科』明治図書

佐々木憲昭 (2007)『変貌する財界』新日本出版社

佐々木達夫 (1969)『百年目の英語教師たち』明治図書

定宗数松 (1937)『日本英学物語』三省堂〔文化評論出版の復刻版 1979〕

佐藤学・大内裕和・斎藤貴男 (2014)「『教育再生』の再生のために」『現代思想』4（第 42 巻第 6 号）青土社

佐山和夫 (1991)『わが名はケンドリック』講談社（新版は彩流社、2009）

三羽光彦 (1993)『高等小学校制度史研究』法律文化社

塩田勉 (2017)『〈語学教師〉の物語：日本言語教育小史　第 1 巻』書肆アルス

重久篤太郎 (1941)『日本近世英学史』教育図書

宍戸良平 (1948)「英語教育関係法規およびコース・オブ・スタディーについて」市河三喜主幹『新英語教育講座』第 2 巻、研究社

宍戸良平 (1965)「教育課程改訂の準備」『全英連会誌』第 3 号、全国英語教育研究団体連合会

宍戸良平 (1966)「英語教員講習会 5 ヶ年計画を終了して」『全英連会誌』第 4 号、全国英語教育研究団体連合会

宍戸良平 (1968)「教育課程改善の方向」『全英連会誌』第 6 号、全国英語教育研究団体連合会

宍戸良平 (1969)「中学校学習指導要領の改訂」『全英連会誌』第 7 号、全国英語教育研究団体連合会

宍戸良平編著 (1970)『能力・適性に応ずる指導　英語科編』明治図書

島根大学開学三十周年史編集委員会編 (1981)『島根大学史』島根大学

島善高 (2008)『早稲田大学小史［第 3 版］』早稲田大学出版部

志村鏡一郎 (1972)「初等・中等カリキュラムにおける外国語（英語）科の位置：太平洋戦争以前」『静岡大学教育学部研究報告　教科教育学編』第 4 号

下地玄毅 (2001)「戦後沖縄の英語教育史概観」『沖縄キリスト教短期大学紀要』第 30 号

正慶岩雄（1993）『私説　民主的英語教育実践史』あゆみ出版

ショッパ・L. J. 著・小川正人監訳（2005）『日本の教育政策過程：1970〜80 年代教育改革の政治システム』三省堂

白畑知彦編著（2004）『英語習得の「常識」「非常識」：第二言語習得研究からの検証』大修館書店

杉村武（1967）『近代日本大出版事業史』出版ニュース社

西南女学院七十年史出版委員会編（1994）『西南女学院七十年史』西南女学院

関口隆克（1934）「中学校の実際化に関する資料」『産業と教育』第 1 巻第 3 号

全国英語教育学会事務局（1984）『全国英語教育学会史　昭和 50 年—昭和 59 年』全国英語教育学会事務局

全国公立小中学校事務職員研究会（2015）「学校と教職員の業務実態の把握に関する調査研究報告書」（電子版）
http://www.mext.go.jp/component/a_menu/education/detail/_icsFiles/afieldfile/2016/03/10/1351489_16.pdf　2017 年 9 月 21 日検索

全国農業学校長協会編（1941）『日本農業教育史』農業図書刊行会

【た】

大日本教育会編（1896）『大日本教育会雑誌』第 179 号、大日本教育会仮事務所

高梨健吉（1996）『日本英学史考』東京法令出版

高梨健吉・大村喜吉（1975）『日本の英語教育史』大修館書店

高橋邦太郎ほか編（1975）『ふらんす語事始：仏学始祖村上英俊の人と思想』校倉書房

髙橋美津子（2008）「ネイティブスピーカー信仰とその問題点」『KELT』第 23 号、神戸英語教育学会

竹中龍範（1995）「第 1 回文部省英語科講習会（明治 29 年）について」『英語教育研究』第 37・38 合併号、広島大学教育学部英語教育研究室

竹中龍範（2003）「外国語学校から英語学校へ：『学制』期官立外国語学校の改組をめぐって」『言語表現研究』第 19 号、兵庫教育大学言語表現学会

竹前栄治（1992）『占領戦後史』岩波書店（岩波同時代ライブラリー）

竹村覚（1933）『日本英学発達史』研究社

田中梅吉（1968）『総合詳説　日獨言語文化交流史大年表』三修社

田中啓介編（1985）『熊本英学史』本邦書籍

田中慎也（1988a）「日本の明治期初等教育と英語（外国語）教育政策」『JACET 全国大会要綱』一般社団法人大学英語教育学会

田中慎也（1988b）「明治期に於ける神奈川県下公立小学校と英語（外国語）教育：言語教育政策史研究」『人文科教育研究』15 巻、人文科教育研究編集委員会

田中慎也（1990）「大学の外国語教育考：史的回顧と現状」『人文科教育研究』17 巻、人文科教育研究編集委員会（筑波大学）

田中慎也（1995）「明治期における富山県下公立小学校の英語（外国語）の加設状況について（湊吉正先生退官記念号）」『人文科教育研究』22 巻、人文科教育研究編集

委員会（筑波大学）

田中虎雄（1906）『井上小学英語読本教授書　第 1 巻』金港堂書籍

谷口賢一郎（1993）『21 世紀に向けての英語教育：全国実態調査をふまえて』（『英語教育』別冊、第 42 巻 4 号）大修館書店

谷口琢男（1988）『日本中等教育改革史研究序説：実学主義中等教育の摂取と展開』第一法規

田畑きよみ（2012）「明治初期（明治元年〜10 年）の公立小学校における英語教育についての一考察：岐阜県高山煥章学校と他校との比較を通して」『日本英語教育史研究』第 27 号

中等学校教科書株式会社（1943）『外国語科指導書　中等学校第一学年用』中等学校教科書株式会社〔復刻版：江利川春雄監修・解題『英語教育史重要文献集成』第 4 巻、ゆまに書房、2017〕

辻田真佐憲（2017）『文部省の研究：「理想の日本人像」を求めた百五十年』文藝春秋（文春新書）

帝国教育会編（1903）『教育公報』第 267 号、帝国教育会

帝国教育会編（1909）『中等教育現行教授法類篇　上篇』帝国教育会

出来成訓（1994）『日本英語教育史考』東京法令出版

寺沢拓敬（2014）『「なんで英語やるの？」の戦後史：《国民教育》としての英語、その伝統の成立過程』研究社

寺沢拓敬（2015）『「日本人と英語」の社会学：なぜ英語教育論は誤解だらけなのか』研究社

寺沢拓敬（2017）「小学校英語政策の問題」藤原康弘ほか編『これからの英語教育の話しをしよう』ひつじ書房

寺島隆吉（2007）『英語教育原論』明石書店

寺島隆吉（2009）『英語教育が亡びるとき：「英語で授業」のイデオロギー』明石書店

寺島隆吉（2015）『英語で大学が亡びるとき：「英語力＝グローバル人材」というイデオロギー』明石書店

土井忠生（1971）『吉利支丹語学の研究　新版』三省堂

土井忠生（1982）『吉利支丹論攷』三省堂

東亜研究所第五部（1941）『イギリスの対印度教育政策』東亜研究所

東京教育大学附属小学校創立百周年記念事業委員会編（1973）『東京教育大学附属小学校教育百年史：沿革と業績』東京教育大学附属小学校創立百周年記念事業委員会

東京高等師範学校内初等教育研究会（1940）『国民学校の基礎的研究』大日本出版

東京都都政史料館（1959）『東京の英学（東京都史紀要第 16）』東京都都政史料館

外山滋比古（1973）『日本語の論理』中央公論社（中公文庫版 1987）

豊田国夫（1964）『民族と言語の問題：言語政策の課題とその考察』錦正社

豊田国夫（1968）『言語政策の研究』錦正社

豊田實（1939）『日本英学史の研究』岩波書店

外山敏雄（1992）『札幌農学校と英語教育：英学史研究の視点から』思文閣出版

鳥飼玖美子（2006）『危うし！小学校英語』文藝春秋（文春新書）

鳥飼玖美子（2010）『「英語公用語」は何が問題か』角川書店

鳥飼玖美子（2014）『英語教育論争から考える』みすず書房

鳥飼玖美子（2017）「英語教育論争から考える」日本英語教育史学会第 33 回全国大会記念講演レジュメ

鳥飼玖美子（2018）『英語教育の危機』筑摩書房（ちくま新書）

鳥飼玖美子・大津由紀雄・江利川春雄・斎藤兆史（2017）『英語だけの外国語教育は失敗する：複言語主義のすすめ』ひつじ書房

【な】

長岡安太郎（1991）『明治期中学教育史：山形中学校を中心に』大明堂

長島弘（1986）「『訳詞長短話』のモウル語について：近世日本におけるインド認識の一側面」『長崎県立国際経済大学論集』第 19 巻 4 号

中村質（1994）「近世における日本・中国・東南アジア間の三角貿易とムスリム」紙屋敦之ほか編（2002）『展望日本歴史 14 海禁と鎖国』東京堂出版

浪本勝年（2004）「中央教育審議会の歴史と問題点」『立正大学心理学研究所紀要』第 2 号

西崎恵（1941）「実業学校卒業者の上級進学取扱に就いて」『文部時報』第 712 号

西原雅博（2010a）「帝国教育会英語教授法研究部の成立」『富山高等専門学校紀要』第 1 号

西原雅博（2010b）「『中等学校ニ於ケル英語教授法調査委員報告』の分析」『富山高等専門学校紀要』第 1 号

西原雅博（2011）「『中等学校ニ於ケル英語教授法調査委員報告』をめぐる教育政策：牧野伸顕文相期の外国語教育政策を中心に」『日本英語教育史研究』第 26 号

西原雅博（2015a）「『新教授法』の摂取と変容：帝国教育会英語教授法研究部における英語教授法論議」『日本英語教育史研究』第 30 号

西原雅博（2015b）「明治期英語教授指導者の教育思想：岡倉由三郎と神田乃武」『富山高等専門学校紀要』第 2 号

西原雅博（2016a）「明治期中学校英語教授国家基準の伝達：『文検』による伝達ルートに焦点をあてて」『日本英語教育史研究』第 31 号

西原雅博（2016b）「明治三十五年『中学校教授要目』（英語科）の制定過程：『尋常中学校英語科ノ要領』及び『尋常中学校英語科教授細目』の作成とその意味」『富山高等専門学校紀要』第 3 号

西原雅博（2017a）「明治三十五年『中学校教授要目』（英語科）の性格」『富山高等専門学校紀要』第 4 号

西原雅博（2017b）「明治英語教授国家基準の性格：明治四十四年『改正中学校教授要目』（英語科）の分析」『富山高等専門学校紀要』第 4 号

日蘭学会編（1984）『洋学史事典』雄松堂出版

日本学術会議（2012）「大学教育の分野別質保証のための教育課程編成上の参照基準　言語・文学分野」http://www.scj.go.jp/ja/info/kohyo/pdf/kohyo-22-h166-3.pdf　2015 年 9 月 3 日検索

日本教職員組合編（1959）『日本の教育』第 8 集、国土社

日本教職員組合編（1963）『日本の教育』第 12 集、一ツ橋書房

日本教職員組合編・小野脇一代表編集（1971）『私たちの教育課程研究　外国語教育』一ツ橋書房

日本教職員組合編（1976）『教育課程改革試案：わかる授業楽しい学校を創る』一ツ橋書房

日本教職員組合編・小野脇一監修（1978）『外国語の授業（自主編成研究講座）』一ツ橋書房

日本教職員組合教育文化部編（1959）『日本の教育課程：学習指導要領はどう変ったか』国土社

日本近代教育史料研究会編（1998）『教育刷新委員会教育刷新審議会会議録　第 10 巻　第九特別委員会、第十特別委員会、第十一特別委員会』岩波書店

日本経済調査協議会編（1972）『新しい産業社会における人間形成：長期的観点からみた教育のあり方』東洋経済新報社

日本の英学 100 年編集部編（1968・1969）『日本の英学 100 年』（全 4 巻）、研究社

日本文化協会編（1937）『教学刷新評議会答申及ビ建議』日本文化協会（近代デジタルライブラリー info: ndljp/pid/1461819）

日本放送協会編（1944）『文部省　新制中学校教授要目取扱解説』日本放送出版協会

野中尚人・青木遥（2016）『政策会議と討論なき国会：官邸主導体制の成立と後退する熟議』朝日新聞出版

野呂栄太郎（1930）『日本資本主義発達史』鉄塔書院〔岩波文庫版、1983〕

【は】

長谷川修治・中條清美（2004）「学習指導要領の改訂に伴う学校英語教科書語彙の時代的変化：1980 年代から現在まで」*Language Education & Technology* 第 41 号

長谷川誠一（1986）『函館英学史研究』ニューカレントインターナショナル

林勲編（1942）『昭和十八年度使用　中等学校青年学校教科用図書総目録（付国民学校高等科用）』日本出版配給株式会社

林野滋樹・大西克彦（1970）『中学校の英語教育』三友社

林陸朗（2010）『長崎唐通事（増補版）』長崎文献社

伴和夫（1997）『伴和夫教育著作集 I　英語教育の理論』三友社出版

平賀優子（2008）「日本英語教授法史における Ollendorff の教授法の位置づけ」『日本英語教育史研究』第 23 号

平田和人・菅正隆・古賀範理（2002）「ディベート風座談会　検証と展望　文部省戦後半世紀の外国語教育政策」『英語教育』5 月号、大修館書店

広川由子（2014）「占領期日本における英語教育構想：新制中学校の外国語科の成立過

程を中心に」『教育学研究』第 81 巻 3 号、日本教育学会

弘前学院百年史編集委員会編 (1990)『弘前学院百年史』弘前学院

広島大学教育学部英語教育研究室 (1958)「『アンケート』より見た小学校に於ける英語教育」『英語教育研究』第 1 号

広瀬隆雄 (1986)「財界の教育要求に関する一考察：教育の多様化要求を中心として」『東京大学教育学部紀要』第 25 号

福原麟太郎監修・桜庭信之ほか編 (1978)『ある英文教室の 100 年：東京高等師範学校・東京文理科大学・東京教育大学』大修館書店

藤井省三 (1992)『東京外語支那語部：交流と侵略のはざまで』朝日新聞社

船橋洋一 (2000)『あえて英語公用語論』文藝春秋（文春新書）

古川和人 (2000)「JET プログラムの政策立案に関する研究：自治省による立案の経緯と財政措置を中心として」『日本教育行政学会年報』第 26 号

文政研究編 (1944)『文教維新の綱領』新紀元社

ベネッセ教育研究開発センター (2009)『第 1 回中学校英語に関する基本調査［生徒調査］・速報版』ベネッセ教育研究開発センター
http://berd.benesse.jp/berd/center/open/report/chu_eigo/seito_soku/　2014 年 1 月 5 日検索

保坂秀子 (2000)「古代日本における言語接触：文献に見る日本人と諸外国人のコミュニケーション」『社会言語科学』第 3 巻 1 号

細川泉二郎 (1943)「師範学校の英語」『語学教育』第 193 号

【ま】

槇枝元文・若林俊輔 (聞き手) (1981)「日教組委員長・槇枝元文氏にきく」『英語教育ジャーナル』1 月号

松岡洸司 (1991)『キリシタン語学：16 世紀における』ゆまに書房

松田武 (2008)『戦後日本におけるアメリカのソフト・パワー：半永久的依存の起源』岩波書店

杢田與惣之助 (1928)『英語教授法集成』私家版〔復刻版：江利川春雄監修・解題『英語教育史重要文献集成』第 3 巻、ゆまに書房、2017〕

松原孝俊 (1997)「江戸時代の外国語教授法：朝鮮語通詞を例として」（レジュメ）
http://matsu.rcks.kyushu-u.ac.jp/past/2008/p/study/09tsuuji/%281%29edotsuji/edo-tsuuji1.html　2013 年 10 月 27 日検索

松原孝俊・趙眞璟 (1997a)「雨森芳州と対馬藩『韓語司』における学校運営をめぐって」九州大学大学院比較社会文化研究科『比較社会文化』第 3 号

松原孝俊・趙眞璟 (1997b)「厳原語学所と釜山草梁語学所の沿革をめぐって：明治初期の朝鮮語教育を中心として」九州大学言語文化部編『言語文化研究』第 8 号

松村幹男 (1988)「もうひとつの英語教育存廃論：明治中・後期英語教育史研究」『中国地区英語教育学会研究紀要』第 18 号

松村幹男 (1994)「IFEL 講習会について：戦後英語教育史研究」『中国地区英語教育学

会紀要』第 23 号

松村幹男 (1997)『明治期英語教育研究』辞游社

松村幹男 (2011)「文部省主催中等教員英語講習会：広島開催の事例を中心に」『英學史論叢』第 14 号、日本英学史学会中国・四国支部

松本重治 (1986)『昭和史への一証言』毎日新聞社

マルクス、カール著・村田陽一訳 (1962；原著 1851)「ルイ・ボナパルトのブリューメル 18 日」大内兵衛ほか監訳『マルクス・エンゲルス全集』第 8 巻、大月書店

三重大学教育学部同窓会百周年記念事業会編 (1977)『三重大学教育学部　創立百年史』三重大学教育学部同窓会百周年記念事業会

三浦省五 (1993)「検定文法教科書の廃止と高校現場」『現代英語教育』11 月号

水野稚 (2008)「経団連と『英語が使える』日本人」『英語教育』4 月号、大修館書店

水野真知子 (2009)『高等女学校の研究：女子教育改革史の視座から』(全 2 巻) (野間教育研究所紀要　第 48 集)、野間教育研究所

皆川三郎 (1949)「英語教授の実態」『語学教育』第 207 号

皆川三郎 (1956)「英語教育に対する社会の要望について」『語学教育』第 231 号

皆川三郎 (1977)『ウィリアム　アダムス研究：歴史的展望と人間』泰文堂

南満州鉄道株式会社総裁室地方部残務整理委員会 (1939)『満鉄附属地経営沿革全史上巻』南満州鉄道株式会社

宮永孝 (2004)『日本洋学史』三修社

村田典枝 (2012)「戦後初期沖縄におけるガリ版刷り初等学校英語教科書の研究」『日本英語教育史研究』第 27 号

茂住實男 (1989)『洋語教授法史研究』学文社

茂住實男 (1991・1992)「横浜英学所 (上) (中) (下)」『大倉山論集』第 29・30・32 輯

茂住實男 (1996)「ドイツ学振興政策と英学の危機：最初の英語教育廃止論」『日本英語教育史研究』11 号

茂住實男 (2004)「日本英語教育史略年表：江戸時代」『拓殖大学語学研究』107 巻

森有礼 (1888)「帝国大学教官に対する演説」川澄哲夫編 (1978)『資料日本英学史 2』大修館書店

森秀夫 (1984)『日本教育制度史』学芸図書

森田俊男 (1966)『アメリカの沖縄教育政策』明治図書

モルレー (1875)「学監ダビット・モルレー申報」『明治文化全集　第 10 巻　教育篇』日本評論社

文部科学省初等中等教育局国際教育課 (2016)「平成 27 年度高等学校等における国際交流等の状況について」(電子版) http://www.mext.go.jp/component/a_menu/education/detail/_icsFiles/afieldfile/2017/06/13/1386749_27.pdf　2017 年 6 月 29 日検索

文部省 (1872)「小学教則概表並外国教師ニテ教授スル中学教則概表頒布ノ事」(文部省布達番外)『文部省布達全書　明治四年・五年』文部省

文部省（1931）「師範学校規程中改正ニ関スル訓令」『官報』1215号

文部省（1942）『㊙師範学校教科教授要綱案』〔文部省〕

文部省（1943）『昭和十九年度使用中学校第一第二学年教科用図書目録（昭和十八年七月）』文部省（同、高等女学校用、実業学校用）

文部省（1944）『青年師範学校教授要目』〔文部省〕

文部省（1954）『中学校　高等学校学習指導法　外国語科英語編　昭和28年版』開隆堂

文部省（1999a）『高等学校学習指導要領解説　外国語編・英語編』開隆堂出版

文部省（1999b）『中学校学習指導要領（平成10年12月）解説　外国語編』東京書籍

文部省国民教育局（1943）『㊙中等学校令・実業学校規程・実業学校教科教授及修練指導要目（案）』実業教育振興中央会

文部省社会教育局編（1934）『実業補習教育の沿革と現状』青年教育普及会

文部省大臣官房編（1987）『文部時報』第1327号（8月臨時増刊号：臨教審答申総集編）

文部省調査局編（1958）『学習指導要領解説　中学校』（「文部時報」別冊）、帝国地方行政学会

文部省調査普及局編（1952）『教育刷新審議会要覧』文部省調査普及局

【や】

矢口新・飯島篤信（1940）「私立青年学校の学科編成に就いて」『東京府私立青年学校協会報』昭和15年3月号（文部省社会教育局（1940）『青年学校教育義務制に関する論説』）

安河内哲也（2014）「韓国の『英語教育大改革』、失敗か？　英語をめぐる韓国のドタバタ劇」東洋経済ONLINE 1月23日号 http://toyokeizai.net/articles/-/27934?page=2　2014年1月24日検索

柳沢民雄（2012）「1960年代の日本における外国語教育運動と外国語教育の四目的」一橋大学大学院社会学研究科修士論文（未刊行）

矢野安剛ほか編（2011）『英語教育政策：世界の言語教育政策論をめぐって』大修館書店

山内太郎編（1958）『中学校英語の新教育課程』国土社

山口和雄（1947）『幕末貿易史』生活社

山口静一（1982）「東京大学草創期における英語英文学講義」『大村喜吉教授退官記念論文集』刊行会編『大村喜吉教授退官記念論文集』吾妻書房

山田雄一郎（2003）『言語政策としての英語教育』渓水社

山本剛（2012）「旧制高等学校生徒の精神形成史研究：旧制高等学校の学科課程を通して」『早稲田大学大学院教育学研究科紀要　別冊』第20巻第1号

湯沢質幸（2010）『増補改訂　古代日本人と外国語』勉誠出版

横山伊徳（2013）『開国前後の世界』吉川弘文館

吉冨一・佐々木輝雄編（1977）『改訂　中学校学習指導要領の展開　外国語（英語）科編』明治図書

吉村宰ほか(2005)「大学入試センター試験既出問題を利用した共通受験者計画による英語学力の経年変化の調査」『日本テスト学会誌』第1巻第1号

米田俊彦(2009)『近代日本教育関係法令体系』港の人

読売新聞戦後史班編(1982)『昭和戦後史　教育のあゆみ』読売新聞社

四方一瀰(1996)「中学校教則大綱期における中学校・高等女学校・師範学校教授要旨に関する一考察：群馬県中学校との関係において」『国士舘大学文学部人文学会紀要』第29号

四方一瀰(2004)『「中学校教則大綱」の基礎的研究』梓出版社

【ら】

琉球政府文教局教育研究課(1958)『琉球史料　第三集』琉球政府文教局

柳尚熙(1980)『江戸時代と明治時代の日本における朝鮮語の研究』成甲書房

ロシア文学会編(2000)『日本人とロシア語：ロシア語教育の歴史』ナウカ

六角恒広(1988)『中国語教育史の研究』東方書店

ロドリゲス原著・土井忠生訳註(1955)『日本大文典』三省堂

ロドリゲス著・池上岑夫訳(1993)『ロドリゲス日本語小文典(上・下)』岩波書店(岩波文庫)

【わ】

若桑みどり(2003)『クアトロ・ラガッツィ：天正少年使節と世界帝国』集英社

若林俊輔(1989)「AET導入反対の弁」『英語教育』3月号、大修館書店

若林俊輔(1998)「お先真っ暗？」『教員養成セミナー3月号別冊「教課審」をよむ：教育の未来へ』時事通信社

若林俊輔(1999)『「指定語」の変遷をたどる』私家版

若林俊輔(2002a)「やはり『英語教育』のことですが」『語学研究(若林俊輔教授退官記念号)』99号、拓殖大学言語文化研究所

若林俊輔(2002b)「『わが国の英語教育について語ること』のむずかしさについて」『21世紀の英語教育への提言と指針：隈部直光教授古希記念論集』開拓社

若林俊輔・隈部直光(1982)『亡国への学校英語』英潮社新社

渡辺靖(2008)『アメリカン・センター：アメリカの国際文化戦略』岩波書店

渡辺洋子(1995)「日本における英語教育史(16世紀～19世紀末)」『純心英米文化研究』第12号

和田稔編著(1987)『国際化時代における英語教育：Mombusho English Fellowsの足跡』山口書店

和田稔(2004)「小学校英語教育、言語政策、大衆」大津由紀雄編著『小学校での英語教育は必要か』慶應義塾大学出版

亘理陽一(2011)「外国語としての英語の教育における使用言語のバランスに関する批判的考察：授業を『英語で行うことを基本とする』のは学習者にとって有益か」『教育学の研究と実践』第6号、北海道教育学会

索引

あ

青木庸效　225
アクティブ・ラーニング　321
旭川学力テスト訴訟　254
アジア・太平洋戦争　141
アダムス，ウィリアム　48
新しい産業社会における人間形成　240, 402
雨森芳洲　43, 44
アメリカ合衆国広報文化交流局　200
アメリカ教育使節団　179
アメリカ軍政府　194
アメリカ研究セミナー　202
新たな未来を築くための大学教育の質的転換に向けて　321
『諳厄利亜興学小筌』　49
『諳厄利亜語林大成』　49

い

飯吉弘子　16
五十嵐新次郎　v, 211, 214
生きる力　291
育成すべき資質・能力　341
市河三喜　184

市川文吉　46
井出義行　184
稲村松雄　214
井上毅　80
伊村元道　217
岩手中学校教則　75

う

内野信幸　225

え

英学本位制　67, 68
『英語』（準国定教科書）　167
英語一辺倒主義　281
英語会話　237
英語科講習会　110
「英語が使える日本人」の育成のための行動計画　306, 317
「英語が使える日本人」の育成のための戦略構想　306, 429
英語学校　70
英語科の復活要求　128
英語教育　110
英語教育改革総合プラン　315, 438
英語教育改善協議会　218, 399
英語教育改善調査研究協力者会議　246, 410
英語教育実施状況調査　332
英語教育専門家会議　204
『英語教育大論争』　244, 403
英語教育の在り方に関する有識者会議　338
英語教育の開始時期　264

英語教育の改善に関するアピール　241
英語教育の目的の明確化　262
英語教育不要論　142
英語教育への圧迫　155
英語教員講習会　218
英語教員大会　125, 126, 127
英語教科書の採択基準試案　191
英語教授研究所　137
英語教授研究大会　137
英語教授法　115
『英語教授法綱要』　94
英語教授法調査会　113
英語公用語化論　303, 424
英語指導方法等改善の推進に関する懇談会報告　282
英語奨励に関する請願　178
英語専修科　92
英語通詞　50, 51
英語伝習所　51
英語による英語授業　350
『英語ノート』　314
英語の分科　74
英語廃止論　144, 170
英語を用うる場合と国語を用うる場合　118
英文解釈　77
英文学科　88
英文法教科書の検定廃止　256
英文法排撃論　114
『英和対訳袖珍辞書』　52
エスペラント語　128
ELEC 夏期講習会　205

お

大浦暁生　225
大阪外国語学校　136
大阪市の教育振興基本計画　335
大津由紀雄　312, 435
オーラル・アプローチ　204, 213, 219
オーラル・メソッド　153, 168, 182
岡倉由三郎　192, 351
小笠原林樹　256
小川芳男　211
沖縄の英語教育　195
沖縄の小学校における英語教育　196
沖縄文教学校　195
お雇い外国人　57, 58
オラル・テスト　138
オランダ　38, 40
オランダ語教育政策　41
阿蘭陀通詞(蘭通詞)　40
オルレンドルフ　62

か

外国教師ニテ教授スル中学教則　63, 64, 65
外国語学校　69
外国語教育研究委員会　180
外国語教育刷新委員会　182
外国語教育政策　iii
「外国語教育について」　185
外国語教育の改善に関する調査研究協力者会議　288, 418
「外国語教育の振興について」　183

外国語教育の多様化　263
外国語教育の抜本的改革　240
外国語教育の四目的　220, 222, 223, 224, 225, 227
外国語教師の再教育　185
外国語に対する関心・態度　250
外国語能力の向上に関する検討会　316
外国語の必修化　215
外国人指導助手の招致事業　271
外国青年招致事業(JETプログラム)　269
開成学校　58
開成所　52
会読　50
外部検定試験　318, 327, 334
外部検定試験の利用　263
会話　100
学習指導要領　iii, 3, 4, 5, 18, 187, 190, 210
学習指導要領の改訂作業　5
学習指導要領の法的拘束力　209
学制　61
学科及其程度　87
学校令　87
活用能力の育成　239
葛城崇　325
カムカム英語　178
ガリ版(謄写版)刷り教科書　195
苅谷剛彦　354
漢学　33, 39
漢学教育　33
韓語司　44
漢字　31
関心・意欲・態度　268

官邸主導(政治主導)　10, 265, 354
関東都督府中学校　122
菅正隆　304

き

岸本能武太　113
技能・道具主義　281
義務教育教科書の国定化　217
教育課程　2, 3, 4
教育課程改革試案最終報告書　247
教育課程の検討過程　232
教育課程の自主編成　219
教育基本法　309
教育再生会議　309
教育再生懇談会　310, 311, 434
教育再生実行会議　11, 322, 325, 326
教育再生実行本部　322
教育刷新委員会　179, 180
教育指導者講習　190
教育振興基本計画　309, 355
教育勅語　2, 83
教育令　73
教員勤務実態調査　359
教学刷新評議会　149
教科書の無償措置法　217
教科書への統制強化　149
教授細目　2, 116
教授上の注意　115
教授要目　2
キリシタン語学　36
キリスト教　35
勤評闘争　206

く

隈部直光　251
クラウン・リーダー　169
クラスサイズ　248, 273
倉橋藤治郎　170
グローバリズム　280
グローバル化　277, 280,
　　308
「グローバル化時代に求め
　　られる高等教育の在り
　　方について（答申）」
　　299, 428
グローバル化に対応した英
　　語教育改革実施計画
　　329
グローバル時代の人材育成
　　について　285, 424
グローバル人材育成　278,
　　279, 288
グローバル人材育成推進会
　　議　319
グローバル人材育成推進事
　　業　320
グローバル人材育成戦略
　　319
訓読法　32
群馬県中学校規則　77

け

経済団体連合会（経団連）
　　284, 285, 301, 424
経済同友会　283, 340, 443
言語活動　232, 237
現代外国語教育に関するユ
　　ネスコ勧告　221

こ

小池生夫　5
高校外国語の科目名　22

高校入試に英語　207
貢進生　59
高大接続システム改革会議
　　339
『高等科英語』　168
高等学校学習指導要領
　　209, 311
高等学校規程　135, 165
高等学校高等科外国語教授
　　要目　136, 148
高等学校高等科教授要綱
　　164, 165
高等学校高等科臨時教授要
　　綱　164
高等学校大学予科学科規程
　　107
高等学校令　105, 135
高等師範学校　82, 92
高等小学校　92, 93, 97
高等商業学校　109
高等女学校　66
高等女学校規程　104
高等女学校に於ける学科目
　　の臨時取扱に関する件
　　155
高等女学校令　104
高等中学校　104
高等中学校の学科及其程度
　　104
講読　100
語学教育研究所　151
語学指導等を行う外国青年
　　招致事業　269
国際化　280
国際共通語としての英語力
　　向上のための5つの
　　提言と具体的施策
　　317
国際交流　231
国際文化会館　202
国際理解　236
国体明徴　141

国民学校令　152
国民教育　324
国民教育としての英語教育
　　324
国立大学の法人化　334
小島ますみ　344
5種選定　151
国家英語能力評価試験
　　336
国家総動員法　149
ことばに対する能動的態度
　　を育てる取り組み
　　345
コミュニケーション活動
　　298
コミュニケーション重視
　　267, 273, 283
コミュニケーション能力の
　　育成　239, 265
コミュニケーションの手段
　　としての外国語能力
　　246
これからの大学教育等の在
　　り方について（第三次
　　提言）　325
コレジオ　36
今後の英語教育の改善・充
　　実方策について　338
懇談会　9

さ

斉田智里　306
作文　77
櫻井役　156, 159
「鎖国」（海禁）政策　38
佐々木輝雄　252, 265
暫定教科書　176
サンデル氏読本　65

し

宍戸良平　188, 213, 232, 236
実業英語　152
実業科外国語　161
実業学校　130
実業学校教科教授及修練指導要目（案）　161
実業学校令　109
実業補習学校　132
実業補習学校規程　132
実践的コミュニケーション能力の育成　294, 295, 296
実用英語　96
私的諮問機関　7, 8, 9, 355
支那語　143, 146, 153
支那語教育の振興　145
師範学校　67, 134
師範学校規程　133, 147
師範学校教授要目　119
師範学校教則大綱　74
『師範学校ニ関スル諸調査』　91
師範教育令　90, 162
Jack and Betty　193
修辞　77
習字　77
習熟度別クラス編成　306
授業は英語で行うことを基本とする　311, 344
主体的・対話的で深い学び　341, 351
小学校英語科廃止論　95
小学校英語教育　242, 261, 301, 328
小学校英語教授法　120
小学校英語の「受験英語」化　337
小学校英語の早期化・教科化　345
小学校外国語（英語）加設率　98
小学校外国語活動　302
小学校外国語教育　349
小学校教則綱領　82
小学校における外国語教育　62, 181
商業学校通則　84
少人数学級　138
初級英語　237
新羅語　35
私立英語学校　71
新英語教育研究会　219, 326
審議会　6
新自由主義　277, 308
新自由主義教育政策　308
尋常師範学校　88, 89
尋常中学校　99
尋常中学校英語科ノ要領　111
尋常中学校教科細目調査報告　111, 113, 388
尋常中学校実科規程　102
新制高等学校英語科指導者講習会　189
新制大学卒業者の英語の学力に対する産業界の希望　208, 397
新制中学校　187

す

数値目標管理主義　281
スーパーグローバル大学　333
スーパーグローバルハイスクール　333
「墨ぬり」教科書　175
墨ぬり指令　175

せ

政策会議　10
政治献金　17, 286
成長戦略に資するグローバル人材育成部会提言　322
生徒の英語力向上推進プラン　339, 446
青年学校令　142
青年訓練所令　133
青年師範学校　164
セミナリオ　36
『戦後沖縄教育史』　194
全国英語教育研究団体連合会（全英連）　189
全国高等女学校校長協会　154
専門学校　68
専門学校令　109
早期外国語教育　240

そ

総合的な学習の時間　292
素読　50
ソフト・パワー戦略　199, 203

た

第2期教育振興基本計画　327, 329
第1回全国高等女学校長協議会　127
大学改革実行プラン　321
大学東校　61
大学南校　59, 384
大学入学共通テスト　339
大学入試英語の完全民営化　339
大学入試改革　338

索引　471

大学予科規程　106
大学寮　33
太平洋戦争期の英語教科書
　　166
高梨健吉　251
高部義信　177
田中虎雄　96

ち

中央教育審議会　6
中学校・高等学校における
　　外国語教育改善の在り
　　方について　290
中学校英語週三時間に反対
　　する会　251, 413
中学校学習指導要領　234,
　　249, 296, 311
中学校規程　157
中学校教科教授及修練指導
　　要目　158
中学校教授要目　114, 394
中学校教則大綱　73, 75
中学校師範学校教員免許規
　　程　81
中学校における英語各分科
　　の内容　121
中学校令施行規則　103,
　　144, 145
中国語　31, 32
中等学校外国語科教授要目
　　の解説　157
中等学校に於ける英語教授
　　法調査委員会報告　114,
　　116
中等学校令　156
朝鮮語教育　43
朝鮮通信使　43
勅令　1
勅令主義　1

つ

通事　34, 39
使える英語プロジェクト事
　　業　335

て

ティーム・ティーチング
　　268
帝国教育会　110
帝国教育会英語教授法研究
　　部　113
帝国大学　88
帝国大学令　87
綴字　76
『哲学字彙』　79

と

ドイツ学の振興策　79
ドイツ語　47
東京英語学校　70, 385
東京外国語学校　109
東京開成学校　68
東京高等師範学校附属中学
　　校教授細目　117
東京女学校　66
東京専門学校　81
東京大学　71
東京大学予備門　72
唐通事　43
読書　76
読書力の養成　118
外山滋比古　241
鳥居次好　252
鳥飼玖美子　245

な

内閣人事局　11
内閣府　11

に

中曽根康弘　259
浪本勝年　7
南校　60
南蛮学　37
南蛮通事（通詞）　38

「21世紀日本の構想」懇談
　　会　303, 424
日米修好通商条約　49
日米和親条約　49
日露和親条約　46
日本英語教育改善懇談会
　　241
日本英語教育研究委員会
　　（ELEC）　203, 213
日本外国語教育改善協議会
　　331
日本教職員組合（日教組）
　　206, 247, 289
日本経営者団体連盟（日経
　　連）　207, 284
日本経済団体連合会　285
日本経済調査協議会　240,
　　402
日本語による高等教育
　　79
日本児童英語教育学会
　　243, 290
日本児童英語振興協会
　　243
New Approach to English
　　204

の

農業学校　132
能動的・演習的な授業
　　166
能力差に応じた指導　234
能力の検定　239

ノビシアード　36

は

パーマー，ハロルド　137,
　350
Hi, friends!　316
抜本的改革症候群　353
馬場佐十郎　45
パブリック・コメント
　12, 13
林野滋樹　222
『ハルマ和解（波留麻和解）』
　42
伴和夫　225
蕃書調所　50
蛮書和解御用　42

ひ

平泉渉　243, 403
平川唯一　178
広瀬隆雄　15

ふ

フェートン号事件　49
深佐源三　196
複言語主義　282, 358
福原麟太郎　206
複文化主義　282
フランス語　46
フルブライト交流事業
　201
文政審議会　144
文法　76
文法指導法　112

へ

米会話ブーム　177

ほ

法律主義　2
堀内一雄　169
堀達之助　51
ポルトガル語　35, 36, 37
翻訳　100
翻訳式（文法訳読式）教授
　法　186

ま

マクドナルド，ラナルド
　51
杢田與惣之助　94
マライ語　157
満州語　47, 146

み

三浦朱門　292
三浦省五　257
三木谷浩史　325
ミシガン・ミッション
　195
民主主義　193

む

村上英俊　47

も

目標の変遷　23
モルレー，ダビッド　61
問題解決型の学び　291
「文部科学省で検討中の『小
　学校英語教育の改革』
　に対する提言」　337
文部省　59
『文部省小学新英語読本』
　153

や

訳解　100
訳読　76
山家保　213

ゆ

ゆとり教育　247, 249, 292

よ

洋学所　50
洋書調所　52
ヨーロッパ言語共通参照枠
　（CEFR）　342
読方　76
横浜英学所　52
横浜仏語伝習所　47
吉村宰　307
予備校　101
四六答申　238

ら

ラテン語　36, 37
蘭学　41, 42, 50
『蘭学階梯』　42
蘭通詞　41

り

臨時教育会議　125
臨時教育審議会（臨教審）
　258, 260, 261, 414
臨時教員養成所　82
輪読　50

れ

Let's Learn English　188

ろ

鹿鳴館時代　82
ロシア語　45
ロックフェラー 3 世　200,
　　205
ロックフェラー機密報告
　　201
ロックフェラー財団　202,
　　203

わ

若林俊輔　v, 251, 272, 293
渡部昇一　244
和田稔　256

を

訳語（をさ）　34

【著者紹介】

江利川春雄（えりかわ はるお）

1956 年生まれ。和歌山大学教育学部教授。日本英語教育史学会会長。大阪市立大学経済学部卒業。神戸大学大学院教育学研究科修了。広島大学より博士（教育学）。
〈主な著書〉『英語教育史重要文献集成　第 I 期全 5 巻』（ゆまに書房、2017、監修・解題）、『英語だけの外国語教育は失敗する』（ひつじ書房、2017、共著）、『「グローバル人材育成」の英語教育を問う』（ひつじ書房、2016、共著）、『英語と日本軍』（NHK 出版、2016）、『英語教科書は〈戦争〉をどう教えてきたか』（研究社、2015）、『英語教育、迫り来る破綻』（2013、ひつじ書房、共著）、『受験英語と日本人』（研究社、2011）、『英語教育のポリティクス』（三友社出版、2009）、『日本人は英語をどう学んできたか』（研究社、2008）、『近代日本の英語科教育史』（東信堂、2006、日本英学史学会豊田實賞受賞）など。

日本の外国語教育政策史

A Historical Study of Foreign Language Education Policy in Japan
ERIKAWA Haruo

発行	2018 年 8 月 8 日　初版 1 刷
定価	8200 円＋税
著者	© 江利川春雄
発行者	松本功
装丁者	大熊肇
印刷所	三美印刷株式会社
製本所	株式会社 星共社
発行所	株式会社 ひつじ書房
	〒 112-0011 東京都文京区千石 2-1-2　大和ビル 2 階
	Tel.03-5319-4916　Fax.03-5319-4917
	郵便振替 00120-8-142852
	toiawase@hituzi.co.jp　http://www.hituzi.co.jp/

ISBN978-4-89476-933-5

造本には充分注意しておりますが、落丁・乱丁などがございましたら、小社かお買上げ書店にておとりかえいたします。ご意見、ご感想など、小社までお寄せ下されば幸いです。

刊行書籍のご案内

ひつじ英語教育ブックレット

1 英語教育、迫り来る破綻
大津由紀雄・江利川春雄・斎藤兆史・鳥飼玖美子著　定価 952 円＋税

2013 年、大学入試に TOEFL 等の外部検定試験を導入する案が、自民党教育再生実行本部によって提案された。英語教育史上最大の危機を救うための、最強の 4 人組による反論と提言。

2 学校英語教育は何のため？
江利川春雄・斎藤兆史・鳥飼玖美子・大津由紀雄著
対談　内田樹×鳥飼玖美子　定価 1,000 円＋税

政府や経済界は「グローバル人材」という一部のエリート育成を学校英語教育の目的とし、小学校英語の低年齢化と教科化、中学校英語での英語による授業実施などの無謀な政策を進めている。公教育で英語を教える目的とは何かという根本問題に立ち返り、英語教育の目指すべき方向を提言する。

3 「グローバル人材育成」の英語教育を問う
斎藤兆史・鳥飼玖美子・大津由紀雄・江利川春雄・野村昌司著
鼎談　養老孟司×鳥飼玖美子×斎藤兆史　定価 1,200 円＋税

「グローバル化」を旗印に暴走を続けている英語教育行政。その具体的な政策には、言語学、異文化コミュニケーション論、教育学、言語習得論をはじめ、さまざまな学理に照らして理不尽と思われる点が多い。本書は、このような問題意識の下で行われた公開講座の講演を、臨場感をそのままに書き起した。

4 英語だけの外国語教育は失敗する　複言語主義のすすめ
鳥飼玖美子・大津由紀雄・江利川春雄・斎藤兆史著
座談会　林徹×鳥飼玖美子×大津由紀雄×斎藤兆史　定価 1,200 円＋税

日本の外国語教育における英語の偏重、英語の実用性ばかりを重視する風潮に、4 人が異議を唱える。もっと子どもの「ことば」への疑問や関心を大切にし、ことばの面白さや母語への気づきを育むべきではないのか。日本学術会議言語・文学委員会の「提言」や座談会も収録。

刊行書籍のご案内

これからの英語教育の話をしよう
藤原康弘・仲潔・寺沢拓敬編　定価 1,350 円＋税
英語教育の「抜本的改革」は成功するのか？　2017 年 3 月に発表された次期学習指導要領と英語教員養
成・研修のコア・カリキュラムの問題点を論じ、対案を示す。

刊行書籍のご案内

史上最悪の英語政策　ウソだらけの「4技能」看板

阿部公彦著　定価 1,300 円＋税

2020 年度から大学英語入試が変わる。「4 技能化」の看板のもと英語入試が様々な利権の関わる業者に丸投げされようとしている！　その問題点と対応策を考える。